高等学校"十三五"规划教材
本书荣获中国石油和化学工业优秀出版物奖·教材奖二等奖

化工技术经济

方勇 王璞 ◎ 主 编
吴卫红 张爱美 任继勤 ◎ 副主编

化学工业出版社

·北京·

内 容 简 介

《化工技术经济》系统论述了化工技术经济学的理论体系，主要内容包括化工技术经济的概述、石油化工企业发展战略、化工技术经济的基本原理、石油化工项目投资估算与融资方案分析、石油化工项目评价要素与估算、石油化工项目财务评价方法、经济评价方法与参数、风险与不确定性分析、石油化工类项目群决策方法、石油化工项目可行性研究、项目管理及 HSE 管理体系等。本书从石油化工行业的特征出发，建立了完整的化工技术经济评价体系，内容密切结合行业特色，例题和思考题丰富，将一般的技术经济原理结合实例学习，更适合学生学习和理解。本书与全国咨询工程师（投资）执业资格考试的知识体系对接，评价指标与报表格式符合最新国家规范。

本书适合高等院校技术经济类课程的教学，对项目的可行性研究及经济评价也有实践参考价值，亦可作为注册咨询工程师考试的辅助参考书。同时，对化工行业的技术经济评价有相关的介绍，可作为化工、石油化工工程技术人员、管理干部的参考用书。

图书在版编目（CIP）数据

化工技术经济/方勇，王璞主编 .—北京：化学工业出版社，2021.4 （2024.11重印）
高等学校"十三五"规划教材
ISBN 978-7-122-38432-4

Ⅰ.①化… Ⅱ.①方…②王… Ⅲ.①化学工业-技术经济-高等学校-教材 Ⅳ.①F407.737

中国版本图书馆 CIP 数据核字（2021）第 017175 号

责任编辑：唐旭华　王淑燕　　　　　　　　　　装帧设计：刘丽华
责任校对：宋　玮

出版发行：化学工业出版社（北京市东城区青年湖南街 13 号　邮政编码 100011）
印　　装：河北延风印务有限公司
787mm×1092mm　1/16　印张 16½　字数 428 千字　2024 年 11 月北京第 1 版第 4 次印刷

购书咨询：010-64518888　　　　　　　　　　售后服务：010-64518899
网　　址：http://www.cip.com.cn
凡购买本书，如有缺损质量问题，本社销售中心负责调换。

定　价：45.00 元　　　　　　　　　　　　　　　　　　　版权所有　违者必究

编写人员名单

主　　编：方　勇　王　璞

副主编：吴卫红　张爱美　任继勤

参　　编：李夏冰　王晓雨　张莉娜　汪楚媛
　　　　　范瑞雪　李怡欧　薛琦玮　杨雅文

前言

技术经济学是20世纪60年代引入我国的，它的主要作用是为投资决策提供科学的依据，在我国的经济建设中发挥了重要作用。化学工业具有规模经济性、资金和技术密集型、环境与安全性等特征，技术经济评价在项目投资中具有关键性的作用，成为化工技术人才的基本技能之一。为培养技术经济评价的专业人才，1984年原化学工业部在北京化工大学举办了技术经济评价师资班，开始在化工系统内的高校大力推动专业人才经济与管理素质的培养，这种前瞻性的决策也与当前教育部本科专业培养要求的素质教育一致。

北京化工大学一直坚持将技术经济学课程设置为所有理工科专业的基础必修课程，30多年来培养了10余万名专业的高素质人才，这些人才也成长为化工、材料、机械、信息、生物制药等大化工领域的中坚力量。经过多年的教学探索与改革，北京化工大学技术经济教学团队获得校级精品课程、优秀教学成果一等奖，多位教师在各级教学效果评价中获得"优秀"。经过多年教学经验的总结，在学校教改项目的支持下，北京化工大学技术经济教学团队完成了本教材的编写。

本书以《建设项目经济评价方法与参数》（第三版）为主要依据，立足我国国情，借鉴国际上项目经济评价的研究成果，有继承有创新地提出了一套比较完整、适用广泛、切实可行的经济评价方法与参数体系。同时，结合可行性研究的主线对项目的投资决策内容进行介绍，帮助读者了解和掌握技术经济学的基本原理、基本理论和基本方法，并运用技术经济分析评价方法解决实际问题。

本书的编写具有如下特点。

1. 在理论与方法的阐述上，注重理论的完整性与方法的系统性

本书的编者多年来一直从事技术经济学的教学与研究工作，对本学科的理论与方法有一定深度的理解，在参考国内外同类教材并结合我国实际的基础上形成了较为完整的理论与方法体系。

2. 在内容处理上，本书注重概念清楚、理论结合实际，突出本书的实用性

本书对技术经济分析方法与原理的介绍，都是通过大量实例的分析来完成的，尤其是以化工行业的项目投资建设为基础，分析了具体项目中如何使用技术经济评价的原理和方法，使读者对每个问题的认识都能够达到一定的深度，并能灵活运用技术经济分析方法。

3. 本书虽以化工行业为背景，但具有普适性

本书不仅介绍了技术经济学的基本原理和方法，还提供了一种应用分析的视角，这种从基本原理出发的思路，也适用于其他行业的工程建设项目，具有广泛的适用性。

由于编者水平有限，书中难免有疏漏、不当之处，恳请广大读者批评指正。

编　者

2020 年 11 月

目录

第1章 绪论 / 001

1.1 技术经济学介绍 / 001
1.1.1 技术经济学的定义与内涵 / 001
1.1.2 技术经济学的产生与发展 / 002

1.2 化工与技术经济 / 003
1.2.1 化学工业及其特点 / 003
1.2.2 化工技术经济 / 006
1.2.3 学科特点 / 008

1.3 化工技术经济研究的基本原理与评价方法 / 009
1.3.1 化工技术经济研究的基本原理 / 09
1.3.2 化工技术经济评价的方法 / 011

本章小结 / 012
思考题 / 012

第2章 中国与世界石油化学工业发展演变 / 013

2.1 石油化学工业介绍 / 013
2.1.1 石化工业基本介绍 / 013
2.1.2 石化工业行业特征 / 014
2.1.3 石化工业产品的应用 / 014
2.1.4 石化产业对经济社会发展的影响 / 015

2.2 世界石油化学工业 / 016
2.2.1 世界石油化学工业总体情况 / 016
2.2.2 世界石化产业发展的特点 / 017
2.2.3 国际重要石油化工公司全球化过程 / 018

2.3 中国石油化学工业介绍 / 018
2.3.1 中国石化工业基本情况 / 018
2.3.2 中国石油化学工业的市场结构演变 / 019

  2.3.3 中国石油化工企业国际化发展
     历程 / 020
  2.3.4 我国石油化工企业面临的
     挑战 / 020
 2.4 国内外的知名化工企业 / 021
  2.4.1 中国石油化工行业公司介绍 / 021
  2.4.2 国际知名石油化工行业的
     公司 / 022
 本章小结 / 023
 思考题 / 023

第3章 石油化工企业发展战略 / 024

 3.1 企业战略分析 / 024
  3.1.1 企业战略类型 / 024
  3.1.2 产品生命周期 / 027
  3.1.3 行业竞争结构分析 / 028
  3.1.4 企业竞争能力分析 / 031
  3.1.5 SWOT 分析 / 033
  3.1.6 PEST 分析 / 036
 3.2 石油行业的发展战略 / 038
  3.2.1 中国油气供应安全面临的挑战愈发
     严峻 / 038
  3.2.2 加大海外油气投资对保障供应安全
     的重要意义 / 038
  3.2.3 中国石油企业国际化战略方向 / 039
 3.3 化工行业的发展战略 / 041
  3.3.1 化工企业发展模式现状分析 / 041
  3.3.2 企业发展循环经济的模式 / 041
  3.3.3 基于循环经济模式的化工企业发展
     战略 / 042
  3.3.4 基于绿色发展的化工企业发展
     战略 / 043
 本章小结 / 044
 思考题 / 044

第4章 化工技术经济的基本原理 / 045

 4.1 资金时间价值 / 045
  4.1.1 资金时间价值的概念 / 045
  4.1.2 资金时间价值的衡量 / 046
  4.1.3 名义利率与有效利率 / 049

4.2 现金流量与现金流量图 / 050
4.2.1 现金流量的概念 / 050
4.2.2 现金流量图 / 050
4.3 资金等值计算 / 051
4.3.1 资金等值计算的概念 / 051
4.3.2 资金等值计算公式 / 052
4.3.3 公式的应用条件 / 056

本章小结 / 057
思考题 / 057

第5章 石油化工项目投资估算与融资方案分析 / 059

5.1 概述 / 059
5.1.1 石油化工项目投资估算的内容 / 059
5.1.2 石油化工项目总投资与资产的形成 / 060
5.1.3 石油化工项目投资估算的要求 / 062
5.1.4 融资环境分析 / 062
5.2 石油化工项目建设投资估算 / 063
5.2.1 简单估算法 / 063
5.2.2 分类估算法 / 065
5.3 石油化工项目建设期利息估算 / 073
5.3.1 建设期利息估算的前提条件 / 073
5.3.2 建设期利息的估算方法 / 073
5.4 石油化工项目流动资金估算 / 075
5.4.1 石油化工项目流动资金构成 / 075
5.4.2 石油化工项目流动资金估算方法 / 075
5.4.3 流动资金估算需要注意的问题 / 078
5.5 石油化工项目总投资与分年投资计划 / 078
5.5.1 石油化工项目总投资估算表的编制 / 078
5.5.2 分年投资计划表的编制 / 078
5.5.3 投资估算案例分析 / 079
5.6 石油化工项目融资主体和资金来源 / 081
5.6.1 石油化工项目的融资主体 / 081
5.6.2 石油化工项目资金来源 / 082
5.7 石油化工项目资本金筹措 / 083
5.7.1 石油化工项目资本金的特点 / 083
5.7.2 石油化工项目资本金的出资方式 / 083
5.7.3 石油化工项目资本金的来源渠道 / 083
5.7.4 石油化工项目既有法人内部融资 / 084
5.8 石油化工项目债务资金筹措 / 085

    5.8.1 石油化工项目债务资金的特点 / 085
    5.8.2 石油化工项目债务资金的来源渠道 / 085
  5.9 石油化工项目融资方案设计与优化 / 086
    5.9.1 编制项目资金筹措方案 / 086
    5.9.2 资金结构分析 / 089
    5.9.3 融资风险分析 / 090
    5.9.4 资金成本分析 / 090
  本章小结 / 091
  思考题 / 092

第 6 章　石油化工项目评价要素与估算 / 093

  6.1 石油化工项目计算期、收入要素估算 / 093
    6.1.1 计算期要素的估算 / 093
    6.1.2 收入要素的估算 / 094
  6.2 石油化工项目成本费用要素的估算 / 096
    6.2.1 成本费用的含义及分类 / 096
    6.2.2 成本费用的估算 / 097
  6.3 税金要素的估算 / 103
    6.3.1 增值税的估算 / 103
    6.3.2 消费税的估算 / 104
    6.3.3 城市维护建设税、教育费附加、地方教育费附加 / 105
    6.3.4 资源税的估算 / 106
    6.3.5 房产税、城镇土地使用税、印花税、车船使用税 / 106
    6.3.6 企业所得税的估算 / 107
  6.4 利润要素的估算 / 109
    6.4.1 利润的概念及其构成 / 109
    6.4.2 利润分配的估算 / 109
    6.4.3 借款还本付息的估算 / 110
  本章小结 / 112
  思考题 / 112

第 7 章　石油化工项目财务评价方法 / 113

  7.1 石油化工项目财务评价指标体系 / 113
    7.1.1 财务评价的含义与作用 / 113
    7.1.2 财务评价的指标体系 / 113
    7.1.3 财务评价的基本报表 / 114
  7.2 石油化工项目静态财务评价指标 / 119
    7.2.1 盈利能力的评价指标 / 119

7.2.2　偿债能力的评价指标 / 120
　7.3　石油化工项目动态财务评价指标 / 123
　　　7.3.1　财务基准收益率的选择 / 123
　　　7.3.2　财务净现值（FNPV） / 124
　　　7.3.3　财务内部收益率（FIRR） / 125
　　　7.3.4　财务净年金（FNAV） / 126
　　　7.3.5　财务净现值率（FNPVR） / 127
　7.4　案例分析 / 127
　　　7.4.1　新建石油化工项目财务评价 / 127
　　　7.4.2　改扩建石油化工项目财务评价 / 134
　本章小结 / 140
　思考题 / 141

第8章　经济评价方法与参数 / 142

　8.1　经济评价的要求与特点 / 142
　　　8.1.1　经济费用效益分析与财务分析的异同 / 142
　　　8.1.2　经济费用与效益识别的基本要求 / 144
　8.2　经济指标体系 / 144
　　　8.2.1　经济费用效益分析指标 / 144
　　　8.2.2　费用效果分析指标 / 145
　8.3　影子价格 / 146
　　　8.3.1　经济效益和费用的估算原则 / 146
　　　8.3.2　经济效益与费用的估算价格 / 147
　　　8.3.3　影子价格的计算 / 147
　8.4　社会折现率 / 151
　本章小结 / 151
　思考题 / 152

第9章　风险与不确定性分析 / 153

　9.1　概述 / 153
　　　9.1.1　风险与不确定性的概念 / 153
　　　9.1.2　风险与不确定性分析的含义 / 154
　　　9.1.3　投资项目的主要风险 / 155
　　　9.1.4　风险对策 / 156
　9.2　平衡点分析 / 157
　　　9.2.1　线性盈亏平衡分析 / 158
　　　9.2.2　非线性盈亏平衡分析 / 159
　　　9.2.3　优劣平衡点分析 / 160
　9.3　敏感性分析 / 161

9.4 概率分析 / 164
本章小结 / 168
思考题 / 168

第10章 石油化工类项目群决策方法 / 170

10.1 项目群决策的类型 / 170
10.1.1 排他型 / 170
10.1.2 独立型 / 170
10.1.3 混合型 / 171

10.2 排他型项目的比选 / 171
10.2.1 排他型项目的比选问题 / 171
10.2.2 菲希尔交点 / 172
10.2.3 排他型项目的比选方法 / 173
10.2.4 化工设备更新案例分析 / 176

10.3 独立型项目的比选 / 177
10.3.1 独立型项目的比选问题 / 177
10.3.2 独立型生产方案的优化比选问题 / 179

10.4 混合型项目的比选 / 182
10.4.1 混合型项目的优化比选问题 / 182
10.4.2 采用差额效率型指标排序法进行混合型项目优化比选 / 183

本章小结 / 187
思考题 / 187

第11章 石油化工项目可行性研究 / 189

11.1 石油化工项目可行性研究概述 / 189
11.1.1 可行性研究的含义 / 189
11.1.2 可行性研究的起源及发展 / 190
11.1.3 可行性研究的作用 / 190
11.1.4 可行性研究的类型 / 191

11.2 石油化工项目可行性研究报告的编制要求 / 195
11.2.1 可行性研究报告的编制步骤 / 195
11.2.2 可行性研究报告的编制依据 / 196

11.3 石油化工项目可行性研究报告的内容 / 196
11.3.1 我国可行性研究报告的主要内容 / 196
11.3.2 可行性研究报告的附图、附表与附件 / 197
11.3.3 可行性研究及其报告应达到的深度要求 / 198

11.4 石油化工项目可行性研究报告结论的撰写要求 / 198
    11.4.1 报告结论的要求 / 199
    11.4.2 结论的具体内容 / 199
本章小结 / 200
思考题 / 200

第 12 章 项目管理简介 / 201

12.1 项目管理概述 / 201
    12.1.1 项目与项目管理 / 201
    12.1.2 项目管理知识领域 / 204
    12.1.3 项目管理的发展 / 206
12.2 项目时间管理 / 208
    12.2.1 项目时间管理概述 / 208
    12.2.2 网络计划图 / 209
    12.2.3 进度控制 / 213
12.3 项目成本管理 / 213
    12.3.1 项目成本管理概述 / 213
    12.3.2 资源计划编制 / 214
    12.3.3 成本估算 / 214
    12.3.4 成本预算 / 215
    12.3.5 成本控制 / 215
12.4 HSE 管理体系 / 218
    12.4.1 HSE 管理体系概述 / 218
    12.4.2 HSE 管理体系的建立与实施 / 221
    12.4.3 HSE 管理应用实例 / 225
本章小结 / 229
思考题 / 229

附录 1 正态分布函数表 / 230

附录 2 复利系数表 / 232

参考文献 / 249

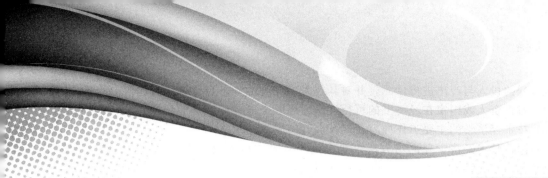

第1章 绪 论

学习目标:

① 了解技术经济学的发展;
② 掌握化工技术经济学的含义及主要工作内容;
③ 熟悉化工技术经济学的学科特点;
④ 熟悉化工技术经济的基本原理与方法;
⑤ 熟悉化工技术经济学的方法体系与指标体系。

1.1 技术经济学介绍

1.1.1 技术经济学的定义与内涵

技术经济学是工程技术科学与经济科学的交叉学科,是一门研究技术领域经济问题和经济规律及研究技术进步与经济增长之间相互关系的学科。它是应用经济学的一个分支,是以工程技术为研究对象的经济学,依据经济目标对工程技术方案进行优化选择,是现代科学技术发展与社会经济发展相结合的产物。

技术经济学具有一般经济学科的共同特点。经济学是研究有限的资源如何配置才能取得最佳效果的科学。技术经济学也不例外,它同样研究资源的有效配置问题,但不是一般意义上的研究,而是针对具体的工程技术项目而进行的经济研究。

(1) 工业项目的寿命周期

工业项目的寿命周期一般包括四个阶段,即决策阶段、实施阶段、运营与劣化阶段和报废阶段。决策阶段主要包括项目规划、构思、论证、评估、备案、核准以及筹资融资等工作;实施阶段主要包括项目勘察、设计、设备制造、施工安装调试及试运行等工作;运营与劣化阶段主要包括试运行、满负荷运行、维修保养、更新改造等工作;报废阶段主要包括废旧设施设备的拆除、再利用、销毁、环境恢复等工作。

(2) 技术经济学的含义

技术经济学是一门在项目决策阶段,以投资人的发展战略规划为基础,对拟建项目实施与运营过程的投入与产出进行预测,并对其技术的先进性、可靠性、运营过程中的安全性与稳定性及对投资人或国家在经济上的可行性进行系统全面分析论证的学科。

(3) 技术经济学的主要工作内容及对社会经济发展的意义

在我国,技术经济学理论与方法主要应用于各类建设项目前期投资决策分析与评价工作,也常称为工程咨询。其主要工作包括项目规划、机会研究、编制项目建议书、编制项目可行性研究报告、编制项目申请书、编制项目资金申请报告、项目评估、资源及环境可持续性评价、社会评价、不确定性与风险分析及项目后评价等。加强技术经济学的学习、研究及应用对加强国家固定资产投资宏观调控能力,提高投资决策科学化水平,引导和促进资源合理配置,优化投资结构,降低投资风险,充分发挥投资效益,促进国家社会经济发展有重大的现实意义。

1.1.2 技术经济学的产生与发展

技术经济分析起源于西方发达国家,技术经济分析也称工程经济分析。1887 年,美国铁路工程师阿萨姆·威林顿(Arthur M. Wellington)在其所著的《铁路位置经济评价》一书中第一次把工程投资同经济分析结合起来。1920 年戈登门(O. B. Goldman)在《财务工程》一书中首次将复利公式应用于工程方案评价。1930 年格兰特(Eugene L. Grant)教授出版了《工程经济原理》一书,该书以复利计算为基础对固定资产投资的经济评价原理作了系统阐述。由于格兰特对工程经济分析理论的发展作出了贡献,后人也称他为工程经济分析之父。1931 年,美国在开发田纳西河流域规划中创立了"可行性研究方法"。当时美国政府决定投资治理美国的田纳西河,但是政府的投资能否取得应有的效益?由于这在当时来说是一项投资较为巨大的项目,因此政府对此较为慎重,于是组织了一些人力在项目投资之前对该项目的经济效果进行了评价,并对项目的实施进行了规划。正是由于对项目进行了较为详细的预先评价与规划,这一项目取得了很大的成功,于是人们把项目的成功归功于事先对此进行的可行性研究。后来,美国政府先后通过了两部法律(即《洪水治理法》与《河流与港口法》)将这一类项目的事先评价用法律的形式固定下来。由于工程经济学对工程项目建设进行科学的分析评价提供了一套科学可行的思路和方法,因此一直备受工程技术人员和企业家的欢迎。

第二次世界大战结束后,随着西方经济的复兴,工业投资规模急剧增加,出现资金短缺局面。因此,如何使有限的资金得到最有效的利用,成为投资者与经营者普遍关注的问题。这种客观形势进一步推动了工程投资经济分析理论与实践的发展。1951 年其尔丁(Joel. Dean)在《投资预算》一书中具体阐述了贴现法以及合理分配资金的某些方法在工程投资经济分析中的应用。在随后的几十年里,贴现现金流量法成为投资项目技术经济分析所采用的主要方法。与此同时,风险与不确定性投资决策、设备更新的经济分析与决策、多方案评价方法与决策、公共事业项目的费用效益分析等理论与方法相继发展建立。

技术经济学是一门我国所特有的学科。技术经济学在我国产生于 20 世纪 50 年代初期,当时主要是研究技术的经济效果。20 世纪 50 年代初期的大规模经济建设过程中,我国从苏联引进了技术经济分析和项目论证方法,在我国"一五"计划的项目建设期间对各重点项目进行技术经济分析论证。60 年代初,在我国第二部科学技术发展规划(《1963—1972 年科学技术发展规划》)中曾明确提出:任何科技工作,必须既有技术上的优越性,又有经济上的合理性。要求在科学技术工作中结合各项技术的具体内容对技术方案的经济效果进行计算和分析比较,充分显示出技术经济分析论证在我国国民经济的发展中具有重大的实用价值。

改革开放以来,技术经济研究又有了新的发展。在引进、消化、吸收国外工程经济理论方法的基础上,结合我国的实际情况创立了我国独有的技术经济学学科体系。如今在各种建设项目中，无论是国家重点项目、引进外资项目，还是各部门、各企业进行的各类经济建设项目，都要进行技术经济分析和论证。这种发展趋势使得技术经济评价理论已发展成为工程技术与经济相结合的具有广泛实用价值的应用经济学科。

随着技术创新在社会经济中的作用越来越强，技术经济学的发展开始更多关注创新和创业领域，创新研究主要集中在创新战略、创新能力、自主创新、合作创新、创新网络、绿色创新等方面，国家科技政策、国家创新系统、产业技术战略、技术创新要素管理等成为研究的重要关注点，创业研究主要关注创业、创业资源与能力、创业者与创业团队、创业环境、企业成长战略等。

1.2 化工与技术经济

1.2.1 化学工业及其特点

1.2.1.1 化学工业的范围

（1）广义的化学工业

广义的化学工业指生产过程主要表现为化学反应过程，或生产过程中化学过程占主导的工业，都属于化学工业（Chemical Industry）。化学工业又被称为化学加工工业（Chemical Processing Industry，CPI）或过程工业（Process Industry）。这就把诸如炼钢、造纸、酿造、制革、建材等一些虽然具有化学加工性质，但早已形成独立的工业部门，全都列入化学工业的范畴。按照这种逻辑，所谓加工工业实际上只有两大部门：一个是机械加工工业；另一个是化学加工工业。这样定义化学工业未免太宽一些，但对化学工程师来说，对化学工业作广义的理解是有益的。正因为上述部门的加工过程都表现为化学过程，它们有着共同的生产技术特征，以及由这些特征所决定的共同技术经济规律，因此在这个意义上，它们都是化学工程师的研究对象和服务对象。本书所讨论的化工技术经济规律和问题，对这些部门也都是适用的。

（2）狭义的化学工业

至于狭义的化学工业，在我国，一种工业往往被狭义地理解为某个行政管理部门所管辖的那部分行业或企业的总体，化学工业便狭义地仅指原化学工业部所辖行业和企业的总体。随着行政管理体制的变更，化学工业部所管辖的范围时大时小。例如，1984年我国将石油化学工业企业从化学工业部划出，成立中国石化总公司，化学工业便不再包括石油化工。其实石油化工只是从化学工业中发展起来的一个行业，同一化工产品，例如合成氨、乙烯，既可以石油为原料，也可以煤为原料。

1998年3月，第九届全国人民代表大会批准国务院机构改革，将化学工业部、石油天然气总公司、石油化工总公司的政府职能合并，组建国家石油和化学工业局；2001年国家石油和化学工业局撤销，中国石油和化工协会宣布成立，行使主管石油工业和化学工业的政府职能，石油化工重新明确归于化学工业之中，从而使化工和石油化工分合和范围之争，通过机构的合并得以了结。

（3）正确理解化学工业

故对化学工业的正确理解，应介于上述两种过广或过狭的定义之间。例如，美国一般认为化学工业的范围，涉及美国标准工业分类法（SIC）中的第28类、第29类，它们包括生产基本化学品的企业和产品加工以化学过程为主的企业，以及与石油炼制有关的企业，如表1-1所示。

表 1-1　美国石油化学工业企业类别

类别号	名称
28	化学品及有关产品
281	工业无机化学品
282	塑料和树脂、合成橡胶、合成纤维和人造纤维（玻璃纤维除外）
283	药品
284	肥皂、洗涤剂、清净剂、香料、化妆品及其他卫生制剂
285	涂料、清漆、喷漆、瓷漆及有关产品
286	工业有机化学品
287	农用化学品
289	其他化学品
29	石油炼制和有关产品
291	石油炼制
295	铺路和屋面材料
299	其他石油和煤产品
30	橡胶制品
32	玻璃和陶瓷

目前在我国，化学工业一般理解为包括石油化学工业在内的化学肥料、无机盐、酸碱、基本有机原料、合成橡胶、塑料、合成纤维单体、农药、染料、涂料和颜料、感光材料、橡胶制品、新型材料、试剂、医药、日用化学品等的生产，即所谓"大化工"。我国石油化学工业行业类别如表1-2所示。

表 1-2　我国石油化学工业行业类别

类别号	名称
25	石油、煤炭及其他燃料加工业
251	精炼石油产品制造
252	煤炭加工
253	核燃料加工
254	生物质燃料加工
26	化学原料和化学制品制造业
261	基础化学原料制造
262	肥料制造
263	农药制造
264	涂料、油墨、颜料及类似产品制造
265	合成材料制造
266	专用化学产品制造
267	炸药、火工及焰火产品制造
268	日用化学产品制造
28	化学纤维制造业
281	纤维素纤维原料及纤维制造
282	合成纤维制造
283	生物基材料制造
29	橡胶和塑料制品业
291	橡胶制品业
292	塑料制品业
30	非金属矿物制品业
304	玻璃制造
306	玻璃纤维和玻璃纤维增强塑料制品制造
307	陶瓷制品制造
352	化工、木材、非金属加工专用设备制造

1.2.1.2 化学工业的特点

化工过程是创造新物质的过程，只有化学工业才能从少数几种资源如煤、石油、天然气、空气和水合成出数以万计的化工产品。化工产品不但补充了天然原材料的不足，而且许多是原来自然界没有的。特别是当前世界面临人口膨胀、资源匮乏、污染日益严重的局面，给未来不断增长的人口提供足够的食物、衣着和其他物资，开辟新的能源和材料，以及治理环境和提供医药和保健物品……所有这一切均依赖化学工业的发展。正是由于化学工业的这种重要作用，使它成为国民经济的支柱产业之一。化学工业有很多区别于其他工业部门的特点，主要体现在以下几个方面。

(1) 化学工业生产的复杂性与精细化

化学工业生产的复杂性主要体现在用同一种原料可以制造多种不同用途的化工产品，即虽然原料相同，但生产方法、生产工艺不同可以生产出不同的化工产品，形成了不同的生产路线。而精细化是提高化学工业经济效益的重要途径，这主要体现在它的附加值高。精细化工产品不仅是品种多，相对于大化工规模小，而更主要的是生产技术含量高，如何开发出具有优异性能或功能，并能适应快速变化的市场需求的产品，是我国精细化学品工业能否快速发展的关键所在。除此之外，在化学工艺和化学工程上也更趋于精细化，人们已能在原子水平上进行化学品的合成，使化工生产更加高效、节能和环保。

(2) 生产过程综合化

化工产品生产过程的综合化、产品的网络化是化工生产发展的必由之路。生产过程的综合化、产品的网络化既可以使资源和能源得到充分合理的利用，就地将副产物和"废料"转化成有用产品；又可以表现为不同化工厂的联合及其与其他产业部门的有机联合；这样就可以降低物耗、能耗，减少"三废"排放，变害为利，变废为宝，综合利用，不仅大大提高了企业的经济效益，而且推动了社会的可持续发展。

(3) 技术、资金和人才的密集性

随着生产智能化的发展，高度自动化和机械化的现代化学工业越来越多地依靠高新技术并迅速将科研成果转化为生产力，如生物与化学工程、微电子与化学、材料与化工等不同学科的相互结合，可创造出更多优良的新物质和新材料；计算机技术的高水平发展，已经使化工生产实现了自动化和智能化控制，给化学合成提供强有力的智能化工具，可以准确地进行新分子、新材料的设计与合成，节省了大量的人力、物力和实验时间。

例如一个年产 30 万吨的乙烯装置，投资多达近百亿元。化学工业资金密集的另一个含义是折算到每年的固定资金成本多。比如矿山，一次性投资很多，但一旦建成便可运转数十年，而化学工业由于技术更新快，一般寿命不超过 15 年，故分摊到每年的资金成本高。此外，化工生产中原材料费用约占产品成本的 $60\%\sim70\%$，能源在化工生产中不仅是燃料还是原料，故化工和石油化工是耗能大户。因此，节约投资、提高资金利用率和投资的经济效益，是化工技术经济的研究重点。

(4) 注重能量合理利用

积极采用节能技术。化工生产过程不仅是将原料经由化学过程和物理过程转化为满足人们需求的化工产品，同时在生产过程中伴随有能量的传递和转换，如何节能降耗、提高效率显得尤为重要。在生产过程中，力求采用新工艺、新技术、新方法，淘汰落后的工艺、技术和方法，尤其是关键催化剂的开发和利用。

(5) 安全生产要求严格

化工生产的特点是易燃、易爆、有毒、有害、高温（或低温）、高压（负压）、腐蚀性强等；另外，工艺过程多变，不安全因素很多，如不严格按工艺规程生产，就容易发生事故。

因此，生产安全管理特别重要。化工生产过程中因管理不当、检修不及时或操作水平较低，将会出现"跑、冒、滴、漏"等不安全现象，损失的原料、成品或半成品不仅会造成经济上的浪费，同时也会污染周围的环境，甚至带来更严重的后果。因此，安全的生产工艺，有可靠的安全技术保障、严格的规章制度及监督机构是化工项目评价的重点。采用无毒无害的清洁生产方法和工艺过程，生产环境友好的产品，创建清洁生产环境，大力发展绿色化工，是化学工业赖以持续发展的关键之一。

（6）化学工业是装置型工业，具有规模经济性

化工生产规模逐渐大型化。近几年来，化工生产使用大型生产装置是一个明显的发展趋势，化工产业生产装置的规模越来越大。因化工生产中使用大型装置可以降低单位产品的建设投资与生产成本，劳动生产率升高，化工生产过程中的能耗减少，所以，各国都在使用大型生产装置。

当然装置的大型化应有合理的限度，除了技术可能性的约束外，当生产能力增加到某个程度时，不利因素开始发生作用。例如，随着生产能力的扩大，生产过度集中，生产销售和原料供应的半径势必延伸，从而增加成品和原料的运输成本。另外，随着生产能力的扩大，局部故障停车造成的损失加大，因而对其操作可靠性和管理的要求也相应提高。总之，化工装置视产品之不同，各有其最优的经济规模，各自的最优经济规模取决于该产品的生产技术特征、市场供求状况、原料的供应条件，以及科技和管理的发展水平。

1.2.2 化工技术经济

1.2.2.1 化工技术经济的概念

技术经济学是研究项目投资的一般性规律和评价方法，但是针对化学工业本身的特点，直接应用技术经济的评价方法会存在一定的困难。而石油化学工业本身的规模性、安全性、高技术性等特征使得其技术活动与其他行业具有较大的不同，如何实现石油化工技术与经济活动的统一、协调？化工技术经济因此具有了更为具体的研究对象和研究内容。

化工技术经济是结合石油化学工业的技术特点，应用技术经济学的基本原理和方法，研究石油化学工业发展中的规划、科研、设计、建设和生产各方面和各阶段的经济效益问题，探讨石油化工生产过程和整个石油化学工业的经济规律、能源和资源的利用率以及局部和整体效益问题的一门交叉学科。其任务是将石油化工技术和经济有机结合和统一，以取得最佳的经济效益。

化工技术经济的学科逻辑关系如图 1-1 所示。

图 1-1　化工技术经济的学科逻辑关系

1.2.2.2 化工技术经济的研究对象

根据化工技术经济的概念，其研究内容主要是在石油化工产业经济发展建设中所遇到的各类问题的经济效果。对于这类问题的研究在一些工程技术领域人们也叫它可行性研究，也有人将其称为决策科学，研究对象主要有以下三个方面。

(1) 石油化工技术的经济效果

经济学是研究技术实践的经济效果，寻求提高经济效果的途径与方法的学科。在这个意义上，化工技术经济也可理解为研究石油化工技术经济效果的科学。这里所说的技术是广义的，是指把石油化工领域中科学知识、技术能力和物质手段等要素结合起来所形成的一个能够认识自然、改造自然的有机整体系统。在人类社会的物质生产活动中，技术的使用直接涉及各种社会物质资源的投入与社会产品和服务的产出，而如何最有效地利用各种稀缺有限的资源以满足人类社会不断增长的物质文化生活的需要是经济学研究的基本问题之一。石油化工技术的经济效果学就是研究在各种技术的使用过程中，如何以最小投入取得最大产出的一门学科。因此，也可以说化工技术经济是研究石油化工技术应用的费用与效益之间关系的学科。

(2) 石油化工技术与产业经济的相互关系

化工技术经济是研究石油化工领域中技术和经济的相互关系，探讨技术与经济相互促进、协调发展的学科。在石油化工领域中，技术和经济是产业经济发展及其对社会发展不可缺少的两个方面，其关系极为密切。

一方面，石油化工产业的发展必须依靠一定的技术手段，科学技术永远是推动经济发展的强大动力。化学工业的发展历史证明了这一点，尼龙、化肥、农药、染料等化工产品的开发，科学技术迅猛发展导致社会生产力的巨大进步更是有目共睹。

另一方面，技术总是在一定的经济条件下产生发展的，经济上的需求是技术发展的直接动力，技术的发展要受到经济条件的制约。众所周知，任何技术的应用，都伴随着人力资源和各种物力资源的投入，都必须依赖于某种特定的相关经济系统的支持。只有经济发展到一定的水平，相应的技术才有条件广泛应用和进一步发展。

技术和经济之间这种相互渗透、相互促进又相互制约的紧密联系，使任何技术的发展和应用都不仅是一个技术问题，而且也是一个经济问题。研究石油化工行业技术和经济的关系，探讨如何通过技术进步促进经济发展，在经济发展中推动技术进步，是化工技术经济进一步丰富和发展的一个新领域。

(3) 技术进步对经济增长的促进作用

化工技术经济是研究在石油化学工业领域如何通过技术进步推动经济发展，进而获得经济增长的学科。所谓经济增长是指在一国范围内，生产的商品和劳务总量的增长，通常用国民收入和国民生产总值来表示。经济增长可以通过多种途径来取得，例如，可以通过增加投入要素、增加投资、增加劳动力的投入等以实现经济增长；亦可通过提高劳动生产率，即提高单位投入资源的产出量实现经济增长。十分明显，资金和劳动力投入的增长速度会直接影响经济增长的速度。但是，各国的经济发展历史表明，经济增长的速度与科学技术的发展也有密切的关系。人们发现，在工业发达的国家中，后期与前期相比，产出量增长的差额往往大于投入要素增长量的差额，显然，这是技术进步因素的作用所致。技术进步能够促进经济增长，石油化工技术进步对经济增长有巨大的推动作用这一事实如今已为人们广泛认识。

在当今世界，技术进步已成为影响经济发展的重要因素，依靠技术进步促进经济发展已为人们所共识，也是我国今后经济发展的必由之路。化工技术经济学所要研究的一个重要方面就是研究我国石油化工技术进步与经济增长的关系，探索如何通过技术进步来促进经济增长。

总之，通过技术经济学所研究的三个主要领域可以看出，化工技术经济这门学科是随着石油化工产业经济及科学技术的发展而产生的学科。随着我国社会的进步和石油化工产业经济的快速发展，它必将有着更为广泛的应用领域与发展前景。

1.2.2.3　石油化工项目投资的特点

固定资产投资在我国经济社会发展中发挥着关键作用，而石油化工项目因资金和技术密集、投资规模大而一直受到政府的严格控制。2015年全社会固定资产投资总规模超过56万亿元，其中90%以上是企业投资。为进一步以法律手段规范和引导规模庞大的企业投资活动，国务院于2016年10月8日公布《企业投资项目核准和备案管理条例》，该条例自2017年2月1日起施行。条例规定：对关系国家安全、涉及全国重大生产力布局、战略性资源开发和重大公共利益等项目，实行核准管理。具体项目范围以及核准机关、核准权限依照政府核准的投资项目目录执行。国务院同时发布了《政府核准的投资项目目录（2016年本）》，下面为需要相关政府管理部门核准的石油、石化、化工项目（见表1-3）。

表1-3 石油化工类核准项目

项目	核准部门
煤制燃料	年产超过20亿立方米的煤制天然气项目、年产超过100万吨的煤制油项目，由国务院投资主管部门核准
液化石油气接收、存储设施（不含油气田、炼油厂的配套项目）	由地方政府核准
进口液化天然气接收、储运设施	新建（含异地扩建）项目由国务院行业管理部门核准，其中新建接收储运能力300万吨及以上的项目由国务院投资主管部门核准并报国务院备案。其余项目由省级政府核准
输油管网（不含油田集输管网）	跨境、跨省（区、市）干线管网项目由国务院投资主管部门核准，其中跨境项目报国务院备案。其余项目由地方政府核准
输气管网（不含油气田集输管网）	跨境、跨省（区、市）干线管网项目由国务院投资主管部门核准，其中跨境项目报国务院备案。其余项目由地方政府核准
炼油	新建炼油及扩建一次炼油项目由省级政府按照国家批准的相关规划核准。未列入国家批准的相关规划的新建炼油及扩建一次炼油项目，禁止建设
变性燃料乙醇	由省级政府核准
石化	新建乙烯、对二甲苯（PX）、二苯基甲烷二异氰酸酯（MDI）项目由省级政府按照国家批准的石化产业规划布局方案核准。未列入国家批准的相关规划的新建乙烯、对二甲苯（PX）、二苯基甲烷二异氰酸酯（MDI）项目，禁止建设
煤化工	新建煤制烯烃、新建煤制对二甲苯（PX）项目，由省级政府按照国家批准的相关规划核准。新建年产超过100万吨的煤制甲醇项目，由省级政府核准。其余项目禁止建设

对于核准类项目，核准机关应当从下列方面对项目进行审查：是否危害经济安全、社会安全、生态安全等国家安全；是否符合相关发展建设规划、技术标准和产业政策；是否合理开发并有效利用资源；是否对重大公共利益产生不利影响。由于石油化工项目的特征要求，大多具有需要核准的需求，因此，石油化工项目的技术经济评价与一般项目投资具有明显的不同，需要从以上几个方面做出全面评价。

《国务院关于发布政府核准的投资项目目录（2016年本）的通知》是为贯彻落实我国深化投融资体制改革，进一步加大简政放权、放管结合、优化服务改革力度，使市场在资源配置中起决定性作用，更好发挥政府作用，切实转变政府投资管理职能，加强和改进宏观调控，确立企业投资主体地位，激发市场主体扩大合理有效投资和创新创业的活力。这也使得石油化工项目的技术经济评价具有独特的特征，不仅需要考虑一般项目市场化的经济特性，还需要考虑技术进步、社会发展、区域经济的特性。

1.2.3 学科特点

化工技术经济不仅有技术经济学的一般特点，而且从化工行业的特性出发，使得该学科的发展具有如下特点。

（1）研究成果构成项目投资决策的重要依据

化工技术经济的主要研究成果是建设项目的可行性研究报告，该报告是石油化工建设项目投资决策的主要依据，也是银行审贷、批贷的重要依据。同时，对部分建设项目国家有关部门要依据法律法规对建设项目进行备案或核准管理。因此，在项目投资决策过程中，必须充分、合理地运用技术经济学理论及方法对拟建项目的技术先进性、可靠性和经济可行性进行客观、科学论证与评价。

(2) 评价结果的不确定性

技术经济评价所需的大量经济数据要通过科学的预测获取，而技术经济评价最终所作出的是对石油化工建设项目未来的实施及运营预测性的评价结论，因而化工技术经济评价具有预测性，结论不可能绝对准确，也就是说会存在不确定性。为了提高技术经济评价的可靠性，必须提高基础财务数据的估算预测能力，进行充分的风险和不确定性分析，客观、科学、准确地编制评价报告，最大限度地降低评价结论的不确定性。在项目建成并稳定运行一段时间后（一般为2年），可以对建设项目进行后评价，以验证项目决策阶段技术经济评价结论的可靠性，发现问题，分析原因，控制调整，不断提高技术经济评价的水平和可靠性。

(3) 多学科交叉融合

化工技术经济属于典型的应用性学科，石油化工建设项目是学科研究的对象，而项目建设和运营涉及多方面的工程技术，包括石化项目的勘察、设计、施工、设备制造、安装调试、系统控制等。而投资估算、成本估算、利润及税金测算、相关技术经济评价指标的计算又涉及大量经济学、会计学、财务管理的概念和理论。因此，化工技术经济具有多学科交叉集成的特点。

(4) 评价强调经济上的合理性，同时强调技术上的先进性和安全性

众多基础化工产品和原材料属于有毒有害物质，石油化工项目投资和运营特别强调健康、安全、环境的影响，也形成了石油化工行业的HSE管理体系。因此，石化项目的技术经济评价不仅强调经济上收益性，而且强调技术上的先进性和安全性，在评价中注重环境影响评价、社会影响评价、节能评价、安全预评价、项目后评价等。

1.3
化工技术经济研究的基本原理与评价方法

1.3.1 化工技术经济研究的基本原理

化工技术经济评价是建立在工程技术、系统工程、运筹学、经济学、统计学、管理学、财务学、计算机技术等学科基础上的经济分析，研究时遵循这些学科的综合与交叉，从技术分析和经济评价上产生其评价的基本原理。

(1) 机会成本原理

机会成本是经济学的概念，也是化工技术经济在评价时最重要的基本原理。机会成本是指将一种具有多种用途的有限（或稀缺）资源置于特定用途时所放弃的收益。当一种稀缺的资源具有多种用途时，可能有许多个投入这种资源获取相应收益的机会。如果将这种资源置于某种特定用途，必然要放弃其他的资源投入机会，同时也放弃了相应的收益，在所放弃的机会中最佳的机会可能带来的收益，就是将这种资源置于特定用途的机会成本。

例如，某化工企业欲投入50万元购置一台设备，当然这50万元也可用于购买债券、股票或存入银行生息。假定投资期限相同，且购买债券的收益率最高，为年收益率4%，则这50万元购置设备的年机会成本就是$50 \times 4\% = 2$（万元）。

机会成本是技术经济分析中的重要概念。当企业拥有一定的资金、设备等资源时，他可以有多种投资选择，只有充分考虑一种资源用于其他用途时的潜在收益时，才能对投资项目做出正确的决策。

(2) 预见性原理

人类对客观世界运动变化规律的认识使得人们可以判断一项活动目的的实现程度，并相应地修正或采取更好地从事该项活动的方法。如果人缺乏这种预见性，就不可能了解一项活动是否能实现既定的目标、是否值得去做，因而也就不可能做到有目的地从事各种技术实践活动。以三峡工程为例，如果我们不了解三峡工程建成后可以获得多少电力，能在多大程度上改进长江航运和提高防洪能力等，那么建设三峡工程就会盲目，但是通过详细的技术、经济、社会、环境等多方面的研究评估后，就会有详细准确的预期。因此，为了有目的地开展各种技术实践活动，就必须对活动的后果进行慎重的估计和评价。

化工技术经济分析正是对要评估的石油化工项目的技术实践方案付诸实施之前或实施之中的各种属于事前或事中主动的控制，即信息搜集→资料分析→制定对策→防止偏差。只有提高预测的准确性，客观地把握未来的不确定性，才能提高决策的科学性。事后评价和总结工作要求人们面对未来，对可能发生的后果进行合理的预测。例如，工程建设项目前期的可行性研究工作的重要前提，就是要进行周密的市场调查工作，准确地估计项目的效果和费用及损失，通过技术分析、财务分析和国民经济分析，对各种方案的技术可行性和经济合理性进行综合评价，为决策提供准确的依据。可行性研究工作方式的提出，使技术经济分析的预见性提高到一个新的水平。

当然，由于人的理性有限性，不可能对所有活动后果的估计都准确无误，效果/结果总会产生一定的偏差，特别是对具有创新性的项目而言。正因为如此，人们才会不断地在风险分析和不确定性分析中，进行大量的、旨在拓展人类知识范围及提高预见能力的研究工作。

(3) 可比性原理

在对各项技术方案进行评价和选优时，只有通过比较才能辨别其优劣。因此，技术经济学应遵循可比性原理，使各方案的条件等同化。由于各个方案涉及的因素极其复杂，加上难以定量表达的不可转化因素，所以不可能做到绝对的等同化。在实际工作中一般只能做到使对方案经济效果影响较大的主要方面达到可比性要求，包括：产出成果使用价值的可比性；投入相关成本的可比性；时间因素的可比性；价格的可比性；定额标准的可比性；评价参数的可比性。其中时间因素的可比性是经济效果计算中通常要考虑的一个重要因素。例如，有两个技术方案，产品种类、产量、投资、成本完全相同，但时间上有差别，其中一个投产早，另一个投产晚，这时很难直接对两个方案的经济效果大小下结论，必须将它们的效果和成本都换算到一个时间点后，才能进行经济效果的评价和比较。

可比性原理是化工技术经济评价的基础，所有的要素都转化为资金这样同一个可类比的要素后，再通过时间的维度衡量各种技术方案的经济价值，然后做出技术经济评价。由于资金在不同的时间点具有不同的价值，也就产生了技术经济评价的核心：资金的时间价值。

(4) 全局性原理

人类社会发展至今，由于分工的细化和合作的加强，各个利益主体（如国家、民族、政府、社团、企业、家庭）在国民经济中的职能、作用、权利和追求的目标存在着一定的差异，而且同一利益主体的目标在时间上也存在可变性。如一个国家在对外经济贸易和国际事务中，为了维护本国的合法权益，追求的目标包括：主权和领土完整、稳定且持续的经济增长、国际竞争力的提高、综合国力的增强、出口的增加和抵御金融风险能力的增强。一个国家的政府作为社会公众的代言人，需要站在宏观的层面上考虑国民经济全局，其追求的目标包括：币值稳定、法制健全、产权明晰、社会安定、消除贫困、缩小地区差别、经济适度增长、充分就业、生态环境的治理以及经济结构调整和经济体制改革。而那些从事商品生产和销售的企业，一般是站在微观层面上考虑自我生存和自我发展，其基本目标是实现利润或企业价值最大化，相应地考虑企业信誉、产品和服务质量、技术创新等方面。

正因为不同利益主体追求的目标存在差异，因此，对同一技术实践活动进行技术经济评价的立场不同、出发点不同、评价指标不同，评价的结论就有可能不同。例如，很多地区的小造纸厂或小化工厂从企业自身的利益出发经济效果显著，但生产活动却排出了大量废物，对附近河流、湖泊造成严重污染，是国家相关法规所不容许的。因此，为了防止一项技术实践活动在对一个利益主体产生积极效果的同时，可能损害到另一些利益主体的目标，技术经济分析必须体现较强的整体性。根据经济评价时所站的立场或看问题出发点的不同，经济评价分为企业财务评价、费用效益分析和费用效果分析，当企业评价效果与费用效益分析结论不一致时，企业评价应服从费用效益分析结论。

(5) 适用性原理

经济是技术进步的目的，技术是达到经济目标的手段，是推动经济发展的强大推动力。当今社会，人类更加强调资源、环境、经济的可持续发展，而要不以牺牲环境和资源为代价来发展经济，技术进步是必由之路。

技术与经济之间还存在着相互制约和相互矛盾的一面。有些先进技术，需要有相应的技术经济条件起支撑作用，需要相应的资源结构相配合。对于不具备相应条件的地区和国家，这样的技术就很难发挥应有的效果。这正是为什么在相同的生产力发展阶段，不同的地区要针对社会经济技术基础选择适用技术的原因。

石油化工行业的项目投资，不仅要考虑技术的先进性、缩短与世界水平的差距，又要兼顾技术的适用性，充分发挥技术的效果。我国各地区资源条件和经济发展水平很不均衡，这就决定了我国现阶段的技术体系应该同时包容多种层次的技术，既要有新技术、高技术，也要有中间技术和传统技术。随着我国经济的发展和科学技术水平的提高，在整个技术体系中，前一种技术的比例会不断增加，后一种技术的比例会不断减少。因此，化工技术经济的评价强调技术与经济上的协调与统一。

1.3.2 化工技术经济评价的方法

化工技术经济的评价过程包括从项目投资是否符合企业的发展战略开始，然后测算项目所需要的建设和运营资金、资金筹措、财务分析、费用与效益分析、风险与不确定性分析等评价过程，包括了统计分析、企业管理、战略管理等多学科领域的研究方法，主要包括以下几类。

(1) 企业战略分析方法

项目投资决策，特别是重大项目投资决策，对企业而言是非常重要的战略决策。它不单是项目的技术经济分析，更应建立在企业战略分析的基础之上。因此，必须站在战略的高度，全面分析企业的内外部环境，常用的方法包括波特的五因素模型、投资组合分析、SWOT 分析、PEST 分析等方法。

(2) 市场预测方法

石油化工项目的建设周期可能在 3 年以上、运营周期可能长达 15 年以上，因此需要预测未来的投资需求、市场规模、材料或产品的市场价格。对于没有大量数据的情况，可采用专家会议法、德尔菲法，数据充足的可采用回归分析、消费系数法、弹性系数法等因果分析方法，或者移动平均法、指数平滑法、成长曲线法、季节波动分析等时间序列递推法。

(3) 财务评价法

化工技术经济评价主要采用现金流量分析对项目投资做出财务评价。现金流量分析是对项目筹资、建设、投产运行到关闭整修的周期内，现金流出和流入的全部资金活动的分析。

首先按照建设和生产的规划进度与资金规划，计算出整个工程寿命期内各年的净现金流量，形成经营活动现金流量、投资活动现金流量和筹资活动现金流量三类报表。然后根据现金流量表计算出财务净现值、投资回收期、财务内部收益率等指标评价项目的可行性。现金流量分析对项目经济评价具有重要意义。

（4）国民经济评价方法

大量的化工项目建设不能仅仅考虑企业的收益，同时还需要考虑它对其他行业和社会的影响。费用效益分析着重于费用与效益两方面的分别计量与相互比较。从社会观点来计量，分析包括间接的效益与费用在内的全部的效益与费用；不限于货币收支的比较，还包括不能用货币反映甚至较难数量化的一些效益与费用的比较，从而形成费用效益分析，形成经济净现值、经济内部收益率等评价指标。

（5）社会评价方法

社会评价是指分析投资项目对实现社会目标方面的贡献的一种方法。社会目标包括经济增长目标和收入的公平分配等。经济增长是指国民收入的增长。社会评价以经济增长为目标，即是追求国民收入的最大化。大规模的石油化工项目将会产生重大的社会影响，可能产生的正面影响和负面影响也需分析预测项目能否为当地的社会环境、人文条件所接纳，以及当地政府、居民支持项目存在与发展的程度，考察项目与当地社会环境的相互适合关系。一般采用逻辑框架法对可能影响项目的各种社会因素进行识别和排序，选择影响面大、持续时间长并容易导致较大矛盾的社会因素进行预测，分析可能出现这种风险的社会环境和条件。

（6）方案比较与优化方法

由于企业可用于投资的资源总是有限的，对于多个需要投资的方案就需要有投资的顺序或组合。在技术经济评价中，主要采用多方案的项目群评价方法，包括对比分析法、价值工程法等。

（7）风险分析方法

项目的投资结论会受到各种不同因素的影响，因此需要分析不同的因素对项目的影响程度，并提前做好对策。风险分析是项目风险管理的首要工作，是实施项目风险管理的重要内容，其中包括风险识别、风险估计、风险管理策略、风险解决和风险监督等。主要采用平衡点分析法来分析项目的产量风险，敏感性分析找出项目的敏感因素，蒙特卡洛模拟法、概率分析法分析在不同的可能性下项目的风险程度。

本章小结

本章通过对技术经济学的含义、主要工作内容、产生与发展的论述，阐述了化工技术经济学科创立发展的历程，明确了化工技术经济的内涵及在我国经济发展中的重要地位，指出了理论研究和实践的发展方向。然后介绍了化工技术经济研究的基本理论和研究方法，在对技术经济学的学科特点进行总结归纳的基础上，着重分析了学科在理论研究和应用方面的特性。

1. 简述技术经济学的含义及主要工作阶段。
2. 化学工业的特点是什么？
3. 化工技术经济财务分析的方法主要有哪些？
4. 简述化工技术经济的学科特点。
5. 目前我国相关部门批准项目建设采取什么管理制度？

第 2 章
中国与世界石油化学工业发展演变

学习目标：
① 了解石油化学工业的基本情况；
② 了解世界石油化学工业的简单情况和特点；
③ 掌握中国石油化学工业的发展历程和市场情况；
④ 了解国内外知名化工企业和企业发展趋势。

2.1 石油化学工业介绍

2.1.1 石化工业基本介绍

石油化学工业简称石化产业，一般指以石油和天然气为原料，生产石油产品和石油化工产品的加工工业，包括石油石化和化工两个大部分。石化产业是国民经济的支柱产业，产品广泛用于国民经济、人民生活各个领域，对促进相关产业升级和拉动经济增长具有举足轻重的作用。

石油产品又称油品，主要包括各种燃料油和润滑油以及液化石油气、石油焦碳、石蜡、沥青等。生产这些产品的加工过程常被称为石油炼制，简称炼油。石油化工产品以炼油过程提供的原料油进一步化学加工获得。

石油化工的基础原料有 4 类：炔烃（乙炔）、烯烃（乙烯、丙烯、丁烯和丁二烯）、芳烃（苯、甲苯、二甲苯）及合成气。由这些基础原料可以制备出各种重要的有机化工产品和合成材料天然气化工。

生产石油化工产品的生产流程如下：第一步是对原料油和气（如丙烷、汽油、柴油等）进行裂解，生成以乙烯、丙烯、丁二烯、苯、甲苯、二甲苯为代表的基本化工原料；第二步是以基本化工原料生产多种有机化工原料（约 200 种）及合成材料（合成树脂、合成纤维、合成橡胶）；这两步产品的生产属于石油化工的范围。以天然气、轻汽油、重油为原料合成氨、尿素，甚至制取硝酸也列入石油化工产业。有机化工原料继续加工可制得更多品种的化工产品，习惯上不属于石油化工的范围。

2.1.2 石化工业行业特征

石油化工行业与其他行业的企业有明显不同,具有典型的行业特征,具体如下。

(1) 资源约束性

石油化工行业最重要的特点就是受到资源因素约束,主要包括油藏的产量的逐步递减规律和全球石油资源有限性两个方面。资源约束性意味着要想实现可持续发展,必须依靠新的技术不断探明新的储量。

(2) 规模经济性和范围经济性

石油初始投资高,且在石油成本构成中,固定成本和变动成本分别占60%和40%左右。因此提高原油产量、管道运输量、炼化加工量,就能降低平均单位成本,就能获得更高的规模经济。按照国际常规,石油企业要想达到最小规模经济水平,年加工能力必须达到250万吨以上,规模越大,经济效益越好。由于石油行业上游开采业高风险、高收益,下游附加值高,但对原油价格波动较为敏感,因此纵向一体化可以实现石油行业内部优势互补,降低总体成本,从而达到石油行业的范围经济性。

(3) 高风险

据统计,跨国石油公司的石油勘探成功率仅有30%~50%,而石油勘探开发投资较大,一般陆上1亿吨石油地质储量的勘探费为10亿元以上,海上投资一个中型油田勘探需要30亿~50亿元的投资,如此巨大的投资,一旦失败将遭受巨额损失。因此,石油开采行业是一个技术密集型产业,科技领域宽、专门化、专业化程度高,新技术的运用可以大大降低勘探开发的成本和开采的不确定性。

(4) 战略性

石油行业的战略性体现在经济、军事和国防安全方面。石油不仅是重要的能源,还是工业原料的主要来源,直接影响钻井、石化设备、化肥、机械、汽车工业等行业的发展,并间接影响钢铁、电力、水泥等行业的发展。石油不仅影响了军队的战斗力和机动性,还能改变军队的部署,对战争的结果起到了至关重要的作用。

2.1.3 石化工业产品的应用

石油化工产品与人们的生活密切相关,大到太空的飞船、天上的飞机、海上的轮船、陆地上的火车及汽车,小到我们日常使用的电脑、办公桌、牙刷、毛巾、食品包装容器、多彩多姿的服饰、各式各样的建材与装潢用品和变化多端的游乐器具等,都跟石油化工有着密切的关系。可以说,我们日常生活中的"衣、食、住、行"样样都离不开石化产品,如图2-1所示。

(1) 衣

石化产品对人类"衣"方面的影响主要是合成纤维与人造革带来的衣料革命。

我国1959年开始发展合成纤维工业以来,加工制成各类价廉物美的腈纶、涤纶、维纶、锦纶等合成纤维衣料。一座足球场大占地仅约4 000平方米的合成纤维厂便可年产纤维90 000吨,而要收成90 000吨的棉花则需要土地1 600平方公里,产出同样数量的羊毛则需牧地40 000平方公里。纤维衣料的生产大大节省了资源。

天然皮革因受资源、动物保护和加工工艺的限制,使用成本高。人造革的使用大大提高了效率并降低了成本。人造革是最早发明用于皮质面料的代用品,它是用聚氯乙烯PVC加增塑剂和其他的助剂压延复合在布上制成,具有价格便宜、色彩丰富、花纹繁多等优点。聚氨酯PU人造革和复合人造革是较PVC人造革新一代产品,更接近皮质面料。PU人造革适宜制作皮鞋、提包、夹克、沙发坐垫等。

(2) 食

石化工业提高了农产品及畜产品的生产效率。化学肥料及农业化学品的施用,大大增加

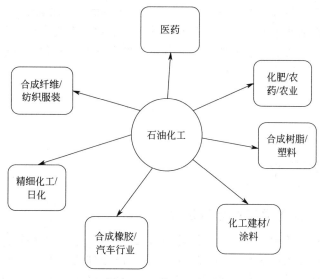

图 2-1 石化工业产品

了粮食产量,从根本上解决了粮食短缺问题。我们日常生活中所用的保鲜膜以及各种各样的食品包装盒都是合成树脂加工成的,这些食品保鲜包装材料延长了食品的保质期,使我们的生活更加方便、丰富。

(3) 住

随着现代化的发展,人们对于住房的功能性需求层次增高,不但要美观耐用还要防火防噪。建筑业是仅次于包装业的最大塑胶用户,如塑胶地砖、地毯、塑料管、墙板、油漆等也都是石化产品,环保的木塑、铝塑等复合材料已大量取代木材和金属。除房屋建材外,家具及家居用品更是石化产品的天下。

(4) 行

汽车、火车、轮船和飞机等现代交通工具,给人类的出行带来了极大的便利,正是石油化工为这些交通工具提供了动力燃料。塑料、橡胶、涂料及黏合剂等石油化工产品广泛用于交通工具,降低了制造成本,提高了使用性能。

总之,石油化工为人类提供了各种生活用品,使我们得以享受丰衣足食、舒适方便的高水准生活。

2.1.4 石化产业对经济社会发展的影响

石油化工业是现代能源的保障。有工业血液之称的石油从 20 世纪 50 年代开始就跃居在世界能源消费的首位,石油及其产品作为重要的动力燃料和化工原料广泛应用在国民经济的各个部门,石油化工已成为化学工业中的基干工业,在国民经济中占有极重要的地位。在没有一种可以和石油化工能源相媲美的新能源被研发出来前,如果没有石油化工资源,现代化社会体系将会瘫痪。

石油化工业推进了社会现代化进程。通过深化改革加强创新推动全产业链转型升级,建设高效、集约、绿色的产业结构,促进物流业、金融服务等产业的快速发展。石化产业的产业特点决定了它能够带动大型开发区的建设和发展,因而需要相关产业配套形成产业集聚,从而推动城市化进程,提高工业生产的效率,为经济发展提供持续前进的动力,加快社会现代化进程。

石油化工业在日常生活中也被广泛应用。石油化工是有机高分子合成材料的基础,而金属、无机非金属材料和有机高分子合成材料被称为三大材料,当前我们生产生活所用到的很多材料都是石油化工业所提供的。从交通出行需要的汽油、柴油到生活日用的肥皂、化纤、陶瓷等，无一不是石油化工业的功绩。除此以外，石油化工也极大促进了农业的发展，从农业化肥如氨肥到农业必用品如塑料薄膜、农业机械的燃料等，石化工业在农业方面都得到了很好的应用，保障了我国农业大国的地位。

2.2 世界石油化学工业

2.2.1 世界石油化学工业总体情况

石油化学工业起源德国、英国、美国等西方发达国家，直到 20 世纪 80 年代，美国、西欧、日本占世界基本石化产品产量的 80%，随着经济全球化的发展，世界石油石化工业的发展重心加速向具有市场潜在优势的亚太地区和具有资源优势的中东地区转移。尤其是在 1997 年亚洲金融危机后，欧美等发达国家主要的石油公司不断调整各自的发展战略，高度重视产业链的纵向延伸和横向拓宽，战略性地挑选和选择对自己有利的具有市场优势和技术优势的领域。通过调整市场运行模式和业务结构，优化市场布局，加大资源向核心业务和优势产品集中，加快实现规模化、专业化和全球化经营，形成鲜明的经营特色，占据市场领先地位。目前，亚太以及中东地区已经拥有了全世界 34.5% 的炼油能力和 42.4% 的乙烯产能，并且是世界最大的合成树脂、合成纤维、合成橡胶的生产地区。

随着全球石油石化工业的发展，石油石化工业技术装备的不断进步，市场需求和资源情况的变化，全球石油石化工业格局的演变，以及世界政治经济形势的变化和科学技术的进步，世界石油石化工业经历了三次大的产业结构调整。

第一次调整从 20 世纪 50 年代到 70 年代初，以从煤化工向石油化工转化为主要目标进行了世界第一次石油化工产业的结构调整。美国率先展开调整，利用墨西哥湾地区丰富的油气资源和集中的炼油能力，成功地开始发展石油化学工业。西欧国家和日本为了恢复和重振国民经济，紧随其后利用当时国际上油价低的有利时机，通过进口替代，高速发展石油化学工业，实现了煤化工向石油化工的转化，建成了石化支柱产业，带动了国民经济的腾飞，完成了世界石油石化工业的第一次产业结构调整。

第二次调整从 20 世纪 70 年代初到 20 世纪 80 年代前半期，世界第二次石油化工产业结构调整在以克服石油危机带来的不利影响为标志的背景下进行。各个国家为应对新技术革命的兴起，开始着手于石化业的产业结构升级；利用能源政策、税制优惠等引导节能降耗；加大科技投入，开发新产品、新工艺、新技术；实行油气资源的多元化、多源化配置等。这次产业结构的调整也标志着国际石油化工业从量的增长进入到了质的提高阶段，推进了世界石油化工业从粗放型向资本集约型的过渡。

第三次调整自 20 世纪 80 年代中后期以来。世界石化工业虽有长足的发展和进步，但仍未能解决资源有效配置、生态环境保护与可持续发展、效益最大化三大战略问题。客观现实要求石化工业从资本集约向技术集约发展，以解决石化工艺技术存在的问题，使石化工业进入主要依靠技术进步求生存、求发展、求效益的新阶段，这也就带来了石化产业结构的第三次调整。第三次调整内容主要集中在以下几个方面：通过资产重组提高石化企业的规模和集中度，突出核心优势业务；以欧美大石化公司为主体，实施以调整全球经营格局为目的的亚洲投资发展战略；精简机构、减人增效、进行人力资源结构调整；加大科技投入，以市场为导向，开发新产品新工艺，调整产品结构；从全球化角度着眼，强化资源的优化配置、生产的合理布局等。

世界石油化工产业的三次结构调整是各个国家在不同的时期、不同的背景下应对不同的形势所做出的，虽然每次侧重点各有不同，但总体趋势仍然是推动世界石化工业从粗放型走向资本集约型再走向技术集约型的发展态势。世界石油化工的产业结构调整目标向着资源结构、企业结构升级转变，利用高新技术建立完整的工业生产加工体系，加快促进产业结构不断优化转型升级，使得石化产业能够成为兼具经济效益与社会效益的产业结构。目前世界正经历百年未有之大变局，机会和挑战并存，我国应抓住机会，勇敢面对挑战，借鉴发达国家和其他发展中国家的有益经验，在时代浪潮中砥砺前行。

2.2.2 世界石化产业发展的特点

（1）全球化趋势日益明显，竞争进一步加剧

在经济全球化进程明显加快的大背景下，世界石化行业全球化的趋势越来越明显。世界石油化工行业的经营主体主要包括大型跨国石化公司、国家石化公司、独立石化公司等。其中，大型跨国石化公司通过国际化经营、全球联合生产，成为了世界石化行业全球化的最主要力量；国家石化公司为了分享国际资源和市场，在积极加快本国石化工业发展的同时加快海外业务拓展，正逐步实现向市场化的跨国公司的转型，成为石化行业国际化的新兴力量。生产的全球化必将进一步带动市场的国际化，加之全球石化工业产能的迅速扩张，多边贸易的兴起，其结果必然使竞争更加激烈。

（2）科技创新仍是核心动力，受到高度重视

世界石化工业的科技创新在三个方面表现突出：一是对节能、环保技术的开发与应用，重点提高生产效率和原料利用率，减少能源消耗，实现清洁生产；二是在油气成本不断上升的情况下，开发多种能源资源，包括煤炭的清洁利用、可再生的生物质能源和化学品的开发等；三是技术含量高、资产回报率好、具有前瞻性的产品成为科技开发的重点，化工产品的应用研究力度不断加大。未来石化工业的常规技术将继续提升，高端石化产品技术将加紧与高科技产业的融合。

（3）专业化发展为目标，企业重组不断强化

20世纪后期，随着化学工业不断走向成熟，世界各大石化公司开始了以资产重组为主要特征的第三次石化产业结构调整。这个过程具有三个突出特点，一是向专业化发展，剥离非核心业务，加强核心产业，使其在某些领域的垄断地位和对市场的控制能力进一步加强；二是产业结构向高端石化产品迈进，利用高科技提高产品附加值，面向高端消费领域，加快退出低附加值、污染严重的传统化工领域；三是以巨型石油公司的整体合并为主要特点，单笔并购交易往往达数十亿甚至上百亿美元，这使得大型跨国公司进一步加强了其在优势领域的主导地位。

（4）一体化、基地化已成基本趋势

全球炼油化工一体化蔚然成风，并成为世界石化产业结构调整的着力点。"炼化一体化"优化了配置资源，可集中利用炼厂和石油化工装置的各种产品和中间产物，使原料和产品集中进出，减少水、电、汽、热等公用工程系统的投资和费用。从经济上看，除了可以降低运输和终端销售成本，减少公用事业、管理成本及其他费用等，还可以使炼厂25%的产品变为附加值较高的石化产品，并提高生产的灵活性。同时，一体化的石化联合体还可以根据石脑油烷烃含量，做到"宜烯则烯，宜芳则芳"，优化原料路线并增加收益。

大规模石化装置的集中建设和炼化一体化企业的诞生促成了一批大型石化基地或石化中心的形成。目前，全球已形成了美国墨西哥湾，日本东京湾，韩国蔚山、丽川、大山，新加坡裕廊岛，比利时安特卫普等一批世界级的大型石化工业区；沙特的朱拜勒地区等也正在形成一批新兴的大型石化基地。我国的长三角、珠三角、环渤海等地区的大型石化基地，一个突出特点是临港建设，符合石化原料与产品大进大出的特点，符合全球化条件下世界范围生

产贸易的要求，也使大型港口成为最有效率、最优良的石化工业生产基地。

2.2.3 国际重要石油化工公司全球化过程

由于石油化工行业的规模特性，世界上主要的石化公司都经历了一个不断兼并发展的过程，目前已经形成了少数大型的国际化公司，如壳牌石油公司、埃克森美孚公司、英国石油公司等。这些公司在储量、销量、技术能力都处于国际领先水平。我们以埃克森美孚公司为例来说明石化公司的全球化过程。

1991年11月，美国标准石油公司埃克森石油公司和美孚石油公司合并成立了埃克森美孚石油公司。合并前埃克森排名世界第一，美孚石油公司排行世界第四。兼并后的埃克森美孚成为国际上最大的天然气公司炼油和石油出产公司，买卖直达全球的每一个角落。

2019年7月，《财富》世界500强排行榜埃克森美孚公司位列第8位，美国500强排行榜第3位。埃克森美孚领先的优势主要取决于其具有前瞻性的以效益和利润为前提的公司发展战略机制。上下游一体化是埃克森美孚施行的整体战略指导方针。随着世界石油石化业的发展，通过高效的资本手段来并购相关企业和有选择地直接投资建厂，埃克森美孚石油公司将其业务从炼油业务积极向油气勘探开发和更下游的化工产品生产领域延伸，形成了上下游一体化协调发展的、稳定的、均衡的业务体系和业务结构，有效地减轻了由于国际油价波动、宏观经济周期以及特殊情况对公司的影响。

埃克森美孚石油的这种上下游一体化协调发展的整体战略并不局限于某一地区，而是放眼于全球，在全球各地积极展开的，这种上下游一体化协调发展的整体战略在全球石油资源紧缺和区域间分布极端不平衡的情况下也能保持稳定发展，同时也离不开国际化的运营战略。埃克森美孚利用合并后的强大竞争力在欧美发达地区巩固市场，积极拓展至油气资源丰富的中东、东欧地区以及经济快速发展的亚太、拉美新兴市场。这些国际战略性的举措都为埃克森美孚保持较高的净利润率和投资收益率打下了坚固的基础。

2.3 中国石油化学工业介绍

2.3.1 中国石化工业基本情况

中国石化工业起步于20世纪50年代末，中华人民共和国成立时，我国石化工业基本上是空白，1963年是中国石油业发展史上一个极为重要的年份。大庆油田建设投产后，石油由短缺变为自给并且有余。之后，中国石油工业的发展速度十分惊人。随着大庆油田的开发成功，我国原油产量迅速增长，炼油工业也进入新的发展时期。几十年时间里，我国的石油化工业完成了从无到有的过程，虽然能够生产一些石油化工产品，但产少、质量低，而且品种单一，特别是工艺技术、能源消耗、化工设备与世界先进水平相比，有相当大的差距。

20世纪70年代，我国的石化工业水平逐渐缩小了与发达国家的差距。随着石油的大规模开发，石油产量逐年高产，石油化工产业有了可靠的原料保证和物质基础。至此，石油化工初步形成了一个完整的工业体系，在科研、设计、生产、建设等方面形成了一支比较齐全的技术队伍。国内对石油化工产品的需求日益增长，石油化工产品供不应求，石油化工业有了较大的发展空间。国际上，石化工业经过突飞猛进的发展之后，一些发达国家已经出现供大于求的现象，迫切需要打开国外市场，输出资本、技术和设备，以维持他们石油化工业的发展水平。在这种环境和背景下，我国石油化工业开始大规模地从国外引进先进的生产设备，推进石油化工业的发展。

20世纪80年代，石油化工业快速成为国民经济的支柱产业。我国石油化工业进入改革开放时期，1983年，国民经济调整结束后，原停建的石油化工引进项目开始全面恢复建设，在国民经济发展规划中，石化工业的发展问题受到高度重视。为了在组织上、体制上保证我国石油化工业的现代化和加快发展速度，党中央和国务院决定成立中国石油化工总公司，在全国范围内对石油化工行业实行集中领导，统筹规划，统一管理，划归中国石油化工总公司管理的有38个炼油、石油化工、化纤、化肥企业以及21个其他企事业单位，集中了全国石油化工绝大部分骨干企业，其中包括一批较大规模的现代化石油化工基地。

20世纪90年代，石油化工企业重组跨入世界级企业行列。为了更好地发展我国石化工业，增加石化工业的国际竞争力，根据党中央和国务院的精神，1998年我国石油石化企业重组，以石油石化生产上下游一体化、内外贸一体化、产销一体化的原则组建两个特大型石油石化企业集团，中国石油、中国石化重组的两大石油石化集团公司，不仅是我国最大的两个企业，也跻身世界500强企业之列。

改革开放40年来是石油化工产业发展最重要的时期。经过2001年国务院撤销国家石油化工局，石油化工产业市场向改革迈出关键性一步，发展到全国先后有30余家石油化工企业改制上市，石油化工企业经济效益情况较好，石化企业不断蓬勃发展。

2.3.2　中国石油化学工业的市场结构演变

我国石油化学工业的发展历程可以分为三个阶段。

(1) 高度集中管理体制下的完全垄断阶段（1949—1982年）

我国具有辉煌的古代石油开采历史，早在2000多年前的秦汉时代，我国人民就在陕北一带发现了石油。中华人民共和国成立以后，为解决我国经济发展能源供应的瓶颈，摆脱我国贫油国的帽子，中国政府努力建立起一个规模庞大、体系较为完整的现代石油体系。石油行业的迅速发展为我国经济发展提供了巨大的能源支持，为我国的经济建设作出了巨大的贡献。

这一时期，在政府或国家对石油行业实施严格的行政监督的体制下，石油行业具有政企合一的特点，石油行业是完全计划经济体系，投资计划和任务目标由国家计委和国家经委来制定，拨款、勘探、生产分别由财政部、地质部和石油部负责，石油部管理所有的企业，石油行业高度集中，同时也存在着无法逾越的进入壁垒。国家综合计划全部石油及产品在国内销售渠道单一，销售的石油产品没有任何替代品。

(2) "三分四统"体制下的高度集中阶段（1982—1998年）

改革开放以来，我国本着独立自主、自力更生的原则，在开展海上石油勘探开发方面，石油工业部直接与外国石油公司建立商务合作关系，开展对外业务。1982年，中国海洋石油总公司在北京挂牌成立，经营范围主要是中国海洋石油领域对外开采的业务，享有在对外合作海域内石油勘探、开发、生成和销售的专营权。1983年，中国石油化工总公司在北京挂牌成立，主要管理全国的炼化、石化和化纤企业。

1988年，石油部被撤销，中国石油天然气总公司在北京挂牌成立，承担原石油部的政府职能，同时具有经济实体。由此，中国的石油行业形成中国石油天然气总公司、中国海洋石油总公司和中国石油化工总公司三足鼎立格局。其中中国石油天然气总公司负责陆上石油、天然气勘探开发和管道长途运输，中国海洋石油总公司负责海上石油勘探开发和对外合作，中国石油化工总公司负责石油炼化与销售。

这一时期，除了形成中国石油天然气总公司、中国石油化工总公司、中国海洋石油总公司三大专业石油公司，国外石油公司也逐渐进入中国，产业集中度较完全垄断情况有了明显改善。但由于当时的社会市场化改革刚刚起步，石油组织形式和治理结构依旧延续改革开放前计划经济的框架模式，三大石油公司听从国务院及其能源管理部门的行政指令，仅在行政职能上进行了分割，市场进入依旧存在较大障碍。

（3）产业重组改造后的新竞争阶段（1998年至今）

1998年，国务院将中国石油化工总公司和中国石油天然气总公司改组为两个大型集团公司。大重组实现了石油产业的重大变革，改革了石油企业的运营机制，增强了石油企业的运行效率，改变了长期以来政企合一的局面，改变了石油产业长期的割据垄断，标志着中国石油产业从行政计划转向市场经济，为建立符合市场经济要求的现代企业制度特别是在组织形式方面奠定了基础，为最终打造出一支具有国际竞争力的一流能源公司提供了有力保障。

2.3.3 中国石油化工企业国际化发展历程

在对外贸易方面，中国石化国际贸易的历史沿革主要经历了三个阶段。第一阶段（1983—1999年）为垄断国贸阶段，第二阶段（2000—2004年）为大国贸阶段，第三阶段（2005年以后）为专业化国贸阶段。

在海外投资方面，我国石油化工行业的海外投资经历了"引进来"和"走出去"的历程。20世纪80年代开始，我国石油行业刚开始大力发展，在技术和业务方面都较落后，这就急需向西方国家学习和借鉴发展的经验，因此引进了国外的先进专利技术来改善国内的石油开采和冶炼水平。

在体制改革方面，石化企业作为能源行业，也是国家的经济命脉，必须要有一套有效的管理体制进行管控。体制和经济的发展、时代的背景是紧密相联的。纵览整个石油行业的发展状况，中国正是经历了从国家高度集中管理到逐步将权力放开、下放的过程。

在工程建设方面，多年来，国内石油化工行业逐步建立起石化行业"国外标准信息库"，我国行业内的专家在不断精确地掌握和学习国际标准的同时，积极参加与国际标准组织相关的交流和合作，实现了石化国际工程标准国际化的突破。

2.3.4 我国石油化工企业面临的挑战

（1）创新能力还不满足新时代要求

在国家发改委发布的《产业结构调整指导目录（2019年本，征求意见稿）》中明确提出，鼓励对经济社会发展有重要促进作用，有利于满足人民美好生活需要和推动高质量发展的技术、装备、产品、行业。在新时代对我国石油化工企业提出了新的要求，尽管我国的石油化工行业已经取得了巨大进步，但在工程塑料、高端聚烯烃、高性能橡胶等高端产品对外依存度居高不下，创新能力还不能满足发展的要求。随着市场对产品质量、品种和功能要求的提高，产品高端化将成为趋势。我国石化工业的高新技术和产品应用开发还需加强，引进的先进设备国产化的程度还需提高，强化消化吸收并创新发展。

（2）进口产品对化工市场的冲击巨大

中东的资源禀赋决定了中东是全球乙烯下游产品生产成本最低的地区。中国每年都从中东进口大量的乙烯下游产品，未来中东对我国乙烯下游产品市场的冲击仍将继续。美国页岩气革命助力美国化工业复苏崛起，成为全球低成本化工产品生产基地，大大提升了美国化工产品在全球市场的竞争力。而美国的化工市场已经饱和，中国是最大的出口目标市场，未来一段时间进口化工产品将对国内市场造成巨大冲击。

（3）投资与研发不能完全满足安全健康环保的要求

中国经济迈入高质量发展阶段，对石化行业的发展提出了新要求。安全、节能减排标准提高，水处理和空气净化要求提高。在2018年国务院印发的《打赢蓝天保卫战三年行动计划》中，对挥发性有机物 VOCs 的监管控制更加严苛，要求到 2020 年 VOCs 排放总量较 2015 年下降 10%，VOCs 将被纳入环保税征收范围。同时，随着消费升级，对化工产品的质量、品种和功能也将有更高、更新和更细化的要求。行业投资和研发重点转向化工新材料、高端专用化学品、生物化工、现代煤化工和安全、节能环保等领域。但目前我国石化行业的研发投入不足，与国际领先企业依然有较大差距。

(4) 炼化转型带来机遇和挑战

2018 年我国炼油能力约 8.31 亿吨，实际加工量 6.04 亿吨，开工率 72.7%。面对炼油产能严重过剩的局势，炼油向化工转型已成为行业共识，但缺少具体的方向，可谓是机遇与挑战并存。对于炼化一体化企业，一方面有更多的原料进入裂解装置，另一方面，需要新技术使裂解装置下游产品充分体现差异化、高端化。对于炼油企业，一方面，要通过丙烷脱氢、烯烃裂化等路线多产丙烯并延伸丙烯产业链；另一方面，还要应对丙烯下游竞争激烈的现状。对于整个行业来说，通过新技术、新工艺、新产品的开发和应用可使我国石化行业整体水平和竞争力得到提升，出现了大量投资与发展机遇。

2.4 国内外的知名化工企业

2.4.1 中国石油化工行业公司介绍

(1) 中国石油化工集团有限公司

中国石油化工集团有限公司（简称"中石化"）创立于 1998 年 7 月，是经中国石油化工总公司重组而来，属于特大型国有企业，国家独资，隶属于国资委。中石化在 2019 年《财富》世界 500 强企业中排名第 2 位，在 2019 中国制造业企业 500 强榜单中排名第 1 位。

其主要经营的业务范畴如下：从事石油天然气的上游勘探、中游的炼制和下游的成品销售为一体的产业链一体化运营以及石油炼化产品的销售和批发，其他石化成品的上下游一体化运营；同时还具有工程项目总承包资质，涉及设计、施工、安装、投产全方位业务运营；此外，还有石化企业设备的检修维护，制造大型的机械设备，寻求可替换能源的开发和研究；根据国家的法律规定代理进出口各类商品，招标采购，物流储运等业务。

(2) 中国石油天然气集团有限公司

中国石油天然气集团有限公司（简称"中石油"）创立于 1998 年，是在中国石油天然气总公司的基础上组建的特大型石油石化企业集团。中石油是我国最主要的石油公司，也位于世界石油行业先列。中石油名列 2020 福布斯全球企业 2000 强榜第 32 位，入选 2020 年中国企业 500 强榜单，排名第 3 位。此外，中国石油还有几个第一之称：是生产和销售油气第一的公司；在中国销售收入第一的公司；还是全球最大的几家石油公司之一。

中石油与中石化有共同的业务板块和业务模式。而其事务经营范围包括：一是工程技术服务类；二是石油装备制造类；三是金融服务类；四是新能源开发；五是石油和天然气勘探开发和出售。

(3) 中国海洋石油股份有限公司

中国海洋石油集团公司（简称"中海油"）创立于 1982 年，是由国务院国有资产监督管理委员会直接监管的。相对于中石化和中石油，中海油主要从事海上的油气勘探开发销售业务，是世界上最大的独立油气勘探和生产公司之一。中海油在 2018 年《财富》世界 500

强排行榜中排名第 87 名；在福布斯 2018 年全球最佳雇主榜单中位列第 6 位。

中海油主要业务包含：油气勘探开发、专业技术服务、炼化销售及化肥、天然气及发电、金融服务、新能源等板块。

(4) 中国化工集团有限公司

中国化工集团有限公司（简称"中国化工"）是经国务院批准，在中国蓝星（集团）总公司（简称"蓝星公司"）、中国昊华化工（集团）总公司（简称"昊华公司"）等原化工部直属企业重组基础上新设的国有大型中央企业，于 2004 年 5 月 9 日正式挂牌运营，隶属国务院国资委管理。中国化工是世界 500 强企业，是中国最大的基础化学制造企业。中国化工在 2018 年《财富》世界 500 强排行榜上位列第 167 名，在 2019 中国制造业企业 500 强榜单中排行第 10 位，在 2020 年 4 月入选国务院国资委"科改示范企业"名单。

中国化工主业为化工新材料及特种化学品、基础化学品、石油加工及炼化产品、农用化学品、橡胶制品、化工装备 6 个业务板块。在化工新材料及特种化学品领域，中国化工拥有有机硅、有机氟、蛋氨酸等数十个生产基地，其中蛋氨酸产量位居世界第二，有机硅产量位居世界第三；在农用化学品领域，中国化工农化总公司已成为全国最大的农药企业集团，拥有各类杀虫剂、除草剂、杀菌剂及农药中间体上百个品种，多种农药及中间体产能、产量居国内首位；在科研开发领域，中国化工拥有 25 家科研和设计院所，占化工类国家级科研机构综合力量的 70%，拥有的专利数量在中央企业中名列第 6 位，科技创新综合能力排名第 12 位。

2.4.2 国际知名石油化工行业的公司

(1) 荷兰皇家壳牌石油公司

荷兰皇家壳牌石油公司成立于 1907 年，是一家国际能源和化工集团，总部位于荷兰海牙。荷兰皇家壳牌石油公司由荷兰皇家石油与英国的壳牌两家公司合并组成。2019 年 7 月 22 日，《财富》世界 500 强排行榜发布，荷兰皇家壳牌石油公司位列第 3 位。

壳牌公司是世界石油、能源、化工和太阳能领域的重要竞争者。壳牌公司拥有五大核心业务，包括勘探和生产、天然气及电力、煤气化、化工和可再生能源。

(2) 埃克森美孚石油公司

埃克森美孚石油公司于 1882 年创建，是世界最大的非政府石油天然气生产商，总部设在美国德克萨斯州爱文市。其在全球拥有生产设施和销售产品，在六大洲从事石油天然气勘探业务；在能源和石化领域的诸多方面位居行业领先地位。埃克森美孚石油公司连续 85 年以上获得 3A 信用等级，是世界上保持这一记录为数不多的公司之一。此外，埃克森美孚石油公司是全球第一家市值超过 4 000 亿美元的公司。2018 年 12 月，世界品牌实验室编制的《2018 世界品牌 500 强》揭晓，埃克森美孚公司排名第 33 位。

自 20 世纪 70 年代以来，随着中国的改革开放，埃克森美孚的关联公司逐渐重新参与中国能源工业诸多领域的业务，包括石油勘探、天然气及燃料销售、润滑油销售和服务、化工及发电等。

(3) 英国石油公司

英国石油公司成立于 1909 年，是世界最大私营石油公司之一，也是世界前十大私营企业集团之一。该公司由英国石油、阿莫科、阿科和嘉实多等公司整合重组形成，是世界上最大的石油和石化集团公司之一。

公司的主要业务是油气勘探开发、炼油、天然气销售和发电、油品零售和运输以及石油化工产品生产和销售。此外，公司在太阳能发电方面的业务也在不断壮大。

(4) 道达尔石油公司

道达尔公司成立于 1920 年，是全球四大石油化工企业之一，总部设在法国巴黎，在全球超过 110 个国家开展润滑油业务。2003 年 5 月 7 日全球统一命名为道达尔（TOTAL），旗下有道达尔（TOTAL）、菲纳（FINA）、埃尔夫（ELF）三个品牌。

道达尔的全球业务分为三个部分：上游包括石油天然气的勘探与生产，天然气与电力，以及其他能源；下游涵盖了贸易与运输，炼油与销售，即通过在全球的零售网络及其他渠道销售道达尔、埃尔夫品牌的油品、车用油、液化石油气、航空燃油及润滑油等特种油品；化工的多种业务包括基础化工（石化及化肥）及用于工业和消费品市场的特种化工。

（5）巴斯夫公司

巴斯夫股份公司（BASF SE），缩写 BASF 是由以前的全名 Badische Anilin-und-Soda-Fabrik（巴登苯胺苏打厂）而来，是一家德国的化工企业，也是世界最大的化工厂之一。巴斯夫总部设在路德维希港，在 39 个国家设有 350 多个分厂和公司。2019 年，美国商业杂志《财富》世界 500 强排行榜，巴斯夫位列第 115 位，被评为"全球最受赞赏化工公司"。

巴斯夫公司主营业务有化学品及塑料、天然气、植保剂和医药，保健及营养，染料及整理剂，化学品，塑料及纤维，石油及天然气，其别具特色的一体化基地（即德语中的"Verbund"）是公司的优势所在。

（6）杜邦公司

成立于 1802 年的美国杜邦公司是一家科学企业。杜邦公司在全世界遍布 70 个国家开展业务，有 135 个生产和加工设施；在全球拥有 10 000 多名科学家和技术人员以及超过 150 家研发设施；在美国有 40 多个研发及客户服务实验室，在 11 个国家有超过 35 个的实验室。2015 年，陶氏化学和杜邦美国宣布合并，新公司成为全球仅次于巴斯夫的第二大化工企业。杜邦位列 2020 年《财富》美国 500 强排行榜第 152 位，在财富 500 家美国最大的工业/服务公司排行榜上名列第 70 位。

杜邦公司主营业务有电子材料、能源与公用设施、采矿、食品与饮料、工程塑料、楼宇与建筑、汽车（爱温无水冷却液）、海运等方面。

本章小结

本章通过介绍石油化学工业对国民经济发展的重要性，分别阐述石油化学工业的基本常识、世界石油化学工业的发展、我国石油化学工业的发展历史和现状。石化企业是促进国民经济发展的重要一环，体现在百姓生活的方方面面。从世界经济发展的视角来看，由于日益发展的全球化经济和全球信息化发展促使各国石油公司以世界为经营范围。在全球化的今天，逐渐形成一体化的新局面。近年我国的知名石油化工企业发展已显有成效，但与国际知名公司相比，在创新力、公司运营、行业整体规划和国际化程度上有所差距。通过本章的学习，我们能理解石油化学工业的特点并把握住石油化学工业行业分析的特征，是我们进一步学习技术经济评价的基础。

1. 简述石油化学工业对国民经济的作用。
2. 世界石油化学工业发展的特点是什么？
3. 中国石油化学工业面临的挑战都有哪些？
4. 世界石油化学工业发展的趋势是什么？
5. 我国应如何应对新技术发展对石油化学工业的冲击？

第 3 章

石油化工企业发展战略

学习目标：
① 熟悉企业战略类型；
② 理解战略分析方法；
③ 理解产品生命周期的特征；
④ 了解我国石油化工行业的发展战略；
⑤ 理解新技术发展的化工行业发展策略。

3.1 企业战略分析

3.1.1 企业战略类型

项目投资决策，特别是重大项目投资决策，对企业而言，是非常重要的战略决策。它不单是项目的技术经济分析，更应建立在企业战略分析的基础之上。因此，必须站在战略的高度，全面分析企业的外部环境，发现企业的机会与存在的威胁；客观认识企业的内部条件，了解自身的优势与劣势，充分挖掘竞争能力，使投资决策服从于服务企业总体战略，才能抓住机会，扬长避短，在竞争中获胜。

3.1.1.1 企业战略规划

企业战略是指企业在竞争环境中，为赢得竞争优势，实现企业的经营目标和使命，而着眼于长远发展，适应企业内外形势而作出的企业总体发展规划。它指明了在竞争环境中企业的生存态势和发展方向，决定企业的业务结构和竞争形势，并要求对企业的人力、财力、物力、技术、管理等资源进行相应配置。

企业战略规划是规划企业未来长期目标，并制订实施计划的过程。它包括对各种为实现组织目标和使命方案的拟订、评价以及实施方案选择，可以分为战略分析阶段、战略选择阶段、战略实施阶段。企业战略规划过程如图 3-1 所示。

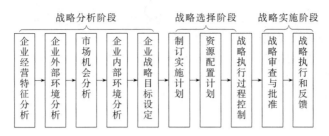

图 3-1　企业战略规划过程

企业战略规划需要考虑企业外部和内部两大因素。社会文化、政治、法律、经济、技术和自然等因素都制约着企业的生存和发展,它们构成企业的外部不可控因素,它们给企业带来机会,也带来威胁。如何趋利避险,在外部因素中发现机会、把握机会、利用机会,洞悉威胁、规避风险是企业生死攸关的大事。在瞬息万变的动态市场中,企业是否有快速应变能力,能否迅速适应市场变化,实现企业创新变革,决定着企业是否具有可持续发展的潜力。

企业的内部可控因素主要包括技术、资金、人力资源和所拥有的信息等,通过内部因素分析,可以准确把握企业的优势与劣势,从而知己知彼,扬长避短,发挥自身的竞争优势,确定企业的战略发展方向和目标,使目标、资源和战略三者达到最佳匹配。

借助外部因素评价矩阵、竞争态势矩阵、内部因素评价矩阵、SWOT 矩阵等方法,通过对外部机会、风险以及内部优势、劣势的综合分析,可以确定企业的长期战略发展目标,制定企业的发展战略。将企业目标、资源与所制定的战略相比较,利用波士顿矩阵、通用矩阵等分析工具,找出并建立外部与内部重要因素相匹配的、有效的备选战略。通过定量战略规划矩阵对备选战略的吸引力进行比较,确定企业最可能成功的战略。然后制订企业具体的年度目标,围绕这一确定的目标,合理地进行人力、财力、物力等各项资源的配置,有效地实施战略,并对已实施的战略进行控制、反馈与评价,再改进和完善企业战略,实现动态战略规划。

3.1.1.2　企业战略类型

企业战略一般包括三个层次,即企业总体战略、企业竞争战略和企业职能战略。企业总体战略是确定企业的发展方向和目标,明确企业应该进入或退出哪些领域,选择或放弃哪些业务。企业竞争战略是确定开发哪些产品,进入哪些市场,如何与竞争者展开有效竞争等。企业职能战略研究企业的营销、财务、人力资源和生产等不同职能部门如何组织,为企业总体战略提供服务的问题,包括研发战略、营销战略、生产战略、财务战略和人力资源战略等,是实现企业目标的途径和方法。其中,与项目投资决策密切相关的是企业总体战略和企业竞争战略。

(1) 企业总体战略

企业总体战略包括稳定战略、发展战略和撤退战略三大类。企业稳定战略又称防御型战略,是指受经营环境和内部条件的限制,企业基本保持现有战略起点和范围的战略,包括无变化战略、利润战略等;企业发展战略又称进攻性战略、增长型战略,是指企业充分利用外部机会,挖掘内部优势资源,向更高层次发展的战略;企业撤退战略也称退却性战略,是指退出没有发展或者发展潜力很小的企业战略,包括紧缩战略、转向战略和放弃战略。

企业发展战略是大多数企业的基本战略选择,包括新领域进入战略、一体化战略和多元化战略。企业发展战略实现方式有内部发展与外部发展两种途径,包括产品开发、直接投资、并购、战略联盟等方式,其中并购是当前全球跨国投资的主要方式,全球直接投资的 85% 以企业并购的方式进行。

① 新领域进入战略。它是指企业为了摆脱现有产业的困境,或发现了新的产业成长机

会，为培育新的增长点，而采用的产业拓展或市场拓展战略，包括进入新的市场、新的行业等。如电器制造企业进入房地产行业，中国企业进入美国市场等。

② 一体化战略。它包括纵向一体化战略和横向一体化战略。纵向一体化战略又称垂直一体化战略，它是将企业生产的上下游组合起来的发展战略。如纺织企业向上延伸到化纤原料生产，向下延伸到服装生产；横向一体化战略又称水平一体化战略，是企业为了扩大生产规模，降低生产成本，巩固企业市场地位，提高竞争能力而与同行的企业进行联合的一种战略。

③ 多元化战略。它是由著名的战略学家安索夫在20世纪50年代提出的。多元化包括相关多元化和不相关多元化。相关多元化是以企业现有的设备和技术能力为基础，发展与现有产品或服务不同但相近的新产品或服务。如制造电视机的家电企业扩展到空调、计算机、洗衣机等行业。不相关多元化则是企业进入完全无关的行业，如天津同仁堂收购天津"狗不理"等。

(2) 企业竞争战略

企业竞争战略包括成本领先战略、差别化战略和重点集中战略三大类。

① 成本领先战略。它是指企业通过扩大规模、控制成本，在研究开发、生产、销售、服务和广告等环节最大限度地降低成本，成为行业中的成本领先者的一种战略。其核心就是在追求产量规模经济效益的基础上，降低产品的生产成本，以低于竞争对手的成本优势赢得竞争的胜利。如广东格兰仕采用了低成本领先战略，近年来迅速扩大生产规模，大幅度降低生产成本，逐步成为国内微波炉市场的主宰和全球最大规模的微波炉制造企业。

② 差别化战略。它是指企业向市场提供与众不同的产品或服务，用以满足客户的不同需求，从而形成竞争优势的一种战略。差别化可以表现在产品设计、生产技术、产品性能、产品品牌、产品销售等方面，实行产品差别化可以培养客户的品牌忠诚度，使企业获得高于行业平均利润水平。差别化战略包括产品质量差别化战略、销售服务差别化战略、产品性能差别化战略、品牌差别化战略等。如索尼公司定位高品质家用电器的引领者，采用差别化战略，不断推陈出新，推出高品质的影音娱乐产品，以高档次、高质量、新时尚的形象立足市场。

③ 重点集中战略。它是指企业把经营战略的重点放在一个特定的目标市场上，为特定的地区或特定的消费群体提供特殊的产品或服务的一种战略。重点集中战略与前两种基本竞争战略不同，成本领先战略与差别化战略面向全行业，在整个行业范围内进行活动，而重点集中战略则是围绕一个特定的目标进行密集型生产经营活动，要求能够比竞争对手提供更为有效的服务。企业一旦选择了目标市场，便可以通过产品差别化或者成本领先的方法，形成重点集中战略。因此，采用重点集中战略的企业，基本上就是采用特殊的差别化或特殊的成本领先战略。

重点集中战略也可使企业获得超过行业平均水平的收益。这种战略可以针对竞争对手最薄弱的环节采取行动，形成产品的差异化；或者为该目标市场的专门服务降低成本，形成低成本优势；或者兼有产品差异化和低成本优势。采用重点集中战略的企业由于市场面狭小，可以更好地了解市场和顾客，提供更好的产品与服务。由于重点集中战略的目标市场相对狭小，所以企业获得的市场份额总体水平较低。

三种基本竞争战略的特征和基本要求如表3-1所示。

表3-1 三种基本竞争战略的特征和基本要求

特征	战略	成本领先战略	差别化战略	重点集中战略
产品多样化		较低	较高	围绕特定目标
市场分割		面向大众和普通顾客	市场细分	一个或少数几个市场分割

续表

特征\战略	成本领先战略	差别化战略	重点集中战略
基本能力要求	持续的资本投资和良好的融资能力；工艺加工技能高；生产管理严格；产品易于制造和适合大批量生产；低成本的分销系统	强大的营销、产品加工能力；创新能力；销售渠道高度配合；强调品牌、设计、服务和质量	针对具体目标，确定相应的各项能力组合
特殊能力需求	制造、物料管理能力	研发能力	集中战略下的各种能力
基本组织要求	组织职责明确、严格的定量目标激励；严格成本控制	研发、销售部门密切配合；重视主管评价和激励；宽松的工作氛围	针对具体战略目标，确定相应的组织要求

3.1.2 产品生命周期

产品生命周期是指一种产品从生产到推广、应用、普及和衰退的过程。是否投资一个项目，首先应分析产品的市场发展前景，分析产品所属的行业是处于上升期、稳定期，还是衰退期。虽然每个产业的发展不一样，但是每个产品的生命周期理论都是相同的，所以产品生命周期模型能观察、分析行业成长性，从而把握产业的战略特征，选择合适的企业战略。

3.1.2.1 产品生命周期的各个阶段

一个产品的生命周期一般可分为四个阶段：导入期、成长期、成熟期和衰退期，如图3-2所示。

第一阶段是导入期。产品开始逐步被市场认同和接受，行业开始形成并初具规模，这是产品生命周期的幼年时期。在此阶段，行业内的企业很少，市场需求低，产品质量不稳定，批量不大，成本高，发展速度慢。对企业来说，在该阶段需要付出极大的代价来培育市场、完善产品，随着企业和行业的发展，企业可能会在行业中具有先入优势。

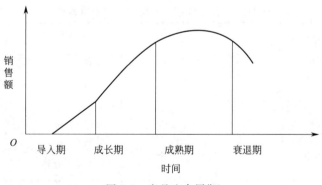

图 3-2 产品生命周期

第二阶段是成长期。此阶段产品市场需求急剧膨胀，行业内的企业数量迅速增加，行业在经济结构中的地位得到提高，产品质量提高，成本下降。对企业来说，该阶段是进入该行业的理想时机。

第三阶段是成熟期。此阶段产品定型，技术成熟，成本下降，利润水平高。但是随之而来的是由于需求逐渐满足，行业增长速度减慢，行业内企业之间竞争日趋激烈。这个时期，企业进入门槛很高，除非有强大的资金和技术实力，否则一般难以取得成功。

第四阶段是衰退期。由于技术进步或需求变化，可替代的新产品出现，原有产品的市场迅速萎缩，同时，由于技术的成熟，各企业所提供的产品无差异，质量差别小，行业进入了衰退期。此时，行业内的一些企业开始转移生产领域，并逐步退出该领域。对企业来说，该阶段不宜进入该行业。

产品属于产品生命周期的哪一个阶段,可以从市场容量、生产规模、生产成本、市场价格、产品质量、市场竞争、消费者认知程度等几个因素进行分析识别。产品生命周期各阶段的特点如表 3-2 所示。

表 3-2　产品生命周期各阶段的特点

阶段 因素	导入期	成长期	成熟期	衰退期
市场容量	小	逐步扩大	逐渐饱和	迅速下降
生产规模	小	逐步扩大,生产能力不足	大规模生产,生产能力剩余	生产能力严重过剩,规模缩小,产品定制
生产成本	高	逐步降低	最低	提高
市场价格	高	不断降低	由竞争策略而定	由竞争策略而定
产品质量	技术不稳定 技术相互竞争 质量低	技术趋于稳定 标准化 质量改进	技术稳定 标准化 质量稳定	便利品
市场竞争	少数企业	企业数量增加	企业众多,竞争激烈	企业逐步退出
消费者认知程度	认知度低 面向高收入人群	逐步提高 向大众扩散	全面认同 产品替代	逐渐放弃 新产品替代

3.1.2.2　产品生命周期各阶段的战略特点

产品生命周期的不同阶段的战略特点是不同的,企业应当关注的重点和采取的策略也不同,需要针对其所在的市场竞争地位,采取不同的投资策略,以巩固和改变企业的竞争地位,实现企业价值最大化。相应的策略包括投资策略、市场营销、生产经营、财务、人力资源、研发策略、成功关键点等方面。表 3-3 列出了产品生命周期不同阶段的战略特点。

表 3-3　产品生命周期不同阶段的战略特点

阶段 战略	导入期	成长期	成熟期	衰退期
投资策略	加强研发	重视市场开发	盈利最大化	回收投资
市场营销	广告宣传 开辟销售渠道	建立商标信誉 拓展销售渠道	市场份额竞争	选择市场区域,改善企业形象
生产经营	提高生产效率 开发标准产品	改进产品质量 增加产品品种	加强客户关系 降低生产成本	缩减生产能力 保持价格优势
财务	利用金融杠杆	支持生产改进	控制成本	提高管理效率
人力资源	促进员工适应生产和市场	发展生产和技术能力	提高生产效率	逐步缩减人员规模
研发策略	掌握技术秘密	提高产品质量	降低成本 开发新品种	面向新的增长领域
成功关键点	产品创新 市场培育	生产工艺创新 创立品牌 建立销售网络	规模经济生产 提高产品质量	缩减生产能力 压缩开支 缩小市场

3.1.3　行业竞争结构分析

不同行业中,企业竞争的激烈程度和竞争状态具有很大不同,因而企业的竞争策略差异很大。行业竞争结构是指行业内企业的数量和规模的分布。理论上,竞争可以分为完全竞争、垄断竞争、寡头垄断、完全垄断四种,这四种竞争从市场集中程度、进入和退出障碍、产品差异和信息完全程度方面有不同的特征。这四种竞争结构的特征如表 3-4 所示。

表 3-4　四种竞争结构的特征

特征＼类型	完全竞争	垄断竞争	寡头垄断	完全垄断
集中程度	大量公司	一些公司	少数几家公司	一家公司
进入和退出障碍	无障碍	明显障碍	很大障碍	严重障碍
产品差异	无差异	有潜在的产品差异可能		
信息完全程度	完全信息	不完全信息		

3.1.3.1　行业竞争结构分析模型

20 世纪 80 年代，哈佛大学教授迈克尔·波特在其著作《竞争战略》中，提出了一种结构化的竞争能力分析方法。波特认为，一个行业中的竞争，除了竞争对手外，还存在五种基本竞争力量，即行业新进入者的威胁、供应商讨价还价的能力、替代品的威胁、现有竞争对手之间的抗衡以及购买者讨价还价的能力。供应商和购买者讨价还价可视为来自"纵向"的竞争，新进入者和替代品的威胁可视为来自"横向"的竞争。因此，该方法有时也称为"五力分析""五因素模型"，如图 3-3 所示。

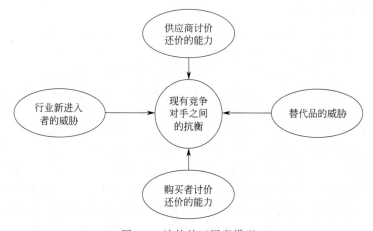

图 3-3　波特的五因素模型

(1) 行业新进入者的威胁

行业的新进入者对现有企业可能带来威胁，可能会挤占现有企业的一部分市场份额；也可能引起行业原材料等资源供应的竞争，抬高资源价格，引起行业生产成本上升，导致现有企业利润下降。产业新进入者威胁的大小取决于行业的进入障碍和可能遇到的现有企业的反击能力与策略。

(2) 供应商讨价还价的能力

与供应商的关系方面，影响企业竞争优势的因素包括供应商的数量、品牌，产品特色和价格，企业在供应商销售战略中的地位，供应商之间的关系等。企业的讨价还价能力取决于企业原材料产品占成本的比例、企业与卖方是否具有战略合作关系等因素。

(3) 替代品的威胁

替代品是指能够满足客户需求的其他产品或服务。新技术或社会需求的变化往往导致新产品的出现，新产品替代原有产品，缩短了原有产品的生命周期，也影响了原有产品的定价和盈利水平。替代品的威胁包括三个方面：替代品在价格上的竞争力；替代品质量和性能的满意度；客户转向替代品的难易程度。虽然替代品对企业有威胁，但也可能带来机会。如果企业技术创新能力强，能够率先推出性价比高的新产品，就可以在竞争中取得领先优势。

(4) 现有竞争对手之间的抗衡

这是五因素中最重要的竞争力量，包括行业内竞争者的数量、均衡程度、增长速度、固定成本比例、产品或服务的差异化程度、退出壁垒等，它决定了一个行业内的竞争激烈程度。同时，还要考虑竞争者目前的战略及未来可能的变化、竞争者对风险的态度、竞争者的核心竞争能力等方面。

(5) 购买者讨价还价的能力

购买者总是期望能够获得价格更低、质量更好的产品，不断要求企业降低价格，提供高质量的产品和服务，并使行业内企业相互对立，从而导致行业盈利水平降低。购买者促使企业降低价格的能力称为购买者讨价还价能力，它取决于购买者的集中程度、产品市场的集中程度、购买者自身垂直整合能力、购买者对产品的了解、市场供求状况等因素。

从战略形成的角度看，这五种竞争力量共同决定了行业的竞争强度和获利能力。对同一行业或不同行业的不同时期，各种力量的作用是不同的。显然，对企业而言，最危险的环境是进入壁垒低、存在替代品、由供应商或买方控制、行业内竞争激烈的产业环境。行业的领先企业可以通过战略调整来改变行业的竞争格局，谋求相对优势地位，从而获得更高的盈利。

3.1.3.2 行业吸引力分析

行业吸引力是企业进行行业比较和选择的价值标准，也称为行业价值，它取决于行业的发展潜力、平均盈利水平等因素，同时也取决于行业的竞争结构。

行业吸引力分析是在行业特征分析和主要机会、威胁分析的基础上，找出关键性的行业因素。其一般影响因素有市场规模、市场增长率、行业盈利水平、市场竞争强度、技术要求、周期性、规模经济、资金要求、环境影响、社会政治与法律因素等。从中识别出几个关键的因素，然后根据每个关键因素相对重要程度确定各自的权数，所有因素的权数之和为1；再对每个因素按其对企业某项业务经营的有利程度逐个评级。其中，非常有吸引力为5，有利为4，无利害为3，不利为2，非常不利为1。最后用加权得出行业吸引力值。

因为行业结构和行业分析因素提供的信息是局部的和静态的，考虑到大多数情况下每个行业都处于不断变化之中，所处的宏观环境也在不断变化并给行业带来新的机会和威胁，因此，行业吸引力的大小应该把行业本身的特征和宏观环境的变化带来的主要机会和威胁结合起来进行评价，才能真正作为企业战略选择的依据。

【例 3-1】 当前聚丙烯、丙烯腈、丁醇、环氧丙烷等丙烯下游的化工产品市场已趋于饱和，但丙烯下游产业高端化升级，新技术的开发和市场应用尤为重要，高端聚丙烯、环氧丙烷、高吸水性树脂等具有良好的市场前景，国内外企业纷纷进入。某石化企业具有一定研发技术基础，希望能进入该市场，试做出吸引力评价分析表。

解 针对某石化企业，高端聚丙烯的吸引力评价表如表 3-5 所示。

表 3-5 某石化企业高端聚丙烯的吸引力评价表

关键行业特征	权重	得分	关键行业特征	权重	得分
市场规模	0.12	4	技术要求	0.1	2
市场增长率	0.28	5	资金需求	0.07	1
行业盈利水平	0.15	5	社会环境可接受性	可接受	—
市场竞争强度	0.13	3	合计	1	3.74
产业政策	0.15	3			

表 3-5 中关键行业特征的各项因素就是在此基础上确定的，权重表示了该因素的重要程度，分值在 0~1 之间，所有权重之和为 1。最后得出，高端聚丙烯行业的吸引力分数是 3.74，具有较高的进入价值。

3.1.4 企业竞争能力分析

企业竞争能力分析主要基于企业内部要素进行分析评价，它取决于行业结构和企业的相对市场地位。企业核心竞争力对企业赢得竞争优势具有重要意义。企业竞争能力分析的工具有竞争态势矩阵、企业价值链分析、战略成本分析等，这里只介绍竞争态势矩阵。

（1）企业竞争地位

企业竞争能力分析需要考虑以下几个方面。

① 企业战略对企业市场位置的影响。

② 在竞争关键因素和竞争优势、资源能力的指标上，企业与关键对手的比较。

③ 企业相对竞争对手所处的地位。

④ 在行业变革驱动因素、竞争压力下，企业对抗竞争对手、巩固市场地位的能力。

企业的竞争地位可以通过一些信号反映出来，具体评价指标包括成本、产品质量、客户服务、顾客满意度、财务资源、技术技能、新产品研发周期，是否拥有对竞争有重要意义的资源和能力。

（2）竞争态势矩阵

竞争态势矩阵是通过行业内关键战略因素的评价比较，分析企业的主要竞争对手及相对于企业战略地位所面临的机会与风险大小，为企业制定战略提供的一种竞争态势分析工具。

其分析步骤如下。

① 确定行业中的关键战略因素：如市场份额、生产规模、设备能力、研发水平、财务状况、管理水平和成本优势等，通常需要6～18个变量，这些变量或因素是行业成功的关键因素和竞争优势的决定因素。

② 根据每个因素对该行业成功经营的相对重要程度，确定每个因素的权重，权重取值在0～1之间，数值大小表示重要程度，所有因素的权重之和为1。但同一因素对不同竞争对手成功的重要性不同，在不同行业中的权重值可能是不同的。

③ 筛选关键竞争对手，按每个指标对企业进行评分。对该行业中的各竞争者在每个要素上能力的相对强弱进行评价，评价分数为1、2、3、4、5。1表示最弱，2表示较弱，3表示相同，4表示较强，5表示最强。在特定指标上得分最高的企业就拥有在该指标上的竞争优势，其得分与竞争对手得分的差值反映出优势的大小。

④ 将各要素的评价值与相应的权重相乘，得出各竞争者在相应战略要素上的相对竞争力强弱的加权评分值。

⑤ 加总得到企业的总加权分，比较总加权分就可以确定与竞争能力最强和最弱地位的公司，以及公司之间的竞争优势的差异。

【例3-2】 某石化企业A在华东区域市场主要生产经营乙烯及下游产品，该区域市场竞争激烈，其中占据市场份额最高的公司为20%，A企业与主要竞争对手B、C的竞争态势矩阵如表3-6所示。

表3-6 A、B、C公司的竞争态势矩阵

序号	关键竞争因素	权重	得分		
			A公司	B公司	C公司
1	项目规模	0.2	4	4	4
2	建造能力	0.15	3	5	3
3	产品质量	0.20	5	4	5
4	成本优势	0.15	5	1	4
5	配套能力	0.20	5	4	3
6	区位优势	0.10	1	4	3

为了进一步拓展业务范围，A 公司欲进入该乙烯产品的高端市场，为此委托了一家咨询公司。咨询公司认为，乙烯高端产品市场已经成熟，市场条件完善，正是进入该市场的最佳时机。

① 试判断该区域乙烯高端产品市场的竞争格局属于何种类型，并说明理由。

② 与 B、C 公司相比，A 公司的竞争优势体现在哪里？

③ 根据咨询公司提出的意见，试判断该城市的乙烯产品市场处于产品的哪个生命周期？

④ A 公司是否应该接受咨询公司的建议，并说明理由。

解 ① 该区域市场的市场竞争格局属于分散竞争。因为第一名的市场占有率为 20%，市场竞争异常激烈，各企业市场份额排名位置变化可能性很大。

② 该区域乙烯高端产品市场的竞争态势矩阵如表 3-7 所示。

表 3-7 乙烯高端产品市场的竞争态势矩阵

序号	关键竞争因素	权重	A 公司		B 公司		C 公司	
			得分	加权值	得分	加权值	得分	加权值
1	项目规模	0.2	4	0.80	4	0.80	4	0.80
2	生产能力	0.15	3	0.45	5	0.75	3	0.45
3	产品质量	0.20	5	1.00	4	0.80	5	1.00
4	成本优势	0.15	5	0.75	1	0.15	4	0.60
5	配套能力	0.20	5	1.00	4	0.80	3	0.60
6	区位优势	0.10	1	0.1	4	0.40	3	0.30
	合计	1.00	4.1	4.1	3.7	3.7	3.75	3.75

从计算结果来看，A 公司的加权强势得分为 4.1 分，B 公司的加权强势得分为 3.7 分，C 公司的加权强势得分为 3.75 分，因此可以看出，A 公司的竞争实力要明显强于 B、C 公司。

③ 该区域乙烯高端产品市场处于产品生命周期的成熟期。

④ A 公司不应接受咨询公司的建议。因为进入某产品市场最佳时期是成长期。在成熟期，市场竞争激烈，企业进入的门槛很高。A 公司的资金和技术实力明显较为薄弱，不适合在成熟期进入乙烯高端产品市场。

(3) 核心竞争力

① 基本概念。核心竞争力是一家企业在竞争中比其他企业拥有更具有优势的关键资源、知识或能力，它具有竞争对手难以模仿、不可移植，也不随员工的离开而流失等特点，它对公司的竞争力、市场地位和盈利能力起着至关重要的作用。核心竞争力可能是完成某项业务所需要的优秀技能、技术诀窍或是企业的知识管理体系，也可能是那些能够产生很大竞争价值的生产能力的一系列具体技能的组合。

不同企业所表现出来的核心竞争力是多种多样的。例如，独特的企业文化，生产高质量产品的技能，创建和操作一个能够快速而准确地处理客户订单系统的诀窍，新产品的快速开发，良好的售后服务能力，产品研发和革新能力，采购和产品展销的技能，在重要技术上的特有知识，研究客户需求和品位以及准确把握市场变化趋势的良好方法体系，同客户就产品的新用途和使用方式进行合作的技能，综合使用多种技术创造一个全新产品的能力。

② 核心竞争力的意义。核心竞争力在战略制定中的重要意义在于它能给公司带来具有某种宝贵竞争价值的能力，具有成为公司战略基石的潜力，可能为公司带来某种竞争优势。如果一家公司所拥有的某种竞争力是该公司取得成功的重要因素，它的竞争对手在该种竞争力上无法与之抗衡，而且模仿成本很高，那么，这家公司就容易建立竞争优势。

③ 竞争成功关键因素分析。竞争成功关键因素是指影响企业在市场上盈利能力的主要

因素，使企业在特定市场获利必须拥有的技能、条件或资产。它们可能是产品价格优势、产品性能优势，或是一种资本结构和消费组合，也可以是企业纵向一体化的行业结构，例如，产品性能、竞争力、市场表现等。

竞争成功关键因素会因行业而异、因时而异，随竞争情况而改变。特别是传统的资源产业、制造业和新兴软件产业、生物工程等，成功的关键因素差异极大。常见的行业成功关键因素类型如下。

a. 技术类行业，如软件开发行业，成功关键因素包括科研专家、工艺创新能力、产品创新能力、既定技术应用能力和网络营销能力。

b. 制造类行业，如制造企业、家电行业，成功关键因素包括低成本厂址、低成本产品设计、低成本生产、高的固定资产能力利用率和劳工技能等。

c. 资源加工类行业，如石油、煤炭、造纸业等，成功关键因素包括自然资源的控制能力、财务融资能力和成本控制能力等。

d. 日用消费品制造行业，如食品、饮料行业，成功关键因素包括品质管理、品牌建设、成本控制和销售网络等。

e. 服务类行业，如航空客运、旅游等，成功关键因素包括良好的公司形象/声誉、低成本、便利的设施选址、礼貌的员工和融资能力等。

f. 分销类行业，成功关键因素包括强大的批发网或特约经销商网络、公司控制的零售点、拥有自己的分销渠道和网点、低销售成本和快速配送能力等。

3.1.5 SWOT 分析

SWOT 分析方法，即优势（Strengths）、劣势（Weakness）、机会（Opportunities）和威胁（Threats）分析，它是基于企业自身的实力，对比竞争对手，并分析企业外部环境变化及影响可能对企业带来的机会与企业面临的挑战，进而制定企业最佳战略的方法。

SWOT 分析实际上是将企业内、外部条件的各方面内容进行综合和概括，进而分析组织的优、劣势，面临的机会和威胁的一种方法。其中，优、劣势分析主要着眼于企业自身的实力及其与竞争对手的比较，而机会和威胁分析将注意力放在外部环境的变化及对企业的可能影响上。但是，外部环境的同一变化给具有不同资源和能力的企业带来的机会和威胁却可能完全不同，因此，两者之间又有紧密联系。

SWOT 分析实际上是企业外部环境分析和企业内部要素分析的组合分析。因此，企业外部环境评价矩阵和内部要素评价矩阵构成了 SWOT 分析的方法基础。

(1) 优势与劣势分析

竞争优势是指一个企业超越其竞争对手，实现企业目标的能力。企业的主要目标包括盈利、增长、市场份额等。因此，企业的竞争优势并不一定完全体现在较高的盈利率上，有时企业更希望保持增长速度、增加企业份额或者稳定雇员等。当两个企业处在同一市场或者说它们都有能力向同一顾客群体提供产品和服务时，如果其中一个企业有更高的盈利率、更快的增长速度或者更高的市场份额，则该企业比另外一个企业更具有竞争优势。

竞争优势是一个企业或它的产品有别于其竞争对手的任何优越的东西，它可以是产品线的宽度、产品质量、可靠性、适用性、风格和形象以及服务的及时性等。虽然竞争优势实际上是指一个企业比其竞争对手有较强的综合优势，但是明确企业究竟在哪一方面具有优势更加有意义，因为只有这样，才可以扬长避短。由于企业是一个整体，并且由于竞争优势来源的广泛性，在作优、劣势分析时必须从整个价值链的每个环节上，将企业与竞争对手作详细的比较，如产品是否新颖，制造工艺是否复杂，销售渠道是否畅通，以及价格是否具有竞争性等。如果一个企业在某一方面或者几个方面的优势正是该行业企业该具备的关键成功要素，则该企业的综合竞争优势就强。

影响企业竞争优势的持续时间主要有三个关键因素：①建立这种优势要多长时间。②能够获得的竞争优势有多大。③竞争对手作出有力反应需要多长时间。只有分析清楚了这三个要素，企业才能明确建立和维持竞争优势。

【例 3-3】 某国内领先的高端聚烯烃生产企业认为东南亚市场将在"一带一路"倡议的推动下快速发展，希望在该地区扩展销售网络并建厂，试分析其优势和劣势。

解 企业的优势和劣势可以通过企业内部因素来评价，相对竞争对手、企业的内部因素可以表现在研发能力、资金实力、生产设备、工艺水平、产品性能和质量、销售网络、管理能力等方面。可以采用企业内部评价矩阵（Internal Factor Evaluation Matrix，IFEM），通过加权计算，定量分析企业的优、劣势，该企业内部因素评价矩阵如表 3-8 所示。

表 3-8　某企业内部因素评价矩阵

项目	关键内部因素	权重	得分(-5～5)	加权数
优势	研发能力强大	0.20	4	0.80
	产品性能和质量处于行业中游	0.15	0	0
	销售网络完善	0.20	4	0.80
	管理能力强	0.15	4	0.60
	小计	—	—	2.20
劣势	资金紧张	0.10	-3	-0.30
	生产设备落后	0.10	-2	-0.20
	工艺水平不高	0.10	-3	-0.30
	小计	—	—	-0.80
综合	合计	1.00	—	1.40

（2）机会与威胁分析

机会与威胁分析主要着眼于企业的外部环境带来的机会和威胁。外部环境发展趋势分为两大类：一类表示环境威胁；另一类表示环境机会。

环境威胁是指环境中不利的发展趋势所形成的挑战，如果不采取果断的战略行为，这种不利趋势将削弱公司的竞争地位。企业外部的不利因素包括新产品替代、销售商拖延结款、竞争对手结盟、市场成长的放缓、供应商讨价还价能力增强等，这些都将影响企业目前的竞争地位。

环境机会是指企业面临的外部环境中对企业发展有利的因素，是对企业行为有吸引力的领域，在这一领域中发展壮大的企业将拥有竞争优势。外部机会如政策支持、技术进步、供应商良好关系、银行信贷支持等。

【例 3-4】 某化工企业的机会与威胁分析。某化工企业认为聚酰胺工程塑料产品将是未来的发展方向，期望进一步拓展其生产线。虽然生产该产品有国内的政策扶持，但国内外的竞争依然很激烈。试对其进行机会与威胁分析。

解 机会与威胁分析可以采用企业外部评价矩阵，通过对行业调查、数据分析和专家调查来得出，该企业外部因素评价矩阵如表 3-9 所示。根据表 3-9 的分析，总体显示，尽管市场有一定机会，但机会依然较低。

表 3-9　某企业外部因素评价矩阵

项目	关键外部因素	权重	得分(-5～5)	加权数
机会	政策支持	0.25	4	1.00
	技术进步	0.15	3	0.45
	金融信贷宽松	0.10	3	0.30
	小计	—	—	1.75

续表

项目	关键外部因素	权重	得分(−5~5)	加权数
威胁	新替代产品出现	0.15	−2	−0.30
	竞争对手结盟	0.10	−4	−0.40
	市场成长放缓	0.15	−4	−0.60
	供应商减少	0.10	−3	−0.30
	小计	—	—	−1.60
综合	合计	1.00	—	0.15

(3) 企业战略选择

根据企业优、劣势分析和机会威胁分析，可以画出 SWOT 分析图，并据此制定企业所应采取的策略。企业 SWOT 分析图如图 3-4 所示。

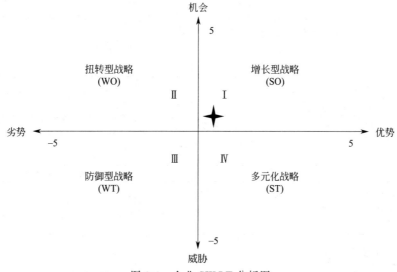

图 3-4　企业 SWOT 分析图

企业 SWOT 分析图划分为四个象限，根据企业所处的不同位置，应采取不同的战略。SWOT 分析提供了 4 种战略选择。在第一象限的企业拥有强大的内部优势和众多的机会，企业应采取增加投资、扩大生产、提高市场占有率的增长型战略。在第四象限的企业尽管具有较大的内部优势，但要面临严峻的外部挑战，应利用企业的自身优势，开展多元化经营，避免或降低外部威胁的打击，分散风险，寻找新的发展机会。处于第二象限的企业，面临外部机会，但自身内部缺乏条件，应采取扭转型战略，改变企业内部的不利条件。处于第三象限的企业既面临外部威胁，自身条件也存在问题，应采取防御型战略，避开威胁，消除劣势。

根据前面 SWOT 分析的计算结果，在 SWOT 图上找到企业目前所处的战略位置，从而选择相应的企业战略。

【例 3-5】 某液晶面板企业 SWOT 分析。JDF 公司是我国液晶面板生产企业之一，主要生产 32 英寸、43 英寸、55 英寸和 65 英寸普通液晶显示屏，2019 年出货量约 1.51 亿片。随着国内外液晶显示屏市场竞争日趋白热化，生产企业利润日益摊薄，普通液晶显示屏价格不断下降；同时，新技术的液晶生产线不断出现，对普通液晶显示屏的需求正在发生着变化。面对市场变化，企业需要调整企业战略，试基于企业发展做出分析。

解　2020 年 JDF 公司经过企业内部外部环境分析，提出若干战略供决策层选择，内部和外部环境因素评价表如表 3-10 所示。

表 3-10　某企业内部和外部环境因素评价表

	优势(S)	劣势(W)
内部条件	1. 企业组织与管理能力较强,有能力与同行竞争 2. 通过改制上市,企业负债率低,银行信誉好,具有较强的融资能力 3. 产品质量好,成本低,产品能够适应进一步降价的压力 4. 产品国际化率较高,受国际因素影响较小 5. 企业地处经济高度发达的沿海地区,交通运输便利,周围有国内著名的多家电视生产企业 6. 员工素质较高,企业机制比较灵活	1. 自主开发和创新能力弱,新技术来源不稳定,在技术上无法占领制高点 2. 行业投资大,设备专用性强,行业退出能力弱 3. 企业为国有控股企业,与另外 8 家外资或台资企业相比,在技术、资金和管理上处于劣势 4. 竞争对手大部分都是上、下游一体化,同时生产整机,而 JDF 公司较难进入上、下游行业 5. 产品品种单一,其他多元化产业未形成规模,抗风险能力弱
	机会(O)	威胁(T)
外部环境	1. 市场需求分析表明,液晶显示屏仍有较强的生命力,可能维持缓慢成长 15 年,还有市场空间和获利机会 2. 液晶显示屏行业进入壁垒较高,其他企业难以进入 3. "一带一路"的发展,出口机会较多 4. 存在低成本扩张机会	1. 新液晶技术生产线具有更高性能,目前的产品将面临被替代的威胁 2. 液晶显示屏竞争激烈、讨价还价能力较弱,可能会引起利润的下滑 3. 未来生产和利润可能受液晶材料供应紧张及涨价因素影响 4. 存在同行的竞争威胁
	SO 战略——增长型战略	ST 战略——多元化战略
企业战略选择	利用优势和机会,保持现有的经营领域,并且继续全力以赴地在该领域扩大产品的规模和品种,加大技术研发,增加大屏幕产品,引进新一代产品生产线,积极拓展国内和国际市场	利用优势避免威胁,保持现在的经营领域,不再在该经营领域进行扩张。利用自身融资能力,向其他领域进军,发展高性能显示产品,实现多元化经营的原则
	WO 战略——扭转型战略	WT 战略——防御型战略
	利用机会改进内部弱点,在保持、稳定、发展和提高现有的经营领域的同时,开展多元化经营,增加新技术生产线,培养核心竞争能力	为了克服弱点,避免威胁,放弃现有的经营领域,全力以赴地转到高新技术领域,争取占领技术制高点

3.1.6　PEST 分析

PEST 分析是指宏观环境的分析,P 是政治(Politics),E 是经济(Economy),S 是社会(Society),T 是技术(Technology)。在分析一个企业集团所处的背景的时候,通常是通过这四个因素来进行分析企业集团所面临的状况。

进行 PEST 分析需要掌握大量的、充分的相关研究资料,并且对所分析的企业有着深刻的认识,否则,此种分析很难进行下去。经济方面主要内容有经济发展水平、规模、增长率、政府收支、通货膨胀率等。政治方面有政治制度、政府政策、国家的产业政策、相关法律及法规等。社会方面有人口、价值观念、道德水平等。技术方面有高新技术、工艺技术和基础研究的突破性进展。

(1) 政治环境

政治环境包括一个国家的社会制度,执政党的性质,政府的方针、政策、法令等。不同的国家有着不同的社会性质,不同的社会制度对组织活动有着不同的限制和要求。即使社会制度不变的同一国家,在不同时期,由于执政党的不同,其政府的方针特点、政策倾向对组织活动的态度和影响也是不断变化的。

政府的政策广泛影响着企业的经营行为,即使在市场经济中较为发达的国家,政府对市场和企业的干预似乎也是有增无减,如反托拉斯、最低工资限制、劳动保护、社会福利等方面。当然,政府的很多干预往往是间接的,常以税率、利率汇率、银行存款准备金为杠杆,运用财政政策和货币政策来实现宏观经济的调控,以及通过干预外汇汇率来确保国际金融与贸易秩序。因此,在制定企业战略时,对政府政策的长期性和短期性的判断与预测十分重要,企业战略应对政府发挥长期作用的政策有必要的准备;对短期性的政策则可视其有效时间或有效周期而做出不同的反应。

(2) 经济环境

经济环境主要包括宏观和微观两个方面的内容。宏观经济环境主要指一个国家的人口数量及其增长趋势,国民收入、国民生产总值及其变化情况以及通过这些指标能够反映的国民经济发展水平和发展速度。微观经济环境主要指企业所在地区或所服务地区的消费者的收入水平、消费偏好、储蓄情况、就业程度等因素。这些因素直接决定着企业目前及未来的市场大小。

需要监视的关键经济变量:GDP 及其增长率、中国向工业经济转变贷款的可得性、可支配收入水平、居民消费(储蓄)倾向、利率、通货膨胀率、规模经济、政府预算赤字、消费模式、失业趋势、劳动生产率水平、汇率、证券市场状况、外国经济状况、进出口因素、不同地区和消费群体间的收入差别、价格波动、货币与财政政策。

(3) 人口环境

社会文化环境包括一个国家或地区的居民教育程度和文化水平、宗教信仰、风俗习惯、审美观点、价值观念等。文化水平会影响居民的需求层次;宗教信仰和风俗习惯会禁止或抵制某些活动的进行;价值观念会影响居民对组织目标、组织活动以及组织存在本身的认可与否;审美观点则会影响人们对组织活动内容、活动方式以及活动成果的态度。

关键的社会文化因素:妇女生育率、特殊利益集团数量、结婚数、离婚数、人口出生死亡率、人口移进移出率、社会保障计划、人口预期寿命、人均收入、生活方式、平均可支配收入、对政府的信任度、对政府的态度、对工作的态度、购买习惯、对道德的关切度、储蓄倾向、性别角色投资倾向、种族平等状况、节育措施状况、平均教育状况、对退休的态度、对质量的态度、对闲暇的态度、对服务的态度、对外国人的态度、污染控制对能源的节约、社会活动项目、社会责任、对职业的态度、对权威的态度、城市城镇和农村的人口变化、宗教信仰状况。

(4) 技术环境

技术环境除了要考察与企业所处领域的活动直接相关的技术手段的发展变化外,还应及时了解以下 4 个方面。

① 国家对科技开发的投资和支持重点。

② 该领域技术发展动态和研究开发费用总额。

③ 技术转移和技术商品化速度。

④ 专利及其保护情况等。

表 3-11 是一个典型的 PEST 分析包含的内容。

表 3-11 典型的 PEST 分析

政治(包括法律)	经济	社会	技术
环保制度	经济增长	收入分布	政府研究开支
税收政策	利率与货币政策	人口统计、人口增长率与年龄分布	产业技术关注
国际贸易章程与限制	政府开支	劳动力与社会流动性	新型发明与技术发展
合同执行法 消费者保护法	失业政策	生活方式变革	技术转让率
雇用法律	征税	职业与休闲态度 企业家精神	技术更新速度与生命周期
政府组织/态度	汇率	教育	能源利用与成本
竞争规则	通货膨胀率	潮流与风尚	信息技术变革
政治稳定性	商业周期的所处阶段	健康意识、社会福利及安全感	互联网的变革
安全规定	消费者信心	生活条件	移动技术变革

3.2 石油行业的发展战略

中国已成为全球最大能源消费国，油气对外依存度不断攀升。与此同时，美国能源独立正在使全球能源供给版图发生深刻变化，将对全球油气供需格局、地缘政治等产生深远影响，美国有意愿有条件凭借对世界石油市场的控制力遏制对手发展。在主要油气资源国地缘政治格局日趋复杂多变的形势下，中国油气供应安全正面临新挑战，如何由被动防御向主动防御转变，值得深入探讨。

3.2.1 中国油气供应安全面临的挑战愈发严峻

(1) 中国油气需求持续攀升，国内油气供应能力较低

根据英国石油公司《世界能源统计年鉴2019》，中国目前已是世界上最大的能源消费国，占全球能源消费总量的23.6%，原油进口量占世界原油贸易的比重超过15%，将是未来较长一段时期全球能源需求快速增长的主要贡献国，预计2040年，中国能源消费增量将占世界总增量的22%。考虑到中国油气资源品位低、开采难度大，国内油气资源进一步增产相对难度较大等因素，未来中国的油气供应将更加依赖国际市场，受外部地缘政治和国际石油市场的影响日趋显著。

(2) 油气对外依存度与油价将对中国经济产生重大影响

目前，中国已成为世界上最大的油气进口国。2019年，中国原油进口量为50 572万吨、天然气进口量为9 660万吨，石油对外依存度70.8%、天然气对外依存度43%。由于亚太地区缺少统一的联动市场，对进口油气价格的影响力有限，因而国际油气市场"亚洲溢价"现象依然突出，特别是天然气的价差悬殊。目前，东北亚地区的液化天然气（LNG）价格是北美天然气价格的3~5倍，是欧洲的1~2倍。随着中国油气对外依存度持续上升，油价上涨将对中国经济产生重大影响。以2018年中国原油进口量计算，油价每上升10美元/桶，中国原油进口需多支出2 360亿元人民币。

(3) 中国油气储备与发达国家相比仍有较大差距

中国石油生产面临资源勘探开发难度大、生产基地战略接替准备不足等挑战，石油应急调控能力较弱。在国家战略储备和商业储备方面，中国已具备80天左右的净进口量石油储备规模，与美国的340天、欧盟的180天和日本的130天相比，还有较大差距。中国天然气储备规模仅为消费量的4%，与发达国家20%的平均储备规模相去甚远。中国石油应急增产和长期大幅生产难度较大，油气资源供应依赖外部全球市场供应的局面短期内不会改变，油气供应保障能力亟待提高。

3.2.2 加大海外油气投资对保障供应安全的重要意义

随着中国综合国力增强，中国油气供应安全策略需由被动防御型安全向主动防御型安全转变。对内加大国内勘探开发力度，强化国内石油应急调控能力建设（石油战略储备），对外实施石油企业"走出去"战略，促进石油进口来源多元化，努力实现"稳国内、增海外、补应急"的"一体两翼"保障体系。中国石油企业"走出去"，加大海外油气资源开发投资力度，也是贯彻习近平总书记"四个革命、一个合作"的能源新理念，践行"一带一路"倡议，培育中国石油企业国际竞争力，打造基业长青的中国石油工业的重要战略举措。

(1) 有利于增加全球油气供给，增强国家油气供应安全保障

据统计，2009—2018年，中国石油企业在海外主导或参与运营的油气作业产量由2.4亿

吨油当量提高到 7.1 亿吨油当量，年均复合增长率达到 11.5%，占当年全球油气总产量的比例由 3.7% 逐步提高到 9.0%。近 10 年，中国石油企业参与建设运营的海外油气田产量年均增量贡献了全球油气年均增量的 43%。中国石油企业不断加大海外油气勘探开发投资力度，增加了全球油气供给，对平衡油气供需格局，抑制油价上涨，直接或间接保障国家油气供应安全发挥了重要作用。

（2）有利于增强中国在油气贸易中的全球资源配置能力和灵活度

目前，国际油气贸易和对外投资自主开发油气资源是中国利用国外油气资源保障能源安全的"两架马车"，这"两架马车"相辅相成。在全球范围内，特别是主要资源国和油气战略咽喉通道的地缘政治和宗教冲突等，给国际油气贸易带来较大的不确定性，对中国油气供应安全构成潜在威胁。强大的国际油气贸易能力要有相当规模的自主开发资源作为压舱石和稳定器，境外自主开发资源只有达到一定规模，才能显著增强中国油气贸易企业的全球资源配置能力，进而构建稳定、灵活的多元化能源供应渠道。同时，全球化的贸易体系对扩大境外油气资源自主开发具有极大的推动作用。据统计，近 10 年，中国境外自主开发资源（油气权益产量当量）占贸易进口总量的比例年均为 36.9%，对中国建立稳定安全的能源供应渠道发挥了重要作用。

（3）有利于中国实现进口油气运输渠道多元化

中国的石油进口量 80% 以上需经过马六甲海峡，38% 经过霍尔木兹海峡。对主要海上石油运输咽喉要道的过度依赖，对国家能源安全供应造成了极大威胁。为了改变这一局面，中国积极加大投资，推进陆上油气进口战略通道的建设。近 15 年来，中国石油企业已累计投资近 300 亿美元，在中国西北、东北、西南三大方向上基本布局完成陆上能源进口战略通道（见表 3-12）。截至 2018 年底，这几条能源进口通道已累计向国内输入原油 9.3 亿吨、天然气 3 430 亿立方米，2018 年油气输入量分别占当年中国油气进口量的 20% 和 58%，为实现中国油气进口运输渠道多元化，供应方式多样化，保障中国的能源供应安全作出了重大贡献。

此外，加大海外油气资源开发和战略通道投资建设，有利于中国加快培育具有全球竞争力的世界一流跨国能源企业，培养了一批既懂专业又熟悉国际经营的人才队伍，也为中国石油工业发展拓展了广阔空间，并带动国内上下游相关产业"走出去"。

表 3-12　中国主要陆上油气战略通道规模及建设状态

通道	管道名称	设计年输送量	目前状态
西北通道	中哈原油管道	2 000 万吨	投产
	中亚天然气管道 A\B\C 线	550 亿立方米	投产
	中亚天然气管道 D 线	300 亿立方米	前期阶段
东北通道	中俄原油管道	3000 万吨	投产
	中俄东线天然气管道	380 亿立方米	建设
	中俄西线天然气管道	300 亿立方米	前期阶段
	中俄中线天然气管道	300 亿～400 亿立方米	规划阶段
西南通道	中缅原油管道	2 200 万吨（一期 1 200 万吨）	投产
	中缅天然气管道	120 亿立方米（一期 53 亿立方米）	投产

3.2.3　中国石油企业国际化战略方向

"立足国内，加大海外，做好应急"是保障国家油气供应安全的"一体两翼"。立足国内，加大国内油气勘探开发力度，是保证国家油气供应安全的主体和基石；加快战略储备建设是应对能源危机的应急举措；加大海外油气投资、加大海外资源自主开发和战略通道投资建设力度，是增加全球油气供给和保障中国能源多元化供应的重要手段，对中国争取油气市场的话语权具有重要意义。

(1) 战略聚焦，效益优先，坚定不移地扩大海外油气合作规模

经过 20 多年的发展，中国石油公司"走出去"取得了引人瞩目的成绩。以三大国有石油公司为主体的中国企业海外油气资产遍布全球 50 个主要产油国，2018 年海外权益油产量达到 1.86 亿吨油当量。但从整体上看，中国石油公司海外油气资产分布不均衡，部分高风险地区资产集中度过高，资产创效能力、国际化经营管理能力和水平与国际大石油公司相比仍有较大差距。中国石油企业应坚定实施"走出去"战略，充分发挥核心竞争优势，包括一体化优势（国内上下游市场支持）、油气工业基础优势（与日本、韩国、印度等国相比）、技术优势与人力资源优势、资金优势等，突出战略聚焦，强化效益优先，加大海外油气资源自主开发投资的规模，加快建成具备规模效应、多元化、可对冲风险的若干海外油气生产与供应基地及战略通道，实现与油气贸易协同，切实保障国家油气安全稳定灵活供应。

(2) 利用中低油价窗口期，积极竞购优质海外油气资产

2003 年以来，中国石油公司"走出去"经历了三大发展阶段。在 2010—2013 年高油价时期，中国石油公司积极通过并购扩张海外业务；在 2014 年以来的低油价时期，中国石油公司并购锐减，表现谨慎。日本、韩国、印度等其他亚洲石油消费国也采取了相似的海外并购策略，表现出相似的并购周期。

国际石油巨头具有明显的"逆油价周期"经营特征，高油价时期加大勘探开发力度，兑现资产价值；低油价时期积极优化资产结构，资产买卖成为常态。

中国石油公司的决策容易受到油价周期的影响。在低油价时期过于悲观，降低了对优质油气资产的竞争力，资产交易呈现"追涨跌停"现象。中国石油企业应提高决策速度和灵活性，积极竞购优质油气资产。

(3) 注重低成熟勘探资产配置，加大自主勘探开发力度

资源战略是石油公司的核心战略。资源自主勘探开发具有"轻资产、高风险、高回报"的特点，石油公司通过风险勘探获得发现后快速投产或直接出售储量，可降低资源获取成本，实现高额回报，奠定可持续发展基础。中国石油企业在"走出去"过程中，要加大自主勘探开发力度，抓住时机，早期进入，注重低成熟勘探资产配置，特别是要高度重视获取深海等新区域、新领域等大型风险勘探资产。目前，全球海域总体勘探程度极低，每 1 万平方千米探井密度多低于 2 口。近 10 年来，海域（被动陆缘盆地）是全球油气储量增长的最重要来源，海域勘探新增储量占全球新增总储量的 60% 以上。2018 年，全球海域共发现油气田 68 个，约占总发现数量的 30%；新增 2P（概算储量）可采储量 9 亿吨，占比约为 83%，其中大西洋两岸、东地中海、美国墨西哥湾是重大发现的热点地区。

(4) 探索境外油气投资合作新机制，发挥协同效应提升全球竞争力

中国石油企业要继续通过合资合作的方式，对相似和毗邻的油气资产进行整合，发挥协同效应，加快海外油气生产和供应基地建设，更好地保障国家油气供应安全，大力提升中国石油企业在全球的竞争力。例如，哈萨克斯坦是国企和民营企业整合（混合所有制）的可能地区之一，中石油、中石化在哈萨克斯坦均有油气项目，中信、保利、广汇等 9 家企业也都在上游有投资，国企和民营企业整合可以发挥各自比较优势，互利共赢。再如，目前中国三大石油公司在加拿大均有油气项目布局，拥有多个油砂及非常规项目，是中国三大石油公司整合的可能地区之一。此外，中国石油企业在"走出去"过程中，可考虑合资建立国家级研究中心或者联合研究中心，加强数据技术成果共享、联合研发以及集成创新。

中国面临着比历史上任何时期都更为严峻的能源供应安全挑战，中国石油公司通过实施"走出去"战略，参与全球竞争，将为保障国家油气供应安全发挥重要作用。正确认识当前的全球地缘政治格局和低油价形势，以及中国未来能源供应面临的复杂环境，坚持有序加大

海外油气投入，突出战略聚焦、效益优先、资产优化整合和协同发展，将成为中国石油公司的必然选择。

3.3 化工行业的发展战略

3.3.1 化工企业发展模式现状分析

(1) 经济发达地区大多实行循环经济发展模式

化工企业遍布全国各地，但是也有区域集中，形成化工园区。目前，我国的化工园区实行循环经济发展，挖掘上下游产业，形成一体化模式。一体化模式固然在前期给化工企业带来发展动力，降低资源消耗，减少污染物排放，在实际执行中，化工企业执行力度参差不齐，易使一体化模式流于表面，未真正深入发展。另外，东部沿海地区的化工企业应用循环经济的水平明显高于内地，且挖掘深，给企业带来良好的发展局面。

(2) 偏远化工企业仍然以粗放生产为主

我国幅员宽广，化工企业零散分布在各地。偏远地区的化工企业仍然以粗放生产为主，存在高消耗、高排放、高污染现象。特别是中小型化工企业由于缺乏资金、技术，无法实现循环经济发展，只能使用老方法发展经济，导致当地污染严重，直接威胁人民的健康安全。与此同时，污染是一个动态循环，牵一发而动全身，影响各地环境。因此，偏远地区化工企业改变发展模式不能一拖再拖，影响大局发展。

(3) 化工企业管理制度不适应新的经济形势

我国的化工企业地区情况明显，却有发展相同点。在国际化竞争的大趋势下，化工企业生产并未精细化分工，而是按照现有条件分工，具有较大的盲目性。大型化工企业虽然职能部门完善，但是结构僵化、缺乏灵活性、分工不合理等现象，阻止企业的快速发展。

3.3.2 企业发展循环经济的模式

(1) 清洁生产模式

清洁生产是最早的生态经济，后来出现生态工业，到20世纪90年代循环经济才广泛为世界各国所关注。循环经济的根本目标是要求在生产系统中尽量避免和减少废物，对于每个生产和消费环节的排放物和废弃物要充分地回收利用和循环利用，以实现资源和能源的低消耗。

(2) 生态工业园区模式

生态工业园是根据循环经济理论和工业生态学原理设计而成的一种新型工业组织形态，通过模拟自然生态系统来设计工业园区的物流和能流。园区内采用废物交换、清洁生产等手段把一个企业产生的副产品或废物作为另一个企业的投入或原材料，实现物质闭路循环和能量多级利用，形成相互依存、类似自然生态系统食物链的工业生态系统，达到物质能量利用最大化和废物排放最小化。

(3) 基于循环经济的绿色管理模式

绿色管理是绿色经济的产物，是指企业根据循环经济的要求，以追求人类生态环境的最终改善和自身的全面提高为根本目标，以企业全员和全社会共同参与、全过程控制为特征，把生态保护观念融入现代企业的生产经营管理之中。将环保当作企业开拓市场、降低成本、实现高效益的有效手段,从企业经营的各个环节着手来控制污染与节约资源,以实现企业经济的可持续增长,实现企业经济效益、社会效益、环境保护效益的有机统一,由此而形成的一种经营理念及其所实施的一系列新型管理活动。

(4) 企业内部物料再循环模式

企业内部物料再生循环包括下列三种情况:将流失物料回收后作为原料返回原来的工序中;将生产过程中生成的废料经适当处理后作为原料或原料替代物返回原生产流程中;将生产过程中生成的废料经适当处理后作为原料返用于厂内其他生产过程中。

3.3.3 基于循环经济模式的化工企业发展战略

化工行业的产品具有极强的关联度,因此赋予化工产品极强的产业链协同效应的特征,比如说部分化工产品远距离运输明显不经济。因此,在单个的化工企业根据自身特点,在内部实施以上循环经济发展的具体措施的同时,还需在战略高度考虑延伸产业链、建立上下游化工产品的集聚发展,企业才能够优化资源配置、获得规模经济、形成专业群体的优势。

(1) 符合生态链形式的产品链规划

循环经济的重要形态是生态工业,生态工业通过模拟自然生态系统建立工业系统"食物链网",即生态工业链网。企业循环经济发展规划的核心是产品结构规划,企业在产业产品结构调整和规划时必须始终保证产品性能满足用户的价值需求,产品附加值必须可创造较大的利润空间;同时还要考虑如何贯彻循环经济理念,产品生产必须具有低消耗、低排放、低成本、高市场占有率的特点,使产品链的延伸与资源减量化结合。通过按循环经济发展规划的产品链,使得公司主导产品耦合共生和副产品链纵向延伸,采取清洁生产的技术措施,促进废弃物资源化,实现多种产品联产,并可根据市场需求调节各类产品规模和产量,在工艺流程及装置上实现资源联供、多产品联产等措施,提高资源利用效率,减少废物排放,降低单位 GDP 资源消耗量,使资源的利用发挥到极致。

(2) 企业内部系统集成设计

在企业内部系统集成层次上,通过多层次、多角度的物质利用、能量集成完善生态生产产品链,改善资源、能源总体利用效率,使经济发展与环境保护相协调,包括物质集成、水集成、能量集成及技术集成。

(3) 生态工业园循环经济系统的构建

化工园区的开发建设是中国化学工业的发展方向,以核心企业为主体的生态工业园的建设是化工企业循环经济发展的优化模式。生态工业园区循环经济系统由三个子系统组成:一是自然资源环境系统,由工业区生产所需原料资源与所在区域的有关自然环境要素所组成;二是工程技术系统,其工程活动有规划、建设及生产三个方面的内容,其中技术措施可分为"末端治理—清洁生产—生态工业"三个不同的层次;三是信息管理系统,由实施循环经济模式的政策体系和所建立的机构及管理制度所构成。其中自然资源环境系统是循环经济系统的基础,工程技术系统是循环经济系统的主体,信息管理系统是循环经济系统的灵魂。这三部分的有机组合,便形成了循环经济系统的总体结构,从而决定着系统的整体功能(作用)(见图 3-5)。

生态工业园循环经济系统构建的关键在开发区生命周期的起始阶段,通过生态工业园的规划,使生态工业园内的企业之间建立一种协调的关系,进行产业结构和布局的优化,使产业发展融入区域整体生态化建设的过程中去,企业在区域经济过程中发挥不同的经济和生态功能,形成一种全新的社会化分工,避免低水平的重复建设和资源的过度耗竭,培育经济新的增长点,促进区域经济可持续发展。通过综合以上三个子系统的功能,全面规划生态工业园循环经济的系统框架。

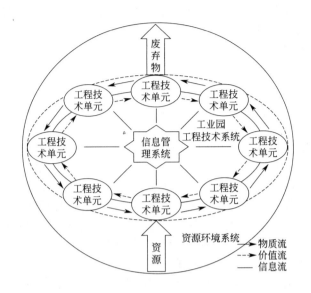

图 3-5　循环经济系统示意图

这三个子系统的有机组合,形成了循环经济系统的总体结构,从而决定着系统的整体功能。要实现工业园区循环经济系统的可持续稳定,需要在科学技术和政策法规等不同的层面上采取具体措施。

3.3.4　基于绿色发展的化工企业发展战略

当前,世界各国对环境保护和绿色发展的重视程度日益提升,出台了很多环境方面的政策、法规,同时环境执法力度也在逐步提高。可以说,"绿色化工"已经成为全球化工产业发展的潮流。通过提高环保标准倒逼产业转型升级。发达国家推动化工产业转型升级,主要是通过提高环保标准,迫使行业从基础型、高污染逐步向清洁型、高技术含量转变。为推动化工企业绿色发展战略,应通过长期坚持安全环保标准和公开透明的沟通机制,推动我国化工产业转型升级和高质量发展。

(1) 加快推动化工企业入园发展,实现上下游一体化

化工园区要形成综合竞争力,必须重视内部一体化发展,增强成本意识,尽量形成产品原料互供,将各个工厂用管道相互连接,形成增值链。要充分考虑利用化学工艺流程所产生的能量转换为蒸汽,为其他工厂的生产流程提供能量,推动生产、能源、废物流通、物流以及基础设施的一体化,从而实现社会、经济、环境效益最优。要坚持"统一规划、合理布局、严格准入、一体化管理"的原则,做好园区的规划选址和企业布局,严格园区内化工企业安全准入,加强园区一体化监管,推动园区与社会协调发展。要建立"责任明确、管理高效、资源共享、保障有力"的园区安全管理工作机制,将园区内企业之间的相互影响降到最低,强化园区内企业的安全生产管控,夯实安全生产基础,加强应急救援综合能力建设,促进园区安全生产和安全发展。

(2) 通过标准、法律法规引导企业和公众预期,促进产业健康发展

国外化工企业在发展过程中也经历了被社会"误解"的过程,但通过长期坚持安全环保标准和公开透明的沟通机制,最终取得了全社会的信任。我国化工产业转型升级,要重视通过环保标准和法律法规引导企业减量、达标排放,实现绿色发展。当前,我国化工产业仍处于项目集中上马的快速发展阶段,与公众的沟通还停留在粗放、无序的阶段。要学习借鉴国

外企业的先进做法，重点在项目规划设计、选址、施工和生产运营全过程中，与公众特别是周边社区居民顺畅沟通，邀请主流媒体、公众等参加企业咨询委员会，及时了解企业发展动态，为企业发展提供咨询建议。

（3）鼓励先进技术研发和推广，增强产业发展持久动力

当前国内较先进的大型石化园区项目，大多以引进技术为主，具有自主知识产权的自有技术数量不多，而一些小化工园区更是成为落后产能的集聚地。区域研发投入和科技人员比例与国外园区相比，尚有差距。以德国路德维希港巴斯夫化工园区为例，园区内共有员工3.2万多人，其中研发人员有5 000多人，占总人数近16％。而在国内处于领先水平的园区如南京化工区，企业科技人员占职工总数也仅为10％。可见，我国化工产业仍需要加大科技创新投入，增强自主创新能力。应加快培育创新型企业，通过各种手段支持企业建立工程技术中心等研发机构，着力组织自主创新产业化项目。通过提升园区项目入园门槛，优先选择有自主创新技术、产品能填补国内空白的项目。同时，加快园区创新载体建设，建立产学研合作平台和若干产业创新中心，加速提升行业自主创新能力。

（4）完善市场化机制促进产业健康发展

国外一般采用市场化的方式促进化工产业健康发展，通过发挥协会作用、建立市场化工伤保险制度、完善同业公会制度等，充分调动企业安全生产、绿色升级的积极性。如德国建立国家安全监察和工伤保险同业公会监察的双轨制模式，在安全生产工作中发挥了重要作用。我国企业安全生产仍处于制度建设初期，工伤保险杠杆作用还没有发挥出来，安全生产事故预防"两条腿"走路的大格局还没有完全形成，政府主导色彩较浓，企业尚没有从被动应付检查模式向主动自主管理模式转变，工伤保险杠杆在安全生产工作中还有很大作用空间。应积极推动国内高校、科研机构、社团组织、化工企业、化工园区联合建立行业自律组织，通过优化的关系网络、技术联盟，提高企业管理水平，开展行业自律监督。

本章小结

本章主要学习了企业战略的基本知识、当前我国石油化工的发展中面临的问题和未来的发展趋势。在当前全球政治经济变局、技术快速变革的背景下，石油化学工业体现出了与以往完全不同的特征。本章的战略知识学习将是石油化学工业建设项目技术评价的宏观基础，我们能应用战略的评价方法分析石油化学工业行业建设项目的投资方向性，从宏观和整体上把握投资方向和投资趋势。

思考题

1. 试述企业二种基本竞争战略的区别。
2. 波特的五因素模型是怎样进行行业竞争能力分析的？
3. 分析企业开展 SWOT 分析的步骤都有哪些？
4. 说明企业核心竞争力的含义，并举例。
5. 我国石油行业的发展战略有哪些？
6. 我国化学工业面临哪些问题？应采取什么样的发展战略？

第 4 章
化工技术经济的基本原理

学习目标：
① 了解现金流量和现金流量图概念；
② 理解资金的时间价值的含义；
③ 掌握资金的等值计算；
④ 掌握资金等值计算公式。

4.1 资金时间价值

4.1.1 资金时间价值的概念

任何工程技术方案的实施与运行，都存在着一个时间上的延续。资金的投入与收益的获取构成一个时间上的有先有后的现金流量过程。因此，要客观地评价一个工程技术方案的经济效果，就不得不考虑不同时间的现金流量，即不仅要考虑资金流出与流入的数额，还必须考虑资金流量发生的时间。为说明什么是资金的时间价值，首先来看下面这样一个事实。

假如某化工项目收入 100 万元，结果有两种方案可以选择：一是现在就拿到这 100 万元，二是 1 年以后拿到 100 万元。那么，显然人们都会选择立即拿到，因为这是肯定可以到手的。然而，假如确信 1 年以后肯定能得到这 100 万元，那又当如何选择呢？稍加思考，人们还是会决定现在就拿到这 100 万元更好。

如果现在拿到这笔钱，就可以多得到一年的使用权。资金的使用权是宝贵的，其宝贵程度使得人们愿意花钱去获得它。银行和储蓄所支付利息以使用人们的资金就证实了这一原理。假如现行的银行利率为年利 5%，那么现在存入银行 100 万元，1 年以后能取回多少钱呢？显然，将得到原来的 100 万元，连同 5 万元的利息，共计 105 万元。这个例子证明钱有时间价值，我们宁愿今天要 100 万元，而不要许诺下的 1 年以后得到的 100 万元。

可见，在不同的时间支出或收益同样数额的资金，在价值上是不等的，资金的价值会随着时间不同而发生变化。也就是说，资金的时间价值就是相同的资金在不同时间点上所表现出的不同实际价值。

从经济学的角度出发,在理解资金的时间价值时,应注意以下几方面问题。

① 资金的时间价值是随着资金的不停运动而产生的,即只有将资金投入到生产或经营过程中,由于资金的运动(流通——生产——流通)可以产生一定的收益或利润,从而使资金增值,资金在这段时间内所产生的增值就是资金的"时间价值"。在商品经济条件下,资金是不断运动着的。资金的运动伴随着生产与交换的进行,生产与交换活动会给投资者带来利润,表现为资金的增值。资金增值的实质是劳动者在生产过程中创造了剩余价值。从投资者的角度来看,资金的增值特性使资金具有时间价值。

② 只有考虑到资金的时间价值才能对投资效果进行科学合理的分析评价。对于生产经营中出现的盈利与亏损不能只从账面价值上来核算,如果不考虑资金的时间价值,则很难说明盈亏情况,因为同样数量的资金由于使用、运作和收回的时间不同,资金的时间价值也不相同。

③ 资金的时间价值的大小取决于多方面的因素,从投资角度来看,主要包括投资利润率,即单位投资所取得的利润;通货膨胀因素,即对货币贬值造成的损失所应做的补偿;风险因素,即对因风险的存在可能带来的损失所应做的补偿。

④ 资金的时间价值既是绝对的,又是相对的。任何资金都具有时间价值,这是它的绝对性;其相对性则表现在多方面,不同的时期,不同的地区,资金的时间价值不同。生产力高度发展的现代社会,资金的时间价值要远远大于过去。经济发达及劳动生产率较高的地区,资金的时间价值也大。资金的时间价值的大小与生产力发展水平有关,与部门的特点有关,也与主观努力有关。在市场经济中,为了使有限的资金获得尽量大的时间价值,就必须注意资金的合理投向,同时也要加强资金的管理工作,加速资金在生产经营中的周转速度,运用资金时间价值的观点进行资金的分配与管理。

资金的时间价值是指把资金投入到生产或流通领域后,资金随时间不断变化而产生的增值,或者是不同时点发生的等额资金在价值上的区别。

资金的时间价值可从两方面来理解:一方面,从投资者的角度来看,资金随着时间的推移,其价值会增加,这种现象叫资金增值;另一方面,从消费者角度来看,是消费者放弃现期消费的损失补偿,是货币在流通领域产生的时间价值。

总之,正确地认识和运用资金的时间价值这一原理是非常重要的。如果决策者认识到资金的时间价值,就会重视合理有效地利用资金,努力节约资金并根据资金的增值程度来检验自己利用资金的经济效益。同时,对资金时间价值原理的理解与认识,能够使人们更为清楚地认识资金的本质,在资金的投资与运用中加强时间观念,做到科学、合理、有效地使用资金,以获取更大的经济效益。

4.1.2 资金时间价值的衡量

资金的时间价值一般用利息和利率来衡量。

利息是资金时间价值的一种表现形式。它一般有两方面的含义:其一是指使用资金而言。如果从银行或金融部门得到一笔资金的使用权,这笔资金通常称之为本金,那么使用资金所付出的成本费用,就是利息。例如航运公司从银行获得贷款,用于购买或建造船舶,就需要付给银行利息。其二是就借贷者而言,如果将资金交与他人使用,也就相当于损失了自己对资金的使用权,作为对这种损失的补偿,需要收取他人使用资金的费用,这也是利息。例如,银行将资金借贷出去,就要向贷款者收取使用贷款的费用——利息;人们将钱存入银行,即将资金借给银行使用,银行也要付给存款人利息。利息公式如下:

$$I = F - P \tag{4-1}$$

式中，I 为利息；F 为本利和，就是还本付息的总额；P 为本金。

利率是指单位时间内利息与本金之比。这里所说的单位时间，可以是年、季、月、日等。习惯上，年利率用百分号（％）表示；而月利率用千分号（‰）表示；负利率没有实际的经济意义。

利率公式：

$$i = (I_t/P) \times 100\% \tag{4-2}$$

式中，i 为利率；I_t 为单位时间内利息付息；P 为借款本金。

例如，将 100 元存入银行，过了整整 1 年，取款时得到了 107 元。这体现了资金随时间不断变化产生了增值，即资金的时间价值。增值额是 7 元，即单位时间（1 年内）的利息是 7 元。单位时间的利息 7 元与本金 100 元之比是 7％，即利率是 7％。

【例 4-1】 假设我国银行存款利率为：1 年期：2.52％，3 年期：3.69％；现有 10 000 元存 3 年定期与 1 年定期存 3 年，哪种利息高？

解 3 年定期利息：10 000 元×3.69％×3＝1 107 元

1 年定期存 3 年：

第 1 年：10 000 元×2.52％＝252 元

第 2 年：（10 000＋252）元×2.52％＝258.35 元

第 3 年：（10 000＋252＋258.35）元×2.52％＝264.86 元

三年利息总和：252 元＋258.35 元＋264.86 元＝775.21 元

因为 1 107 元＞775.21 元，所以存三年定期利息高于存一年定期。

资金时间价值在银行计息中的应用可以分为单利法和复利法。

(1) 单利法

单利法计算时只考虑本金计息，前期所获利息不再生息。

单利法计息下本利和计算公式如下：

$$F = P(1 + i \times n) \tag{4-3}$$

式中，F 为本利和；P 为借款本金；i 为利率；n 为计息周期数。

【例 4-2】 某债券于 1992 年 1 月 1 日发行，票面为 1 000 元，以年利率 14％单利计息，为期 3 年。如于 1993 年 1 月 1 日以 1 200 元买进，2 年后到期取出，求购买者可获年利率。

解 购买者 1995 年 1 月 1 日取出时获得本利和为：

$F = P(1 + i \times n) = 1 000$ 元×（1＋14％×3）＝1 420 元

$I = F - P' = 1 420$ 元－1 200 元＝220 元

$i' = I/(P' \times n) = 220/2 400 = 9.2\%$

【例 4-3】 以单利方式借款 1 000 元，规定年利率为 6％，则在第一年末利息额应为多少？年末应付本利和为多少？当借入资金的期间等于 3 个计息周期时，即是上述款项共借 3 年，则偿还情况如何？

解 在第 1 年末利息额应为：

$$I = 1 000 \times 1 \times 0.06 = 60 (元)$$

年末应付本利和为：1 000＋60＝1 060 元。

当借入资金的期间等于 3 个计息周期时，即是上述款项共借 3 年，则偿还情况如表 4-1 所示。

表 4-1 单利计算表（单位：元）

年份	贷款额	利息	负债额	偿还额
0	1 000	—	—	—

续表

年份	贷款额	利息	负债额	偿还额
1	—	60	1 060	—
2	—	60	1 120	—
3	—	60	1 180	1180

应该指出：单利没有反映出资金运动的规律性，不符合扩大再生产的实际情况。

(2) 复利法

复利法指计算利息时用本金和前期利息之和进行计息，即利息作为新的本金再生利息。按复利方法计算利息时，不仅本金要逐年计息，而且利息也要逐年计息。它具有重复计算利息的效应，俗称"利滚利"。复利计息更符合资金在社会再生产中运动的实际状况。复利计算本利和公式如下：

$$F_n = P(1+i)^n \tag{4-4}$$

式中，F_n 为本利和；P 为借款本金；i 为利率；n 为计息周期数。

公式（4-4）可以由表 4-2 推导出：

表 4-2 复利本利和计算表

期数(期末)	期初本金	本期利息	期末本利和
1	P	Pi	$F_1 = P(1+i)$
2	$P(1+i)$	$P(1+i)i$	$F_2 = P(1+i)^2$
3	$P(1+i)^2$	$P(1+i)^2 i$	$F_3 = P(1+i)^3$
…	…	…	…
n	$P(1+i)^{n-1}$	$P(1+i)^{n-1} i$	$F_n = P(1+i)^n$

数学表达式为：

$F_1 = p(1+i)$,
$F_2 = F_1(1+i) = p(1+i)(1+i) = p(1+i)^2$,
$F_3 = F_2(1+i) = p(1+i)^3$,
…
$F_n = F_{n-1}(1+i) = p(1+i)^n$

复利公式：$F = P(1+i)^n$

【例 4-4】 上述【例 4-3】的问题如果按 6％复利计算，当借入资金的期间等于 3 个计息周期时，即是上述款项共借 3 年，则偿还情况如何？

解 计算结果见表 4-3 所示的形式。

表 4-3 复利计算表 （单位：元）

年份	贷款额	利息	负债额	偿还额
0	1 000	—	—	—
1	—	1 000×0.06=60	1 000+60=1 060	0
2	—	1 060×0.06=63.6	1 060+63.6=1 123.6	0
3	—	1 123.6×0.06=67.42	1 123.6+67.42=1 191.02	1 191.02

可见，所谓复利就是借款人在每期末不支付利息，而将该期利息转为下期的本金，下期再按本利和的总额计息。即不但本金产生利息，而且利息的部分也产生利息。按复利计算所

得的3年末的复本利和比按单利计算的本利和多11.02元,该值是利息所产生的利息。

4.1.3 名义利率与有效利率

名义利率与有效利率是由于计息周期的不同而产生。在工程项目经济评价的复利计算中,通常采用年利率,且每年计息一次,即利率的时间单位与计息单位均为年。但在实际问题中银行贷款可按半年一次、每季度一次、每月一次或每日一次计利息,则每年的计息次数为2、4、12、365等。这时,年利率为年名义利率,计息周期利率为实际计息的利率。

(1) 名义利率

名义利率用 r 表示,当利息在一年内要复利几次时,给出的年利率叫名义利率。即以一年为计息基础,按每一计息周期的利率乘以每年计息期数。

$$计息周期利率=年名义利率 \div 年计息次数 \qquad (4-5)$$

(2) 有效利率

有效利率用 i 表示,按计息期的利率以每年计息期数连续计息后所得到的利率。计息次数不同,所得结果也不同。

【例 4-5】

年利率12%,每月计息一次,月利率=12%÷12=1%

本金100元,每年计息一次,一年后,$F=100\times(1+12\%)=112$

每月计息一次,$F=100\times\left(1+\dfrac{12\%}{12}\right)^{12}=112.68$

实际年利率:$i=\dfrac{112.68-100}{100}=12.68\%$

月利率为1%,每年计息12次,相当于年利率是12.68%的一次计息结果,这个年利率才是真正的有效利率。

则有效利率与名义利率的关系如下式:

$$i=\left(1+\frac{r}{m}\right)^m-1 \qquad (4-6)$$

式中,i 为有效利率;r 为名义利率;m 为每年计息次数。

此式可以从依次支付本利和公式得到:

年本利和:$F=P\left(1+\dfrac{r}{m}\right)^m$,

年利息:$F-P=P\left(1+\dfrac{r}{m}\right)^m-P$,

则:$i=\dfrac{P\left(1+\dfrac{r}{m}\right)^m-P}{P}=\left(1+\dfrac{r}{m}\right)^m-1$,

当 $m=1$,$r=i$;

当 $m>1$,$r<i$。

【例 4-6】 年名义利率为12%,按季度计息,试求有效利率。

解 12%为年名义利率,每年复利计息次数 $m=4$,根据有效利率的计算公式:

$$i=\left(1+\frac{0.12}{4}\right)^4-1=0.1255$$

可见,当年计息次数 $m>1$ 时,名义利率 r 与有效利率 i 在数值上是不相等的,有效利率 i 要大于名义利率 r,即 $i>r$。

4.2 现金流量与现金流量图

4.2.1 现金流量的概念

为了对建设项目进行经济分析和评价,需要对项目各年的资金流动情况作出描述。在进行经济分析和评价时,可以把考察的对象看作是一个系统,这个系统可以是一个工程项目、一个企业,也可以是一个地区、一个国家。而投入的资金、花费的成本、获取的收入都可以看成是以货币形式体现在该系统的资金流出或资金流入。这种考察对象在一定时期各个时点上实际发生的资金流出或资金流入称为现金流量,其中流入系统的资金称为现金流入,流出系统的资金称为现金流出,现金流入与现金流出之差称之为净现金流量。

例如,在图 4-1 中,把公司看成是系统,为了项目建设或生产,某一时刻流入系统的资金称为该时刻的现金流入,用正的符号表示;而流出系统的资金称为该时刻的现金流出,用负的符号表示。某时刻的净现金流量,以下简称为某时刻的现金流。某时刻的现金流是指该时刻系统的现金流入和现金流出的代数和。例如,在项目的工程建设过程中,某年公司支出 1 000 万元,而收入为 0,则可认为,这年的现金流出为 -1 000 万元,净现金流量为 -1 000 万元。

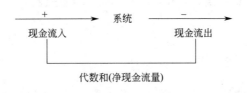

图 4-1 净现金流量

4.2.2 现金流量图

(1) 概念

为了计算的需要,把现金流与时间的关系用图形表示出来,这就是现金流量图。

项目评价的动态计算要求将工程项目寿命周期内所发生的收益与费用,按照他们发生的时间顺序排列,用现金流的形式表示出来,图 4-2 所示是现金流图的一般形式。

图 4-2 现金流图(一)

(2) 现金流量图的作法

① 水平线表示时间,将其分成均等间隔,每一个间隔代表一个时间单位,或称计息周期;他们可以是年、月、季、日等,一般项目评价的计息周期通常是年。0 代表第一个计息周期的初始点,即起点;1 代表第一个计息周期的期末;2 代表第二个计息周期的期末;以此类推,n 则代表第 n 个计息周期的期末。

② 用带箭头的垂直线段代表现金流量,箭头向下表示现金为流出(负现金流量),箭头

向上表示现金为流入（正现金流量）。并以垂直线段的长短来表示现金流量的绝对值大小。

③ 在项目评价时，现金流量图一般是按投资给项目的投资者角度绘制，投资为负，收益为正。若换成项目立场绘制，则现金流方向相反。

绘制现金流图的要点：注意绘制现金流图的要素：大小、时间、流向；并注意期初与期末。

【例 4-7】 某工程项目预计期初投资 3 000 万元，自第一年起，每年末净现金流量为 1 000 万元，计算期为 5 年，期末残值 300 万元。试做出该项目的现金流图。

解 该项目的现金流图，如图 4-3 所示。

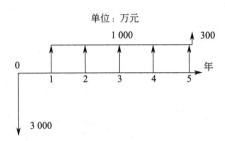

图 4-3　现金流图（二）

4.3

资金等值计算

4.3.1　资金等值计算的概念

由于资金时间价值的存在，不同时点的资金不存在可比性。资金等值就是在考虑时间因素的情况下，不同时点发生的绝对值不等的资金具有相等的价值。

资金等值计算是指在考虑时间因素的情况下，不同时间点发生的绝对值不等的资金可能具有相等的价值。资金等值是指，在理想的资本市场条件下，将某一时刻的资金按照一定的利率折算成与之等价的另一时刻的资金的计算过程。

如果两个事物的作用效果相同，则称该两个事物是等值的。例如有两个力矩，一个是由 100 N 和 2 m 的力臂所组成；一个是由 200 N 和 1 m 的力臂所组成，因为二者的作用都是 200 N·m，于是就说它们是等值的。

在技术经济分析中，等值是个很重要的概念，在方案的分析与比较时往往都加以应用。在技术经济分析中等值的含意是：由于利息的存在，因而使不同时点上的不同金额的货币可以具有相同的经济价值。这一点可用一个例子加以说明。

【例 4-8】 如果年利率为 6%，则现在的 300 元等值于 8 年后的 478.2 元吗？

解
$$F = 300 \times (1+0.06)^8 = 478.20 (元)$$

同样，8 年后的 478.2 元等值于现在的 300 元，即：

$$478.20 \times \frac{1}{(1+0.06)^8} = 300 (元)$$

可见：如果两个现金流量等值，则在任何时点其相应的数值必相等。如上例，现在的 300 元，7 年后为 300×（1+6%）=451 元，8 年末的 478.2 元在第 7 年末为 478.20÷(1+

0.06)=451 元。它们在任何时点上都是相等的。

4.3.2 资金等值计算公式

在进行资金等值计算时需要介绍一些相关的概念：现值、终值和年金。

现值（Present value）：又称本金，是指未来某一时点上的现金折合为现在的价值。

终值（Future value）：又称将来值，是现在一定量现金在未来某一时点上的价值，俗称本利和。

年金（Annuity）：一系列连续发生的相等的现金流量。

复利公式计算符号如下：P 为现值；i 为折现率；n 为时间周期数；F 为终值；A 为等额年金。现金流量示意图如图 4-4 所示。

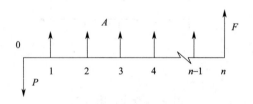

图 4-4 现金流量示意图

(1) 复利终值公式

复利终值公式也称为普通复利一次支付将来值公式（已知现值 P，求终值 F），该问题可用图 4-5 现金流图表示。

$$F = P(1+i)^n = P(F/P, i, n) \quad (4-7)$$

式中，$(F/P, i, n)$ 为复利终值系数，也称一次偿付本利和系数。

具体应用：现有资金投资于某项目，若干年后有多少？

【例 4-9】 某人将 10 000 元投资于一项事业，年报酬率为 6%，3 年后的金额为多少？

解 $F = P(F/P, 6\%, 3) = 10\,000 \times (1+6\%)^3 = 11\,910$（元）

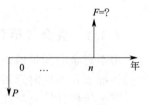

图 4-5 现金流图（三）

【例 4-10】 某人有 1 200 元，拟投入报酬率为 8% 的投资机会，经过多少年才能使现有货币增加 1 倍？

解

$F = 1\,200 \times 2 = 2\,400$

$2\,400 = 1\,200 \times (1+8\%)^n$ 即 $(1+8\%)^n = 2$

则 $(F/P, 8\%, n) = 2$，

查表知 $(F/P, 8\%, 9) = 1.999$，

所以 $n = 9$

【例 4-11】 现有 1 200 元，欲在 19 年后使其达到原来的 3 倍，选择投资机会时最低可接受的报酬率为多少？

解 $F = 1\,200 \times 3 = 3\,600$

$3\,600 = 1\,200 \times (1+i)^{19}$，则 $(1+i)^{19} = 3$

由 $(F/P, i, 19) = 3$，

查表得 $i=6\%$

(2) 复利现值公式

复利现值公式也称为一次支付复利现值公式（已知终值 F，求现值 P），该问题可用图 4-6 所示的现金流图来表示。

$$P=F/(1+i)^n=F(P/F,i,n) \tag{4-8}$$

式中，$(P/F,i,n)$ 为复利现值系数，也称一次偿付现值系数。

具体应用是贷款本金的计算或者投资的计算。

【例 4-12】 某人拟在 5 年后获得资金 10 000 元，假设投资的报酬率为 10%，他现在应投入多少元？

解 $P=F(P/F,10\%,5)=10\,000\times 0.621=6\,210$（元）

(3) 年金终值公式

年金终值公式也称为普通复利等额支付终值公式：（已知年金 A，求终值 F），该问题可用如图 4-7 所示的现金流图来表示。

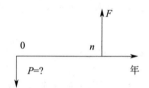

图 4-6 现金流图（四）

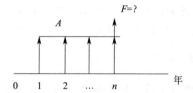

图 4-7 现金流图（五）

$$F=A\cdot\frac{(1+i)^n-1}{i}=A(F/A,i,n) \tag{4-9}$$

推导过程如下：

$$\begin{aligned}F&=A(1+i)^0+A(1+i)^1+A(1+i)^2+\cdots+A(1+i)^{n-1}\\&=A[1+(1+i)^1+\cdots+(1+i)^{n-1}]\\&=A\cdot\frac{(1+i)^n-1}{i}\\&=A(F/A,i,n)\end{aligned}$$

式中，$(F/A,i,n)$ 为年金终值系数。

具体应用：每年贷款，若干年后一次还款的本利和为多少？

【例 4-13】 某企业 20 年中每年年初从银行借款 10 000 元，若年利率为 4%，问 20 年后需要还银行多少贷款？

解 $F=A\cdot\dfrac{(1+i)^n-1}{i}=10\,000\times\dfrac{(1+4\%)^{20}-1}{4\%}=297\,780$（元）

【例 4-14】 某建设项目总投资额 20 亿元，计划在每年末投资 5 亿元，分 4 年投资完，资金借贷年利率为 10%，问 4 年后应偿还的总投资本利和为多少？

解 画现金流图如图 4-8 所示。

$F=A(F/A,10\%,4)=5\times 4.641=23.21$（亿元）

(4) 偿债基金公式

偿债基金公式也称为等额支付偿债基金公式（已知终值 F，求年金 A），该问题可用图 4-9 所示的现金流图表示。

$$A = F \cdot \frac{i}{(1+i)^n - 1} = F \cdot (A/F, i, n) \qquad (4\text{-}10)$$

式中，$\dfrac{i}{(1+i)^n - 1}$ 称为偿债基金系数，也称资金存储系数，用 $(A/F, i, n)$ 表示，可查复利表。

图 4-8 现金流图（六）   图 4-9 现金流图（七）

具体应用：若干年后还清××钱，现应等额存入银行多少钱？

【例 4-15】 预计在第 7 年末得到一笔资金 1 500 万元，在年利率 6% 的条件下，在 7 年之内每年年末应支付多少资金储存于银行？

解 $A = F \cdot \dfrac{i}{(1+i)^n - 1} = 1\,500 \times \dfrac{6\%}{(1+6\%)^7 - 1} = 178.7$（万元）

【例 4-16】 某企业计划自筹资金，在 5 年后扩建厂房，估计那时需资金 1 000 万元，问从现在起每年应积累多少资金？年利率为 6%。

解 画现金流图，如图 4-10 所示。
$$A = F(A/F, 6\%, 5) = 177.4 (万元)$$

（5）年金现值公式

年金现值公式也称为普通复利等额支付现值公式（已知年金 A，求现值 P），该问题可用图 4-11 所示的现金流图表示。

$$P = A \cdot \frac{1 - (1+i)^{-n}}{i} = A(P/A, i, n) \qquad (4\text{-}11)$$

式中，$A \cdot \dfrac{1 - (1+i)^{-n}}{i}$ 称年金现值系数。用 $(P/A, i, n)$ 表示，可以查复利表。

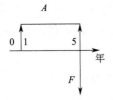   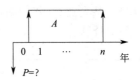

图 4-10 现金流图（八）   图 4-11 现金流图（九）

公式推导如下：

已知：$P = A(1+i)^{-1} + A(1+i)^{-2} + \cdots + A(1+i)^{-n}$

等式两边同乘 $(1+i)$，

得：$P \cdot (1+i) = A + A(1+i)^{-1} + \cdots + A(1+i)^{-(n-1)}$

二式相减，得：$P \cdot (1+i) - P = A - A(1+i)^{-n}$

所以 $P = A \cdot \dfrac{1-(1+i)^{-n}}{i}$

【例 4-17】 采用某项专利技术，每年可获利 200 万元，在年利率 6% 的情况下，5 年后即可连本带利全部收回，问该技术期初的一次性投入为多少？

解 画现金流图，如图 4-12 所示。
$$P = A \cdot (P/A, 6\%, 5) = 842.47 (万元)$$

【例 4-18】 某人出国 3 年，请你代付房租，每年租金 10 000 元，利率 10%，他应现在给你在银行存入多少钱？

解 $P = 10\,000(P/A, 10\%, 3) = 24\,869(元)$

(6) 资金回收公式

资金回收公式也称为普通复利等额支付资金回收公式（已知现值 P，求年金 A），该问题可用图 4-13 所示的现金流图表示。

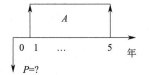
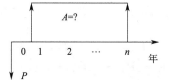

图 4-12　现金流图（十）　　　　图 4-13　现金流图（十一）

$$A = P \dfrac{i}{1-(1+i)^{-n}} = P(A/P, i, n) \qquad (4-12)$$

式中，$\dfrac{i}{1-(1+i)^{-n}}$ 称为资金回收系数，用 $(A/P, i, n)$ 表示，可以查复利表。

【例 4-19】 某机械设备初期投资为 2 万元，若该设备使用年限为 10 年，资本利率 $i = 10\%$，则每年平均设备费用为多少？

解 画现金流图，如图 4-14 所示。

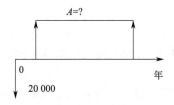

图 4-14　现金流图（十二）

$$A = P(A/P, 10\%, 10) = 20\,000 \times 0.1\,627 = 3\,254(万元)$$

讨论：当 n 值足够大时，年值 A 和现值 P 之间的换算可以简化。
$$A = \dfrac{i}{1-(1+i)^{-n}} \times P$$

根据数学中极值的概念可知：

当 n 值趋于无穷大时，$\dfrac{i}{1-(1+i)^{-n}}$ 将趋近于 i 值，则：
$$A = iP$$

同样，当 n 趋于无穷大时，$\dfrac{1-(1+i)^{-n}}{i}$ 其值趋于 $\dfrac{1}{i}$，则：

$$P = A\dfrac{1}{i}$$

事实上，因数值收敛的速度很快，当投资的效果持续几十年以上时就可以认为 n 趋于无穷大，此时应用上述的简化计算方法，其计算结果的误差也在允许范围内。

利用上述原理，当求港湾、道路、寿命期长的建筑物、构筑物等的投资年等值或者收益的现值时，将给问题的计算带来极大的便利。

【例 4-20】 期初有一笔资金 1 000 万元投入某个项目，年利率 10%，从 1 到 10 年每年年末等额收回多少钱，到第 10 年末正好将 1 000 万元本金及利息全部收回？若到第 10 年末还能回收残值（S_v）100 万元，则资金回收成本（CR）为多少？

解 $A = P(A/P, 10\%, 10) = 1\,000 \times 0.162\,75 = 162.75$（万元）

资金回收成本为：$CR = P(A/P, i, n) - S_v(A/F, i, n)$

又因 $(A/P, i, n) - i = \dfrac{i(1+i)^n}{(1+i)^n - 1} - i = \dfrac{i}{(1+i)^n - 1}$

即 $(A/P, i, n) - i = (A/F, i, n)$

则 $CR = (P - S_v)(A/P, i, n) + S_v \cdot i$

$\quad = (P - S_v)(A/F, i, n) + P \cdot i$

所以 $CR = (1\,000 - 100) \times 0.16\,275 + 100 \times 0.1 = 156.48$（万元）

【例 4-21】 上述例 4-20 可以简化为现值 $P = 1\,000$，终值 $F = 100$，求年金 A？

解 画现金流图，如图 4-15 所示。

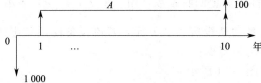

图 4-15 现金流图（十三）

$A = P(A/P, 10\%, 10) - F(A/F, 10\%, 10) = 1\,000 \times 0.162\,75 - 100 \times 0.062\,75 = 156.48$（万元）

答：年金为 156.48 万元。

【例 4-22】 某建筑机械预计尚可使用 5 年，为更新该机械预计需 3 万元。为此，打算在今后的 5 年内将这笔资金积蓄起来。假设资本的利率为 12%，每年积蓄多少才能满足更新该机械所需的资金需求？假定存款发生在：①每年的年末；②每年的年初。

解 ① 该问题的条件符合公式推导的前提条件，因此可直接用公式求得如下：

$\qquad A = 30\,000 \times (A/F, 12\%, 5) = 30\,000 \times 0.157\,41 \approx 4\,722$（元）

② 该问题需要换算成与推导公式时的假定条件相符的形式。其计算如下：

$\qquad A = 30\,000 \times (A/F, i, n) \div (1+i) = 30\,000 \times 0.157\,41 \div 1.12 = 4\,216$（元）

4.3.3 公式的应用条件

任何公式都是有适用条件的，上面讲述的复利计算的六个基本公式，同样也必须满足某些假定条件时才能使用，为了准确无误地应用这些公式，必须清楚这些公式推导的前提，即假定条件。这些条件是：

① 实施方案的初期投资假定发生在方案的寿命期初；
② 方案实施中发生的经常性收益和费用假定发生在计息期的期末；
③ 本期的期末即为下期的期初；
④ 现值 P 是当前期间开始时发生的；
⑤ 将来值 F 是当前以后的第 n 期期末发生的；
⑥ 年等值 A 是在考察期间间隔发生的；当问题包括 P 和 A 时，系列的第一个 A 是在 P 发生一个期间后的期末发生的；当问题包括 F 和 A 时，系列的最后一个 A 与 F 同时发生。

现值与将来值的换算关系、现值 P 和年等值 A 的相互关系和年值与将来值的相互计算关系可用图 4-16 表示。

上述六个因数的关系和 P、F、A 发生的时点可用图 4-16 表示，利用该图很容易搞清各因数之间的关系以及上述的几个假定条件。

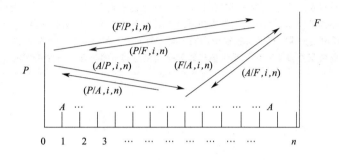

图 4-16　基本公式的相互关系

当需要解决的问题的现金流量不符合上述推导公式时所依据的假定条件时，只要经过简单的处理使其符合上述的假定条件后，即可应用上述的基本公式。

本章小结

本章主要介绍资金时间价值的概念，资金时间价值的形成机制；介绍了利息、利率及利率的作用，同时介绍了资金时间价值的衡量，单利和复利计算，名义利率和有效利率；介绍了现金流量的概念及现金流量图的做法；介绍了资金等值计算的概念，并阐明了资金等值计算的原理和方法，最后给出资金等值计算的公式。这是进行投资项目经济评价所必需的基础知识和基本技能。

 思考题

1. 年名义利率为 18%，那么按半年计息、季度计息以及月计息的实际利率是多少？
2. 一家化工企业性贷款公司以每月 1.5% 的复利利率进行贷款，求：
① 年名义利率是多少？
② 年实际利率是多少？
3. 甲银行年利率为 16%，一年计息一次，乙银行年利率为 15%，但每月计息一次，假定存款时间相同，问哪个银行的利息高？

4. 某化工企业要建立一笔福利基金,有两个银行可以存款,但一个银行是以1年为期按年利率12%计算利息,另一个银行是以1年为期每月按利率1%计算利息。试确定在哪个银行中存款的效果更好一些?

5. 未来某化工企业投资某项目,以下投资在未来的累计总额是多少?
① 投资 4 638 美元,10 年中每半年 6% 的复利利率。
② 投资 6 500 美元,每季度 8% 的复利利率,共 15 年。
③ 投资 283 000 美元,在 7 年中每月 9% 的复利利率。

6. 某化工企业的工程初始投资 1 000 万元,第一年年末又投资 1 500 万元,第二年年末又投资 2 000 万元。投资确定由一银行贷款,年利率 8%,贷款从第三年年末开始偿还,在 10 年中等额偿还银行。那么每年应偿还银行多少万元?

7. 某化工企业欲建立一笔专用基金,每年年初将一笔款项存入银行,自第 10 年起(第 10 年年末),连续 3 年各提 2 万元,试作出资金流向图。如果银行存款利息为 4%,那么每年应等额存入银行多少万元?

8. 某化工厂从银行贷款 1 200 万元,每年可以偿还 250 万元,在 6% 的年利率下,大约需要多少年才能还清?

9. 某化工企业打算投资 400 万购置一间厂房,每半年产生的利润额为 30 万元。假设该工厂寿命为无限(通常寿命期为几十年,即可认为是寿命期为无限,简化 A 值与 P 值的计算),资本的利率每半年 5%,则该项投资的净收益(减去投资后的余额)为多少?若每年的利润额为 30 万元,其他条件不变时,净收益额又是多少?分别按现值和每期平均值(假设每半年为一个期间的净年值)求解。

第 5 章

石油化工项目投资估算与融资方案分析

学习目标：

① 掌握石油化工项目投资构成；
② 掌握建设投资估算的内容和方法；
③ 熟悉建设期利息的估算方法；
④ 熟悉流动资金估算的方法；
⑤ 熟悉融资方案分析的基本内容和方法。

5.1 概述

投资估算是在石油化工项目的建设规模、产品方案、技术方案、设备方案、场（厂）址方案、工程建设方案及石油化工项目进度计划等进行研究并基本确定的基础上，对石油化工项目总投资数额及分年资金需要量进行的估算。投资估算是投资决策过程中确定融资方案、筹措资金的重要依据，也是进行财务分析和经济分析的基础。

融资方案分析是在已确定建设方案并完成投资估算的基础上，结合石油化工项目实施组织和建设进度计划，构造融资方案，进行融资结构、融资成本和融资风险分析，作为融资后财务分析的基础。

投资估算和融资方案分析是石油化工建设项目决策分析与评价的重要内容。

5.1.1 石油化工项目投资估算的内容

石油化工项目总投资由建设期和筹建期投入的建设投资、建设期利息和项目建成投产后所需的流动资金三大部分组成。

① 建设投资是指在石油化工项目筹建与建设期间所花费的全部建设费用，按照项目划分，建设投资估算分为固定资产费用、无形资产费用、其他资产费用和预备费用。按照费用

划分，建设投资估算分为建筑工程费、设备购置费、安装工程费、其他工程费、预备费。其中，预备费用包括基本预备费和涨价预备费。按照对投资项目投资控制的要求，建设投资估算分为静态投资和动态投资两部分。

② 建设期利息是指债务资金在建设期内发生并应计入固定资产原值的利息，包括借款（或债券）利息及手续费、承诺费、管理费等其他融资费用。

③ 流动资金是指项目运营期内长期占用并周转使用的营运资金。

项目总投资的构成，即投资估算的具体内容如图 5-1 所示。建设投资静态、动态部分构成如图 5-2 所示。

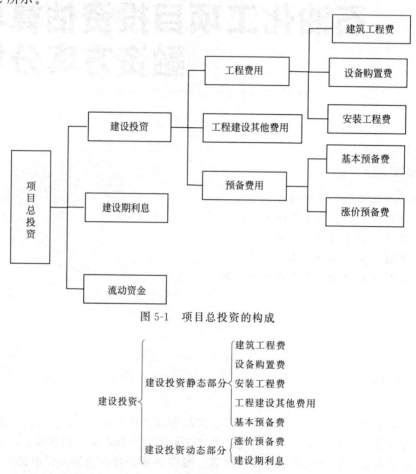

图 5-1　项目总投资的构成

图 5-2　建设投资静态、动态部分构成

5.1.2　石油化工项目总投资与资产的形成

根据资本保全原则和企业资产划分的有关规定，石油化工项目在建成交付使用时，项目投入的全部资金分别形成固定资产、无形资产、其他资产和流动资产。石油化工项目总投资构成及其资产形成如图 5-3 所示。

(1) 固定资产

固定资产是指同时具备两个特征的有形资产：①为生产商品、提供劳务、出租或经营管理而持有；②使用年限超过一个会计年度。

石油化工项目中形成固定资产的费用分为工程费用和固定资产其他费用。

工程费用是花费在工程项目上的投资，包含建筑工程费、设备购置费和安装工程费。石

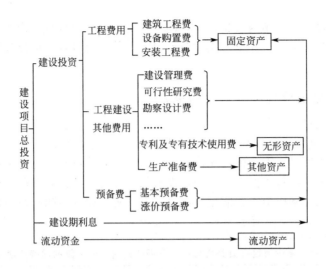

图 5-3　项目总投资构成及其资产形成

油化工项目的工程项目通常分为全厂性工程项目和单项工程项目。全厂性工程项目分为工艺生产装置、储运工程、公用工程、辅助工程、服务性工程、厂外工程、厂外生活福利工程等。单项工程项目分为总图竖向布置、建筑物、构筑物、静置设备、机械设备、工业炉、储罐工程、工艺管道安装、电气、通信、自控仪表及管理系统、给排水、采暖通风、热工等。

固定资产其他费用包括土地使用费（包括土地征用及拆迁补偿费；耕地占用税、城镇土地使用税、新菜地开发建设基金；建设单位临时租用建设项目土地使用权而支付的费用）、超限设备运输特殊措施费、特殊设备安全监督检验费、进口设备、材料国内检验费、工程保险费、工程监理费、联合试运转费、建设单位管理费、临时设施费、勘察设计费、前期工作咨询费和其他费、研究试验费、环境影响评价费、劳动安全卫生评价费、市政公用设施建设及绿化费和其他。

(2) 无形资产

无形资产是指企业拥有或者控制的没有实物形态的可辨认的非货币性资产，包括专利权、商标权、土地使用权、非专利技术、商誉和版权等。它们通常代表企业所拥有的一种法定权或优先权，或者是企业所具有的高于平均水平的获利能力。无形资产是有偿取得的资产，对于购入或者按法律取得的无形资产的支出，一般都予以资本化，并在其受益期内分期摊销。企业持有无形资产的目的是用于生产商品或提供劳务、出租给他人，或为了行政管理，而不是为了对外销售。石油化工项目评价中构成无形资产原值的费用主要包括工业产权费用（包括专利权费用、商标权使用费等）、专有技术费用、商誉费用（除企业合并外，商誉不得作价计入投资）、土地使用权出让金及契税和其他。

(3) 其他资产

其他资产是指除流动资产、固定资产、无形资产以外的其他资产，如长期待摊费用。按照有关规定，除购置和建造固定资产以外，所有筹建期间发生的费用，先在长期待摊费用中归集，待企业开始生产经营时起计入当期损益。石油化工项目评价中构成其他资产原值的费用主要包括生产准备费（包括提前进厂人员费、培训费、办公和生活用具购置费）、出国人员费用（包括培训费）、外国工程技术人员来华费用、银行担保费、图纸资料翻译复制费和其他。

(4) 流动资产

流动资产是指可以在一年内或超过一年的一个营业周期内变现、出售、耗用的资产。流动资产包括现金及各种存款、存货、应收及预付款项等。总投资中的流动资金与流动负债共同构成流动资产。

5.1.3 石油化工项目投资估算的要求

石油化工建设项目决策分析与评价阶段一般可分为投资机会研究、初步可行性研究（项目建议书）、可行性研究、项目前评估四个阶段。由于不同阶段的工作深度和掌握资料的详略不同，在石油化工项目决策分析与评价的不同阶段，允许投资估算的深度和准确度有所差别。随着工作的进展，项目条件逐步明确，投资估算应逐步细化，准确度应逐步提高，从而对项目投资起到有效控制作用。石油化工项目决策分析与评价不同阶段对投资估算的准确度要求（即允许误差）如表 5-1 所示。

表 5-1 建设项目决策分析与评价不同阶段对投资估算的准确度要求

序号	建设项目决策分析与评价的不同阶段	投资估算的允许误差率
1	投资机会研究阶段	±30%以内
2	初步可行性研究(项目建议书)阶段	±20%以内
3	可行性研究阶段	±10%以内
4	项目前评估阶段	±10%以内

尽管投资估算在具体数额上允许存在一定的误差，但必须达到以下要求。

① 投资估算应遵守国家有关法律、法规，遵守中国石油化工集团公司有关规定；保证估算所依据的工程量的准确程度在合理的范围内；应掌握市场信息及科学的估价方法。

② 投资估算主要依据中国石油化工集团公司暨股份公司、《石油化工项目可行性研究报告编制规定》及《中国石油化工项目可行性研究技术经济参数和数据》；并参考《石油化工工程建设设计概算编制办法》《石油化工工程建设引进工程概算编制办法》《石油化工安装工程概算指标》《石油化工安装工程费用定额》《石油化工工程建设费用定额》等有关规定。

③ 可行性研究投资估算应达到较高的精确度，对基础设计（初步设计）概算起到控制作用，即基础设计（初步设计）概算不得超出可行性研究投资估算额的 10%。

5.1.4 融资环境分析

国家和地区的融资环境对石油化工项目的成败有重要影响，项目融资研究首先要分析项目所在地的融资环境。融资环境包括法律法规、经济环境、融资渠道、税务条件和投资政策等方面。

(1) 法律法规

石油化工项目的融资活动要遵守国家和地方的各项法律法规。健全的法律法规体系是项目融资成功的根本保障。涉及石油化工项目融资的基本法律法规包括公司法、银行法、证券法、税法、合同法、担保法以及投资管理、外汇管理、资本市场管理等方面的法规。外商投资项目还涉及与外商投资有关的法规。

(2) 经济环境

石油化工项目融资的成功需要良好的经济环境，包括合理的经济和产业政策，发达的经济和适当的增长速度，完善规范的市场机制、资本市场、银行体系、税务体系等。石油化工项目融资方案分析应着重考察分析经济环境对融资的限制和影响。这些影响将作用于融资方案，影响融资成本和融资风险。

(3) 融资渠道

融资渠道是构造项目融资方案的基础,各种融资渠道取得资金的条件对于融资渠道的选择有着决定性的影响。

(4) 税务条件

石油化工项目的税务条件影响项目的财务支出和融资成本。所得税税率优惠会使项目提高收益,降低风险。利润汇出税可能会使境外投资人股权投资成本增加,影响投资方案。利息预提税可能会使项目从国外借款融资的成本增加,影响借款来源。

(5) 投资政策

国家的投资政策对石油化工项目投资及融资有着重要影响。国家限制的投资领域,项目投资风险高,融资成本和风险高。政策鼓励的投资项目通常可以得到政府的优惠政策支持,项目的收益好、风险低。

5.2
石油化工项目建设投资估算

建设投资由建筑工程费、设备购置费、安装工程费、工程建设其他费用、基本预备费和涨价预备费构成。其中,建筑工程费、设备购置费、安装工程费形成固定资产,工程建设其他费用可分别形成固定资产、无形资产、其他资产。基本预备费、涨价预备费在可行性研究阶段为简化计算方法,一并计入固定资产。

建设投资的估算方法有简单估算法和分类估算法。简单估算法还分为单位生产能力估算法、生产能力指数法、比例估算法、系数估算法和估算指标法等,其中估算指标法依据指标制定依据的范围和粗略程度又分为多种。单位生产能力估算法最为粗略,一般仅用于投资机会研究阶段。生产能力指数法相比单位生产能力估算法准确度提高,在不同阶段都有一定应用,但范围受限。初步可行性研究阶段主要采用估算指标法,也可根据具体条件选择其他估算方法。实践中根据所掌握的信息资料和工作深度,可将上述几种方法结合使用。

5.2.1 简单估算法

(1) 单位生产能力估算法

该方法根据已建成的、性质类似的建设项目的单位生产能力投资(如元/t、元/kW)乘以拟建项目的生产能力来估算拟建项目的投资额。其计算公式为:

$$Y_2 = \frac{Y_1}{X_1} \cdot X_2 \cdot CF \tag{5-1}$$

式中,Y_2 为拟建项目的投资额;Y_1 为已建类似项目的投资额;X_1 为已建类似项目的生产能力;X_2 为拟建项目的生产能力;CF 为不同时期、不同地点的定额、单价、费用变更等的综合调整系数。

该方法将项目的建设投资与其生产能力的关系视为简单的线性关系,估算简便迅速,但精确度较差。使用这种方法要求拟建项目与所选取的已建项目相似,仅存在规模大小和时间上的差异。

【例 5-1】 已知 2015 年建设污水处理能力为 10 万立方米/天的污水处理厂的建设投资为 16 000 万元,2021 年拟建污水处理能力为 16 万立方米/天的污水处理厂一座,条件与 2015 年已建项目类似,调整系数 CF 为 1.25,试估算该项目的建设投资。

解 根据式 (5-1),该项目的建设投资为:

$$Y_2 = \frac{Y_1}{X_1} \cdot X_2 \cdot CF = \frac{16\,000}{10} \times 16 \times 1.25 = 32\,000(万元)$$

(2) 生产能力指数法

该方法是根据已建成的、性质类似的建设项目的投资额和生产能力与拟建项目的生产能力来估算拟建项目的投资额。其计算公式为:

$$Y_2 = Y_1 \cdot \left(\frac{X_2}{X_1}\right)^n \cdot CF \tag{5-2}$$

式中,n 为生产能力指数;其他符号含义同前。

式 (5-2) 表明,建设项目的投资额与生产能力呈非线性关系。运用这种方法估算项目投资的重要条件,是要有合理的生产能力指数。不同性质的建设项目,n 的取值是不同的。在正常情况下,$0 \leqslant n \leqslant 1$。具体确定方法为:若已建类似项目的规模和拟建项目的规模相差不大,X_2 与 X_1 的比值在 0.5~2,则指数 n 的取值近似为 1;一般认为,若 X_2 与 X_1 的比值在 2~50,且拟建项目规模的扩大仅靠增大设备规模来达到时,则 n 取值约在 0.6~0.7;若靠增加相同规格设备的数量达到时,则 n 取值为 0.8~0.9。

采用生产能力指数法,计算简单、速度快;但要求类似项目的资料可靠,条件基本相同,否则误差就会增大。对于建设内容复杂多变的项目,实践中往往应用于分项装置的工程费用估算。

【例 5-2】 已知建设年产 30 万吨乙烯装置的投资额为 60 000 万元,现拟建年产 70 万吨乙烯的装置,工程条件与上述装置类似,试估算该装置的投资额(生产能力指数 $n=0.6$,$CF=1.2$)。

解 根据式 (5-2),该装置的投资为:

$$Y_2 = Y_1 \cdot \left(\frac{X_2}{X_1}\right)^n \cdot CF = 60\,000 \times \left(\frac{70}{30}\right)^{0.6} \times 1.2 = 119\,707(万元)$$

(3) 比例估算法

比例估算法可分为以下两种。

① 以拟建项目的设备购置费为基数进行估算。该方法以拟建项目的设备购置费为基数,根据已建成的同类项目的建筑工程费和安装工程费占设备购置费的百分比,求出相应的建筑工程费和安装工程费,再加上拟建项目其他费用(包括工程建设其他费用和预备费用),其总和即为拟建项目的建设投资。其计算公式为

$$C = E(1 + f_1 P_1 + f_2 P_2) + I \tag{5-3}$$

式中,C 为拟建项目的建设投资;E 为拟建项目根据当时当地价格计算的设备购置费;P_1、P_2 为已建项目中建筑工程费和安装工程费占设备购置费的百分比;f_1、f_2 为由于时间因素引起的定额、价格、费用标准等综合调整系数;I 为拟建项目的其他费用。

【例 5-3】 某拟建石油化工项目设备购置费为 15 000 万元,根据已建同类石油化工项目统计资料,建筑工程费占设备购置费的 23%,安装工程费占设备购置费的 9%,该拟建石油化工项目的其他有关费用估计为 2 600 万元,调整系数 f_1、f_2 均为 1.1,试估算该石油化工项目的建设投资。

解 根据式 (5-3),该石油化工项目的建设投资为:

$$C = E(1 + f_1 P_1 + f_2 P_2) + I = 15\,000 \times [1 + (23\% + 9\%) \times 1.1] + 2\,600 = 22\,880(万元)$$

② 以拟建石油化工项目的工艺设备投资为基数进行估算。该方法以拟建石油化工项目的工艺设备投资为基数,根据同类型的已建石油化工项目的有关统计资料,各专业工程(总图、土建、暖通、给排水、管道、电气、电信及自控等)占工艺设备投资(包括运杂费和安

装费）的百分比，求出拟建项目各专业工程的投资，然后把各部分投资（包括工艺设备投资）相加求和，再加上拟建项目的其他有关费用，即为拟建项目的建设投资。其计算公式为：

$$C = E(1 + f_1 P_1' + f_2 P_2' + f_3 P_3' + \cdots) + I \tag{5-4}$$

式中，E 为拟建项目根据当时当地价格计算的工艺设备投资；P_1'、P_2'、P_3' 为已建石油化工项目各专业工程费用占工艺设备投资的百分比；其他符号含义同前。

(4) 估算指标法

估算指标法俗称扩大指标法。估算指标是比概算指标更为扩大的单项工程指标或单位工程指标，以单项工程或单位工程为对象，综合项目建设中的各类成本和费用，具有较强的综合性和概括性。

单项工程指标一般以单项工程生产能力单位投资表示，如工业窑炉砌筑以元/m^3 表示；变配电站以元/(kV·A) 表示；锅炉房以元/蒸汽吨表示。单位工程指标一般以如下方式表示：房屋区别不同结构形式以元/m^2 表示；道路区别不同结构层、面层以元/m^2 表示；管道区别不同材质、管径以元/m 表示。

使用估算指标应根据不同地区、不同时期的实际情况进行适当调整，因为地区、时期不同，设备、材料及人工的价格均有差异。

估算指标法的精确度相对比概算指标低，主要适用于初步可行性研究阶段。项目可行性研究阶段也可采用，主要是针对建筑安装工程费以及公用和辅助工程等配套工程。实际上单位生产能力估算法也可算是一种最为粗略的扩大指标法，一般只适用于机会研究阶段。

5.2.2 分类估算法

建设投资分类估算法是对构成建设投资的各类投资，即工程费用（含建筑工程费、设备购置费和安装工程费）、工程建设其他费用和预备费（含基本预备费和涨价预备费）分类进行估算。

5.2.2.1 估算步骤

① 分别估算建筑工程费、设备购置费和安装工程费。
② 汇总建筑工程费、设备购置费和安装工程费，得出分装置的工程费用，然后合计得出项目建设所需的工程费用。
③ 在工程费用的基础上估算工程建设其他费用。
④ 以工程费用和工程建设其他费用为基础估算基本预备费。
⑤ 在确定工程费用分年投资计划的基础上估算涨价预备费。
⑥ 总计求得建设投资。

5.2.2.2 建筑工程费估算

石油化工项目的建筑工程费是指建设项目设计范围内的建设场地平整、竖向布置土石方工程费；各类房屋建筑及其附属的室内供水、供热、卫生、电气、燃气、通风空调、弱电等设备及管线安装工程费；各类设备基础、地沟、水池、冷却塔、烟囱烟道、水塔、栈桥、管架、挡土墙、围墙、厂区道路、绿化等工程费；铁路专用线、厂外道路、码头等工程费。建筑工程费由直接工程费、间接费、利润、技术装备费、税金等组成。

建筑工程费的估算方法有单位建筑工程投资估算法、单位实物工程量投资估算法和概算指标估算法。前两种方法比较简单，后一种方法要以较为详细的工程资料为基础，工作量较大，实际工作中可根据具体条件和要求选用。

5.2.2.3 设备购置费估算

设备购置费指需要安装和不需要安装的全部设备、仪器、仪表等和必要的备品备件和工器具、生产家具的购置费用，其中包括一次装入的填充物料、催化剂及化学药品等的购置费。设备购置费可按国内设备购置费、进口设备购置费、备品备件和工器具及生产家具购置费分类估算。

(1) 国内设备购置费的估算

国内设备购置费是指为建设项目购置或自制达到固定资产标准的各种国产设备的购置费用。它由设备原价和设备运杂费构成。

① 国产标准设备原价。国产标准设备是指按照主管部门颁布的标准图样和技术要求，由国内设备生产厂批量生产的、符合国家质量检测标准的设备。国产标准设备原价一般是指设备制造厂的交货价，即出厂价。设备的出厂价分两种情况，一是带有备件的出厂价，二是不带备件的出厂价，在计算设备原价时，一般应按带有备件的出厂价计算。如只有不带备件的出厂价，应按有关规定另加备品、备件费用。如设备由设备成套公司供应，还应考虑设备成套费用。国产标准设备原价可通过查询相关价格目录或向生产厂家询价得到。

② 国产非标准设备原价。国产非标准设备是指国家尚无定型标准，设备生产厂不可能采用批量生产，只能根据具体的设计图样按订单制造的设备。非标准设备原价有多种不同的计算方法，无论采用哪种方法都应该使非标准设备计价接近实际出厂价，并且计算方法要简便。实践中也可以采用有关单位公布的参考价格，根据设备类型、材质、规格等要求选用。

③ 设备运杂费。设备运杂费通常由运输费、装卸费、运输包装费、供销手续费和仓库保管费等各项费用构成。设备运杂费一般按设备原价乘以设备运杂费率计算。设备运杂费率按部门、行业或省、市的规定执行。

(2) 进口设备购置费估算

进口设备购置费由进口设备货价、进口从属费用及国内运杂费组成。

进口设备购置费的计算公式为：

$$进口设备购置费＝进口设备货价＋进口从属费用＋国内运杂费 \tag{5-5}$$

① 进口设备货价。进口设备货价按交货地点和方式的不同，分为离岸价（FOB）与到岸价（CIF）等，一般多指离岸价。离岸价（FOB）是指出口货物运抵出口国口岸交货的价格；到岸价（CIF）是指进口货物抵达进口国口岸交货的价格，包括进口货物成本、国外运费和国外运输保险费。进口设备货价可依据向有关生产厂商的询价、生产厂商的报价及订货合同价等研究确定。

② 进口从属费用。进口从属费用包括国外运费、国外运输保险费、进口关税、进口环节消费税、进口环节增值税、外贸手续费、银行手续费等。其计算公式为：

$$进口从属费用＝国外运费＋国外运输保险费＋进口关税＋进口环节消费税＋进口环节增值税\\＋外贸手续费＋银行手续费 \tag{5-6}$$

a. 国外运费。国外运费是从装运港（站）到达我国抵达港（站）的运费。其计算公式为

$$国外运费＝进口设备离岸价(FOB价)×运费率 \tag{5-7}$$

或

$$国外运费＝单位运价×运量 \tag{5-8}$$

其中，国外运费率或单位运价参照有关部门或进出口公司的规定执行。

b. 国外运输保险费。国外运输保险费是被保险人根据与保险人（保险公司）订立的保险契约，为获得保险人对货物在运输过程中发生的损失给予经济补偿而支付的费用。其计算公式为：

$$国外运输保险费 = \frac{进口设备离岸价 + 国外运费}{1 - 国外运输保险费费率} \times 国外运输保险费费率 \qquad (5-9)$$

其中，国外运输保险费费率按照有关保险公司的规定执行。

c. 进口关税。进口关税是由海关对进口设备征收的一种税。其计算公式为：

$$进口关税 = 进口设备到岸价 \times 人民币外汇牌价 \times 进口关税税率 \qquad (5-10)$$

其中，进口关税税率按照我国海关总署发布的《中华人民共和国海关进出口税则》的规定执行。

d. 进口环节消费税。进口适用消费税的设备（如汽车），应按规定计算进口环节消费税。其计算公式为：

$$进口环节消费税 = \frac{进口设备到岸价 \times 人民币外汇牌价 + 进口关税}{1 - 消费税税率} \times 消费税税率 \qquad (5-11)$$

消费税税率按《中华人民共和国消费税暂行条例》及相关规定执行。

e. 进口环节增值税。《中华人民共和国增值税暂行条例》规定，进口应纳税产品均按组成计税价格和增值税税率计算应纳增值税税额。其计算公式为：

$$进口环节增值税 = 组成计税价格 \times 增值税税率 \qquad (5-12)$$

$$组成计税价格 = 进口设备到岸价 \times 人民币外汇牌价 + 关税 + 消费税 \qquad (5-13)$$

其中，增值税税率按《中华人民共和国增值税暂行条例》及相关规定执行。

f. 外贸手续费。按国家有关主管部门制定的进口代理手续费收取办法计算。其计算公式为：

$$外贸手续费 = 进口设备到岸价 \times 人民币外汇牌价 \times 外贸手续费费率 \qquad (5-14)$$

外贸手续费费率按合同成交额的一定比例收取，成交额度小，费率较高；成交额度大，费率较低。在可行性研究阶段，外贸手续费费率可参照部门、行业的估算规定选取。

g. 银行手续费。银行手续费一般是指银行开立信用证等的手续费。按进口设备货价计取。其计算公式为：

$$银行手续费 = 进口设备货价 \times 人民币外汇牌价 \times 银行手续费费率 \qquad (5-15)$$

银行手续费费率可参照部门、行业的估算规定选取。

③ 国内运杂费。国内运杂费通常由运输费、运输保险费、装卸费、包装费和仓库保管费等费用构成。其计算公式为：

$$国内运杂费 = 进口设备离岸价 \times 设备运杂费率 \qquad (5-16)$$

国内运杂费率按各部门、行业或省、市等的规定执行。

【例 5-4】 某石化公司拟从国外进口一套机电设备，重量 1 000 t，装运港船上交货价，即离岸价（FOB 价）为 400 万美元。其他有关费用参数为：国际运费海运费率为 4%，海上运输保险费费率为 0.1%，银行手续费费率为 0.15%，外贸手续费费率为 1%，关税税率为 10%，进口环节增值税税率为 16%，人民币外汇牌价为 1 美元＝6.5 元人民币，设备的国内运杂费费率为 2%。试对该套设备购置费进行估算。（保留两位小数）

解 根据上述各项费用的计算公式，则有：

进口设备离岸价 $= 400 \times 6.5 = 2\,600$（万元）

国外运费 $= 400 \times 4\% \times 6.5 = 104$（万元）

国外运输保险费 $= \dfrac{2\,600 + 104}{(1 - 0.1\%)} \times 0.1\% = 2.71$（万元）

进口关税 $= (2\,600 + 104 + 2.71) \times 10\% = 270.67$（万元）

进口环节增值税 $= (2\,600 + 104 + 2.71 + 270.67) \times 16\% = 476.38$（万元）

外贸手续费 $= (2\,600 + 104 + 2.71) \times 1\% = 27.07$（万元）

银行手续费＝2 600×0.15％＝3.9（万元）
国内运杂费＝2 600×2％＝52（万元）
设备购置费＝2 600+104+2.71+270.67+476.38+27.07+3.9+52＝3 535.73（万元）

(3) 工器具及生产家具购置费的估算

工具、器具及生产家具购置费是指按照有关规定，为保证新建或扩建项目初期正常生产必须购置的第一套工卡模具、器具及生产家具的购置费用。一般以国内设备原价和进口设备离岸价为计算基数，按照部门或行业规定的工器具及生产家具费率计算。

(4) 备品备件购置费估算

设备购置费在大多数情况下，采用带备件的原价估算，不必另行估算备品备件费用；在无法采用带备件的原价、需要另行估算备品备件购置费时，应按设备原价及有关专业概算指标（费率）估算。

5.2.2.4 安装工程费估算

(1) 估算内容

安装工程费一般包括以下几项。

① 生产、动力、起重、运输、传动和医疗、实验等各种需要安装的机电设备、专用设备、仪器仪表等设备的安装费。

② 工艺、供热、供电、给排水、通风空调、净化及除尘、自控、电信等管道、管线、电缆等的材料费和安装费。

③ 设备和管道的保温、绝缘、防腐，设备内部的填充物等的材料费和安装费。

(2) 估算方法

投资估算中安装工程费通常是根据行业或专门机构发布的安装工程定额、取费标准和指标进行估算。具体计算可按安装费费率、每吨设备安装费指标或者每单位安装实物工程量费用指标进行估算。其计算公式为：

$$安装工程费＝设备原价×安装费率 \tag{5-17}$$

$$安装工程费＝设备吨位×每吨设备安装费指标 \tag{5-18}$$

$$安装工程费＝安装工程实物量×每单位安装实物工程量费用指标 \tag{5-19}$$

附属管道量大的项目，还应单独估算并列出管道工程费用，有的还要单独列出主要材料费用。

项目决策分析与评价阶段，根据投资估算的深度要求，安装费用也可以按单项工程分别估算。石油化工项目中的安装费用主要指各单项工程中需要安装的工艺设备、机械设备、动力设备及电气、电信、自控仪表、管道、填料、衬里防腐、隔热、电缆等的安装费。安装工程费由直接工程费、间接费、利润、税金及特定条件下发生的费用等组成。

5.2.2.5 工程建设其他费用估算

工程建设其他费用是指建设投资中除建筑工程费、设备购置费、安装工程费以外的费用，是为保证工程建设顺利完成和交付使用后能够正常发挥效用而发生的各项费用。

(1) 建设用地费用

建设项目要取得其所需土地的使用权，必须支付土地征收及迁移补偿费或土地使用权出让（转让）金或者租用土地使用权的费用。

① 征地补偿费。建设项目通过划拨方式取得土地使用权的，依据《中华人民共和国土地管理法》等法规所应支付的费用，具体内容包括土地补偿费、安置补助费、地上附着物和青苗补偿费、征地动迁费、其他税费。

项目投资估算中对以上各项费用应按照国家和地方相关规定标准计算。
② 土地使用权出让（转让）金。
③ 租用土地使用权的费用。

（2）建设管理费

建设管理费是指建设单位从项目筹建开始直至项目竣工验收合格或交付使用为止发生的项目建设管理费用。费用内容包括建设单位管理费和工程建设监理费。

（3）可行性研究费

可行性研究费参照国家有关规定执行，或按委托咨询合同的咨询费数额估算。

（4）研究试验费

研究试验费应按照研究试验内容和要求进行估算。

（5）勘察设计费

勘察设计费参照国家发改委、住建部有关规定计算。

（6）环境影响评价费

环境影响评价费可参照有关环境影响咨询收费的相关规定计算。

（7）安全、职业卫生健康评价费

劳动职业安全卫生健康评价费，可参照建设项目所在省、自治区、直辖市劳动安全行政部门规定的标准计算。

（8）场地准备及临时设施费

新建项目的场地准备和临时设施费应根据实际工程量估算，或按工程费用的比例计算。改扩建项目一般只计拆除清理费。具体费率按照有关部门或行业的规定执行。

（9）引进技术和设备其他费用

引进技术和设备其他费用是指引进技术和设备发生的未计入设备购置费的费用，内容包括引进设备材料国内检验费、引进项目图样资料翻译复制费、备品备件测绘费、出国人员费用、来华人员费用、银行担保及承诺费。

（10）工程保险费

工程保险费是指建设项目在建设期间根据需要对建筑工程、安装工程、机器设备和人身安全进行投保而发生的保险费用。工程保险费费率按照保险公司的规定执行。

（11）市政公用设施建设及绿化补偿费

市政公用设施建设及绿化补偿费是指使用市政公用设施的建设项目，按照项目所在省、自治区、直辖市人民政府有关规定，建设或者缴纳市政公用设施建设配套费用以及绿化工程补偿费用。市政公用设施建设及绿化补偿费按项目所在地人民政府规定标准估算。

（12）专利及专有技术使用费

专利及专有技术使用费应按专利使用许可协议和专有技术使用合同确定的数额估算。建设投资中只估算需要在建设期支付的专利及专有技术使用费。

（13）联合试运转费

联合试运转费一般根据不同性质的项目按需要试运转车间的工艺设备购置费的百分比计算。具体费率按照部门或行业的规定执行。

（14）生产准备费

生产准备费一般根据需要培训和提前进厂人员的人数及培训时间按生产准备费指标计算。新建项目以可行性研究报告定员人数为基数，改扩建项目以新增定员为基数。其具体费用指标按照部门或行业的规定执行。

（15）办公及生活家具购置费

该项费用一般按照项目定员人数乘以费用指标计算。具体费用指标按照部门或行业规定执行。

（16）超限设备运输特殊措施费

超限设备的标准遵从行业规定。

（17）特殊设备安装监督检查费

该费用可按受检设备和设施的现场安装费的一定比例估算。安全监察部门有规定的，从其规定。

（18）安全生产费用

按照相关规定，建筑施工企业以建筑安装工程费用为基数提取，并计入工程造价。

工程建设其他费用的具体科目及收费标准应根据各级政府物价部门有关规定，并结合项目的具体情况确定。上述各项费用并不是每个石油化工项目必定发生的，应根据项目具体情况进行估算。有些行业可能会发生一些特殊的费用，此处不一一列举。

工程建设其他费用按各项费用的费率或者取费标准估算后，应编制工程建设其他费用估算表。

5.2.2.6 基本预备费估算

基本预备费是指在石油化工项目实施中可能发生、但在项目决策阶段难以预料的支出，需要事先预留的费用，又称工程建设不可预见费，一般由下列三项内容构成。

① 在批准的设计范围内，技术设计、施工图设计及施工过程中所增加的工程费用；经批准的设计变更、工程变更、材料代用、局部地基处理等增加的费用。

② 一般自然灾害造成的损失和预防自然灾害所采取的措施费用。

③ 竣工验收时为鉴定工程质量对隐蔽工程进行必要的挖掘和修复费用。

基本预备费以建筑工程费、设备购置费、安装工程费及工程建设其他费用之和为基数，按部门或行业主管部门规定的基本预备费费率估算。其计算公式为

$$\text{基本预备费} = (\text{建筑工程费} + \text{设备购置费} + \text{安装工程费} + \text{工程建设其他费用}) \times \text{基本预备费费率} \tag{5-20}$$

5.2.2.7 涨价预备费

涨价预备费是对建设工期较长的项目，由于在建设期内可能发生材料、设备、人工等价格上涨引起投资增加而需要事先预留的费用，也称为价格变动不可预见费。涨价预备费以分年工程费用为计算基数。其计算公式为：

$$PC = \sum_{t=1}^{n} I_t [(1+f)^t - 1] \tag{5-21}$$

式中，PC 为涨价预备费；I_t 为第 t 年的工程费用；f 为建设期价格上涨指数；n 为建设期；t 为年份。

建设期价格上涨指数，按有关部门的规定执行，没有规定的由工程咨询人员合理预测。

【例5-5】 某石油化工项目的静态投资为200 000万元，按本项目进度计划，项目建设期为3年，分年度工程费用比例为第1年20%，第2年50%，第3年30%，建设期内年平均价格上涨指数为6%，试估计该石油化工项目的涨价预备费。

解 第1年投资计划用款额为：

$$I_1 = 200\ 000 \times 20\% = 40\ 000 (\text{万元})$$

第1年涨价预备费为：

$$PC_1 = I_1[(1+f) - 1] = 40\ 000 \times [(1+6\%) - 1] = 2\ 400 (\text{万元})$$

第2年投资计划用款额为：

$$I_2 = 200\ 000 \times 50\% = 100\ 000 (万元)$$

第 2 年涨价预备费为：
$$PC_2 = I_2[(1+f)^2 - 1] = 100\ 000 \times [(1+6\%)^2 - 1] = 12\ 360(万元)$$

第 3 年投资计划用款额为：
$$I_3 = 200\ 000 \times 30\% = 60\ 000(万元)$$

第 3 年涨价预备费为：
$$PC_3 = I_3[(1+f)^3 - 1] = 60\ 000 \times [(1+6\%)^3 - 1] = 11\ 460.96(万元)$$

所以，项目的涨价预备费为：
$$PC = PC_1 + PC_2 + PC_3 = 2\ 400 + 12\ 360 + 11\ 460.96 = 26\ 220.96(万元)$$

5.2.2.8 汇总编制建设投资估算表，并对石油化工项目建设投资的合理性进行分析

（1）汇总编制建设投资估算表

上述各项费用估算结束后应编制建设投资估算表。建设投资估算表可以概算法编制（见表 5-2），也可以形成资产法进行编制（见表 5-3）。

表 5-2 建设投资估算表（概算法）

（人民币单位：万元，外币单位：　　　）

序号	工程或费用名称	建筑工程费	设备购置费	安装工程费	其他费用	合计	其中:外币	比例/%
1	工程费用							
1.1	主体工程							
1.1.1	××							
	⋮							
1.2	辅助工程							
1.2.1	××							
	⋮							
1.3	公用工程							
1.3.1	××							
	⋮							
1.4	服务性工程							
1.4.1	××							
	⋮							
1.5	厂外工程							
1.5.1	××							
	⋮							
1.6	××							
2	工程建设其他费用							
2.1	××							
	⋮							
3	预备费							
3.1	基本预备费							
3.2	涨价预备费							
4	建设投资合计							
	比例/%							100%

注：1. "比例"分别指各主要科目的费用(包括横向和纵向)占建设投资的比例。
2. 本表适用于新设法人项目与既有法人项目的新增建设投资的估算。
3. "工程或费用名称"可依不同行业的要求进行调整。

表 5-3 建设投资估算表（形成资产法）

（人民币单位：万元，外币单位：　　　）

序号	工程或费用名称	建筑工程费	设备购置费	安装工程费	其他费用	合计	其中:外币	比例/%
1	固定资产费用							
1.1	工程费用							
1.1.1	××							
1.1.2	××							
1.1.3	××							
	××							
	⋮							
1.2	固定资产其他费用							
	××							
	⋮							
2	无形资产费用							
2.1	××							
	⋮							
3	其他资产费用							
3.1	××							
	⋮							
1.6	××							
4	预备费							
4.1	基本预备费							
4.2	涨价预备费							
5	建设投资合计							
	比例/%							100%

注：1."比例"分别指各主要科目的费用(包括横向和纵向)占建设投资的比例。
2. 本表适用于新设法人项目与既有法人项目的新增建设投资的估算。
3. "工程或费用名称"可依不同行业的要求进行调整。

(2) 建设投资及其构成的合理性分析

① 建设投资的合理性主要从以下两个方面进行分析。

a. 单位投资的产出水平。分析单位投资所产生的生产能力、产出量，并与同行业其他类似项目进行比较。

b. 单位产出水平需要投资。分析项目建设所形成的单位生产能力（或使用效益）需要多少投资（如形成日处理1万吨污水生产能力需要多少投资），并与同行业其他类似项目进行比较，分析项目投资支出是否合理。

② 建设投资构成的合理性，主要从以下两个方面进行分析。

a. 各类工程费用构成的合理性分析。应结合各类建筑工程、设备购置、安装工程的实物量，分析货币量的合理性，并将项目的建筑工程费、安装工程费、设备购置费占建设投资的比例以及主要工程和费用占建设投资的比例与同行业其他类似项目进行比较。

b. 分年投资计划的合理性分析。应结合各年的工程进度、各年的实物工程量、各年实际需要支付的工程建设其他费用等，分析项目分年投资计划的合理性。

5.3 石油化工项目建设期利息估算

建设期利息是债务资金在建设期内发生并计入固定资产原值的利息,包括借款(或债券)利息及手续费、承诺费、发行费、管理费等融资费用。

5.3.1 建设期利息估算的前提条件

进行建设期利息估算必须先完成以下各项工作。
① 建设投资估算及分年计划。
② 确定项目资本金(注册资本)数额及其分年投入计划。
③ 确定项目债务资金的筹措方式(银行贷款或企业债券)及债务资金成本率(银行贷款利率或企业债券利率及发行手续费率等)。

5.3.2 建设期利息的估算方法

估算建设期利息,应按有效利率计息。计算建设期利息时,为了简化计算,通常假定借款均衡使用,借款当年按半年计息,其余各年份按全年计息。其计算公式如下:

采用自有资金付息时,按单利计算:

$$各年应计利息 = \left(年初借款本金累计 + \frac{本年借款额}{2}\right) \times 借款年利率 \tag{5-22}$$

采用复利方式计息时:

$$各年应计利息 = \left(年初借款本息累计 + \frac{本年借款额}{2}\right) \times 借款年利率 \tag{5-23}$$

【例 5-6】 某新建石油化工项目,建设期为 3 年,共向银行贷款 130 000 万元,贷款时间为:第 1 年 30 000 万元,第 2 年 60 000 万元,第 3 年 40 000 万元,年利率为 12%,各年借款均在年内均衡发生。每年计息一次,计算该项目建设期利息。

解 ① 若每年采用自有资金付息,则

$$q_1 = \left(0 + \frac{1}{2} \times 30\ 000\right) \times 12\% = 1\ 800\ (万元)$$

$$q_2 = \left(30\ 000 + \frac{1}{2} \times 60\ 000\right) \times 12\% = 7\ 200\ (万元)$$

$$q_3 = \left(30\ 000 + 60\ 000 + \frac{1}{2} \times 40\ 000\right) \times 12\% = 13\ 200\ (万元)$$

建设期利息为 1 800+7 200+13 200=22 200 (万元)
② 若建设期内不支付利息,则

$$q_1 = \frac{1}{2} A_1 i = \frac{1}{2} \times 30\ 000 \times 12\% = 1\ 800\ (万元)$$

$$q_2 = \left(P_1 + \frac{1}{2} A_2\right) i = \left(30\ 000 + 1\ 800 + \frac{1}{2} \times 60\ 000\right) \times 12\% = 7\ 416\ (万元)$$

$$q_3 = \left(P_2 + \frac{1}{2} A_3\right) i = \left(30\ 000 + 1\ 800 + 60\ 000 + 7\ 416 + \frac{1}{2} \times 40\ 000\right) \times 12\% = 14\ 306\ (万元)$$

建设期贷款利息之和为:1 800 + 7 416 + 14 306 = 23 522 (万元)
对有多种借款资金来源,每笔借款的年利率各不相同的项目,既可分别计算每笔借款的

利息，也可先计算出各笔借款加权平均的年利率，并以加权平均利率计算全部借款的利息。

其他融资费用是指某些债务资金发生的手续费、承诺费、管理费、信贷保险费等融资费用，原则上应按该债务资金的债权人的要求单独计算，并计入建设期利息。项目建议书阶段，可简化作粗略估算，计入建设投资；可行性研究阶段，不涉及国外贷款的石油化工项目，也可简化作粗略估算后计入建设投资。

在石油化工项目评价中，对于分期建成投产的项目，应注意按各期投产时间分别停止借款费用的资本化，即投产后继续发生的借款费用不作为建设期利息计入固定资产原值，而是作为运营期利息计入总成本费用。

石油化工项目建设期利息估算完成后，需要编制建设期利息估算表（见表5-4）。

表 5-4　建设期利息估算表　　　　　　　　　　（人民币单位：万元）

序号	项目	合计	建设期					
			1	2	3	4	…	n
1	借款							
1.1	建设期利息							
1.1.1	期初借款余额							
1.1.2	当期借款							
1.1.3	当期应计利息							
1.1.4	期末借款余额							
1.2	其他融资费用							
1.3	小计(1.1+1.2)							
2	债券							
2.1	建设期利息							
2.1.1	期初债务余额							
2.1.2	当期债务金额							
2.1.3	当期应计利息							
2.1.4	期末债务余额							
2.2	其他融资费用							
2.3	小计(2.1+2.2)							
3	合计(1.3+2.3)							
3.1	建设期利息合计(1.1+2.1)							
3.2	其他融资费用合计(1.2+2.2)							

注：1. 本表适用于新设法人项目与既有法人项目的新增建设期利息的估算。
2. 原则上应分别估算外汇和人民币债务。
3. 如由多种借款或债券，必要时应分别列出。
4. 本表与财务分析表"借款还本付息计划表"可二表合一。

【例 5-7】　根据例 5-6 的数据，填写建设期利息估算表。

解　在用自有资金还利息的情况下，建设期利息估算如表5-5所示，在不用自有资金还利息的情况下，建设期利息估算如表5-6所示。

表 5-5　用自有资金还利息的建设期利息估算表

序号	项目	合计	1	2	3
1	借款				
1.1	建设期利息	22 200	1 800	7 200	13 200
1.1.1	期初借款余额	120 000	0	30 000	90 000
1.1.2	当期借款	130 000	30 000	60 000	40 000
1.1.3	当期应计利息	22 200	1 800	7 200	13 200
1.1.4	期末借款余额	250 000	30 000	90 000	130 000

表 5-6　不用自有资金还利息的建设期利息估算表

序号	项目	合计	1	2	3
1	借款				
1.1	建设期利息	23 522	1 800	7 416	14 306
1.1.1	期初借款余额	131 016	0	31 800	99 216
1.1.2	当期借款	130 000	30 000	60 000	40 000
1.1.3	当期应计利息	23 522	1 800	7 416	14 306
1.1.4	期末借款余额	284 538	31 800	99 216	153 522

5.4 石油化工项目流动资金估算

流动资金是指石油化工项目运营期内长期占用并周转使用的营运资金，不包括运营中临时性需要的资金。

石油化工项目运营需要流动资产投资，但石油化工项目评价中需要估算并预先筹措的是从流动资产中扣除流动负债，即企业短期信用融资（应付账款）后的流动资金。石油化工项目评价中流动资金的估算应考虑应付账款对需要预先筹措的流动资金的抵减作用，对有预收账款的某些项目，还可同时考虑预收账款对需要事先筹措的流动资金的抵减作用。

5.4.1　石油化工项目流动资金构成

流动资金是指石油化工项目建成后企业在生产过程中处于生产和流通领域、供周转使用的资金，它是流动资产与流动负债的差额。石油化工项目建成后，为保证企业正常生产经营的需要，必须有一定量的流动资金维持其周转，如用以购置企业生产经营过程中所需的原材料、燃料、动力等劳动资料和支付职工薪酬，以及生产中以周转资金形式被占用在制品、半成品、产成品上的，在石油化工项目投产前预先垫付的流动资金。在周转过程中流动资金不断地改变其自身的实物形态，其价值也随着实物形态的变化而转移到新产品中，并随着产品销售的实现而回收。流动资金属于企业在生产经营中长期占用和用于周转的永久性流动资金。

在项目经济分析和评价中所考虑的流动资金，是伴随固定资产投资而发生的永久性流动资产投资，它等于项目投产后所需全部流动资产扣除流动负债后的余额。

按照新的财务制度的规定，对流动资产构成及用途的划分突出了流动资产核算的重要性，强化了对流通领域中流动资产的核算，因此流动资产结构按变现速度快慢顺序划分为货币资金、应收及预付款项和存货三大块，并与流动负债（即应付、预收账款）相减形成企业的流动资金。

5.4.2　石油化工项目流动资金估算方法

流动资金估算方法可采用扩大指标估算法或分项详细估算法。常用的是分项详细估算法。

分项详细估算法是对流动资产和流动负债的主要构成要素，即存货、现金、应收账款、预付账款、预收账款等项内容进行估算，最后得出项目所需的流动资金数额。运用此法计算的流动资金数额大小，主要取决于项目运营期内每日平均生产消耗量和定额最低周转天数或周转次数。为此，必须事先计算出产品的生产成本和各项成本年费用消耗量，然后分别估算出流动资产和流动负债的各项费用构成，据以求得项目所需年流动资金额。其计算公式为：

$$流动资金 = 流动资产 - 流动负债 \tag{5-24}$$

$$流动资产 = 应收账款 + 预付账款 + 存货 + 现金 \tag{5-25}$$

$$流动负债 = 应付账款 + 预收账款 \tag{5-26}$$

$$流动资金本年增加额 = 本年流动资金 - 上年流动资金 \tag{5-27}$$

流动资金估算的具体步骤是首先确定各分项最低周转天数，计算出各分项的年周转次数，然后再分项估算占用资金额。

① 各项流动资产和流动负债最低周转天数的确定。采用分项详细估算法估算流动资金，其准确程度取决于各项流动资产和流动负债的最低周转天数取值的合理性。在确定最低周转天数时要根据项目的实际情况，并考虑一定的保险系数，如存货中的外购原材料、燃料的最低周转天数应根据不同来源，考虑运输方式和运输距离等因素分别确定。产品的周转天数应根据产品生产的实际情况确定。

② 年周转次数的计算。其计算公式为：

$$年周转次数 = \frac{360\,天}{最低周转天数} \tag{5-28}$$

各类流动资产和流动负债的最低周转天数参照同类企业的平均周转天数并结合项目特点确定，或按部门（行业）规定执行。

③ 流动资产估算。流动资产是指可以在1年或超过1年的一个营业周期内变现耗用的资产，主要包括货币资金、短期投资、应收及预付款项、存货、待摊费用等。为简化计算，石油化工项目评价中仅考虑存货、应收账款和现金三项，将发生预付账款的某些项目，还包括预付账款。

a. 存货估算。存货是指企业在日常生产经营过程中持有以备出售，或者仍然处于生产过程，或者在生产或提供劳务过程中将消耗的材料或物料等，包括各类材料、商品、在产品、半成品和产成品等。为简化计算，项目评价中仅考虑外购原材料、外购燃料、其他材料、在产品和产成品，对外购原材料和外购燃料通常需要分品种、分项进行计算。其计算公式为：

$$存货 = 外购原材料 + 外购燃料 + 其他材料 + 在产品 + 产成品 \tag{5-29}$$

$$外购原材料 = \frac{年外购原材料费用}{外购原材料年周转次数} \tag{5-30}$$

$$外购燃料 = \frac{年外购燃料费用}{外购燃料年周转次数} \tag{5-31}$$

$$其他材料 = \frac{年外购其他材料费用}{外购其他材料年周转次数} \tag{5-32}$$

其他材料是指在修理费中核算的备品、备件等修理材料，其他材料费用数额不大的项目，也可以不予计算。

$$在产品 = \frac{年外购原材料、燃料、动力费用 + 年薪酬 + 年修理费 + 年其他制造费用}{在产品年周转次数} \tag{5-33}$$

$$产成品 = \frac{年经营成本 - 年其他营业费用}{产成品年周转次数} \tag{5-34}$$

b. 应收账款估算。应收账款是指企业对外销售商品、提供劳务尚未收回的资金。项目评价中应收账款的计算公式为：

$$应收账款 = \frac{年经营成本}{应收账款年周转次数} \tag{5-35}$$

c. 现金估算。项目评价中的现金是指货币资金，即为维持正常生产运营必须预留的货币资金，包括库存现金和银行存款。项目评价中，现金的计算公式为：

$$\text{现金} = \frac{\text{年薪酬} + \text{年其他费用}}{\text{现金年周转次数}} \tag{5-36}$$

$$\text{年其他费用} = \text{制造费用} + \text{管理费用} + \text{营业费用} - $$
$$(\text{以上三项费用中所含的薪酬、折旧费、摊销费、修理费}) \tag{5-37}$$

或

$$\text{年其他费用} = \text{其他制造费用} + \text{其他营业费用} + \text{其他管理费用} + \text{技术转让费} + $$
$$\text{研究与开发费} + \text{土地使用税} \tag{5-38}$$

d. 预付账款估算。预付账款是指企业为购买各类材料、燃料或服务所预先支付的款项。在项目评价中，预付账款的计算公式为：

$$\text{预付账款} = \frac{\text{预付的各类原材料、燃料或服务年费用}}{\text{预付账款年周转次数}} \tag{5-39}$$

④ 流动负债估算。流动负债是指将在1年（含1年）或者超过1年的一个营业周期内偿还的债务，包括短期借款、应付账款、预收账款、应付工资、应付福利费、应付股利、应交税金、预提费用等。为简化计算，在项目评价中，流动负债的估算可以只考虑应付账款和预收账款两项。

a. 应付账款估算。应付账款是因购买材料、商品或接受劳务等而发生的债务，是买卖双方在购销活动中由于取得物资与支付货款在时间上的不一致而产生的负债。在项目评价中，应付账款的计算公式为：

$$\text{应付账款} = \frac{\text{年外购原材料、燃料、动力费用和其他材料费用}}{\text{应付账款年周转次数}} \tag{5-40}$$

b. 预收账款估算。预收账款是买卖双方协议商定，由购买方预先支付一部分货款给销售方，从而形成销售方的负债。在项目评价中，预收账款的计算公式为：

$$\text{预收账款} = \frac{\text{预收的营业收入年金额}}{\text{预收账款年周转次数}} \tag{5-41}$$

流动资金估算完成后，应编制流动资金估算表（见表5-7）。

表5-7 流动资金估算表

序号	项目	最低周转天数	周转次数	计算期					
				1	2	3	4	⋯	n
1	流动资产								
1.1	应收账款								
1.2	存货								
1.2.1	原材料								
1.2.2	××								
	⋮								
1.2.3	燃料								
	××								
	⋮								
1.2.4	在产品								
1.2.5	产成品								
1.3	现金								
1.4	预付账款								
2	流动负债								
2.1	应付账款								

续表

序号	项目	最低周转天数	周转次数	计算期					
				1	2	3	4	⋯	n
2.2	预收账款								
	⋮								
3	流动资金(1−2)								
4	流动资金当期增加额								

注：1. 本表适用于新设项目与既有项目的"有项目""无项目"和增量流动资金的估算。
2. 表中科目可视行业而变动。
3. 如发生外币流动资金，应另行估算后予以说明，其数额应包含在本表格内。
4. 不发生预付账款和预收账款的项目可不列此项。

5.4.3 流动资金估算需要注意的问题

① 当投入物和产出物采用不含增值税价格时，估算中应注意将销项税额和进项税额分别包括在相应的收入成本支出中。

② 项目投产初期所需流动资金实际工作中应在项目投产前筹措。为了简化计算，项目评价中流动资金可在投产第1年开始安排，并随生产运营计划的不同而有所不同，运营负荷增长，流动资金也随之增多，因此流动资金的估算应根据不同的生产运营计划分年进行。

③ 当采用分项详细估算法估算流动资金时，运营期内各年的流动资金数额应以各年的经营成本为基础，依照上述公式分别进行估算，不能简单地按100%运营负荷下的流动资金乘以投产期运营负荷估算，同时注意流动资金估算应在经营成本估算之后进行。

5.5 石油化工项目总投资与分年投资计划

5.5.1 石油化工项目总投资估算表的编制

按投资估算内容和估算方法估算上述各项投资并进行汇总，编制项目总投资估算表（见表 5-8）。

表 5-8 项目总投资估算表　　（人民币单位：万元，外币单位：　　）

序号	费用名称	投资额		估算说明
		合计	其中:外币	
1	建设投资			
1.1	建筑工程费			
1.2	设备购置费			
1.3	安装工程费			
1.4	工程建设其他费用			
1.5	基本预备费			
1.6	涨价预备费			
2	建设期利息			
3	流动资金			
	项目总投资(1+2+3)			

5.5.2 分年投资计划表的编制

估算出项目建设投资、建设期利息和流动资金后，应根据项目进度安排编制分年投资计划表（见表 5-9）。该表中的分年建设投资可以作为安排融资计划、估算建设期利息的基础，由此估算的建设期利息列入该表。流动资金本来就是分年估算的，可由流动资金估算表转入。分年投资计划表是编制项目资金筹措计划表的基础。

表 5-9 分年投资计划表 （人民币单位：万元，外币单位：　　）

序号	项　目	人民币			外币		
		第 1 年	第 2 年	…	第 1 年	第 2 年	…
1	建设投资						
2	建设期利息						
3	流动资金						
	项目总投资(1+2+3)						

5.5.3 投资估算案例分析

背景：某公司拟投资建设一个化工厂。该化工项目的基础数据如下。

（1）化工项目实施计划

该项目的建设期为 3 年，实施计划进度为：第 1 年完成项目全部投资的 20%，第 2 年完成项目全部投资的 55%，第 3 年完成项目全部投资的 25%，第 4 年全部投产，投产当年项目的生产负荷达到设计生产能力的 70%，第 5 年项目的生产负荷达到设计生产能力的 90%，第 6 年项目的生产负荷达到设计生产能力的 100%。项目的运营期总计为 15 年。

（2）建设投资估算

该项目工程费与工程建设其他费用的估算额为 52 180 万元，预备费为 5 000 万元，不考虑涨价预备费。

（3）建设资金来源

本项目的资金来源为自有资金和贷款。贷款总额为 40 000 万元，其中外汇贷款为 2 300 万美元。外汇牌价为 1 美元兑换 6.5 元人民币，人民币贷款的年利率为 12.48%（按季计息），外汇贷款年利率为 8%（按年计息）。

（4）生产经营费用估计

工程项目达到设计生产能力以后，全厂定员为 110 人，薪酬按照每人每年 72 000 元估算。每年的其他费用为 860 万元（其中其他制造费用为 660 万元）。年外购原材料、燃料费估算为 19 200 万元，年经营成本为 21 000 万元，年修理费占年经营成本的 10%。各项流动资金的最低周转天数分别为：应收账款 30 天，现金 40 天，应付账款 30 天，存货 40 天。

问题：

① 估算建设期利息。
② 用分项详细估算法估算项目的流动资金。
③ 估算项目的总投资。

分析要点：

本案例所考核的内容涉及工程项目投资估算类问题的主要内容和基本知识点。对于这类案例分析题的解答，首先要注意充分阅读背景所给的各项基本条件和数据，分析这些条件和数据之间的内在联系。

① 在固定资产投资估算中，应弄清名义利率和有效利率的概念与换算方法。在计算建设期贷款利息前，首先要将名义利率换算为有效利率后，才能计算。

② 流动资金估算时，要掌握分项详细估算流动资金的方法。

③ 要求根据工程项目总投资的构成内容,计算项目总投资。

解:

① 建设期贷款利息计算。

a. 人民币贷款有效利率计算。

$$人民币贷款有效利率 = \left(1 + \frac{名义利率}{年计息次数}\right)^{年计息次数} - 1 = \left(1 + \frac{12.48\%}{4}\right)^4 - 1 = 13.08\%$$

b. 每年投资的本金数额计算。

人民币部分 贷款总额为:$(40\ 000 - 2\ 300 \times 6.5) = 25\ 050$(万元)

第 1 年为:$25\ 050 \times 20\% = 5\ 010$(万元)

第 2 年为:$25\ 050 \times 55\% = 13\ 777.5$(万元)

第 3 年为:$25\ 050 \times 25\% = 6\ 262.5$(万元)

美元部分 贷款总额为:2 300 万美元

第 1 年为:$2\ 300 \times 20\% = 460$(万美元)

第 2 年为:$2\ 300 \times 55\% = 1\ 265$(万美元)

第 3 年为:$2\ 300 \times 25\% = 575$(万美元)

c. 每年应计利息计算。

每年应计利息:(年初借款本息累计额+本年借款额÷2)×年实际利率

人民币建设期贷款利息计算:

第 1 年贷款利息 $= (0 + 5\ 010 \div 2) \times 13.08\% = 327.65$(万元)

第 2 年贷款利息 $= (5\ 010 + 327.65 + 13\ 777.5 \div 2) \times 13.08\% = 1\ 599.21$(万元)

第 3 年贷款利息 $= (5\ 010 + 327.65 + 13\ 777.5 + 1\ 599.21 + 6\ 262.5 \div 2) \times 13.08\%$
$= 3\ 119$(万元)

人民币贷款利息合计 $= (327.65 + 1\ 599.21 + 3\ 119) = 5\ 045.86$(万元)

外币贷款利息计算:

第 1 年外币贷款利息 $= (0 + 460 \div 2) \times 8\% = 18.40$(万美元)

第 2 年外币贷款利息 $= (460 + 18.40 + 1\ 265 \div 2) \times 8\% = 88.87$(万美元)

第 3 年外币贷款利息 $= (460 + 18.40 + 1\ 265 + 88.87 + 575 \div 2) \times 8\%$
$= 169.58$(万美元)

外币贷款利息合计 $= (18.40 + 88.87 + 169.58) = 276.85$(万美元)

建设期贷款利息总计 $= (5\ 045.86 + 276.85 \times 6.5) = 6\ 845.39$(万元)

② 用分项详细估算法估算流动资金

a. $应收账款 = \frac{年经营成本}{年周转次数} = \frac{21\ 000}{360/30} = 1\ 750$(万元)

b. $现金 = \frac{年薪酬+年其他费用}{年周转次数} = \frac{110 \times 7.2 + 860}{360/40} = 183.56$(万元)

c. 存货

$$外购原材料、燃料 = \frac{年外购原材料、燃料费}{年周转次数} = \frac{19\ 200}{360/40} = 2\ 133.33(万元)$$

$$在产品 = \frac{年薪酬+年其他制造费用+年修理费}{年周转次数} = \frac{110 \times 7.2 + 660 + 21\ 000 \times 10\%}{360/40} = 394.67(万元)$$

$$产成品 = \frac{年经营成本}{年周转次数} = \frac{21\ 000}{360/40} = 2\ 333.33(万元)$$

$$存货 = (2\ 133.33 + 394.67 + 2\ 333.33) = 4\ 861.33(万元)$$

d. 流动资产＝应收账款＋现金＋存货
        ＝(1 750＋183.56＋4 861.33)＝6 794.89(万元)

e. 应付账款＝$\dfrac{年外购原材料、燃料动力费}{年周转次数}$＝$\dfrac{19\ 200}{360/40}$＝1 600（万元）

f. 流动负债＝应付账款＝1 600（万元）

流动资金＝流动资产－流动负债＝(6 794.89－1 600)＝5 194.9(万元)

③ 根据项目总投资的构成内容，计算拟建项目的总投资。

项目总投资估算额＝建设投资＋建设期利息＋流动资金
          ＝(工程费＋工程建设其他费＋预备费)＋建设期利息＋流动资金
          ＝52 180＋5 000＋6 845.39＋5 194.9＝69 220.29（万元）

5.6
石油化工项目融资主体和资金来源

5.6.1 石油化工项目的融资主体

分析、研究石油化工项目的融资渠道和方式，提出石油化工项目的融资方案，应首先确定石油化工项目的融资主体。石油化工项目的融资主体是指进行融资活动、并承担融资责任和风险的经济实体。正确确定项目的融资主体，有助于顺利筹措资金和降低债务偿还风险。确定项目的融资主体应考虑项目投资的规模和行业特点，项目与既有法人资产、经营活动的联系，既有法人财务状况，项目自身的盈利能力等因素。按照融资主体不同，项目的融资主体可分为既有法人和新设法人。两类项目法人在融资方式上和项目的财务分析方面均有较大不同。

（1）既有法人融资

既有法人融资方式是指以既有法人为融资主体的融资方式。采用既有法人融资方式的建设项目，既可以是改扩建项目，也可以是非独立法人的新建项目。

既有法人融资方式的基本特点是：由既有法人发起项目、组织融资活动并承担融资责任和风险；建设项目所需的资金，来源于既有法人内部融资、新增资本金和新增债务资金；新增债务资金依靠既有法人整体（包括拟建项目）的盈利能力来偿还，并以既有法人整体的资产和信用承担债务担保。

在下列情况下，一般应以既有法人为融资主体：

① 既有法人具有为项目进行融资和承担全部融资责任的经济实力；

② 项目与既有法人的资产以及经营活动联系密切；

③ 项目的盈利能力较差，但项目对整个企业的持续发展具有重要作用，需要利用既有法人的整体资信获得债务资金。

以既有法人融资方式筹集的债务资金虽然用于项目投资，但债务人是既有法人。债权人可对既有法人的全部资产（包括拟建项目的资产）进行债务追索，因而债权人的债务风险较低。在这种融资方式下，不论项目未来的盈利能力如何，只要既有法人能够保证按期还本付息，银行就愿意提供信贷资金。因此，采用这种融资方式，必须充分考虑既有法人整体的盈利能力和信用状况，分析可用于偿还债务的既有法人整体（包括拟建项目）的未来净现金流量。

(2) 新设法人融资方式

新设法人融资方式是以新组建的具有独立法人资格的项目公司为融资主体的融资方式。采用新设法人融资方式的建设项目，项目法人大多是企业法人。社会公益性项目和某些基础设施项目也可能组建新的事业法人实施。采用新设法人融资方式的建设项目，一般是新建项目，但也可以是将既有法人的一部分资产剥离出去后重新组建新的项目法人的改扩建项目。

新设法人融资方式的基本特点是：由项目发起人（企业或政府）发起组建新的具有独立法人资格的项目公司，由新组建的项目公司承担融资责任和风险；建设项目所需资金的来源，可包括项目公司股东投入的资本金和项目公司承担的债务资金；依靠项目自身的盈利能力来偿还债务；一般以项目投资形成的资产、未来收益或权益作为融资担保的基础。

在下列情况下，一般应以新设法人为融资主体：

① 拟建项目的投资规模较大，既有法人不具有为项目进行融资和承担全部融资责任的经济实力；

② 既有法人财务状况较差，难以获得债务资金，而且项目与既有法人的经营活动联系不密切；

③ 项目自身具有较强的盈利能力，依靠项目自身未来的现金流量可以按期偿还债务。

采用新设法人融资方式，项目发起人与新组建的项目公司分属不同的实体，项目的债务风险由新组建的项目公司承担。项目能否还贷，取决于项目自身的盈利能力，因此必须认真分析项目自身的现金流量和盈利能力。

5.6.2 石油化工项目资金来源

制订融资方案必须要有明确的资金来源，并围绕可能的资金来源，选择合适的融资方式，制订可行的融资方案。资金来源按融资主体分为内部资金来源和外部资金来源。相应的融资可以分为内源融资和外源融资两个方面。由于内源融资不需要实际对外付利息或股息，故应首先考虑内源融资，然后再考虑外源融资。

(1) 内源融资

内源融资，即将作为融资主体的既有法人内部的资金转化为投资的过程，也称内部融资。既有法人内部融资的渠道和方式主要有货币资金、资产变现、企业产权转让、直接使用非现金资产。

(2) 外源融资

外源融资，即吸收融资主体外部的资金。外部的资金来源渠道很多，应当根据外部资金来源供应的可靠性、允足性以及融资成本、融资风险等，选择合适的外部资金来源渠道。当前我国建设项目外部资金来源渠道主要有以下几种。

① 中央和地方政府可用于项目建设的财政资金。

② 商业银行和政策性银行的信贷资金。

③ 证券市场的资金。

④ 非银行金融机构的资金。

⑤ 国际金融机构的信贷资金。

⑥ 外国政府提供的信贷资金、赠款。

⑦ 企业、团体和个人可用于项目建设投资的资金。

⑧ 外国公司或个人直接投资的资金。

5.7
石油化工项目资本金筹措

5.7.1 石油化工项目资本金的特点

石油化工项目资本金（外商投资项目为注册资本）是指在建设项目总投资（外商投资项目为投资总额）中，由投资者认缴的出资额，对建设项目来说是非债务性资金，项目法人不承担这部分资金的任何利息和债务；投资者可按其出资比例依法享有所有者权益，也可转让其出资，但一般不得以任何方式抽回。

投资人以资本金形式向项目或企业投入的资金称为权益投资。通常，企业的权益投资以"注册资本"的形式投入。权益投资额超过注册资本额的部分可以注入资本金。资本金是确定项目产权关系的依据，也是项目获得债务资金的信用基础。资本金没有固定的按期还本付息压力。股利是否支付和支付多少，视项目投产运营后的实际经营效果而定，因此，项目法人的财务负担较小。

项目资本金筹措不完全是为了满足国家的资本金制度要求。项目建设资金的权益资金和债务资金结构是融资方案制订中必须考虑的一个重要方面。如果权益资金占比太少，会导致负债融资的难度和融资成本的提高；如果权益资金过大，风险可能会过于集中，财务杠杆效应会下滑。

5.7.2 石油化工项目资本金的出资方式

投资者可以用货币出资，也可以用实物、工业产权、非专利技术、土地使用权、资源开采权等作价出资。作价出资的实物、工业产权、非专利技术、土地使用权和资源开采权，必须经过有资格的资产评估机构评估作价；其中以工业产权和非专利技术作价出资的比例一般不得超过项目资本金总额的20%，但国家对采用高新技术成果有特殊规定的除外。

为了使建设项目保持合理的资产结构，应根据投资各方及建设项目的具体情况选择项目资本金的出资方式，以保证项目能顺利建设并在建成后能正常运营。

5.7.3 石油化工项目资本金的来源渠道

（1）股东直接投资

股东直接投资包括政府授权投资机构入股资金、国内外企业入股资金、社会团体和个人入股的资金以及基金投资公司入股的资金，分别构成国家资本金、法人资本金、个人资本金和外商资本金。

既有法人融资项目，股东直接投资表现为扩充既有企业的资本金，包括原有股东增资扩股和吸收新股东投资。

新设法人融资项目，股东直接投资表现为项目投资者为项目提供资本金。合资经营公司的资本金由企业的股东按股权比例认缴，合作经营公司的资本金由合作投资方按预先约定的金额投入。

（2）股票融资

无论是既有法人融资项目还是新设法人融资项目，凡符合规定条件的，均可以通过发行股票在资本市场募集股本资金。股票融资可以采取公募与私募两种形式。公募又称为公开发行，是在证券市场上向不特定的社会公众公开发行股票。为了保障广大投资者的利益，国家对公开发行股票有严格的要求，发行股票的企业要有较高的信用，符合证券监管部门规定的各项发行条件，并获得证券监管部门批准后方可发行。私募又称不公开发行或内部发行，是指将股票直接出售给少数特定的投资者。

（3）政府投资

政府投资资金，包括各级政府的财政预算内资金、国家批准的各种专项建设基金、统借国外贷款、土地批租收入、地方政府按规定收取的各种费用及其他预算外资金等。政府投资主要用于关系国家安全和市场不能有效配置资源的经济和社会领域，包括加强公益性和公共基础设施建设，保护和改善生态环境，促进欠发达地区的经济和社会发展，推进科技进步和高新技术产业化。中央政府投资除本级政权等建设外，主要安排跨地区、跨流域以及对经济和社会发展全局有重大影响的项目（例如三峡工程、青藏铁路）。

对政府投资资金，国家根据资金来源、项目性质和调控需要，分别采取直接投资、资本金注入、投资补助、转贷和贷款贴息等方式，并按项目安排使用。

（4）优先股股票

优先股股票是一种兼具资本金和债务资金特点的有价证券。从普通股股东的立场看，优先股可视为同一种负债；但从债权人的立场看，优先股可视同为资本金。

如同债券一样，优先股股息有一个固定的数额或比率，优先股股票的股息通常大大高于银行的贷款利息，该股息不随公司业绩的好坏而波动，并且可以先于普通股股东领取股息；如果公司破产清算，优先股股东对公司剩余财产有先于普通股股东的要求权。优先股一般不参加公司的红利分配，持股人没有表决权，也不能参与公司的经营管理。

优先股股票相对于其他债务融资，通常处于较后的受偿顺序，且股息在税后利润中支付。在项目评价中优先股股票应视为项目资本金。

5.7.4　石油化工项目既有法人内部融资

（1）既有法人内部融资的含义

既有法人的资产也是项目建设资金的来源之一。既有法人资产在企业资产负债表中表现为企业的现金资产和非现金资产，它可能由企业的所有者权益形成，也可能由企业的负债形成。企业现有资产的形成，主要来源于三个方面：①企业股东过去投入的资本金；②企业对外负债的债务资金；③企业经营所形成的净现金流量。对于企业的某一项具体资产来说，无法确定它是资本金形成的，还是债务资金形成的。当企业采用既有法人融资方式，以企业的资产或资产变现获得的资金，投资于本企业的改扩建项目时，同样不能确定其属性是资本金，还是债务资金。

（2）既有法人内部融资的渠道和方式

① 可用于项目建设的货币资金。可用于项目建设的货币资金包括既有法人现有的货币资金和未来经营活动中可能获得的盈余现金。现有的货币资金是指现有的库存现金和银行存款，扣除必要的日常经营所需的货币资金额，多余的货币资金可用于项目建设。未来经营活动中可能获得的盈余现金，是指在拟建项目的建设期内，企业在经营活动中获得的净现金结余，可以抽出一部分用于项目建设。

② 资产变现的资金。资产变现的资金是指既有法人将流动资产、长期投资和固定资产变现为现金的资金。

③ 资产经营权变现的资金。资产经营权变现的资金是指既有法人可以将其所属资产经营权的一部分或全部转让，取得现金用于项目建设。

④ 直接使用非现金资产。既有法人的非现金资产（包括实物、工业产权、非专利技术、

土地使用权等）适用于拟建项目的，经资产评估可直接用于项目建设。当既有法人在改扩建项目中直接使用本单位的非现金资产时，其资产价值应计入"有项目"的项目总投资中，但不能计为新增投资。

5.8 石油化工项目债务资金筹措

5.8.1 石油化工项目债务资金的特点

债务资金是项目投资中以负债方式从金融机构、证券市场等资本市场取得的资金。债务资金具有以下特点：

① 资金在使用上具有时间性限制，到期必须偿还；
② 无论项目的融资主体今后经营效果好坏，均需按期还本付息，从而形成企业的财务负担；
③ 资金成本一般比权益资金低，且不会分散投资者对企业的控制权。

5.8.2 石油化工项目债务资金的来源渠道

（1）商业银行贷款

商业银行贷款是我国建设项目获得短期、中长期贷款的重要渠道。国内商业银行贷款手续简单、成本较低，适用于有偿债能力的建设项目。

（2）政策性银行贷款

政策性银行贷款一般期限较长，利率较低，是为了配合国家产业政策等的实施，对有关的政策性项目提供的贷款。我国政策性银行有国家开发银行、中国进出口银行和中国农业发展银行。

（3）外国政府贷款

外国政府贷款是一国政府向另一国政府提供的具有一定的援助或部分赠予性质的低息优惠贷款。

（4）国际金融机构贷款

国际金融机构贷款是国际金融机构按照章程向其成员国提供的各种贷款。目前与我国关系最为密切的国际金融组织是国际货币基金组织、世界银行和亚洲开发银行。国际金融组织一般都有自己的贷款政策，只有这些组织认为应当支持的项目才能得到贷款。使用国际金融组织的贷款需要按照这些组织的要求提供资料，并且需要按照规定的程序和方法来实施项目。

（5）出口信贷

出口信贷是设备出口国政府为了促进本国设备出口，鼓励本国银行向本国出口商或外国进口商（或进口方银行）提供的贷款。贷给本国出口商的称卖方信贷，贷给外国进口商（或进口方银行）的称买方信贷。贷款的使用条件是购买贷款国的设备。出口信贷利率通常要低于国际上商业银行的贷款利率，但需要支付一定的附加费用（管理费、承诺费、信贷保险费等）。

（6）银团贷款

银团贷款是指多家银行组成一个集团，由一家或几家银行牵头，采用同一贷款协议，按照共同约定的贷款计划,向借款人提供贷款的贷款方式。

银团贷款,除具有一般银行贷款的特点和要求外,由于参加银行较多,需要多方协商,贷款过程周期长。使用银团贷款,除支付利息之外,按照国际惯例,通常还要支付承诺费、管理费、代理费等。银团贷款主要适用于资金需求量大、偿债能力较强的建设项目。

(7) 企业债券

企业债券是企业以自身的财务状况和信用条件为基础,依照《中华人民共和国证券法》《中华人民共和国公司法》等法律法规规定的条件和程序发行的、约定在一定期限内还本付息的债券,如三峡债券、铁路债券等。

企业债券融资的特点是:筹资对象广、市场大,但发债条件严格、手续复杂;利率虽低于银行贷款利率但发行费用较高,需要支付承销费、发行手续费、兑付手续费及担保费等费用。企业债券适用于资金需求大、偿债能力较强的建设项目。

(8) 融资租赁

融资租赁是资产所有者在一定期限内将资产租给承租人使用,由承租人分期付给资产所有者一定的租赁费的融资方式。融资租赁是一种以租赁物品的所有权与使用权相分离为特征的信贷方式。

融资租赁一般由出租人按承租人选定的设备,购置后出租给承租人长期使用。在租赁期内,出租人以收取租金的形式收回投资,并取得收益;承租人支付租金租用设备进行生产经营活动。租赁期满后,出租人一般将设备作价转让给承租人。

融资租赁的优点是企业可不必预先筹集一笔相当于资产买价的资金就可以获得需要资产的使用权。这种融资方式适用于以购买设备为主的建设项目。

5.9 石油化工项目融资方案设计与优化

融资方案与投资估算、财务分析密切相关。一方面,融资方案必须满足投资估算确定的投资额及其使用计划对投资数额、时间和币种的要求;另一方面,不同方案融资后的财务分析结论,也是比选、确定融资方案的依据,而融资方案确定的项目资本金和项目债务资金的数额及相关融资条件又为进行资本金盈利能力分析、项目偿债能力分析、项目财务生存能力分析等财务分析提供了必需的基础数据。

5.9.1 编制项目资金筹措方案

通过对石油化工项目融资方案的系统研究,编制一套完整的项目资金筹措方案。项目资金筹措方案应对资金来源、资金筹措方式、融资结构和数量等做出整体安排。这应当在项目分年投资计划基础之上编制。项目的资金筹措需要满足项目投资资金使用的要求。

一个完整的石油化工项目资金筹措方案由两部分内容构成:项目资金来源计划表和总投资使用计划与资金筹措表。

(1) 编制项目资金来源计划表

项目资金来源计划表主要反映项目资本金及债务资金来源的构成。每一项资金来源的融资条件和融资可信程度在表中要加以说明和描述,或在表中附注。

【例 5-8】 表 5-10 为某新设法人石油化工项目资金来源计划表，请简要说明该项目各项资金的来源及条件。

解 如表 5-10 所示。

表 5-10　某新设法人石油化工项目资金来源计划表

序号	资金来源	金额/万元	融资条件	融资说明
1	资本金	2 800		
1.1	股东 A 股本投资	1 700		公司书面承诺
1.2	股东 B 股本投资	600		董事会书面承诺
1.3	股东 C 股本投资	500		公司预计
2	债务资金	6 820		
2.1	某国买方信贷	3 320	①	公司意向
2.2	××银行长期贷款	3 500	②	银行书面承诺、各股东公司书面承诺担保

① 贷款期限为 8 年，其中宽限期为 3 年，宽限期内只付息，不还本；还本期内等额分期偿还本金；年利率为 6%，按季计息；国内银行转贷手续费为 0.4%；无其他银行附加费用；以进口设备抵押，抵押率为 70%。

② 贷款期限为 6 年，其中宽限期为 2 年；还款期内等额还本付息；年利率为 8%，按季付息；由公司股东按比例担保，担保费率为 1%；无其他财务费用。

【例 5-9】 表 5-11 为某既有法人石油化工项目资金来源计划表，请简要说明该项目各项资金的来源及条件。

解 如表 5-11 所示。

表 5-11　某既有法人石油化工项目资金来源计划表

序号	资金来源	金额/亿元	融资条件	融资说明
1	项目资本金			
1.1	既有法人内部融资	2.0		来自既有公司现有现金流、建设期内的经营净现金流、资产变现
1.2	新增资本金（股东增加股本投资）	2.0		股东承诺书
2	新增债务资金			
2.1	增加长期借款			
	××银行借款	5.0	贷款期限为 6 年，其中宽限期为 3 年；还款期内等额还本，执行国家基准利率，按季计息，年利率为 6%；以项目财产及权益抵押；贷款需要与资本金同比例支付	银行贷款承诺书
2.2	增加流动资金借款	1.0	贷款期限为 1 年，可循环周转使用；利率执行国家基准利率，按季付息，年利率为 5%，由控股母公司担保，担保费率为 1%；无其他银行附加费	银行贷款承诺书，股东担保承诺书
2.3	发行债券			
2.4	融资租赁			
3	合计/亿元	10.0		

（2）编制总投资使用计划和资金筹措表

总投资使用计划与资金筹措表是根据项目资金来源计划表所反映的各项资金来源和条

件，按照项目投资的使用要求所进行的规划与安排。该表是投资估算和融资方案两部分的衔接点。其表格格式如表 5-12 所示。

表 5-12　总投资使用计划和资金筹措表　　（人民币单位：万元，外币单位：　　）

序号	项目	合计			1			…		
		人民币	外币	小计	人民币	外币	小计	人民币	外币	小计
1	总投资									
1.1	建设投资									
1.2	建设期利息									
1.3	流动资金									
2	资金筹措									
2.1	项目资本金									
2.1.1	用于建设投资									
	××方									
	⋮									
2.1.2	用于流动资金									
	××方									
	⋮									
2.1.3	用于建设期利息									
	××方									
	⋮									
2.2	债务资金									
2.2.1	用于建设投资									
	××借款									
	××债券									
	⋮									
2.2.2	用于建设期利息									
	××借款									
	××债券									
	⋮									
2.2.3	用于流动资金									
	××借款									
	××债券									
	⋮									
2.3	其他资金									
	×××									
	⋮									

注：1. 本表按新增投资范畴编制。
　　2. 本表建设期利息一般可包括其他融资费用。
　　3. 对既有法人项目，项目资本金中可新增资金、既有法人货币资金与资产变现或资产经营权变现的资金，可分别列出或加以文字说明。

5.9.2 资金结构分析

资金结构是指融资方案中各种资金的比例关系。在融资方案分析中，资金结构分析是一项重要内容。资金结构包括项目资本金与项目债务资金的比例、项目资本金内部结构的比例和项目债务资金内部结构的比例。资金结构的合理性和优化由各方利益平衡，风险性、资金成本等由多方面因素决定。

(1) 项目资本金与项目债务资金的比例

① 项目资本金与项目债务资金的比例的影响。项目资本金与项目债务资金的比例是项目资金结构中最重要的比例关系。项目投资者希望投入较少的资本金，获得较多的债务资金，尽可能降低债权人对股东的追索。而提供债务资金的债权人则希望项目能够有较高的资本金比例，以降低债权的风险。当资本金比例降低到银行不能接受的水平时，银行将会拒绝贷款。资本金与债务资金的合理比例需要由各个参与方的利益平衡来决定。一般认为，在符合国家有关资本金（注册资本）比例规定、符合金融机构信贷法规及债权人有关资产负债比例的要求的前提下，既能满足权益投资者获得期望投资回报的要求，又能较好地防范财务风险的比例是较理想的资本金与债务资金的比例。

② 项目资本金与项目债务资金的比例在内资企业的具体规定。按照我国有关法规规定，从1996年开始，对各种经营性国内投资项目试行资本金制度，投资项目资本金占总投资的比例，根据不同行业和项目的经济效益等因素确定，具体规定如下：交通运输、煤炭项目，资本金比例为35%及以上；邮电、化肥项目，资本金比例为25%及以上；电力、机电、建材、化工、石油加工、有色、轻工、纺织、商贸及其他行业的项目，资本金比例为20%及以上。

作为计算资本金基数的总投资，是指投资项目的固定资产投资（即建设投资和建设期利息之和）与流动资金之和。

③ 项目资本金与项目债务资金的比例在外资企业的具体规定。该比例是外商投资项目（包括外商独资、中外合资、中外合作经营项目）的注册资本与投资总额的比例。而投资总额是指建设投资、建设期利息和流动资金之和。

(2) 项目资本金内部结构比例

项目资本金内部结构比例是指项目投资各方的出资比例。不同的出资比例决定各投资方对项目建设、经营的决策权和承担的责任，以及项目收益的分配。

① 采用新设法人融资方式的项目，应根据投资各方在资金、技术和市场开发方面的优势，通过协商确定各方的出资比例、出资形式和出资时间。

② 采用既有法人融资方式的项目，项目的资金结构要考虑既有法人的财务状况和筹资能力，合理确定既有法人内部融资与新增资本金在项目融资总额中所占的比例，分析既有法人内部融资与新增资本金的可能性与合理性。既有法人将现金资产和非现金资产投资于拟建项目长期占用，将使企业的财务流动性降低，其投资额度受到企业自身财务资源的限制。

③ 按照我国现行规定，有些项目不允许国外资本控股，有些项目要求国有资本控股。如2005年1月1日起施行的《外商投资产业指导目录（2004年修订）》中明确规定，核电站、铁路+线路网、城市地铁及轻轨等项目，必须由中方控股。

在进行融资方案分析时，应关注出资人出资比例的合法性。

(3) 项目债务资金结构比例

项目债务资金结构比例反映债权各方为项目提供债务资金的数额比例、债务期限比例、内债和外债比例，以及外债中各币种债务的比例等。

5.9.3 融资风险分析

融资风险是指融资活动存在的各种风险。融资风险有可能使投资者、项目法人、债权人等各方蒙受损失。在融资方案分析中,应对各种融资方案的融资风险进行识别、比较,并对最终推荐的融资方案提出防范风险的对策。融资风险分析中应重点考虑下列风险因素。

(1) 资金供应风险

资金供应风险是指在项目实施过程中由于资金不落实,导致建设工期延长,工程造价上升,使原定投资效益目标难以实现的可能性。为防范资金供应风险,必须认真做好资金来源的可靠性分析。在选择股本投资时,应当选择资金实力强、既往信用好、风险承受能力强的投资者。

(2) 利率风险

利率风险是指由于利率变动导致资金成本上升,给项目造成损失的可能性。利率水平随金融市场情况而变动,未来市场利率的变动会引起项目资金成本发生变动。采用浮动利率,项目的资金成本随利率的上升而上升,随利率的下降而下降。采用固定利率,如果未来利率下降,项目的资金成本不能相应下降,相对资金成本将升高。因此,无论采用浮动利率还是固定利率都存在利率风险。为了防范利率风险,应对未来利率的走势进行分析,以确定采用何种利率。

(3) 汇率风险

汇率风险是指由于汇率变动给项目造成损失的可能性。国际金融市场上各国货币的比价在时刻变动,使用外汇贷款的项目,未来汇率的变动会引起项目资金成本发生变动以及未来还本付息费用支出的变动。

5.9.4 资金成本分析

(1) 资金成本的含义及公式

资金成本是指项目使用资金所付出的代价,由资金占用费和资金筹集费两部分组成。资金占用费是指使用资金过程中发生的向资金提供者支付的代价,包括借款利息、债券利息、优先股股息、普通股红利及权益收益等。资金筹集费是指资金筹集过程中发生的各种费用,包括律师费、资信评估费、公证费、证券印刷费、发行手续费担保费、承诺费、银团贷款管理费等。

资金成本通常用资金成本率来表示。资金成本率是指能使筹得的资金同筹资期间及使用期间发生的各种费用(包括向资金提供者支付的各种代价)等值时的收益率或贴现率。不同来源资金的资金成本率的计算方法不尽相同,但理论上均可用下列公式表示:

$$\sum_{t=0}^{n} \frac{F_t - C_t}{(1+i)^t} = 0 \qquad (5\text{-}42)$$

式中,F_t 为各年实际筹措资金流入额;C_t 为各年实际资金筹集费和对资金提供者的各种付款,包括贷款、债券等本金的偿还;i 为资金成本率;n 为资金占用期限。

(2) 债务资金成本

① 所得税前借款资金成本计算。向银行及其他各类金融机构以借贷方式筹措资金时,应分析各种可能的借款利率水平、利率计算方式(固定利率或者浮动利率)、计息(单利、复利)和付息方式,以及偿还期和宽限期,计算借款资金成本,并进行不同方案比选。

② 所得税前债券资金成本计算。债券的发行价格有三种：溢价发行，即以高于债券票面金额的价格发行；折价发行，即以低于债券票面金额的价格发行；等价发行，即按债券票面金额的价格发行。调整发行价格可以平衡票面利率与购买债券收益之间的差距。债券资金成本的计算与借款资金成本的计算类似。

③ 所得税后的债务资金成本计算。在计算所得税后债务资金成本时，还应注意在项目建设期和项目运营期内的免征所得税年费，利息支付并不具有抵税作用。

（3）权益资金成本

权益资金成本的估算比较困难，因为很难对项目未来收益以及股东对未来风险所要求的风险溢价作出准确的测定。可采用的计算方法主要有资本资产定价模型法、税前债务成本加风险溢价法和股利增长模型法。权益资金成本也可直接采用投资方的预期报酬率和既有法人的净资产收益率。

（4）加权平均资金成本

为了比较不同融资方案的资金成本，需要计算加权平均资金成本。加权平均资金成本一般是以各种资金占全部资金的比重为权数，对个别资金成本进行加权平均确定的，其计算公式为

$$K_w = \sum_{j=1}^{n} K_j W_j \tag{5-43}$$

式中，K_w 是加权平均资金成本；K_j 是第 j 种个别资金成本；W_j 是第 j 种个别资金成本占全部资金的比重（权数）。

【例 5-10】 加权平均资金成本的计算。

解 加权平均资金成本计算表如表 5-13 所示。

表 5-13 加权平均资金成本计算表 （单位：万元）

资金来源	融资金额	K_j	W_j	$W_j K_j$
长期借款	30	0.3	7.00%	2.10%
短期借款	10	0.1	5.00%	0.50%
优先股	10	0.1	12.00%	1.20%
普通股	50	0.5	16.00%	8.00%
合计	100	1		11.80%
加权平均成本			11.80%	

注：表中长期借款和短期借款的资金成本均为税后资金成本。

加权平均资金成本可以作为选择项目融资方案的重要条件之一。在计算加权平均资金成本时应注意需要把不同来源和筹集方式的资金成本统一为税前或税后再进行计算。

本章小结

本章概括介绍投资估算的内容、要求、依据和过程，分别介绍建设投资、建设期利息和流动资金的估算方法和步骤。项目的总投资由建设投资、建设期利息和流动资金构成。建设投资的估算一般采用分类估算法，建设期利息的估算一般是在假定资金均衡使用的前提下进行的，流动资金的估算一般采用详细估算法，是流动资产与流动负债估算后相减的结果。本章还简要介绍了融资主体、融资方式和融资成本等内容，并对项目资本金和债务资金的筹措进行具体的研究分析。建设项目的融资主体主要有新设法人和既有法人，分别适用于不同的

项目。资本金融资不需偿还,没有还款压力,但资金成本较高。负债融资需要偿还,但资金成本较低。融资方案需要分析资金来源与结构的合理性。

思考题

1. 某石油化工项目的建设投资情况见表 5-14,根据项目投资估算与资产的对应关系,计算该项目的固定资产、无形资产、其他资产及流动资产的金额并计算该项目的总投资额。

表 5-14 建设投资估算表   单位:万元

建筑工程费	设备购置费	安装工程费	勘察设计费	建设管理费	专利及专有技术使用费	生产准备费	预备费
3 000	5 800	1 800	300	100	400	200	280

2. 某业主拟投资建设一个年产 10 000 吨产品的石油化工项目,已知 2012 年已建成投产的年产 8 000 吨产品的类似项目的建设投资为 15 000 万元。若生产能力指数取 0.6,不同时期、地点、价格的综合调整系数取 1.5。试用生产能力指数法列式计算拟建项目的静态投资额。

3. 某石油化工项目的工程费用为 6 116.2 万元,建设期为 2 年,按照实施进度、工程费用使用比例第 1 年为 40%,第 2 年为 60%,建设期价格上涨指数参照有关行业规定取 4%。试估算该项目的涨价预备费。

4. 某石油化工项目的建设期为 3 年,第 1 年贷款 1 000 万元,第 2 年贷款 2 000 万元,第 3 年贷款 3 000 万元,贷款的年利率为 10%,假设贷款分年均衡发放,则第 2 年的贷款利息为多少万元?(分用自由资金偿还建设期利息和不偿还建设期利息两种情况进行估算)

5. 项目资本金筹资方式具体有哪些?项目债务资金筹资方式具体有哪些?

6. 某石油化工项目总投资估算为 10 000 万元,企业拟权益资本筹资 6 000 万元,资金成本为 14%,另向银行借款 4 000 万元,年利率为 6.5%。试计算该筹资方案的加权平均资金成本。

第 6 章

石油化工项目评价要素与估算

学习目标：

① 掌握计算期、收入要素的估算；
② 掌握成本费用要素的估算；
③ 掌握税金要素的估算；
④ 掌握利润要素的估算。

6.1 石油化工项目计算期、收入要素估算

6.1.1 计算期要素的估算

(1) 计算期的含义

石油化工项目的计算期是指从资金正式投入开始到项目报废为止的时间，是财务分析（评价）的重要指标，包括项目建设期和项目运营期（生产期）。

① 项目建设期。项目建设期是指从项目资金正式投入开始到项目建成投产为止所需要的时间，可按合理工期或建设进度确定。

② 项目运营期（生产期）。项目运营期（生产期）分为投产期和达产期两个阶段。投产期是指项目投入生产，但生产能力尚未完全达到设计生产能力时的过渡阶段。达产期是指生产运营达到设计生产能力后的时间。

(2) 计算期的估算

石油化工项目计算期的长短主要取决于项目本身的特性，因此无法对项目计算期作出统一规定。计算期不宜定得太长，原因有两方面：一方面，按照现金流量折现的方法，把后期的净收益折为现值的数值相对较小，很难对财务分析结论产生决定性的影响；另一方面，时间越长，预测的数据越不准确。

石油化工项目计算期应根据多种因素综合确定，包括石油化工行业的特点、主要装置（或设备）的经济寿命等。如果石油化工行业有规定时，应从其规定。实践中，石油化工项目运营期一般应按项目中的主要设备经济寿命期确定。

计算期较长的石油化工项目多以年为单位。对于计算期较短的石油化工项目,在较短的时间间隔内(如月、季、半年或其他非日历时间间隔)现金流水平有较大变化,如油田钻井开发项目等,这类项目不宜用"年"做计算现金流量的时间单位,可根据项目的具体情况选择合适的计算现金流量的时间单位。

6.1.2 收入要素的估算

石油化工项目的收入主要包括营业收入和政府补助收入。

6.1.2.1 营业收入

(1) 营业收入的含义

营业收入,是指在生产经营中形成的、会导致所有者权益增加的、与所有者投入资本无关的经济利益的总流入。营业收入是项目的主要经营成果,是利润的重要来源,是现金流入量的重要组成部分。因此,营业收入是财务分析的重要数据,其估算的准确性极大地影响了项目财务效益的估计。

根据《企业会计准则第 14 号——收入(2017 年修订)》,确认营业收入采用五步法模型:第一步,识别与客户订立的合同;第二步,识别合同中的单项履约义务;第三步,确定交易价格;第四步,将交易价格分摊至各单项履约义务;第五步,履行每一单项履约义务时确认收入。

(2) 营业收入的估算

① 营业收入估算的基础数据,包括产品或服务的数量和价格。由于与市场预测密切相关,在估算营业收入时应对市场预测的相关结果以及建设规模、产品或服务方案进行概括的描述或确认,特别应对采用价格的合理性进行说明。

② 工业项目评价中营业收入的估算基于一项重要假定,即当期的产出(扣除自用量后)当期全部销售,也就是当期产品产量等于当期销售量。主副产品(或不同等级产品)的销售收入应全部计入营业收入,其中某些行业的产品成品率按行业习惯或规定;其他行业提供的不同类型服务收入也应同时计入营业收入。

③ 分年运营量可根据经验确定负荷率后,计算或通过制订销售(运营)计划确定。

a. 按照市场预测的结果和项目的具体情况,根据经验直接判定分年的负荷率。判定时应考虑项目性质、技术掌握的难易程度、产出的成熟度及市场的开发程度等诸多因素。

b. 根据市场预测的结果,结合项目性质、产出的成熟度及市场的开发程度制订分年运营计划,进而确定各年的产出数量。相对而言,这种做法更具合理性,国际上大多采用该方法。

运营计划或分年负荷的确定不应是固定模式,应强调具体项目具体分析。一般投产时负荷较低,以后各年逐步提高,提高的幅度取决于上述因素的分析结果。有些项目的产出寿命期短,更新快,达到一定负荷后,在适当的年份开始减少产量,甚至适时终止生产。

6.1.2.2 政府补助收入

根据《企业会计准则第 16 号——政府补助(2017 年修订)》,政府补助是指企业从政府无偿取得货币性资产或非货币性资产,但不包括政府作为企业所有者投入的资本。政府包括各级政府及其所属机构,国际类似组织也在此范围之内。

(1) 政府补助的特征

① 政府补助是来源于政府的经济资源。这里的政府主要是指行政事业单位及类似机构。对于企业收到的来源于其他方的补助，有确凿证据表明政府是补助的实际拨付者，其他方只起到代收代付作用的，该项补助也属于来源于政府的经济资源。例如，某集团公司母公司收到一笔政府补助款，有确凿证据表明该补助款实际的补助对象为该母公司下属子公司，母公司只是起到代收代付作用，在这种情况下，该补助款属于对子公司的政府补助。

② 政府补助是无偿的。企业取得来源于政府的经济资源，不需要向政府交付商品或服务等对价。无偿性是政府补助的基本特征，这一特征将政府补助与政府以投资者身份向企业投入资本、政府购买服务等政府与企业之间的互惠性交易区别开来。需要说明的是，政府补助通常附有一定条件，这与政府补助的无偿性并不矛盾，只是政府为了推行其宏观经济政策，对企业使用政府补助的时间、使用范围和方向进行了限制。

(2) 政府补助的形式

政府补助表现为政府向企业转移资产，通常为货币性资产，也可能为非货币性资产，主要有以下4种形式。

① 财政拨款。财政拨款是政府无偿拨付给企业的资金，通常在拨款时明确规定了资金用途。比如，财政部门拨付给企业用于购建固定资产或进行技术改造的专项资金，鼓励企业安置职工就业而给予的奖励款项，拨付企业的粮食定额补贴，拨付企业开展研发活动的研发经费等，均属于财政拨款。

② 财政贴息。财政贴息是政府为支持特定领域或区域发展，根据国家宏观经济形势和政策目标，对承贷企业的银行贷款利息给予的补贴。财政贴息主要有两种方式：一是财政将贴息资金直接拨付给受益企业；二是财政将贴息资金拨付给贷款银行，由贷款银行以政策性优惠利率向企业提供贷款，受益企业按照实际发生的利率计算和确认利息费用。

③ 税收返还。税收返还是政府按照国家有关规定采取先征后返（退）、即征即退等办法向企业返还的税款，属于以税收优惠形式给予的一种政府补助。增值税出口退税不属于政府补助。除税收返还外，税收优惠还包括直接减征、免征、增加计税抵扣额、抵免部分税额等形式，这类税收优惠并未直接向企业无偿提供资产，不属于政府补助。

④ 无偿划拨非货币性资产。比如，行政划拨土地使用权、天然起源的天然林等。

(3) 政府补助的确认

政府补助分为与资产相关的政府补助和与收益相关的政府补助。

① 与资产相关的政府补助：是指企业取得的、用于购建或以其他方式形成长期资产的政府补助。

与企业取得与资产相关的政府补助，不能直接确认为当期损益，应当确认为递延收益，自相关资产达到预定可使用状态时起，在该资产使用寿命内平均分配，分次计入以后各期的损益（或营业外收入）。相关资产在使用寿命结束前被出售、转让、报废或发生毁损的，应将尚未分配的递延收益余额一次性转入资产处置当期的损益（或营业外收入）。

② 与收益相关的政府补助：是指除与资产相关的政府补助之外的政府补助。

与收益相关的政府补助，用于补偿企业以后期间的相关费用或损失的，取得时确认为递延收益，在确认相关费用的期间计入当期损益（或营业外收入）；用于补偿企业已发生的相关费用或损失的,取得时直接计入当期损益(或营业外收入)。

6.2 石油化工项目成本费用要素的估算

6.2.1 成本费用的含义及分类

6.2.1.1 成本费用的含义

按照《企业会计准则——基本准则》,成本费用是指企业在日常活动中发生的、会导致所有者权益减少的、与向所有者分配利润无关的经济利益的总流出。

在项目财务分析中,为了对运营期间的总成本费用一目了然,将管理费用、财务费用和销售费用这三项费用与生产成本合并为总成本费用。

6.2.1.2 成本费用的分类

(1) 按经济用途分类

按经济用途分类,成本费用分为生产成本和期间费用。

① 生产成本。

a. 直接材料。直接材料是指企业在生产产品或提供劳务过程中所消耗的直接用于产品生产并构成产品实体的原料、主要材料、外购半成品以及有助于产品形成的辅助材料。

b. 直接人工。直接人工是指企业在生产或提供劳务过程中,企业给予参加产品生产的工人各种形式的报酬。

c. 制造费用(间接费用)。制造费用是指企业各生产单位(如生产车间)为组织和管理生产而发生的各项费用,包括生产部门职工薪酬、折旧费、修理费、办公费、水电费、机物料消耗、劳动保护费以及其他制造费用。

② 期间费用。期间费用是指企业在生产经营过程中发生的直接计入当期损益的费用,包括管理费用、销售费用和财务费用三大期间费用。

a. 管理费用。管理费用是指企业行政管理部门为组织和管理生产经营活动而发生的各种费用,包括企业在筹建期间内发生的开办费、董事会和行政管理部门在企业的经营管理中发生的或者应由企业统一负担的公司经费(包括行政管理部门职工工资及福利费、物料消耗、低值易耗品摊销、办公费和差旅费等)、工会经费、董事会费(包括董事会成员津贴、会议费和差旅费等)、聘请中介机构费、咨询费(含顾问费)、诉讼费、业务招待费、技术转让费、矿产资源补偿费、研究费、排污费等。

b. 销售费用。销售费用是指企业在销售产品、提供劳务等日常经营过程中发生的各项费用以及专设销售机构的各项经费,包括保险费、包装费、展览费和广告费、商品维修费、预计产品质量保证损失费、运输费、装卸费等以及为销售本企业商品而专设的销售机构(含销售网点、售后服务网点等)的职工薪酬、业务费、折旧费等经营费用。

c. 财务费用。财务费用是指企业筹集生产经营所需资金而发生的费用,包括利息支出(减利息收入)、汇兑损失(减汇兑收益)、银行手续费等。

(2) 按经济内容分类

按经济内容分类,成本费用分为以下八项费用要素。

① 外购原材料费。它是指企业为进行生产而消耗的一切从外部购入的原材料、半成品、

辅助材料、包装物、修理用备件和低值易耗品等。

② 外购燃料及动力费用。它是指企业为进行生产而消耗的一切从外部购入的各种燃料和各种动力。

③ 职工薪酬。它是指企业为获得职工提供的服务或解除劳动关系而给予的各种形式的报酬或补偿。职工薪酬包括短期薪酬、离职后福利、辞退福利和其他长期职工福利。

④ 折旧费。它是指企业所拥有的或控制的固定资产按照使用情况计提的折旧费用。

⑤ 修理费。它是指企业所拥有的或控制的固定资产在使用过程中发生的大、中、小修理费用。

⑥ 摊销费。它是指企业所拥有的无形资产及其他资产在使用中摊销的费用。

⑦ 财务费用。它主要是指企业为筹集生产经营所需资金等而发生的利息支出等。

⑧ 其他费用。它是指不属于以上各费用要素的费用。

6.2.2 成本费用的估算

按经济内容的分类，石油化工项目成本费用估算如下。

(1) 外购原材料费的估算

外购原材料费估算公式如下：

$$原材料费用 = 全年产量 \times 单位产品原材料成本 \quad (6-1)$$

式中，全年产量可根据测定的设计生产能力和投产期各年的生产负荷加以确定；单位产品原材料成本是依据原材料消耗定额和单价确定的。

编制"外购原材料费估算表"，如表 6-1 所示。

表 6-1 外购原材料费估算表　　　　　　　　（单位：万元）

序号	项 目	合计	计 算 期					
			1	2	3	4	…	n
1	外购原材料费							
1.1	原材料 A							
	单价							
	数量							
	进项税额							
1.2	原材料 B							
	单价							
	数量							
	进项税额							
	⋮							
2	辅助材料费用							
	进项税额							
3	其他							
	进项税额							
4	外购原材料费合计							
5	外购原材料进项税额合计							

(2) 外购燃料动力费用估算

外购燃料动力费用估算公式如下：

$$燃料动力费用 = 全年产量 \times 单位产品燃料动力成本 \quad (6-2)$$

公式中有关数据的确定方法同上。

编制"外购燃料动力费用估算表",如表 6-2 所示。

表 6-2　外购燃料动力费用估算表　　　　　　　　　　（单位：万元）

序号	项　目	合计	计算期					
			1	2	3	4	…	n
1	燃料费							
1.1	燃料 A							
	单价							
	数量							
	进项税额							
	⋮							
2	动力费							
2.1	动力 A							
	单价							
	数量							
	进项税额							
	⋮							
3	外购燃料及动力费用合计							
4	外购燃料及动力进项税额合计							

(3) 职工薪酬的估算

① 职工薪酬的内容。职工薪酬是指企业为获得职工提供的服务或解除劳动关系而给予的各种形式的报酬或补偿。职工薪酬包括短期薪酬、离职后福利、辞退福利和其他长期职工福利。企业提供给职工配偶、子女、受赡养人、已故员工遗属及其他受益人等的福利,也属于职工薪酬。

a. 短期薪酬：是指企业在职工提供相关服务的年度报告期间结束后 12 个月内需要全部予以支付的职工薪酬,因解除与职工的劳动关系给予的补偿除外。短期薪酬具体包括职工工资、奖金、津贴和补贴；职工福利费；医疗保险费、工伤保险费和生育保险费等社会保险费；住房公积金；工会经费和职工教育经费；短期带薪缺勤；短期利润分享计划；非货币性福利以及其他短期薪酬共八项内容。

b. 离职后福利：是指企业为获得职工提供的服务而在职工退休或与企业解除劳动关系后,提供的各种形式的报酬和福利,短期薪酬和辞退福利除外。

c. 辞退福利：是指企业在职工劳动合同到期之前解除与职工的劳动关系,或者为鼓励职工自愿接受裁减而给予职工的补偿。

d. 其他长期职工福利：是指除短期薪酬、离职后福利、辞退福利之外所有的职工薪酬,包括长期带薪缺勤、其他长期服务福利、长期残疾福利、长期利润分享计划和长期奖金计划等。

② 确定职工薪酬需考虑的因素。石油化工项目确定职工薪酬时需考虑以下因素。

a. 项目地点。职工薪酬水平随地域的不同会有差异,要注意考虑地域的不同对职工薪酬水平的影响,项目评价中对此应有合理反映。

b. 原企业职工薪酬水平。对于依托老厂建设的项目,在确定单位职工薪酬时,客观上需要将原企业职工薪酬水平作为参照系。

c. 平均或分档职工薪酬。根据不同项目的需要,财务分析中可视情况选择按项目全部人员年薪酬的平均数值计算,或者按照人员类型和层次的不同分别设定不同档次的薪酬进行计算。如果采用分档薪酬,最好编制薪酬估算表。

(4) 固定资产折旧的估算

固定资产折旧,是指在固定资产使用寿命内,按照确定的方法对应计折旧额进行系统分摊。其中,应计折旧额是指应当计提折旧的固定资产的原价扣除其预计净残值后的金额;已计提减值准备的固定资产,还应当扣除已计提的固定资产减值准备累计金额。预计净残值是指企业预计未来从该项资产处置中获得的扣除预计处置费用后的金额。预计净残值预期能够在固定资产使用寿命终了后收回,因此计算折旧时应将其扣除。

固定资产折旧方法有年限平均法、工作量法、双倍余额递减法和年数总和法等。企业选用不同的固定资产折旧方法,将影响固定资产使用寿命期间内不同时期的折旧费用,因此,固定资产的折旧方法一经确定,不得随意变更。

① 年限平均法。年限平均法,又称直线法,是指将固定资产的应计折旧额均衡地分摊到固定资产预计使用寿命内的一种方法。采用这种方法计算的每期折旧额相等。计算公式如下:

$$年折旧率 = \frac{(1-预计净残值率)}{折旧年限} \times 100\% \quad (6-3)$$

$$年折旧额 = 固定资产原值 \times 年折旧率 \quad (6-4)$$

【例 6-1】 某化工项目有设备一台,原值为 180 万元,预计使用年限为 8 年,预计净残值率为 4%,按年限平均法计算该设备的年折旧额。

解 $年折旧率 = \frac{(1-4\%)}{8} \times 100\% = 12\%$

$年折旧额 = 180 \times 12\% = 21.6(万元)$

② 工作量法。工作量法是根据实际工作量计算每期应计提折旧额的一种方法。其计算公式如下:

$$单位工作量折旧额 = 固定资产原价 \times (1-预计净残值率) \div 预计总工作量 \quad (6-5)$$

$$某项固定资产年折旧额 = 该项固定资产当年工作量 \times 单位工作量折旧额 \quad (6-6)$$

【例 6-2】 某化工项目有货运卡车一辆,原值为 350 000 元,预计净残值率为 5%,预计总行驶里程为 650 000 km,当年行驶里程为 120 000 km,按工作量法计算该项固定资产该年折旧额。

解 $单位工作量折旧额 = \frac{350\,000 \times (1-5\%)}{650\,000} = 0.511\,5 \;(元/km)$

$本年折旧额 = 120\,000 \times 0.511\,5 = 61\,380(元)$

③ 双倍余额递减法。双倍余额递减法,是指在不考虑固定资产预计净残值的情况下,根据每期期初固定资产原价减去累计折旧后的金额和双倍的直线法折旧率计算固定资产折旧的一种方法。其计算公式如下:

$$年折旧率 = \frac{2}{折旧年限} \times 100\% \quad (6-7)$$

$$年折旧额 = 固定资产账面净值 \times 年折旧率 \quad (6-8)$$

注意:实行双倍余额递减法的,应在折旧年限到期前两年内,将固定资产净值扣除净残值后的余额平均摊销,也就说最后两年改为年限平均法。

【例 6-3】 某化工项目购入一台设备,设备原值为 200 000 元,预计使用年限为 5 年,预计净残值率为 3%,按双倍余额递减法计算该设备的各年折旧额。

解 $年折旧率 = \frac{2}{5} \times 100\% = 40\%$

第 1 年折旧额:$200\,000 \times 40\% = 80\,000(元)$

第 2 年折旧额：$(200\,000-80\,000)\times 40\% = 48\,000$（元）

第 3 年折旧额：$(120\,000-48\,000)\times 40\% = 28\,800$（元）

第 4 年折旧额：$\dfrac{(72\,000-28\,800)-200\,000\times 3\%}{2} = 18\,600$（元）

第 5 年折旧额 18 600 元

④ 年数总和法。年数总和法，又称年限合计法，是指将固定资产的原价减去预计净残值后的余额，乘以一个以固定资产尚可使用寿命为分子、以预计使用寿命逐年数字之和为分母的逐年递减的分数，以此计算每年的折旧额。其计算公式如下：

$$年折旧率 = \dfrac{折旧年限 - 已使用年限}{折旧年限\times(折旧年限+1)/2}\times 100\% \qquad (6\text{-}9)$$

$$年折旧额 = (固定资产原值 - 预计净残值)\times 年折旧率 \qquad (6\text{-}10)$$

【例 6-4】 某化工设备原值为 400 000 元，预计使用年限为 5 年，预计净残值率为 5%，按年数总和法计算该设备各年折旧额。

解 第 1 年折旧额：$(400\,000-20\,000)元\times\dfrac{5}{15}\approx 126\,667$（元）

第 2 年折旧额：$(400\,000-20\,000)元\times\dfrac{4}{15}\approx 101\,333$（元）

第 3 年折旧额：$(400\,000-20\,000)元\times\dfrac{3}{15}= 76\,000$（元）

第 4 年折旧额：$(400\,000-20\,000)元\times\dfrac{2}{15}\approx 50\,667$（元）

第 5 年折旧额：$(400\,000-20\,000)元\times\dfrac{1}{15}\approx 25\,333$（元）

根据计算的各年折旧额，编制"固定资产折旧费估算表"，如表 6-3 所示。

表 6-3 固定资产折旧费估算表　　　　　　　　　　（单位：万元）

序号	项目	合计	计算期					
			1	2	3	4	…	n
1	房屋、建筑物							
	原值							
	当期折旧费							
	净值							
2	机器设备							
	原值							
	当期折旧费							
	净值							
	⋮							
3	合计							
	原值							
	当期折旧费							
	净值							

（5）无形资产及其他资产摊销费的估算

① 无形资产摊销费的估算。企业应当于取得无形资产时分析判断其使用寿命。无形资产的使用寿命为有限或确定的，应当估计该使用寿命的年限或者构成使用寿命的产量等类似计量单位数量；无法预见无形资产为企业带来经济利益期限的，应当视其为使用寿命不确定的无形资产。

按照规定,无形资产从开始使用之日起,在一定的年限内摊销。无形资产的摊销多数采用年限平均法。

【例 6-5】 某化工项目取得一专利技术,原值 800 万元,使用年限为 8 年,无残值。计算该无形资产年摊销额。

解 年摊销额 $=\dfrac{800}{8}=100$(万元)

② 其他资产摊销费的估算。其他资产是指除固定资产、无形资产和流动资产之外的其他资产,如长期待摊费用等。关于投资中哪些费用可转入其他资产,有关制度和规定中不完全一致。化工项目决策分析与评价中可将生产准备费、开办费、样品样机购置费等直接计入其他资产。

其他资产的摊销可以采用年限平均法。

编制"无形资产及其他资产摊销费估算表",如表 6-4 所示。

表 6-4 无形资产及其他资产摊销费估算表　　　　　　　　(单位:万元)

序号	项目	合计	计算期					
			1	2	3	4	…	n
1	无形资产							
	原值							
	当期摊销费							
	净值							
2	其他资产							
	原值							
	当期摊销费							
	净值							
	⋮							
3	合计							
	原值							
	当期摊销费							
	净值							

(6) 固定资产修理费的估算

固定资产修理费是指为保持固定资产的正常运转和使用,充分发挥使用效能,在运营期内对其进行必要修理所发生的费用。按修理范围的大小和修理时间间隔的长短可以分为大修理和中小修理。

这里的固定资产修理费是指化工项目全部固定资产的修理费,可直接按固定资产原值(扣除所含的建设期利息)的一定百分数估算。百分数的选取应考虑化工行业及项目特点。在生产运营的各年中,修理费率的取值一般采用固定值。根据项目特点也可以间断性地调整修理费率,开始取较低值,以后取较高值。

(7) 财务费用的估算

在大多数化工项目的财务分析中,通常只考虑利息支出。利息支出的估算包括长期借款利息、流动资金借款利息和短期借款利息三部分。

(8) 其他费用的估算

其他费用包括其他制造费用、其他管理费用和其他销售费用这三项费用,是指从制造费用、管理费用和销售费用中分别扣除职工薪酬、折旧费、摊销费、修理费以后的其余部分。

(9) 经营成本的估算

经营成本是指化工项目总成本费用扣除折旧费、摊销费和利息支出后的成本费用,是财务分析的现金流量分析中所使用的特定概念。作为项目现金流量表中运营期现金流出的主体部分,应被充分重视。经营成本与融资方案无关。因此在完成建设投资和营业收入的估算后，就可以估算经营成本，为项目融资前的分析提供数据。

$$经营成本＝总成本费用－折旧费－摊销费－利息支出 \qquad (6-11)$$

计算经营成本之所以要从项目总成本费用扣除折旧费、摊销费和利息支出，主要是基于如下的理由。

① 现金流量表反映项目在计算期内逐年发生的现金流入和流出。与常规会计方法不同，现金收支何时发生，就在何时计算，不做分摊。由于投资已按其发生的时间作为一次性支出被计入现金流出，所以不能再以折旧和摊销费的方式计入现金流出，否则会发生重复计算。因此，作为经常性支出的经营成本中不包括折旧费和摊销费。

② 各项目的融资方案不同，利率也不同，因此，项目投资现金流量表不考虑投资资金的来源，利息支出也不作为现金流出；项目资本金现金流量表中已将利息支出单独列项，因此，经营成本中也不包括利息支出。

(10) 固定成本及变动成本的估算

根据成本总额与业务量的关系可以将总成本分解为变动成本、固定成本和混合成本三类。在一般条件下，业务量通常指生产量或销售量。

固定成本，是指在相关范围内其成本总额不受业务量增减变动影响而固定不变的成本。固定成本具有两个特点：固定成本总额的不变性和单位固定成本的反比例变动性。固定成本一般包括房屋设备租赁费、保险费、广告费、按使用年限法计提的固定资产折旧费、管理人员薪酬等。

变动成本，是指在相关范围内其成本总额随业务量增减变化而成正比例变动的成本。变动成本具有两个特点：一是变动成本总额与业务量成正比例变动；二是单位变动成本是不变的。变动成本一般包括：直接材料、直接人工（计件工资形式）和制造费用中随业务量成正比例变动的动力费、燃料费等。

混合成本，在实际工作中，有些成本费用既不属于变动成本，也不属于固定成本。因为它们既不是与业务量成正比例变动，也不是固定不变的，而是业务量增加时费用也适当增加，业务量减少时费用也适当减少。这种成本具有变动和固定的双重性质，称为混合成本。为了实践中管理的应用，必须采用适当的方法将混合成本中的变动成本和固定成本分解出来，并分别把它们归属到变动成本和固定成本中去。

在分项估算上述各成本费用要素的同时，应编制相应的成本费用估算表。

分别按照生产要素法、生产成本加期间费用法编制"总成本费用估算表"，如表 6-5 和表 6-6 所示。

表 6-5　总成本费用估算表（生产要素法） （单位：万元）

序号	项　　目	合计	计　算　期					
			1	2	3	4	…	n
1	外购原材料费							
2	外购燃料及动力费							
3	职工薪酬							
4	修理费							
5	其他费用							
6	经营成本(1+2+3+4+5)							
7	折旧费							
8	摊销费							
9	利息支出							
10	总成本费用合计(6+7+8+9)							
	其中：变动成本							
	固定成本							

表 6-6　总成本费用估算表（生产成本加期间费用法）　　　　（单位：万元）

序号	项目	合计	计算期					
			1	2	3	4	…	n
1	生产成本							
1.1	直接材料费							
1.2	直接燃料及动力费							
1.3	直接职工薪酬							
1.4	制造费用							
1.4.1	折旧费							
1.4.2	修理费							
1.4.3	其他制造费							
2	管理费用							
2.1	无形资产摊销							
2.2	其他资产摊销							
2.3	其他管理费用							
3	财务费用							
3.1	利息支出							
3.1.1	长期借款利息							
3.1.2	流动资金借款利息							
3.1.3	短期借款利息							
3.2	其他财务费用							
4	销售费用							
5	总成本费用合计(1＋2＋3＋4)							
5.1	其中:变动成本							
5.2	固定成本							
6	经营成本(5－1.4.1－2.1－2.2－3.1)							

6.3 税金要素的估算

财务分析涉及多种税金的计算，不同项目涉及的税金种类和税率可能各不相同。税金计算得当是正确估算项目费用乃至净效益的重要因素。要根据项目的具体情况选用适宜的税种和税率。这些税金及相关优惠政策会因时而异，部分会因地而异，项目评价时应密切注意当时和项目所在地的税收优惠，适时调整计算，使财务分析比较符合实际情况。

石油化工项目财务分析涉及的税费主要包括增值税、消费税、城市维护建设税、教育费附加、地方教育费附加、企业所得税、关税、资源税、房产税、城镇土地使用税、车船税、印花税等。

"税金及附加"主要包括消费税、城市维护建设税、教育费附加、地方教育费附加、房产税、土地使用税、车船使用税、印花税等。

6.3.1 增值税的估算

（1）增值税的概念

增值税是以商品和劳务在流转过程中产生的增值额作为征税对象而征收的一种流转税。按照我国增值税法的规定，增值税是对在我国境内销售货物、提供加工修理修配劳务（简称提供应税劳务），销售服务、无形资产和不动产（简称发生应税行为），以及进口货物的企业、单位和个人，就其销售货物、提供应税劳务、发生应税行为的增值额和货物进口金额为计税依据而课征的一种流转税。

（2）税率和征收率

增值税税率和征收率如表 6-7 所示。

表 6-7 增值税税率和征收率

序号	纳税人	税目	税率（征收率）
1	一般纳税人	销售或进口货物、加工修理修配业务、有形动产租赁服务	13%
2	一般纳税人	不动产租赁服务，销售不动产，建筑服务，运输服务，转让土地使用权，饲料、化肥、农药、农机、农膜、粮食等农产品，食用植物油，食用盐，自来水，暖气，冷气，热水，煤气，石油液化气，天然气，二甲醚，沼气，居民用煤炭制品，图书，报纸，杂志，音像制品，电子出版物，邮政服务，基础电信服务	9%
3	一般纳税人	增值电信服务、金融服务、现代服务、生活服务、销售无形资产（除土地使用权）	6%
4	小规模纳税人、选择简易计税的一般纳税人	销售货物，加工、修理、修配业务，销售服务（除另有规定外），销售无形资产	3%

（3）应纳增值税的计算

增值税的计税方法，包括一般计税方法、简易计税方法和扣缴计税方法。这里仅介绍一般计税方法。

一般纳税人适用一般计税方法计税，其计算公式：

$$当期应纳增值税税额 = 当期销项税额 - 当期进项税额 - 建设期留抵税额 \quad (6-12)$$

$$当期销项税额 = 当期销售额 \times 增值税税率 \quad (6-13)$$

增值税的销售额不包括收取的增值税销项税额，因为增值税是价外税，增值税税金不是销售额的组成部分，如果纳税人取得的是价税合计金额，还需换算成不含增值税的销售额。其具体公式为：

$$销售额 = \frac{含增值税销售额}{1 + 增值税税率} \quad (6-14)$$

【例 6-6】 某化工项目（为一般纳税人）月初购入甲材料 2 万吨，单价 4 000 元（不含税），当月销售 A 产品 3 万吨，单价 9 000 元（含税），采购和销售的增值税税率均为 13%，建设期留抵税额为零。试计算该项目当月的应纳增值税额。

解：当月增值税销项税额 $= \frac{9\,000}{1+13\%} \times 3 \times 13\% = 3\,106.19$（万元）

当月增值税进项税额 $= 4\,000 \times 2 \times 13\% = 1\,040$（万元）

当月应纳增值税额 $= 3\,106.19 - 1\,040 = 2\,066.19$（万元）

6.3.2 消费税的估算

（1）消费税的概念

消费税是对特定的消费品和消费行为征收的一种税，分为一般消费税和特别消费税。在中华人民共和国境内生产、委托加工和进口消费税暂行条例规定的消费品的单位和个人，以及国务院确定的销售《消费税暂行条例》规定的消费品的其他单位和个人，为消费税的纳税人，应当依照《消费税暂行条例》缴纳消费税。

（2）征税范围与税率

① 征税范围。消费税征税范围包括烟、酒、高档化妆品、贵重首饰及珠宝玉石、鞭炮及焰火、成品油、小汽车、摩托车、高尔夫球及球具、高档手表、游艇、木制一次性筷子、

实木地板、电池、涂料15个税目。

② 税率。消费税采用比例税率、定额税率、复合计征三种形式，以适应不同应税消费品的实际情况。

消费税根据不同的税目或子目确定相应的税率或单位税额。例如，白酒的消费税税率是20%的比例税率加0.5元/斤的定额税率，摩托车气缸容量为250毫升的税率为3%等；黄酒、啤酒、汽油、柴油等分别按单位重量或单位体积确定单位税额。具体税率请查消费税税率表，这里不再列示。

（3）消费税应纳税额的计算

按照现行消费税法的基本规定，消费税应纳税额的计算主要分为从价计征、从量计征和从价从量复合计征三种方法。

① 比例税率（从价计征）。其计算公式为：

$$应纳税额=应税消费品的销售额×比例税率 \qquad (6-15)$$

② 定额税率（从量计征）。其计算公式为：

$$应纳税额=应税消费品的销售数量×定额税率 \qquad (6-16)$$

③ 从价从量复合计征（复合计税）。其计算公式为：

$$应纳税额=应税消费品的销售数量×定额税率+应税消费品的销售额×比例税率 \qquad (6-17)$$

现行消费税的征税范围中，只有卷烟、白酒采用复合计算方法。

项目评价中对适用消费税的产品，应按税法规定计算消费税。

6.3.3 城市维护建设税、教育费附加、地方教育费附加

（1）城市维护建设税（以下简称城建税）

① 纳税义务人。城建税主要是对缴纳增值税、消费税的单位和个人征收的一种税。城建税的纳税义务人，主要是指负有缴纳增值税、消费税义务的单位和个人。

② 税率。城建税按纳税人所在地的不同，设置了三档地区差别比例税率：

a. 纳税人所在地为市区的，税率为7%；

b. 纳税人所在地为县城、镇的，税率为5%；

c. 纳税人所在地不在市区、县城或者镇的，税率为1%。

③ 应纳税额的计算。城建税纳税人的应纳税额大小是由纳税人实际缴纳的"两税"税额决定的，其计算公式为：

$$应纳税额=纳税人实际缴纳的增值税、消费税税额×适用税率 \qquad (6-18)$$

（2）教育费附加、地方教育费附加

① 教育费附加、地方教育费附加的征收范围及计征依据。教育费附加、地方教育费附加对缴纳增值税、消费税的单位和个人征收，以其实际缴纳的增值税、消费税为计征依据，分别与增值税、消费税同时缴纳。

② 教育费附加、地方教育费附加计征比率。现行教育费附加征收比率为3%，地方教育费附加从2010年起统一为2%。

③ 教育费附加、地方教育费附加的计算。教育费附加、地方教育费附加的计算公式为：

$$应纳教育费附加和地方教育费附加=纳税人实际缴纳的增值税、消费税×征收比率(3\%和2\%) \qquad (6-19)$$

【例6-7】 接【例6-6】，该企业适用的城建税税率为7%、教育费附加3%、地方教育费附加2%，计算该企业应缴纳的城建税、教育费附加、地方教育费附加。

解　　　　应纳城建税=实际缴纳的增值税×城建税税率
$$=2\,066.19×7\%=144.63（万元）$$

$$应纳教育费附加 = 实际缴纳的增值税 \times 征收率$$
$$= 2\,066.19 \times 3\% = 61.99（万元）$$
$$应纳地方教育费附加 = 实际缴纳的增值税 \times 征收率$$
$$= 2\,066.19 \times 2\% = 41.32（万元）$$

6.3.4 资源税的估算

(1) 资源税的概念与纳税义务人

资源税是对在我国从事应税矿产品开采和生产盐的单位和个人课征的一种税。

资源税的纳税义务人是指在中华人民共和国领域及管辖海域开采应税资源的矿产品或者生产盐的单位和个人。

(2) 纳税范围

资源税税目包括5大类，在5个税目下面又设有若干个子目。现行资源税的税目及子目主要是根据资源税应税产品和纳税人开采资源的行业特点设置的。

具体的征税范围包括原油、天然气、煤炭、金属矿以及其他非金属矿。

(3) 应纳资源税的计算

① 实行从价定率征收的，根据应税产品的销售额和规定的适用税率计算应纳税额，具体计算公式为：

$$应纳税额 = 销售额 \times 适用税率 \tag{6-20}$$

② 实行从量定额征收的，根据应税产品的课税数量和规定的单位税额计算应纳税额，具体计算公式为：

$$应纳税额 = 课税数量 \times 单位税额 \tag{6-21}$$

【例 6-8】 某油田 2018 年 11 月销售原油 20 000 t，开具增值税专用发票取得销售额 15 000 万元，按《资源税税目税率表》的规定，其适用的税率为 10%。请计算该油田 11 月应缴纳的资源税。

解 应纳税额 = 15 000 × 10% = 1 500（万元）

6.3.5 房产税、城镇土地使用税、印花税、车船使用税

(1) 房产税的估算

房产税是以房屋为征税对象，按照房屋的计税余值或租金收入，向产权所有人征收的一种财产税。房产税以在征税范围内的房屋产权所有人为纳税人。

房产税的征税范围为城市、县城、建制镇和工矿区，具体规定如下。

① 城市是指国务院批准设立的市。

② 县城是指县人民政府所在地的地区。

③ 建制镇是指经省、自治区、直辖市人民政府批准设立的建制镇。

④ 工矿区是指工商业比较发达、人口比较集中、符合国务院规定的建制镇标准但尚未设立建制镇的大中型工矿企业所在地。开征房产税的工矿区须经省、自治区、直辖市人民政府批准。

(2) 城镇土地使用税的估算

城镇土地使用税，是以国有土地或集体土地为征税对象，对拥有土地使用权的单位和个人征收的一种税。

在城市、县城、建制镇、工矿区范围内使用土地的单位和个人，为城镇土地使用税的纳税人。

城镇土地使用税的征税范围，包括在城市、县城、建制镇和工矿区内的国家所有和集体

所有的土地。

城镇土地使用税采用定额税率，即有幅度的差别税额，按大、中、小城市和县城、建制镇、工矿区分别规定每平方米土地使用税年应纳税额，具体标准如下：

① 大城市 1.5～30 元；
② 中等城市 1.2～24 元；
③ 小城市 0.9～18 元；
④ 县城、建制镇、工矿区 0.6～12 元。

（3）印花税的估算

印花税的纳税义务人，是在中国境内书立、使用、领受印花税法所列举的凭证并应依法履行纳税义务的单位和个人。

上述单位和个人，按照书立、使用、领受应税凭证的不同，可以分别确定为立合同人、立据人、立账薄人、领受人、使用人和各类电子应税凭证的签订人。

印花税共有 13 个税目。

印花税的税率设计，遵循税负从轻、共同负担的原则。所以，印花税税率比较低；凭证的当事人，即对凭证有直接权利与义务关系的单位和个人均应就其所持凭证依法纳税。印花税的税率有两种形式，即比例税率和定额税率。

（4）车船使用税的估算

所谓车船使用税，是指在中华人民共和国境内的车辆、船舶的所有人或者管理人按照《中华人民共和国车船税法》应缴纳的一种税。

车船使用税的纳税义务人，是指在中华人民共和国境内，车辆、船舶的所有人或者管理人，应当依照《中华人民共和国车船税法》的规定缴纳车船税。

车船税的征税范围是指在中华人民共和国境内属于车船税法所附《车船税税目税额表》规定的车辆、船舶。

6.3.6　企业所得税的估算

（1）企业所得税的概念

企业所得税是对我国境内的企业和其他取得收入的组织的生产经营所得和其他所得征收的一种税。

（2）纳税义务人

企业所得税的纳税义务人，是指在中华人民共和国境内的企业和其他取得收入的组织。《企业所得税法》第一条规定，除个人独资企业、合伙企业不适用企业所得税法外，凡在我国境内，企业和其他取得收入的组织为企业所得税的纳税人，依照本法规定缴纳企业所得税。

企业所得税的纳税人分为居民企业和非居民企业。

居民企业，是指依法在中国境内成立，或者依照外国（地区）法律成立但实际管理机构在中国境内的企业。这里的企业包括国有企业、集体企业、私营企业、联营企业、股份制企业、外商投资企业、外国企业以及有生产、经营所得和其他所得的其他组织。

非居民企业，是指依照外国（地区）法律成立且实际管理机构不在中国境内，但在中国境内设立机构、场所的，或者在中国境内未设立机构、场所，但有来源于中国境内所得的企业。

（3）征税对象

企业所得税的征税对象，是指企业的生产经营所得、其他所得和清算所得。

① 居民企业的征税对象。居民企业应就来源于中国境内、境外的所得作为征税对象。

所得包括销售货物所得、提供劳务所得、转让财产所得、股息红利等权益性投资所得、利息所得、租金所得、特许权使用费所得、接受捐赠所得和其他所得。

② 非居民企业的征税对象。非居民企业在中国境内设立机构、场所的，应当就其所设机构、场所取得的来源于中国境内的所得，以及发生在中国境外但与其所设机构、场所有实际联系的所得，缴纳企业所得税。非居民企业在中国境内未设立机构、场所的，或者虽设立机构、场所但取得的所得与其所设机构、场所没有实际联系的，应当就其来源于中国境内的所得缴纳企业所得税。

上述所称实际联系，是指非居民企业在中国境内设立的机构、场所拥有的据以取得所得的股权、债权，以及拥有、管理、控制据以取得所得的财产。

（4）税率

企业所得税实行比例税率。比例税率简便易行，透明度高，不会因征税而改变企业间收入分配比例，有利于促进效率的提高。其现行规定如下。

① 基本税率为25%。基本税率适用于居民企业和在中国境内设有机构、场所且所得与机构、场所有关联的非居民企业。

② 低税率为20%。低税率适用于在中国境内未设立机构、场所的，或者虽设立机构、场所但取得的所得与其所设机构、场所没有实际联系的非居民企业。但实际征税时适用10%的税率。

③ 优惠税率。

a. 符合条件的小型微利企业，减按20%的税率。符合规定条件，其所得减按50%计入应纳税所得额，按20%的税率缴纳企业所得税。

b. 国家重点扶持的高新技术企业，减按15%的税率。

（5）应纳所得税的计算

$$应纳所得税 = 应纳税所得额 \times 所得税税率 \qquad (6-22)$$

应纳税所得额是企业每一纳税年度的收入总额，减除不征税收入、免税收入、各项扣除以及允许弥补的以前年度亏损后的余额。

这里特别要强调的是"以前年度亏损"，税法规定，企业某一纳税年度发生的亏损可以用下一年度的所得弥补，下一年度的所得不足以弥补的，可以逐年延续弥补，但最长不得超过5年，自2018年1月1日起，当年具备高新技术企业或科技型中小企业资格的企业，其具备资格年度之前5个年度发生的尚未弥补完的亏损，准予结转以后年度弥补，最长结转年限由5年延长至10年。

"以前年度亏损"是税法口径——应纳税所得额应为负数。

编制"营业收入、税金及附加和增值税估算表"，如表6-8所示。

表6-8 营业收入、税金及附加和增值税估算表　　　　　　（单位：万元）

序号	项目	合计	计算期					
			1	2	3	4	…	n
1	营业收入							
1.1	产品A销售收入							
1.2	产品B销售收入							
	⋮							
2	税金及附加							
2.1	消费税							
2.2	城市维护建设费							
2.3	教育费附加							

续表

序号	项目	合计	计算期					
			1	2	3	4	⋯	n
2.4	地方教育费附加							
	⋮							
3	增值税							
3.1	产出销项税额							
3.1.1	产品 A 产出销项税额							
3.1.2	产品 B 产出销项税额							
	⋮							
3.2	运营投入进项税额							
3.2.1	外购原材料							
3.2.2	外购辅助材料							
3.2.3	外购燃料动力							
	⋮							
3.3	建设期留抵税额							
3.4	应纳增值税(3.1－3.2－3.3)							

6.4 利润要素的估算

6.4.1 利润的概念及其构成

（1）利润的概念

利润是指企业在一定期间的经营成果。通常情况下，如果企业实现了利润，表明企业的所有者权益将增加，业绩得到了提升；反之，如果企业发生了亏损（即利润为负数），表明企业的所有者权益将减少，业绩下降。利润是评价企业管理层业绩的指标之一，也是投资者等财务报告使用者进行决策时的重要参考。

（2）利润的构成

在项目财务分析中适用简易的利润计算公式，计算公式如下：

$$利润总额 = 营业收入 + 政府补助收入 - 总成本费用 - 税金及附加 \quad (6\text{-}23)$$

$$所得税 = 利润总额 \times 所得税税率 \quad (6\text{-}24)$$

$$净利润(税后利润) = 利润总额 - 所得税费用 \quad (6\text{-}25)$$

【例 6-9】 某化工项目营业收入 3 000 万元，经营成本 1 200 万元，折旧费 900 万元，摊销费 100 万元，利息支出（财务费用）150 万元，税金及附加 15 万元，所得税税率 25%，计算该项目税后利润。

解 利润总额＝3 000－(1 200＋900＋100＋150)－15＝635（万元）

所得税＝635×25%＝158.75（万元）

税后利润＝635－158.75＝476.25（万元）

6.4.2 利润分配的估算

利润分配是将企业实现的净利润，按照国家有关法律和会计准则的规定进行分配。利润的分配过程和结果，不仅关系到企业所有者的合法权益能否得到保护，而且关系到企业能否长期稳定地发展。

企业年度净利润，除法律、行政法规另有规定外，按照以下顺序分配。

(1) 弥补以前年度亏损

企业纳税年度发生的亏损，准予向以后年度结转，用以后年度的所得弥补，但结转年限最长不得超过 5 年，具备高新技术企业或科技型中小企业资格的企业可以延长到 10 年。

(2) 提取法定盈余公积

股份制企业（包括国有独资公司、有限责任公司和股份有限公司）按公司法规定按净利润的 10% 提取，其他企业可以根据需要确定提取比例，但至少应按 10% 提取。企业提取的法定盈余公积累计额越过其注册资本的 50% 以上的，可以不再提取。

(3) 提取任意盈余公积

任意盈余公积指企业按照股东会决议提取并使用的盈余公积；任意盈余公积的提取不具有强制性，企业是否提取、提取比例等均按照股东会决议确定。

(4) 向投资者分配利润

企业以前年度未分配的利润，并入本年度利润，在充分考虑现金流量状况后，向投资者分配。

【例 6-10】 某化工项目年初未分配利润为 20 000 元，本年净利润 300 000 元，按净利润的 10% 提取法定盈余公积，按净利润的 10% 提取任意盈余公积，向投资者分配利润 150 000 元，计算该项目年末未分配利润。

解 提取法定盈余公积 = 300 000 × 10% = 30 000（元）

提取任意盈余公积 = 300 000 × 10% = 30 000（元）

向投资者分配利润 = 150 000（元）

年末未分配利润 = 20 000 + 300 000 − 30 000 − 30 000 − 150 000 = 110 000（元）

6.4.3 借款还本付息的估算

借款还本付息估算主要是测算借款还款期的利息和偿还借款的时间，从而考察项目的偿还能力和收益，为财务分析和项目决策提供依据。

(1) 长期借款利息

长期借款利息是指对建设期间借款余额（含未支付的建设期利息）应在生产期支付的利息，项目评价中可以选择等额还本付息方式或者等额还本利息照付方式来计算长期借款利息。

① 等额还本付息方式。

$$A = I_c \frac{i}{1-(1+i)^{-n}} \tag{6-26}$$

式中，A 为每年还本付息额（等额年金）；i 为年利率；n 为预定的还款期；I_c 为还款起始年年初的借款余额（含未支付的建设期利息）；$\frac{i}{1-(1+i)^{-n}}$ 为资本回收系数，可以自行计算或查复利系数表。

其中： 每年支付利息 = 年初借款余额 × 年利率 (6-27)

每年偿还本金 = A − 每年支付利息 (6-28)

年初借款余额 = I_c − 本年以前各年偿还的借款累计 (6-29)

② 等额还本利息照付方式。

设 A_t 为第 t 年的还本付息额，则有：

$$A_t = \frac{I_c}{n} + I_c \cdot \left(1 - \frac{t-1}{n}\right) \cdot i \qquad (6\text{-}30)$$

其中：每年支付利息＝年初借款余额×年利率

即
$$第 t 年支付的利息 = I_c \cdot \left(1 - \frac{t-1}{n}\right) \cdot i \qquad (6\text{-}31)$$

$$每年偿还本金 = \frac{I_c}{n} \qquad (6\text{-}32)$$

【例 6-11】 某化工项目建设期 2 年，建设借款为 2 000 万元，第 1 年借款占总借款的 50%，第 2 年占 50%，借款利率为 5%（按年计息），运营期 3 年偿还。分别按等额还本付息方式、等额还本利息照付方式计算每年还款额，并编制还本付息计划表。

解 建设期第一年的贷款利息＝1 000×5%÷2＝25（万元）

建设期第二年的贷款利息＝[(1 000＋25)＋1 000÷2]×5%
＝76.25（万元）

建设期贷款利息＝25＋76.25＝101.25（万元）

建设期期末本息额＝2 000＋101.25＝2 101.25（万元）

① 按等额还本付息方式偿还。

等额还本付息金额＝2 101.25×(A/P,5%,3)＝771.60(万元)

根据以上数据编制项目还本付息计划表，如表 6-9 所示。

表 6-9 项目还本付息计划表　　　　　　　　　　　单位：万元

序号	项目＼年份	1	2	3	4	5
1	年初借款余额		1 025	2 101.25	1 434.71	734.85
2	本年新增借款	1 000	1 000			
3	本年应计利息	25	76.25	105.06	71.74	36.74
4	本年应还本金			666.54	699.86	734.85
5	年还本付息总额			771.60	771.6	771.59

② 按照等额还本、利息照付方式偿还。

$$等额还本金额 = \frac{2\,101.25}{3} = 700.42(万元)$$

根据以上数据编制项目还本付息计划表，如表 6-10 所示。

表 6-10 项目还本付息计划表　　　　　　　　　　　单位：万元

序号	项目＼年份	1	2	3	4	5
1	年初借款余额		1 025	2 101.25	1 400.83	700.41
2	本年新增借款	1 000	1 000			
3	本年应计利息	25	76.25	105.06	70.04	35.02
4	本年应还本金			700.42	700.42	700.41
5	年还本付息总额			805.48	770.46	735.43

（2）流动资金借款利息

项目评价中估算的流动资金借款从本质上说应归类为长期借款，按期末偿还、期初再借的方式处理，并按一年期利率计息。流动资金借款利息可以按下列公式计算：

$$年流动资金借款利息＝年初流动资金借款余额×流动资金借款年利率 \qquad (6-33)$$

化工项目财务分析中对流动资金的借款可以在计算期最后一年偿还，也可在还完长期借款后安排。

(3) 短期借款

短期借款是指运营期内由于资金的临时需要而发生的短期借款，短期借款的数额应在财务计划现金流量表中得到反映，其利息应计入总成本费用表的利息支出中。

化工项目财务分析中对短期借款利息的计算同流动资金借款利息，短期借款的偿还按照随借随还的原则处理，即当年借款尽可能于下年偿还。

本章小结

对于石化企业的投资项目而言，投资投向何方、能否取得投资效果是投资者最为关心的内容。为了较为准确地把握问题的本质，就必须尽量了解和科学地估算项目投入的费用和效益。本章主要介绍了四个方面的内容：首先是计算期、收入、政府补助收入要素的估算；其次是成本费用要素的估算；再次是税金要素的估算；最后是利润要素、借款还本付息的估算。

思考题

1. 总成本费用按经济用途、经济内容是如何分类的？简述经营成本、固定成本、变动成本的含义。
2. 简述增值税、消费税、城建税、教育费附加、地方教育费附加、企业所得税的含义及如何计税。
3. 如何计算项目的利润总额、净利润？项目的净利润是如何进行分配的？
4. 简述项目建设期的长期借款的主要还本付息方式。
5. 某化工项目有一生产设备，其原值为 30 万元，预计使用年限为 5 年，预计净残值率为 5%，请分别用平均年限法、双倍余额递减法计算每年的折旧额。
6. 某化工项目建设期为 2 年，生产期为 8 年。建设期贷款为 2 000 万元，贷款年利率为 8%（按年计息），在建设期第 1 年投入 40%，第 2 年投入 60%。贷款在生产期前 4 年分别按照等额还本付息和等额还本、利息照付的方式偿还。试按两种方式分别计算项目各年还本付息额。
7. 某化工项目总成本费用为 1 000 万元，其中，折旧费为 300 万元，摊销费为 100 万元，财务费用为 50 万元，问经营成本为多少？
8. 某化工项目需建设投资 1 500 万元，流动资金发生在第 2 年。流动资金 600 万元的 80% 为借款，其余皆为自有资金。流动资金借款的年利率为 10%，假定连续使用，计算期末偿还本金。项目计算期为 11 年，其中建设期为 1 年。项目设计生产能力为 10 000 吨，投产后第 1 年生产负荷为 80%，第 2 年为 90%，第 3 年达到设计生产能力。项目投产后定员 200 人，人均年薪酬 4 万元。项目固定资产原值为 850 万元，净残值率为 4%，折旧年限为 10 年，按平均年限法计提折旧；无形资产及其他资产为 50 万元，按 10 年摊销。修理费按年折旧费的 30% 提取，其他费用按薪酬的 25% 估算。原材料及能源消耗情况如表 6-11 所示。要求：编制该项目的总成本费用估算表。

表 6-11　某项目原材料及能源消耗表

项目名称	单价	消耗定额	项目名称	单价	消耗定额
外购原材料			外购燃料及动力		
A 材料	150 元	2 吨	煤	100 元	1.5 吨
B 材料	3.00 元	30 千克	电	1.20 元	20 千瓦·时
C 材料	4.50 元	6 千克	水	0.80 元	20 立方米

第7章

石油化工项目财务评价方法

学习目标：
① 掌握石油化工项目财务评价的静态指标体系；
② 掌握石油化工项目财务评价的动态指标体系；
③ 了解实践中石油化工新建及改扩建项目的财务评价。

7.1 石油化工项目财务评价指标体系

7.1.1 财务评价的含义与作用

(1) 财务评价的含义

财务评价，是项目经济评价的重要组成部分，它是从企业或项目自身角度出发，在现行会计准则、会计制度、税收法规和价格体系下，分析、计算项目直接发生的财务效益和费用，编制财务报表，计算财务分析指标，考察和分析项目的盈利能力、偿债能力和财务生存能力，判断项目的财务可行性，明确项目对财务主体的价值以及对投资者的贡献，为投资决策、融资决策以及银行审贷提供依据。

(2) 财务评价的作用
① 财务评价是项目评价的重要组成部分。
② 财务评价是重要的决策依据。
③ 在项目或方案比选中起着重要作用。
④ 财务评价中的财务生存能力评价对项目财务可持续性考察起着重要的作用。

7.1.2 财务评价的指标体系

投资项目分析结果的好坏，一方面取决于基础数据的准确性，另一方面则取决于所选取指标体系的合理性。只有选取正确的指标体系，项目财务评价的结果才能与客观情况相吻合，才具有实际意义。

(1) 盈利能力分析指标和偿债能力分析指标

根据指标的考察角度不同，可分为盈利能力分析指标和偿债能力分析指标。常用的盈利能力分析指标包括财务内部收益率、财务净现值、财务净年金、财务净现值率、投资回收期、总投资收益率和项目资本金净利润率等；常用的偿债能力分析指标包括利息备付率、偿债备付率、资产负债率等。

（2）静态指标和动态指标

按是否考虑资金的时间价值，财务评价指标可分为静态指标和动态指标。

静态指标不考虑资金的时间价值。动态指标考虑资金的时间价值。

静态指标的主要优点是计算简单，计算量较小，使用方便。由于静态指标不考虑资金的时间价值，分析就必然比较粗糙，与实际情况相比会产生一定的误差，有时可能会影响对投资项目的正确评价和决策。

动态指标考虑资金的时间价值，而且所采用的方法将不同时点上的现金流入与流出换算到同一时点的等值，为不同项目方案的经济评价比较提供可比的基础，同时也反映各项目未来时期的发展变化情况。这对投资者和决策者合理评价项目，以及合理利用资金、提高经济效益都具有十分重要的作用。因此，动态指标分析是比静态指标分析更全面、更科学的方法。

在常用的财务评价指标中，财务内部收益率、财务净现值、财务净年金、财务净现值率属于动态评价指标；投资回收期、总投资收益率、项目资本金净利润率、利息备付率、偿债备付率、资产负债率属于静态评价指标；投资回收期存在静态和动态两种计算方式，通常情况下需计算静态投资回收期。

在实际工作中，应采用静态指标分析与动态指标分析相结合的方法，按照不同项目的不同决策要求来选择评价方法。

（3）时间性指标、价值性指标和比率性指标

根据指标反映投资财务效果的具体形式，可将评价指标分为时间性指标、价值性指标和比率性指标。在常用的财务评价指标中，投资回收期属于时间性指标，财务净现值、财务净年金属于价值性指标，而财务内部收益率、总投资收益率、项目资本金净利润率、利息备付率、偿债备付率、资产负债率属于比率性指标。

常用的财务评价指标的分类情况如表 7-1 所示。

表 7-1　财务评价指标的分类

财务评价指标名称	盈利能力/偿债能力	静态/动态	时间性/价值性/比率性
财务净现值	盈利能力分析指标	动态指标	价值性指标
财务内部收益率	盈利能力分析指标	动态指标	比率性指标
财务净年金	盈利能力分析指标	动态指标	价值性指标
财务净现值率	盈利能力分析指标	动态指标	比率性指标
静态投资回收期	盈利能力分析指标	静态指标	时间性指标
总投资收益率	盈利能力分析指标	静态指标	比率性指标
项目资本金净利润率	盈利能力分析指标	静态指标	比率性指标
利息备付率	偿债能力分析指标	静态指标	比率性指标
偿债备付率	偿债能力分析指标	静态指标	比率性指标
资产负债率	偿债能力分析指标	静态指标	比率性指标
利息备付率	偿债能力分析指标	静态指标	比率性指标
偿债备付率	偿债能力分析指标	静态指标	比率性指标

7.1.3　财务评价的基本报表

财务评价的基本报表主要有财务现金流量表、利润与利润分配表、资产负债表、借款还本付息计划表。财务现金流量表又包括项目投资现金流量表、项目资本金现金流量表、投资各方现金流量表，这里重点介绍项目投资现金流量表、项目资本金现金流量表。

(1) 项目投资现金流量表

项目投资现金流量表是指在项目确定融资方案前，对投资方案进行分析，用以计算项目所得税前的财务内部收益率、财务净现值及投资回收期等财务评价的表格。

项目投资现金流量表的现金流入包括营业收入、政府补助收入、销项税额、回收资产余值、回收流动资金。现金流出包括建设投资、流动资金、经营成本、进项税额、应交增值税、税金及附加、维持运营投资等。

项目投资现金流量表如表 7-2 所示。

表 7-2　项目投资现金流量表　　　　　　　　　　（单位：万元）

序号	项目	合计	计算期					
			1	2	3	4	⋯	n
1	现金流入							
1.1	营业收入							
1.2	政府补助收入							
1.3	销项税额							
1.4	回收资产余值							
1.5	回收流动资金							
2	现金流出							
2.1	建设投资							
2.2	流动资金							
2.3	经营成本							
2.4	进项税额							
2.5	应交增值税							
2.6	税金及附加							
2.7	维持运营投资							
3	所得税前净现金流量(1−2)							
4	累计所得税前净现金流量							
5	调整所得税							
6	所得税后净现金流量(3−5)							
7	累计所得税后净现金流量							

计算指标：
项目投资财务内部收益率(％)(所得税前)
项目投资财务内部收益率(％)(所得税后)
项目投资财务净现值(所得税前)($i=$　％)
项目投资财务净现值(所得税后)($i=$　％)
项目投资回收期(年)(所得税前)
项目投资回收期(年)(所得税后)

(2) 项目资本金现金流量表

项目资本金现金流量表是从投资者的角度出发，以投资者的出资额即资本金作为计算基础，把借款本金偿还和利息支付作为现金流出，用以计算项目资本金的财务内部收益率、财务净现值等财务分析指标的表格。编制该表格的目的是考察项目所得税后资本金可能获得的收益水平。

项目资本金现金流量表与项目投资现金流量表的现金流入内容相同。现金流出包括项目投入的资本金、借款本金偿还、借款利息支付、经营成本、进项税额、应交增值税、税金及附加、所得税和维持运营投资等。

项目资本金现金流量表如表 7-3 所示。

表 7-3　项目资本金现金流量表　　　　　　　　　（单位：万元）

序号	项　　目	合计	计　算　期					
			1	2	3	4	…	n
1	现金流入							
1.1	营业收入							
1.2	政府补助收入							
1.3	销项税额							
1.4	回收资产余值							
1.5	回收流动资金							
2	现金流出							
2.1	项目资本金							
2.2	借款本金偿还							
2.3	借款利息支付							
2.4	经营成本							
2.5	进项税额							
2.6	应交增值税							
2.7	税金及附加							
2.8	所得税							
2.9	维持运营投资							
3	净现金流量(1−2)							
计算指标：								
资本金财务内部收益率/%								

(3) 利润与利润分配表

利润与利润分配表，是反映项目计算期内各年营业收入、总成本费用、利润总额以及所得税后利润的分配情况，用于计算总投资收益率和资本金净利润。

利润与利润分配表的编制步骤如下。

① 反映利润总额。即利润总额＝营业收入＋政府补助收入－总成本费用－税金及附加。

② 反映净利润。即净利润＝利润总额－所得税。

③ 反映可供分配利润。即可供分配利润＝净利润＋期初未分配利润。

④ 反映可供投资者分配利润。即可供投资者分配利润＝可供分配利润－提取法定盈余公积。

⑤ 反映未分配利润。即未分配利润＝可供投资者分配利润－应付优先股股利－任意盈余公积－提取应付普通股股利。

利润与利润分配表如表 7-4 所示。

表 7-4　利润与利润分配表　　　　　　　　　（单位：万元）

序号	项　　目	合计	计　算　期					
			1	2	3	4	…	n
1	营业收入							
2	税金及附加							
3	总成本费用							
4	政府补助收入							
5	利润总额(1−2−3+4)							
6	弥补以前年度亏损							

续表

序号	项目	合计	计算期					
			1	2	3	4	…	n
7	应纳税所得额(5-6)							
8	所得税							
9	净利润(5-6-8)							
10	期初未分配利润							
11	可供分配利润(9+10)							
12	提取法定盈余公积							
13	可供投资者分配利润(11-12)							
14	应付优先股股利							
15	提取任意盈余公积							
16	应付普通股股利							
17	各投资方利润分配							
	其中:××方							
	××方							
18	未分配利润(13-14-15-16 或 13-15-17)							
19	息税前利润(利润总额+利息支出)							
20	息税折旧摊销前利润(息税前利润+折旧+摊销)							

(4) 借款还本付息计划表

借款还本付息计划表反映项目计算期内各年借款本金偿还和利息支付情况,用于计算偿债备付率和利息备付率等指标。借款还本付息计划表如表 7-5 所示。

表中：期末借款余额＝期初借款余额＋付息－当期还本付息

或：期末借款余额＝期初借款余额－还本

表 7-5　借款还本付息计划表　　　　　　　　（单位：万元）

序号	项目	合计	计算期					
			1	2	3	4	…	n
1	借款1							
1.1	期初借款余额							
1.2	当期还本付息							
	其中:还本							
	付息							
1.3	期末借款余额							
2	借款2							
2.1	期初借款余额							
2.2	当期还本付息							
	其中:还本							
	付息							
2.3	期末借款余额							
3	债务							
3.1	期初债务余额							
3.2	当期还本付息							
	其中:还本							
	付息							
3.3	期末债务余额							
4	借款和债务合计							

续表

序号	项目	合计	计算期					
			1	2	3	4	...	n
4.1	期初余额							
4.2	当期还本付息							
	其中:还本							
	付息							
4.3	期末余额							
计算指标	利息备付率/%							
	偿债备付率/%							

(5) 资产负债表

资产负债表是反映项目在某一特定日期财务状况的会计报表。财务状况是指一个项目的资产、负债、所有者权益及其相互关系。它表明项目在某一特定日期所拥有或控制的经济资源、所承担的现有义务和所有者对净资产的要求权。

资产负债表遵循会计等式,即资产=负债+所有者权益,用以计算资产负债率、流动比率和速动比率。资产负债表如表 7-6 所示。

表 7-6 资产负债表 (单位:万元)

序号	项目	计算期					
		1	2	3	4	...	n
1	资产						
1.1	流动资产总额						
1.1.1	货币资金						
1.1.2	应收账款						
1.1.3	预付账款						
1.1.4	存货						
1.1.5	其他						
1.2	在建工程						
1.3	固定资产净值						
1.4	无形资产和其他资产净值						
2	负债及所有者权益(2.4+2.5)						
2.1	流动负债总额						
2.1.1	短期借款						
2.1.2	应付账款						
2.1.3	预收账款						
2.1.4	其他						
2.2	建设投资借款						
2.3	流动资金借款						
2.4	负债小计(2.1+2.2+2.3)						
2.5	所有者权益						
2.5.1	资本金						
2.5.2	资本公积						
2.5.3	累计盈余公积						
2.5.4	累计未分配利润						
计算指标:资产负债率/%							

7.2
石油化工项目静态财务评价指标

7.2.1 盈利能力的评价指标

(1) 静态投资回收期 (p_t)

① 含义及其计算公式。静态投资回收期 (p_t) 是指以项目的净收益回收项目投资所需要的时间,一般以年为单位。静态投资回收期宜从项目建设开始年算起,若从项目投产开始年算起,应予以特别注明。

静态投资回收期计算公式:

$$\sum_{t=1}^{p_t}(CI-CO)_t = 0 \qquad (7-1)$$

式中,p_t 为静态投资回收期;CI 为现金流入量;CO 为现金流出量。

a. 若项目每年的净收益基本相同,其计算公式:

$$静态投资回收期(P_t) = \frac{总投资}{每年的净收益} \qquad (7-2)$$

b. 若各年的净收益数额差别较大,静态投资回收期可借助项目投资现金流量表计算。项目投资现金流量表中累计净现金流量由负值变为零的时点,即为静态投资回收期。其计算公式:

$$静态投资回收期(P_t) = T - 1 + \frac{\left|\sum_{i=1}^{T-1}(CI-CO)_i\right|}{(CI-CO)_T} \qquad (7-3)$$

式中,T 为各年累计净现金流量首次为正值或零的年数。

② 判断准则。静态投资回收期的判别标准是基准投资回收期,其取值可根据石油化工行业平均投资回收期或投资者的要求确定。

计算出的静态投资回收期要与基准投资回收期进行比较,如果计算出的静态投资回收期小于或等于基准投资回收期,则认为项目是可以考虑接受的;否则,不接受。投资回收期短,表明项目投资回收快,抗风险能力强。

【例 7-1】 某化工投资项目净现金流量如表 7-7 所示。若该项目投入资金必须在 3 年内回收,计算该项目静态投资回收期,并判断是否可行。

表 7-7 项目净现金流量表 (单位:万元)

年份	1	2	3	4
净现金流量	-6 000	3 000	2 000	4 000

解 该项目的累计净现金流量计算如表 7-8 所示。

表 7-8 项目的累计净现金流量计算表 (单位:万元)

年份	1	2	3	4
净现金流量	-6 000	3 000	2 000	4 000
累计净现金流量	-6 000	-3 000	-1 000	3 000

按投资回收期计算公式,项目投资回收期 = 4 - 1 + 1 000/4 000 = 3.25(年)

项目投资回收期为 3.25 年，超过了 3 年，因此该项目不可行。

③ 优缺点。

优点：经济意义明确、直观、计算简便，便于投资者衡量项目的抗风险能力，并能在一定程度上反映投资效益的优劣。

缺点：没有考虑资金的时间价值，无法正确地辨识项目的优劣。只考虑了投资回收之前的效果，没有考虑投资回收期以后的收益和支出情况，故不能全面反映项目在计算期内的真实效益，难以对不同方案的比较选择作出正确判断。

（2）总投资收益率（ROI）

① 含义及其计算公式。总投资收益率（ROI）表示总投资的盈利水平，是指项目达到设计生产能力后正常年份的年息税前利润或运营期内年平均息税前利润（EBIT）与项目总投资（TI）的比率。其计算公式：

$$总投资收益率(ROI) = \frac{EBIT}{TI} \times 100\% \tag{7-4}$$

式中，EBIT 为项目正常年份的年息税前利润或运营期内年平均息税前利润；TI 为项目总投资。

② 判断准则。将总投资收益率与同行业收益率指标进行对比，如果总投资收益率高于同行业收益率，表明用总投资收益率表示的盈利能力满足要求。

【例 7-2】 某化工项目建设投资估算为 50 000 万元，建设期借款利息为 4 000 万元，流动资金为 6 000 万元，达到设计生产能力的年平均息税前利润为 8 000 万元，计算总投资收益率。

解　根据式(7-4)：

$$总投资收益率 = \frac{8\ 000}{50\ 000 + 4\ 000 + 6\ 000} \times 100\% = 13\%$$

（3）资本金净利润率（ROE）

① 含义及其计算公式。资本金净利润率（ROE）表示项目资本金的盈利水平，是指项目达到设计生产能力后正常年份的年净利润或运营期内年平均净利润（NP）与项目资本金（EC）的比率。其计算公式：

$$资本金净利润率(ROE) = \frac{NP}{EC} \times 100\% \tag{7-5}$$

式中，NP 为正常年份的年净利润或运营期内年平均净利润；EC 为项目资本金，即项目的全部注册资本金。

② 判断准则。项目资本金净利润率指标可与同行业净利润率指标进行对比，如果项目资本金净利润率大于或等于同行业净利润率，表明用项目资本金净利润率表示的盈利能力满足要求。

7.2.2 偿债能力的评价指标

项目偿债能力可以通过计算利息备付率、偿债备付率、资产负债率、流动比率、速动比率等静态指标进行分析，评价借款偿债能力。

（1）利息备付率（ICR）

利息备付率（ICR）是指在借款偿还期内的息税前利润（EBIT）与应付利息（PI）的比值，它从付息资金来源的充裕性角度反映项目偿付债务利息的保障程度。其计算公式：

$$利息备付率(ICR) = \frac{EBIT}{PI} \tag{7-6}$$

式中，EBIT 为息税前利润，息税前利润为利润总额和计入总成本费用的利息费用之和；PI 为计入总成本费用的应付利息。

利息备付率应分年计算，也可以按整个借款期计算。利息备付率表示项目的利润偿付利息的保证倍率，利息备付率高，表示利息偿付的保障程度高，偿债风险小；利息备付率低，表示没有足够的资金支付利息，偿债风险很大。对于正常经营的企业，利息备付率至少应当大于 2，并结合债权人的要求来确定。

（2）偿债备付率（DSCR）

偿债备付率（DSCR）是指在借款偿还期内，用于计算还本付息的资金（EBITDA－T_{AX}）与应还本付息金额（PD）的比值，它表示可用于还本付息的资金偿还借款本息的保障程度。其计算公式：

$$偿债备付率(DSCR) = \frac{EBITDA - T_{AX}}{PD} \quad (7-7)$$

式中，EBITDA 为息税前利润加折旧和摊销；T_{AX} 为企业所得税；PD 为应还本付息金额，包括还本金额和计入总成本费用的全部利息。

融资租赁费用可视同借款偿还。运营期内的短期借款本息也应纳入计算。

偿债备付率应分年计算。偿债备付率高，表明可用于还本付息的资金保障程度高。对于正常运营的企业，偿债备付率应当大于 1，并结合债权人的要求确定。当指标值小于 1 时，表示当年可用于还本付息的资金不足以偿付当期债务，偿债风险大，需要通过短期借款偿付已到期的债务。

【例 7-3】 某化工项目与利息备付率、偿债备付率指标有关的数据如表 7-9 所示，试计算利息备付率和偿债备付率。

表 7-9 某化工项目与偿债备付率指标有关的数据 （单位：万元）

项目	2	3	4	5	6
应还本付息	120	120	120	120	120
应付利息额	28	23	18	12	9
息税前利润	50	280	280	280	280
折旧	180	180	180	180	180
所得税	8	80	85	94	98

解 根据表 7-9 的数据计算的偿债备付率指标如表 7-10 所示。

表 7-10 计算的偿债备付率指标

项目	2	3	4	5	6
利息备付率	1.79	12.17	15.56	23.33	31.11
偿债备付率	1.85	3.17	3.13	3.05	3.02

计算结果分析：由于投产后第 1 年负荷低，同时利息负担大，所以利息备付率低，但这种情况从投产后第 2 年起就得到了彻底的转变。

（3）资产负债率（LOAR）

资产负债率（LOAR）是指各期末负债总额同资产总额的比率，资产负债率是反映项目各年所面临的财务风险程度及偿债能力的指标。该指标是衡量项目财务风险的重要标志，它反映了项目的长期偿债能力、资本结构、利用外借资金的程度以及投资者的操纵能力。其计算公式：

$$资产负债率(LOAR)=\frac{负债总额}{资产总额}\times 100\% \qquad (7\text{-}8)$$

适度的资产负债率，表明企业经营安全、稳健，具有较强的筹资能力，也表明企业和债权人的风险较小。对该指标的分析，应结合国家宏观经济状况、行业发展趋势、企业所处竞争环境等具体条件判定。

从银行（或债权人）的角度看，资产负债率不宜太高。如果资产负债率过高，所有者权益远远低于债务总额，则难以保证债权人的权益，风险将被更多地转嫁于债权人身上。另外，由于自有资本的大部分通常都用在建筑物和设备上，而这些资产难以转为现款，或即使能变现但其价值将大打折扣，一旦企业破产，债权人的权益难以保障。

从项目（或债务人）的角度分析，只要举债不致引起偿债困难，举债的收益大于举债成本，则资产负债率越高，企业赚取的超过资本成本的超额利润越多，自有资本利润率越高，效益也越好。因此，自有资本所有者喜欢较高的资产负债率。同时，这种高比率也使自有资本者取得操纵能力，他甚至只用少量资本就可控制项目。

国际上公认较好的资产负债率指标是 60%，但也不是普遍的标准。实践表明，行业间资产负债率差异也较大，实际分析时应结合国家总体经济运行状况、行业发展趋势、企业所处竞争环境等具体条件进行判定。

项目财务评价中，在长期债务还清后，可不再计算资产负债率。

（4）流动比率

流动比率是流动资产总额与流动负债总额之比。其计算公式：

$$流动比率=\frac{流动资产总额}{流动负债总额}\times 100\% \qquad (7\text{-}9)$$

流动比率衡量企业资金流动性的大小，考虑流动资产规模与流动负债规模之间的关系，判断企业短期债务到期前，可以转化为现金用于偿还流动负债的能力。该指标越高，说明偿还流动负债的能力越强；但该指标过高，说明企业资金利用效率低，对企业的运营也不利。国际公认的标准比率是 200%。但行业间流动比率会有很大差异，一般来说，若行业生产周期较长，流动比率就应相应提高；反之，就可以相对降低。

（5）速动比率

流动资产中存货占有较大的比重，尽管流动比率高，但其流动性却差，而如果容易变现的流动资产，如货币资金、应收账款、应收票据等速动资产占比重大，尽管流动比率不高，其流动性却好。因此，为了真实反映流动资产的流动性及偿债能力，应用速动比率指标。

速动比率是企业一定时期的速动资产同流动负债的比率。其计算公式：

$$速动比率=\frac{速动资产总额}{流动负债总额}\times 100\% \qquad (7\text{-}10)$$

其中，速动资产＝流动资产－存货。

速动比率指标是对流动比率指标的补充，是在分子剔除了流动资产中的变现能力较差的存货后，计算企业实际的短期债务偿还能力，较流动比率更能反映企业的资产变现能力。该指标越高，说明偿还流动负债的能力越强。与流动比率一样，该指标过高，说明企业资金利用效率低，对企业的运营也不利。国际公认的标准比率为 100%，同样，行业间该指标也有较大差异，实践中应结合行业特点分析判断。

【例 7-4】 某化工项目 2019 年资产负债相关数据如表 7-11 所示，试计算资产负债表、流动比率、速动比率指标。

表 7-11 某化工项目 2019 年资产负债相关数据   （单位：万元）

序号	项目	2019 年
1	资产	5 000
1.1	流动资产总额	2 200
	其中:存货	1 000
1.2	在建工程	0
1.3	固定资产净值	1 900
1.4	无形资产及其他资产净值	900
2	负债及所有者权益	5 000
2.1	流动负债总额	1 000
2.2	中长期借款	2 000
	负债小计	3 000
2.3	所有者权益	2 000

解

$$资产负债率 = \frac{3\,000}{5\,000} \times 100\% = 60\%$$

$$流动比率 = \frac{2\,200}{1\,000} \times 100\% = 220\%$$

$$速动比率 = \frac{2\,200 - 1\,000}{1\,000} \times 100\% = 120\%$$

7.3 石油化工项目动态财务评价指标

7.3.1 财务基准收益率的选择

财务基准收益率是投资者对其投资项目收益率的最低期望要求，是投资者进行投资机会选择的主要依据之一。目前，项目评价常用的财务基准收益率确定方法有项目收益法、零风险回报率法和加权平均资金成本法三种。

（1）项目收益法

该方法是用经济评价的方法测定一定时期内代表项目的内部收益率。所选用的项目是通过可行性研究报告、已投产的项目或正常生产经营的老企业，通过对有关参数的规定、调整和预测，运用统一的经济评价计算方法进行计算所选中的每一个项目的财务内部收益率，其算数平均值作为基准收益率的基值，然后再在此基础上，结合国家产业政策和行业特定综合平衡分析，最后确定项目的财务基准收益率。其计算公式：

$$i_c = \sum_{j=1}^{m} \mathrm{IRR}_j \div m \pm r \tag{7-11}$$

式中，i_c 为财务基准收益率；IRR 为内部收益率；m 为项目个数；r 为财务基准收益率调整值。

（2）零风险回报率法

零风险回报率法是以零风险回报率加风险收益率来确定项目的财务基准收益率，零风险回报率一般参照银行长期存款利率或长期国债利率，风险收益率根据项目风险程度（包括筹资风险和经营风险）来确定。其计算公式：

$$i_c = i_0 + i_r \tag{7-12}$$

式中，i_c 为财务基准收益率；i_0 为零风险回报率（银行长期存款利率或长期国债利率);i_r 为风险收益率。

(3) 加权平均资金成本法

资金成本是企业为了筹集资金而支付的相应成本,加权平均资金成本是企业不同筹资成本的加权平均值。其计算公式:

$$K_w = \sum_{j=1}^{n} K_j W_j \tag{7-13}$$

式中,K_w 是加权平均资金成本;K_j 是第 j 种个别资金成本;W_j 是第 j 种个别资金成本占全部资金的比重(权数)。

7.3.2 财务净现值 (FNPV)

(1) 财务净现值含义及计算公式

财务净现值(FNPV)是指按设定的财务基准收益率计算的项目计算期内各年净现金流量的现值之和。其计算公式:

$$\text{FNPV} = \sum_{t=1}^{n} (CI-CO)_t (1+i_c)^{-t} \tag{7-14}$$

式中,i_c 为财务基准收益率;CI 为现金流入量;CO 为现金流出量;($CI-CO$) 为净现金流量;n 为计算期。

(2) 财务净现值判断标准

财务净现值是评价项目盈利能力的绝对指标,它反映项目在满足按设定的财务基准收益率要求的盈利之外获得的超额盈利的现值。

计算出的财务净现值可能有两种结果,即 FNPV≥0,或 FNPV<0。

① 当 FNPV≥0 时,说明项目的盈利能力超过了按设定的财务基准收益率计算的盈利能力,从财务角度考虑,项目是可以接受的。

② 当 FNPV<0 时,说明项目的盈利能力达不到按设定的财务基准收益率计算的盈利能力,一般可判断项目不可行。

【例 7-5】 某化工项目欲引进一条自动化生产线,预计投资 8 000 万元,安装调试后生产能力逐步稳定,可能产生的净现金流量如表 7-12 所示。假定项目期望的收益率为 10%,试分析该生产线的引进能否达到项目的要求。

表 7-12 净现金流量

年末	0	1	2	3	4—10	11
净现金流量	−3 000	−5 000	1 200	1 600	2 000	2 500

解 该项目财务净现值 FNPV=−3 000−5 000(P/F,10%,1)+1 200(P/F,10%,2)
$$+1\,600(\text{P/F},10\%,3)+2\,000(\text{P/A},10\%,7)(\text{P/F},10\%,3)$$
$$+2\,500(\text{P/F},10\%,11)=2\,840(万元)$$

因为项目的净现值大于零,所以该项目可行。

(3) 财务净现值与财务基准收益率之间的关系

同一净现金流量的财务净现值随财务基准收益率 i_c 的增大而减小。故财务基准收益率 i_c 定得越高,被接受的方案越少。

(4) 财务净现值的优缺点

① 财务净现值的优点如下。

a. 考虑了资金的时间价值,而且是项目整个寿命期的现金流,比较全面。

b. 财务净现值是个绝对指标,比较直观地反映了项目的经济效益状况。

c. 财务净现值计算简便,只要编制了财务现金流量表,确定好财务基准收益率,净现值的计算仅是一种简单的算术方法。另外，该指标的计算结果稳定，不会因算术方法的不同而带来任何差异。

② 财务净现值的缺点如下。

a. 需要事先确定财务基准收益率，而财务基准收益率的确定又是非常困难和复杂的。选择的财务基准收益率过高，可行的项目可能被否定；选择的财务基准收益率过低，不可行的项目就可能被选中，特别是对那些投资收益水平居中的项目。所以，在运用财务净现值指标时，要选择一个比较客观的财务基准收益率，否则，评价的结果往往"失真"，可能造成决策失误。

b. 它只能表明投资项目的盈利能力大于、等于或小于财务基准收益率的水平，而不能直接算出项目的盈利能力与财务基准收益率的差距。

7.3.3 财务内部收益率 (FIRR)

(1) 财务内部收益率的含义及计算公式

财务内部收益率（FIRR）也称财务内部报酬率，是指能使项目计算期内净现金流量现值累计等于零时的折现率，或者说是项目现金流入现值等于现金流出现值时的折现率。它是考察项目盈利能力的相对量指标。其计算公式：

$$使 FNPV = \sum_{t=1}^{n}(CI-CO)_t(1+FIRR)^{-t} = 0 \text{ 成立的 FIRR} \tag{7-15}$$

式中，CI 为现金流入量；CO 为现金流出量；$(CI-CO)_t$ 为第 t 期的净现金流量；n 为项目计算期。

财务内部收益率的计算比较繁杂，一般可借助专用软件的财务函数或有特定功能的计算器完成，如用手工计算时，应先采用试算法，后采用插入法。

运用手工计算财务内部收益率的基本步骤如下。

① 用估计的某一折现率对拟建项目整个计算期内各年财务净现金流量进行折现，并得出净现值。如果得到的净现值等于零，则所选定的折现率即为财务内部收益率；如所得财务净现值为正数，则再选一个更高一些的折现率再次进行试算，直至正数财务净现值（NPV_1）接近于零为止。

② 在第一步的基础上，再继续提高折现率，直至计算出接近于零的负数财务净现值（NPV_2）为止。

③ 根据以上两步计算所得的正、负财务净现值及其对应的折现率，运用插入法计算财务内部收益率。因为财务内部收益率与财务净现值之间不是线性关系，如果两个折现率之间的差太大，计算结果会有较大的误差，所以，为保证计算的准确性，一般规定两个折现率之差最好在1%以内。

插入法是将试算法得出的数据代入插入法计算公式来求财务内部收益率的一种方法。

财务净现值与财务内部收益率的关系如图 7-1 所示。

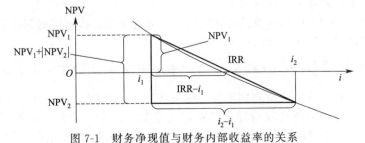

图 7-1 财务净现值与财务内部收益率的关系

插入法的计算公式为：

$$\text{FIRR} = i_1 + \frac{\text{NPV}_1(i_2 - i_1)}{\text{NPV}_1 + |\text{NPV}_2|} \tag{7-16}$$

(2) 财务内部收益率的判断标准

按分析范围和对象不同，财务内部收益率分为项目投资财务内部收益率、资本金财务内部收益率和投资各方财务内部收益率。

① 项目投资财务内部收益率。项目投资财务内部收益率是考察项目融资方案确定前（未计算借款利息）且在所得税前整个项目的盈利能力，供决策者进行项目比选和银行金融机构进行信贷决策时参考。

由于项目各融资方案的利率不尽相同，所得税税率与享受的优惠政策也可能不同。在计算项目投资财务内部收益率时，不考虑利息支出和所得税，是为了保持项目的可比性。

② 资本金财务内部收益率。资本金财务内部收益率是以项目资本金为计算基础，考察所得税税后资本金可能获得的收益水平。

③ 投资各方财务内部收益率。投资各方财务内部收益率，是以投资各方出资额为计算基础，考察投资各方可能获得的收益水平。

判断标准：项目投资财务内部收益率的判别依据，应采用行业发布或者评价人员设定的财务基准收益率，当项目投资财务内部收益率大于或等于所设定的财务基准收益率时，即认为项目的盈利能力能够满足要求，项目在财务上可行的；否则，不可行。资本金财务内部收益率和投资各方财务内部收益率应与出资方最低期望收益率对比，判断投资方收益水平。

【例 7-6】 某化工项目当设 $i_1 = 15\%$，计算得 $\text{FNPV}_1 = 8.4123$ 万元，设 $i_2 = 16\%$，计算得 $\text{FNPV}_2 = -13.7156$ 万元，试利用插入法公式近似计算当财务基准收益率为 12% 时本项目的财务内部收益率，并判断项目是否可行。

解 财务内部收益率 $(\text{FIRR}) = 15\% + \dfrac{8.4123 \times (16\% - 15\%)}{8.4123 + 13.7156} = 15.38\%$

因为财务内部收益率 $(\text{FIRR}) = 15.38\% > i = 12\%$，所以该项目可行。

(3) 财务内部收益率优缺点

① 财务内部收益率的优点：a. 财务内部收益率法是投资经济效果评价的一个基本指标。财务内部收益率法用百分数表示，直观形象，可明确地说明一个项目投资在整个计算期内的盈利能力。因此财务内部收益率指标为企业的主管部门提供了一个控制本行业经济效果的内部统一衡量标准。同时，当净收益一定时，投资额大的方案内部收益率小，所以财务内部收益率法在一定程度上起到控制投资的作用。b. 不需要事先确定财务基准收益率，就可计算出项目的财务内部收益率法，减少人为干扰因素，比较准确。

② 财务内部收益率的缺点：计算比较复杂，而且对于非常规投资项目，财务内部收益率的解可能不是唯一的。当出现多解时，用它直接评价经济效果是不合理的。

7.3.4 财务净年金 (FNAV)

(1) 财务净年金的含义及计算公式

财务净年金（FNAV）是指项目计算期内各年的现金流，按设定的财务基准收益率折算成等值的年金代数和。其计算公式：

$$\text{FNAV} = \left[\sum_{t=1}^{n}(CI_t - CO_t)(1+i)^{-t}\right](A/P, i, n) = \text{FNPV}(A/P, i, n) \tag{7-17}$$

将财务净年金的计算公式及判别准则与财务净现值作比较可知，由于 $(A/P, i, n) > 0$，故财务净年金与财务净现值在项目评价的结论上总是一致的。因此，就项目的评价结论而言，财务净年金与财务净现值是等效评价指标。财务净现值给出的信息是项目在整个寿命期内获取的超出最低期望盈利的超额收益的现值，而财务净年金给出的信息是寿命期内每年的等额超额收益。

（2）财务净年金的判别准则

对单一项目方案而言，若 FNAV≥0，则项目在经济效果上可以接受；若 FNAV<0，则项目在经济效果上不可接受。

【例 7-7】 某化工项目已知 FNPV=2 815 万元，$i=12\%$，$n=10$ 年，试用财务净年金指标对项目进行决策。

解 由公式(7-17)得：
$$FNAV=FNPV(A/P,i,n)=2\ 815\times(A/P,12\%,10)=498(万元)$$
因为财务净年金(FNAV)=498>0，所以该项目可行。

7.3.5 财务净现值率 (FNPVR)

（1）财务净现值率的含义及计算公式

前面介绍的财务净现值指标虽然能够直接反映出项目的盈利总额，但它没有反映资金的利用效率。换句话说，财务净现值只是一个绝对经济效益指标，它没有反映方案的相对经济效益，多方案比较时，如果它们的投资额不相等，此时若以各方案财务净现值的大小来决定方案的取舍，则可能导致相反的结论。这时可以采用财务净现值率作为财务净现值指标的辅助指标来评价方案。

财务净现值率是方案的财务净现值与其投资总额现值之比。其经济含义是单位投资现值所能带来的净现值。

财务净现值率的计算公式为

$$FNPVR=\frac{FNPV}{K_p} \tag{7-18}$$

式中，FNPVR 为财务净现值率；FNPV 为项目财务净现值；K_p 为项目投资的现值。

（2）财务净现值率的判断准则

对于单一项目而言，若 FNPV≥0，则 FNPVR≥0；若 FNPV<0，则 FNPVR<0。故用财务净现值率评价单一项目经济效果时，判别准则与财务净现值相同。

7.4 案例分析

7.4.1 新建石油化工项目财务评价

7.4.1.1 融资前财务评价

（1）融资前项目投资现金流量分析

融资前项目投资现金流量分析是从项目投资总获利能力角度，考察项目方案设计的合理性。根据需要，可从所得税前和（或）所得税后两个角度进行考察，选择计算所得税前和（或）所得税后指标。

所得税前分析是从息前税前角度进行的分析；所得税后分析是从息前税后角度进行的分析。

进行现金流量分析应正确识别和选用现金流量，包括现金流入和现金流出。融资前财务评价的现金流量与融资方案无关。从该原则出发，融资前项目投资现金流量分析的现金流量主要包括营业收入、建设投资、流动资金、经营成本、税金及附加和所得税。

所得税前和所得税后分析的现金流入完全相同，但现金流出略有不同，所得税前分析不将所得税作为现金流出，所得税后分析视所得税为现金流出。

（2）所得税前分析

所得税前分析的现金流入主要包括营业收入、政府补助收入、回收资产余值、回收流动资金和销项税额。

所得税前分析的现金流出主要包括建设投资、流动资金、经营成本、进项税额、应交增值税、税金及附加、维持运营投资。

$$净现金流量 = 现金流入 - 现金流出$$

根据上述现金流入与流出编制项目投资现金流量表，并依据该表计算项目投资息税前财务内部收益率（FIRR）和项目投资息税前财务净现值（FNPV）。

所得税前指标可以作为初步投资决策的主要指标，用以考察项目是否基本可行，并值得去为之融资。

（3）所得税后分析

项目投资现金流量表中的"所得税"应根据息税前利润乘以所得税率计算，称为"调整所得税"。

所得税后分析是所得税前分析的延伸。由于所得税作为现金流出，可用于在融资的条件下判断项目投资对企业价值的贡献，是企业投资决策依据的主要指标。

（4）融资前分析参数的选取

财务分析中，一般将内部收益率的判别基准（i_c）和计算净现值的折现率采用同一数值。

作为项目投资判别基准的财务基准收益率或计算项目投资净现值的折现率，应主要依据"资金机会成本"和"资金成本"确定，并充分考虑项目可能面临的风险。实际工作中，应根据项目的性质使用有关部门发布的行业财务基准收益率，或参考使用有关主管部门发布的财务基准收益率。

在判别基准的设定中是否考虑所得税因素，应与指标的内涵相对应。设定所得税前指标的判别基准时，应含所得税；而设定所得税后指标的判别基准时，应剔除所得税。

只有通过了融资前分析的检验，才有必要进一步进行融资后分析。

【例 7-8】 某化工新建项目建设投资为 10 000 万元，其中，8 500 万元形成固定资产（含增值税），1 000 万元形成无形资产（含增值税），500 万元形成其他资产（含增值税）。

项目计算期 8 年，其中建设期 2 年，运营期 6 年。建设期内建设投资分年投入比例为第 1 年 60%、第 2 年 40%，投产第 1 年负荷 60%，其他年份负荷为 100%。满负荷时流动资金为 2 000 万元，投产第 1 年流动资金估算为 1 200 万元，计算期末将全部流动资金回收。运营期内满负荷运营时，营业收入为 7 000 万元，经营成本为 4 000 万元（其中原材料和燃料动力等可变成本为 3 000 万元），以上均以不含税价格表示。

采购和销售的增值税率均为 13%，城建税为 7%，教育费附加为 3%，地方教育附加为 2%，企业所得税率为 25%。折旧年限和摊销年限均为 6 年，固定资产净残值率为 5%，无形资产及其他资产净残值为零，折旧和摊销均按年限平均法。

固定资产中允许抵扣的增值税进项税额为 700 万元，无形资产中允许抵扣的增值税进项税额为 115 万元，其他资产中允许抵扣的增值税进项税额为 80 万元。运营期第一年允许抵扣的增值税进项税额可以全部抵扣。

设定所得税前财务基准收益率为 12%，所得税后财务基准收益率为 9%。

问题：①计算各年的现金流量，编制项目投资现金流量表（融资前分析）。②计算调整所得税前项目投资财务净现值，调整所得税后财务净现值，并由此评价项目的财务可行性。

解 ① 编制项目投资现金流量表

a. 第 1 年年末现金流量

现金流入：0 元

现金流出：建设投资 6 000 万元

b. 第 2 年年末现金流量

现金流入：0 元

现金流出：建设投资 4 000 万元

c. 第 3 年年末现金流量

现金流入：营业收入 7 000 万元×60％＝4 200(万元)

现金流出如下。

第一，流动资金：1 200 万元

第二，经营成本：3 000×60％＋(4 000－3 000)＝2 800(万元)

第三，税金及附加如下。

应交增值税＝当期的销项税额－当期的进项税额－建设期允许抵扣的增值税

进项税额＝4 200×13％－3 000×60％×13％－700－115－80＝－583(万元)

城建税＝应交增值税×7％＝0(万元)

教育费附加＝应交增值税×3％＝0(万元)

地方教育费附加＝应交增值税×2％＝0(万元)

税金及附加＝城建税＋教育费附加＋地方教育费附加＝0(万元)

第四，调整所得税＝息税前利润×所得税率

息税前利润＝营业收入－经营成本－折旧－摊销－税金及附加

$$固定资产年折旧额 = \frac{(8\ 500 - 700) \times (1 - 5\%)}{6} = 1\ 235(万元)$$

$$无形资产年摊销额 = \frac{1\ 000 - 115}{6} = 147.5(万元)$$

$$其他资产年摊销额 = \frac{500 - 80}{6} = 70(万元)$$

息税前利润＝4 200－2 800－1 235－147.5－70＝－52.5(万元)

调整所得税＝0

d. 第 4 年年末现金流量

现金流入：营业收入为 7 000 万元

现金流出如下。

第一，流动资金增加额：2 000－1 200＝800(万元)

第二，经营成本：4 000 万元

第三，税金及附加如下。

应交增值税＝当期的销项税额－当期的进项税额－上年留抵税额＝7 000×13％－3 000×13％－583＝－63(万元)

城建税＝应交增值税×7％＝0(万元)

教育费附加＝应交增值税×3％＝0(万元)

地方教育费附加＝应交增值税×2％＝0(万元)

税金及附加＝城建税＋教育费附加＋地方教育费附加＝0(万元)

第四，调整所得税：
息税前利润＝7 000－4 000－1 235－147.5－70＝1 547.5(万元)
调整所得税＝(1 547.5－52.5)×25%＝373.75(万元)

e. 第 5 年年末现金流量

现金流入：营业收入为 7 000 万元

现金流出如下。

第一，流动资金增加额：0 万元

第二，经营成本：4 000 万元

第三，税金及附加如下。

应交增值税＝当期的销项税额－当期的进项税额－上年留抵税额
　　　　＝7 000×13%－3 000×13%－63＝457(万元)

城建税＝457×7%＝31.99(万元)

教育费附加＝457×3%＝13.71(万元)

地方教育费附加＝457×2%＝9.14(万元)

税金及附加：31.99＋13.71＋9.14＝54.84(万元)

第四，调整所得税：
息税前利润＝7 000－4 000－1 235－147.5－70－54.84＝1 492.66(万元)
调整所得税＝1 492.66×25%＝373.17(万元)

f. 第 6 年年末现金流量

现金流入：营业收入为 7 000 万元

现金流出如下。

第一，流动资金增加额：0 万元

第二，经营成本：4 000 万元

第三，税金及附加如下。

应交增值＝当期的销项税额－当期的进项税额－上年留抵税额
　　　　＝7 000×13%－3 000×13%＝520(万元)

城建税＝520×7%＝36.4(万元)

教育费附加＝520×3%＝15.6(万元)

地方教育费附加＝520×2%＝10.4(万元)

税金及附加：36.4＋15.6＋10.4＝62.4(万元)

第四，调整所得税：
息税前利润＝7 000－4 000－1 235－147.5－70－62.4＝1 485.1(万元)
调整所得税＝1 485.1×25%＝371.28(万元)

g. 第 7 年年末现金流量

同第 6 年年末现金流量

h. 第 8 年年末现金流量

现金流入如下。

第一，营业收入为 7 000 万元

第二，回收流动资金 2 000 万元

第三，回收固定资产余值＝(8 500－700)×5%＝390(万元)

现金流出同第 6 年

将所计算的各年现金流量汇入，编制项目投资现金流量表(见表 7-13)。

表 7-13　项目投资现金流量表　　　　　　　　　　（单位：万元）

序号	项目	计算期							
		1	2	3	4	5	6	7	8
1	现金流入			4 746	7 910	7 910	7 910	7 910	10 300
1.1	营业收入			4 200	7 000	7 000	7 000	7 000	7 000
1.2	销项税额			546	910	910	910	910	910
1.3	回收资产余值								390
1.4	回收流动资金								2 000
2	现金流出	6 000	4 000	4 234	5 190	4 901.84	4 972.4	4 972.4	4 972.4
2.1	建设投资	6 000	4 000						
2.2	流动资金			1 200	800				
2.3	经营成本			2 800	4 000	4 000	4 000	4 000	4 000
2.4	进项税额			234	390	390	390	390	390
2.5	应交增值税			0	0	457	520	520	520
2.6	税金及附加			0	0	54.84	62.4	62.4	62.4
3	调整所得税前净现金流量(1—2)	−6 000	−4 000	512	2 720	3 008.16	2 937.6	2 937.6	5 327.6
4	调整所得税			0	373.75	373.17	371.28	371.28	371.28
5	调整所得税后净现金流量(3—4)	−6 000	−4 000	512	2 346.25	2 634.99	2 566.32	2 566.32	4 956.32

② 依据项目投资现金流量表计算相关指标

a. 调整所得税前：

$$\begin{aligned}\text{FNPV}(i=12\%) =& -6\,000\times(P/F,12\%,1)-4\,000\times(P/F,12\%,2)+512\times(P/F,\\&12\%,3)+2\,720\times(P/F,12\%,4)+3\,008.16\times(P/F,12\%,5)\\&+2\,937.6\times(P/F,12\%,6)+2\,937.6\times(P/F,12\%,7)\\&+5\,327.6\times(P/F,12\%,8)=222.31(\text{万元})\end{aligned}$$

所得税前财务净现值大于零，项目财务效益是可以接受的。

b. 调整所得税后：

$$\begin{aligned}\text{FNPV}(i=9\%) =& -6\,000\times(P/F,9\%,1)-4\,000\times(P/F,9\%,2)+512\times(P/F,9\%,3)\\&+2\,346.25\times(P/F,9\%,4)+2\,634.99\times(P/F,9\%,5)\\&+2\,566.32\times(P/F,9\%,6)+2\,566.32\times(P/F,9\%,7)\\&+4\,956.32\times(P/F,9\%,8)=320.38(\text{万元})\end{aligned}$$

所得税后财务净现值大于零，项目财务效益是可以接受的。

7.4.1.2　新建项目融资后财务评价

在融资前财务评价结果可以接受的前提下，可以开始考虑融资方案，进行融资后分析。融资后分析包括项目的盈利能力分析、偿债能力分析以及财务生存能力分析，进而判断项目方案在融资条件下的合理性。

融资后分析是比选融资方案，进行融资决策和投资者最终决定出资的依据。实践中，在可行性研究报告完成之后，还需要进一步深化融资后分析，才能完成最终融资决策。

(1) 融资后的盈利能力分析

融资后的盈利能力分析包括动态分析和静态分析。

① 动态分析。项目资本金现金流量分析是从项目权益投资者整体的角度考察项目，给项目权益投资者带来的收益水平。它是在拟订的融资方案基础上进行的息税后分析，依据的报表是项目资本金现金流量表。

该表将各年投入项目的项目资本金作为现金流出，各年缴付的所得税和还本付息也作为现金流出，因此其净现金流量可以表示在缴税和还本付息之后的剩余，即项目（或企业）增加的净收益，也是投资者的权益性收益。

项目资本金内部收益率指标体现了在一定的融资方案下，投资者整体所获得的全部收益水平,该指标可用来对融资方案进行比较和取舍,是投资者整体作出最终融资决策的依据,也可进一步帮助投资者最终决策的取舍。

项目资本金内部收益率的判别基准是项目投资者整体对投资获得的最低期望值,即最低可接受收益率。当计算的项目资本金内部收益率大于或等于该最低可接受收益率时,说明投资获利水平达到了要求,是可以接受的。

② 静态分析。静态分析是不采取折现方式处理数据,主要依据利润与利润分配表,并借助现金流量表计算相关盈利能力指标,包括项目资本金净利润率(ROF)、总投资收益率(ROI)等。

对静态分析指标的判断,应按不同指标选定相应的参考值(企业或行业的对比值)。当静态分析指标分别符合其相应的参考值时,认为该指标满足盈利能力的要求。如果不同指标得出的判断结论相反,应通过分析原因,得出合理的结论。

(2) 融资后的偿债能力分析

对筹措了债务资金的项目,偿债能力分析主要是考察项目能否按期偿还债务资金的能力。

通过计算利息备付率、偿债备付率、资产负债率、流动比率、速动比率等指标,判断项目的偿债能力。

(3) 融资后财务生存能力分析

融资后财务生存能力分析,应在财务分析辅助报表和利润与利润分配表的基础上编制财务计划现金流量表,通过考察项目计算期内的投资、融资和经营活动产生的各项现金流入和流出,计算净现金流量和累计盈余资金,分析项目是否有足够的净现金流量以维持正常运营,以实现财务可持续性。

财务可持续性首先体现在有足够大的经营活动净现金流量,其次各年累计盈余资金不应出现负值。

【例 7-9】 接【例 7-8】:

该项目初步融资方案为:用于建设投资的项目资本金为 6 000 万元,第 1 年投入 4 000 万元,第 2 年投入 2 000 万元。建设投资借款为 4 000 万元,每年各借入 50%,年利率为 6%(按年计息),建设投资借款偿还采用等额还本付息方式(还款期为 3 年);流动资金中 1 200 万元来源于项目资本金,800 万元来源于流动资金借款,计算期第 4 年年初借入,年利率为 4%(按年计息),每年年末偿还利息,本金在计算期末归还。

问题:

① 编制项目资本金现金流量表。
② 根据资本金现金流量表计算项目资本金财务内部收益率,并评价资本金的盈利能力。

解 建设期第 1 年的贷款利息 $= 2\,000 \times 6\% / 2 = 60$(万元)

建设期第 2 年的贷款利息 $= [(2\,000 + 60) + 2\,000/2] \times 6\% = 183.6$(万元)

建设期贷款利息 $= 60 + 183.6 = 243.6$(万元)

建设期期末本息额 $= 4\,000 + 243.6 = 4\,243.6$(万元)

按照等额还本付息方式偿还:

等额还本付息金额 $= 4\,243.6 \times (A/P, 6\%, 3) = 4\,243.6 \times 0.374\,11$
$\qquad\qquad\qquad\quad = 1\,587.57$(万元)

① 第 3 年:年初建设期借款余额为 4 243.6 万元,本年应计利息为 254.62 万元,本年还本付息 1 587.57 万元,年末借款余额为 2 910.65 万元。

固定资产年折旧额 $= \dfrac{(8\,500 - 700 + 243.6) \times (1 - 5\%)}{6} = 1\,273.57$(万元)

无形资产年摊销额 $= \dfrac{1\,000-115}{6} = 147.5$（万元）

其他资产年摊销额 $= \dfrac{500-80}{6} = 70$（万元）

本年应纳税所得额（利润总额）
　　＝营业收入－经营成本－折旧－摊销－税金及附加－利息费用＝4 200－2 800－1 273.57－147.5－70－254.62＝－345.69（万元）

其中，第 3 年税金及附加为 0，利息费用为 254.62 万元。

本年所得税＝0

② 第 4 年：年初建设期借款余额为 2 910.65 万元，本年应计利息为 174.64 万元，本年还本付息 1 587.57 万元，年末借款余额为 1 497.72 万元。流动资金借款利息 32 万元。

本年应纳税所得额（利润总额）
　　＝营业收入－经营成本－折旧－摊销－税金及附加－利息费用＝7 000－4 000－1 273.57－147.5－70－206.64＝1 302.29（万元）

其中，第 4 年税金及附加为 0，利息费用为 206.64 万元。

本年所得税＝本年应纳税所得额×25％＝1 302.29×25％＝325.57（万元）

③ 第 5 年：年初建设期借款余额为 1 497.72 万元，本年应计利息为 89.86 万元，本年还本付息 1 587.58 万元，年末借款余额为 0 万元。流动资金借款利息 32 万元。

本年应纳税所得额（利润总额）
　　＝营业收入－经营成本－折旧－摊销－税金及附加－利息费用＝7 000－4 000－1 273.57－147.5－70－54.84－121.86＝1 332.23（万元）

其中，第 5 年税金及附加为 54.84 万元，利息费用为 121.86 万元。

本年所得税＝本年应纳税所得额×25％＝1 332.23×25％＝333.06（万元）

④ 第 6 年：流动资金借款利息 32 万元。

本年应纳税所得额（利润总额）
　　＝营业收入－经营成本－折旧－摊销－税金及附加－利息费用＝7 000－4 000－1 273.57－147.5－70－62.4－32＝1 414.53（万元）

其中，第 6 年税金及附加为 62.4 万元，利息费用为 32 万元。

本年所得税＝本年应纳税所得额×25％＝1 414.53×25％＝353.63（万元）

⑤ 第 7 年：

本年现金流量同第 6 年。

⑥ 第 8 年：流动资金借款利息 32 万元。

回收流动资金 2 000 万元。

回收固定资产余值＝8 043.6×5％＝402.18（万元）

固定资产的折旧额＝(8 500－700＋243.6)×(1－5％)－1 273.57×5
　　　　　　　　＝1 273.57（万元）

无形资产的摊销额＝(1 000－115)－147.5×5＝147.5（万元）

其他资产的摊销额＝(500－80)－70×5＝70（万元）

本年应纳税所得额（利润总额）
　　＝营业收入－经营成本－折旧－摊销－税金及附加－利息费用＝7 000－4 000－1 273.57－147.5－70－62.4－32＝1 414.53（万元）

本年所得税＝本年应纳税所得额×25％＝1 414.53×25％＝353.63（万元）

将所计算的各年现金流量汇入，编制项目投资现金流量表（见表 7-14）。

表 7-14 项目资本金现金流量表　　　　　　　　　　（单位：万元）

序号	项目	计算期							
		1	2	3	4	5	6	7	8
1	现金流入			4 746	7 910	7 910	7 910	7 910	10 312.18
1.1	营业收入			4 200	7 000	7 000	7 000	7 000	7 000
1.2	销项税额			546	910	910	910	910	910
1.3	回收资产余值								402.18
1.4	回收流动资金								2 000
2	现金流出	4 000	2 000	5 821.57	6 335.14	6 854.48	5 358.03	5 358.03	6 158.03
2.1	用于建设投资的项目资本金	4 000	2 000						
2.2	用于流动资金的项目资本金			1 200					
2.3	借款本金偿还			1 332.95	1 412.93	1 497.72	0	0	800
2.4	借款利息支付			254.62	206.64	121.86	32	32	32
2.5	经营成本			2 800	4 000	4 000	4 000	4 000	4 000
2.6	进项税额			234	390	390	390	390	390
2.7	应交增值税			0	0	457	520	520	520
2.8	税金及附加			0	0	54.84	62.4	62.4	62.4
2.9	所得税				325.57	333.06	353.63	353.63	353.63
3	净现金流量(1-2)	-4 000	-2 000	-1 075.57	1 574.86	1 055.52	2 551.97	2 551.97	4 154.15

经计算：

$FNPV(i=16\%)=186.28$ 万元，$FNPV(i=17\%)=-62.21$ 万元，FIRR 在 $16\%\sim17\%$，采用试差法计算的 FIRR 如下：

$$FIRR=16\%+\frac{186.28}{186.28+62.21}\times(17\%\sim16\%)=16.75\%$$

若设定的最低可接受收益率为 10%，项目资本金财务内部收益率大于该最低可接受收益率，说明资本金获利水平超过了要求，从项目出资人整体角度看，项目财务效益是可以接受的。

7.4.2 改扩建石油化工项目财务评价

改扩建项目与新建项目财务评价的内容和财务评价的思路基本相同，但由于改扩建项目的固有特点，决定了其财务评价的某些具体方法和特殊要求与新建项目不同。本小节只阐述改扩建项目与新建项目相比的不同点，相同点在这里不作阐述。

(1) 改扩建项目的特点

改扩建项目是指既有企业利用原有资产与资源，投资形成新的生产（服务）设施，扩大或完善原有生产（服务）系统的活动，包括改建、扩建、迁建和停产复建等。

改扩建项目通过既有法人融资并承担债务偿还，以"增量"投资（费用），使用一部分"存量"资产与资源，带来"总量"效益。

改扩建项目的特点如下。

① 项目是既有企业的有机组成部分，同时项目的活动与企业的活动在一定程度上是有区别的。

② 项目的融资主体是既有企业，项目的还款主体是既有企业。

③ 项目一般要利用既有企业的部分或全部资产与资源，且不发生资产与资源的产权转移。

④ 建设期内既有企业生产（运营）与项目建设一般同时进行。

(2) 分析改扩建项目要使用到 5 种数据

① "有项目"数据：是指既有企业进行投资活动后，在项目的经济寿命期内，在项目范围内发生的总量效益与费用数据。"有项目"的数据是数值序列。

② "无项目"数据：是指不实施该项目时，在现状基础上考虑计算期内效益和费用的变化趋势（其变化值可能大于、等于或小于零），经合理预测得出的数值序列。

③ "增量"数据：是"有项目"的效用和费用数据与"无项目"的效用和费用数据的差额，是数值序列。"有项目"的效益减去"无项目"的效益是增量效益；"有项目"的费用减去"无项目"的费用是增量费用。

④ "现状"数据：是项目实施起点时的效益与费用数据，也可称基本值，是一个时点数。"现状"数据对于比较"项目前"与"项目后"的效果有重要作用。现状数据也是预测"有项目"和"无项目"的基础。现状数据一般可用实施前一年的数据，当该年数据不具有代表性时，可选用有代表性年份的数据或近几年数据的平均值。其中，特别是对生产能力的估计，应慎重取值。

⑤ "新增"数据：是项目实施过程各时点"有项目"的效用和费用数据与"现状"数据的差额，也是数值序列。新增建设投资包括建设投资和流动资金，还包括原有资产的改良支出、拆除、运输和重新安装费用。新增投资是改扩建项目筹措资金的依据。增量分析示意图如图7-2所示。

"无项目"时的效益由"老产品"产生，费用是为"老产品"的投入；"有项目"时的效益一般是由"新产品"产生的或"新产品"与"老产品"共同产生的；"有项目"时的费用包含为

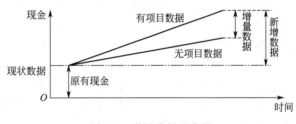

图 7-2 增量分析示意图

"新产品"的投入或"新产品"与"老产品"的共同投入。"老产品"的效益与费用在"有项目"与"无项目"时可能有较大差异。

(3) 改扩建项目财务评价应明确界定项目的效益和费用范围

范围界定合适与否与项目的经济效益和评价的繁简程度有直接关系。

① 对于"整体改扩建"项目，项目范围包括整个既有企业，除了要使用既有企业的部分原有资产、场地、设备外，还要另外新投入一部分资金进行扩建或技术改造。企业的投资主体、融资主体、还债主体、经营主体是统一的，项目的范围就是企业的范围。"整体改扩建项目"不仅要识别和估算与项目直接有关的费用和效益，而且要识别和估算既有企业其余部分的费用和效益。

② 对于"局部改扩建"项目，项目范围只包括既有企业的一部分，只使用既有企业的一部分原有资产、资源、场地、设备，加上新投入的资金，形成改扩建项目；企业的投资主体、融资主体与还债主体仍然是一致的，但可能与经营主体分离。整个企业只有一部分包含在项目"范围内"，还有相当一部分在"企业内"但属于项目"范围外"。

③ 在保证项目的费用与效益口径一致以及不影响分析结果的情况下，应尽可能缩小项目的范围，如果有可能，只包括与项目直接关联的财务费用与效益。在界定了项目的范围后，就应当正确识别与估算项目范围内、外的费用与效益。

(4) 改扩建项目的财务分析

改扩建项目在完成财务费用效益识别和估算以后，要进行融资分析、盈利能力分析、项目层次的偿债能力分析、企业层次偿债能力分析以及生存能力分析。

① 融资分析。改扩建项目的资金筹措是比较复杂的。从法律上来讲，项目的所有资金都来源于既有企业，因为项目要用的债务资金是以既有企业的名义去借的，项目的权益资金也全部来源于既有企业。既有企业的债务资金包括既有企业自身运行和发展需要的贷款，也包括为实施项目的贷款。银行在为项目贷款时，一方面考虑项目未来的现金流量，项目是否

有可能盈利；另一方面要考虑企业的信用与还款能力，而且后者的影响可能重于前者的影响。项目的权益资金由两部分组成，一部分是既有企业资产（含固定资产和流动资产），如既有企业的土地或现金盈余；另一部分是既有企业定向募集的股本，这部分股本对于既有企业和项目来说都是增量股本。

② 盈利能力分析。项目经济评价的基本原则是利用资金时间价值的原理，通过比较"有项目"与"无项目"的净现金流，求出增量净现金流，并依此计算内部收益率，考察项目实施的效果。由于既有企业不实施改扩建项目的"无项目"数据是固有的且是非零的，在进行既有企业改扩建项目的盈利能力分析时，要将"有项目"的现金流量减去"无项目"的现金流量，得出"增量"现金流量，依"增量"现金流量判别项目的盈利能力。

"增量"现金流量包括"增量权益资金""增量借贷资金""增量营业收入""增量补贴收入""增量经营成本""增量所得税"等。既有企业改扩建项目的盈利能力分析是"增量分析"的最好体现。

必要时，既有企业改扩建项目的盈利能力分析也可按"有项目"效益和费用数据编制"有项目"的现金流量表进行总量盈利能力分析，依据该表数值计算有关指标。目的是考察项目建设后的总体效果，可以作为辅助的决策依据。是否有必要进行总量盈利能力分析一般取决于企业现状与项目目标。如果企业现状亏损，而该改扩建项目的目标又是使企业扭亏为盈，那么为了了解改造后的预期目标能否因该项目的实施而实现，就可以进行总量盈利能力分析；如果增量效益较好，而总量效益不能满足要求，则说明该项目方案的带动效果不足，需要改变方案才有可能实现扭亏为盈的目标。

③ 偿债能力分析。从法律上讲，改扩建项目是由既有企业出面向银行借款，还款的财务主体是既有企业，就只应考虑既有企业的偿债能力。然而，既有企业借款是为了项目，不管项目将来是否独立核算，都应当考察项目本身的还款能力，这是企业财务管理本身的需要。因此，改扩建项目的偿债能力分析宜进行如下两个层次的分析。

a. 项目层次的偿债能力分析。项目层次的偿债能力分析编制借款还本付息计划表并分析拟建项目"有项目"时的收益偿还新增债务的能力，计算利息备付率和偿债备付率，考察还款资金来源（折旧、摊销、利润）是否能按期、足额偿还借款利息和本金。若还款资金来源足以还款或尚有结余，表明项目自身的还款能力强；若项目自身的还款资金来源不足，应由既有企业动用自有资金补足，或采用其他方式还款。

计算项目偿债能力指标可以表示项目用自身的各项收益抵偿债务的能力，显示项目对企业整体财务状况的影响。虽然债务偿还是企业行为，但项目层次偿债能力指标可以给企业法人和银行重要的提示，即项目本身收益是否可能完全偿还债务，是否会因此增加企业法人的债务负担。若项目范围内"无项目"时尚有借款（整体改扩建），应用"有项目"的整体收益一并偿还，需要编制"有项目"的借款还本付息计划表，包括新增借款和原有借款。

b. 企业层次的偿债能力分析。项目决策人（既有企业）要根据企业的经营与债务情况，在计入项目借贷及还款计划后，估算既有企业总体的偿债能力。银行等金融部门在做贷款决定之前，往往要了解现有企业财务状况，尤其是企业的债务情况（含原有贷款、其他拟建项目贷款和项目新增贷款），考虑企业的综合偿债能力，企业应根据债权人的要求提供相应的资料。在项目产出与企业产出相同或相近时，企业的资金成本与项目的资金成本相同；在项目资金投向其他行业时，项目的资金成本与其他行业的投资风险或投资机会成本相近。

在项目范围与企业范围一致时（整体改扩建），"有项目"数据与报表都与企业一致，可直接利用企业财务报表进行借款偿还计算、资金平衡分析和资产负债分析。

在改扩建项目范围与企业范围不一致时（局部改扩建），偿债能力分析就有可能出现项目和企业两个层次。

在直接用增量进行简化时，仅有项目一个层次，同时应结合企业现行财务状况进行分析。

对于一些信誉好的企业，或者银行已通过信用评级，并授以一定的授信额度的企业，这些企业的贷款项目一般只需进行项目层次的偿债能力分析。

对于财务状况良好的大企业进行建设的小项目，一般也只需进行项目层次的偿债能力分析。

④ 生存能力分析。改扩建项目只进行"有项目"状态的生存能力分析，分析的内容同一般新建项目。

(5) 改扩建项目财务分析在实践中的简化处理

改扩建项目一般要用到"有项目""无项目""现状""新增"和"增量"数据，增大了数据预测的工作量；在企业规模比较大时，有些必要的企业数据比较难获得，或即使得到了可靠性也比较差；还款主体与经营主体异位，一般要进行项目层次与企业层次的分析。因此，改扩建项目财务分析比较复杂，在项目评价的实践中，往往简化处理按新建项目进行评价。

① 项目与既有企业的生产经营活动相对独立。在这种情况下，项目的边界比较清楚，可以进行独立经济核算，项目的费用与效益比较容易识别，现金流入与流出比较好测度，符合新建项目评价的基本条件，可简化处理。

② 以增加产出为目的的项目，增量产出占既有企业产出比例较小。在这种情况下，既有企业产出规模大，项目的增量产出不会对既有企业现金流量产生较大影响，项目实际上也相对独立，可以简化成新建项目处理。

③ 利用既有企业的固定资产量与新增量相比较小。被使用的既有企业的固定资产量小，意味着"有项目"情况下的现金流入与流出基本不受既有企业的影响，新增投资是项目建设期内主要的现金流出，项目其他现金流入和流出也是总现金流的主要组成部分，因此可以简化处理，使用新建项目的评价过程。

④ 效益和费用的增量流量较容易确定。"有无对比"是项目评价的根本原则，对比的结果是求出增量现金流量，增量现金流量可直接用于项目（含新建项目）的盈利能力分析。新建项目实际是改扩建项目的特例，"无项目"的净现金流量为零，也不利用既有企业的任何资产，增量现金流量可以视为"无项目"的流量为零时"有项目"的现金流量。

⑤ 对于可以进行简化处理的项目，一定要阐明简化处理的理由，不能直接用新建项目的做法进行估算和分析。

(6) 改扩建项目财务分析应注意的几个问题

① 计算期的可比性。根据"费用与效益口径一致"的原则，既有企业改扩建项目财务分析的计算期一般取"有项目"情况下的计算期。如果"无项目"的计算期短于"有项目"的计算期，可以通过追加投资（局部更新或全部更新）来维持"无项目"的计算期，延长其寿命期至"有项目"的结束期，并于计算期末回收资产余值；若在经济或技术上延长寿命不可行，则适时终止"无项目"的计算期，其后各期现金流量计为零。

② 原有资产利用的问题。既有企业改扩建项目范围内的原有资产可分为"可利用的"与"不可利用的"两个部分。"有项目"时原有资产无论利用与否，均与新增投资一起计入投资费用。"可利用"的资产要按其净值提取折旧与修理费。"不可利用"的资产如果变卖，其价值按变卖时间和变卖价值计为现金流入（新增投资资金来源），不能冲减新增投资。如果"不可利用"资产不变现或报废，仍然是资产的一部分，但是计算项目的折旧时不予考虑。

③ 停产减产损失。改扩建项目的改建活动与生产活动总是同时进行，但一般总会造成部分生产停止或减产。这一部分停产或减产损失的直接结果是减少"老产品"的营业收入，同时也会减少相应的生产费用。这些流量的变化均应在销售收入表和生产成本表中有所体

现,最终反映在现金流量表中,因此不必单独估算。

④ 沉没成本处理。沉没成本是既有企业过去投资决策发生的、非现在决策能改变(或不受现在决策影响)、已经计入过去投资费用回收计划的费用。如前期工程为后期工程预留的场地与设备,均为前期工程的沉没成本,不计入后期投资决策费用。沉没成本是"有项目"和"无项目"都存在的成本,对于实现项目的效益不会增加额外的费用。对于项目是否应当实施的决策来说,沉没成本不应当包括在项目增量费用之中。改扩建项目的经济效果不取决于项目开始前已经支出多少费用,而仅仅取决于在改扩建过程中新投入的费用。改扩建项目的效益也只能是超出原有项目效益之上的部分。对沉没成本的这种处理办法可能导致项目的内部收益率很高,但这恰恰反映了当前决策的性质。如果为了弄清原来投资决策是否合理,可以计算整个项目(有项目状态)(包括已经建成和计划实施的项目)的收益率,这时就应把沉没成本计算在内。

⑤ 机会成本。如果项目利用的现有资产,有明确的其他用途(出售、出租或有明确的使用效益),那么将资产用于该用途能为企业带来的收益被看作项目使用该资产的成本,也是"无项目"时的收入,按照有无对比识别效益和费用的原则,应该将其作为"无项目"时的现金流入。

(7) 案例分析

【例 7-10】 某化工企业拟对生产线进行自动化控制改造,以降低成本,提高生产效率。由于项目建设工程量不大,耗时短,为简化计算,设定建设投资在第 1 年年初投入,当年就投入运营,实现效益,运营期按 6 年计算。假设流动资金不发生变化,项目资金来源中无债务资金。该公司的财务基准收益率(所得税后)为 15%,适用的所得税率为 25%,更新前后的有关资料如表 7-15 所示。

问题:
① 编制本技术改造项目财务现金流量表。
② 计算静态投资回收期、财务净现值和财务内部收益率评价指标。
③ 评价该投资计划的财务可行性。

表 7-15 某公司生产线改造项目有关情况　　　　　(金额单位:万元)

目前数据		
操作人员工资	18 000	
年运营维护费用	8 500	
年残次品损失	5 000	
旧设备当初购买成本	80 000	(资产原值)
预计使用寿命	10	年
已经使用年限	8	年
预计净残值	0	
折旧年限及方法	10	年(平均年限法)
公司年上缴增值税		30 000
更新改造后的预计数据		
旧设备当年市值	16 000	
操作人员工资	3 500	
更新改造设备投资		60 000
其中:可抵扣固定资产进项税		7 800
年运营维护费用	5 000	
年残次品损失	1 500	
预计使用寿命	6	年
预计净残值	0	
折旧年限及方法	6	年(平均年限法)

解

① 识别并计算增量现金流量

该项目仅为一条生产线的改造，项目与老厂界限清晰，对企业其他部分基本无影响，可以通过有无对比直接判定增量现金流量，包括期初现金流量、项目运营期间的现金流量和期末现金流量。

a. 期初现金流量。

期初现金流量主要涉及购买资产和使之正常运行所必需的直接现金支出，包括资产的购买价格加上运输、安装等费用。本项目为对原有生产线的更新改造，期初现金流量还可考虑与旧资产出售相关的现金流入以及旧资产出售所带来的纳税效应。

出售旧资产可能涉及三种纳税情形：①当旧资产出售价格高于该资产折旧后的账面价值时，旧资产出售价格与其折旧后的账面价值之间的差额属于应税收入，按所得税税率纳税；②当旧资产出售价格等于该资产折旧后的账面价值时，此时资产出售没有带来收益或损失，无需考虑纳税问题；③当旧资产出售价格低于该资产折旧后的账面价值时，旧资产出售价格与其折旧后的账面价值之间的差额属于应税损失，可以用来抵减应税收入从而减少纳税。

按平均年限法计算折旧，旧资产已经计提的累计折旧
　＝（资产原值－预计净残值）×已使用年限/预计全部使用年限
　＝（80 000－0）×8/10＝64 000（万元）

旧设备的账面净值＝原值－累计折旧＝80 000－64 000＝16 000（万元）

旧设备当前的市值为 16 000 万元，其出售价格与折旧后的账面价值相等，因此，没有上述纳税效应。

b. 运营期间现金流量。

第一，计算增量收入。本例中，更新改造并没有新增加营业收入，只是通过费用节约产生效益。节约的费用也可以直接列为增加的收入，主要包括：

操作人员工资节省：18 000－3 500＝14 500（万元）

年运营维护费用减少：8 500－5 000＝3 500（万元）

年残次品损失减少：5 000－1 500＝3 500（万元）

通过费用节省增加的收入合计为 21 500 万元。

第二，计算增量折旧费。尽管折旧费及其增加额对现金流量不造成直接影响，但它会通过减少应税收入的形式而减少应纳税所得额，从而影响税后净现金流量。

旧设备的年折旧费为：80 000×(1－0)/10＝8 000（万元）

新设备的年折旧费为：(60 000－7 800)×(1－0)/6＝8 700（万元）

该项目实施使公司每年增加折旧费 8 700－8 000＝700（万元）

第三，计算增量的调整所得税。要对项目运营期内的包括由于利润增加所带来的纳税增加和由于折旧费增加所带来的节税额进行计算。

融资前分析现金流量中的所得税应以息税前利润（EBIT）为基数计算，由于该项目资金来源中没有借款，没有利息支出，因此息税前利润就等于利润总额。调整所得税与企业应缴所得税相同。

同时，由于该项目是通过费用节约实现效益，按上述方法计算的增量收入构成增量息税前利润的主要部分。

另外，由于折旧费增加使息税前利润减少 700 万元。

因此：增量息税前利润＝21 500－700＝20 800（万元）

增量调整所得税＝20 800×25％＝5 200（万元）

第四，计算应纳增值税的变化。从企业的角度来看，企业年上缴增值税额为 30 000 万

元,而新设备所含可抵扣固定资产进项税额为 7 800 万元,即新设备所含固定资产进项税完全可以在投产后的第 1 年予以抵扣,对项目增量现金流而言,表现为当年应缴增值税的减少和净现金流量的增加。(此处忽略出售旧设备对增值税的影响。)

c. 期末现金流量。项目运营期末年现金流量除了运营期内通常的现金流量外,还包括资产余值回收。该项目已设定新设备的预计净残值为 0,折旧年限又等于计算期,所以没有期末固定资产余值回收现金流量。又因设定改造后流动资金不发生变化,增量流动资金为零,因此也没有期末流动资金回收现金流量。

② 编制项目投资现金流量表并计算相关指标。

将上述三步骤得到的分年现金流量纳入现金流量表,编制的生产线改造项目财务现金流量表如表 7-16 所示。

表 7-16　生产线改造项目财务现金流量表　　　　　(单位:万元)

年份	0	1	2	3	4	5	6
1. 现金流入							
1.1　工资节约额		14 500	14 500	14 500	14 500	14 500	14 500
1.2　运营费用节约额		3 500	3 500	3 500	3 500	3 500	3 500
1.3　残次品损失节约额		3 500	3 500	3 500	3 500	3 500	3 500
1.4　旧设备出售收入	16 000						
小计	16 000	21 500	21 500	21 500	21 500	21 500	21 500
2. 现金流出							
2.1　新设备投资	60 000						
2.2　应交增值税		−7 800					
2.3　调整所得税		5 200	5 200	5 200	5 200	5 200	5 200
小计	60 000	−2 600	5 200	5 200	5 200	5 200	5 200
3. 税后净现金流量	−44 000	24 100	16 300	16 300	16 300	16 300	16 300
4. 累计税后净现金流量	−44 000	−19 900	−3 600	12 700	29 000	45 300	61 600

注:表中数据忽略了税金及附加可能的变化。

指标计算:

静态投资回收期 $P_t = 4 - 1 + \dfrac{3\,600}{16\,300} = 3.22$(年)

财务净现值 $\text{FNPV}(15\%) = 24\,100 \times (P/F, 15\%, 1) + 16\,300 \times (P/A, 15\%, 5)$
$\times (P/F, 15\%, 1) - 44\,000 = 24\,473.05$(万元)

财务内部收益率 $\text{FIRR} = 35.82\%$

③ 评价结论。

上述计算结果表明,财务净现值 $\text{FNPV}(15\%) > 0$,财务内部收益率 $\text{FIRR} > 15\%$,所以该投资计划在财务评价上可行。

本章小结

财务评价是石油化工项目可行性研究的重要内容之一。本章介绍了四个方面的内容:首先介绍了石油化工项目财务评价指标体系,包括财务评价的含义与作用、财务评价指标的具体分类(盈利能力分析指标与偿债能力分析指标,静态指标与动态指标,时间性指标、价值性指标与比率性指标)、财务评价的基本报表(投资现金流量表、项目资本金现金流量表、利润与利润分配表、资产负债表、借款还本付息计划表);其次介绍了石油化工项目静态财务评价指标,包括静态投资回收期、总投资收益率、资本金净利润率、利息备付率、偿债备付率、资产负债率、流动比率、速动比率;再次介绍了石油化工项目动态财务评价指标,包括财务净现值、财务内部收益率、财务净年金、财务净现值率;最后介绍了新建石油化工项目财务评价的内容和思路、改扩建石油化工项目财务评价的内容与思路，并分别举了案例进行验证。

1. 什么是财务评价？财务评价指标的具体分类是什么？
2. 财务评价的基本报表有哪些？简述各自的含义及内容。
3. 静态盈利能力指标、偿债能力指标主要有哪些？并说明各指标的含义、计算公式、判断准则。
4. 简述新建项目与改扩建项目财务评价的主要区别。
5. 动态指标主要有哪些？并说明各指标的含义、计算公式、判断准则。
6. 某项目净现金流量如表 7-17 所示，财务基准收益率为 10%。

表 7-17　某项目净现金流量　　　　　　　　　　（单位：万元）

年份	1	2	3	4	5	6
净现金流量	−190	40	70	70	70	90

要求：画出现金流量图，计算静态投资回收期、财务净现值、财务净年金和财务内部收益率，并判断该项目的经济可行性。

7. 现拟建一个项目，第 1 年投资 3 120 万元，第 2 年投资 1 500 万元，从第 3 年起，连续 8 年每年年末的净现金流为 1 450 万元，假定该项目的净残值不计，财务基准收益率为 12%，要求：作出该项目的现金流图，计算财务净现值，并据此判断该项目的经济可行性。

8. 某工程项目建设期 1 年，第 1 年建设投资为 130 万元，全部形成固定资产，年销售收入为 100 万元，计算期为 6 年，固定资产净残值率为 6 万元，年经营成本为 60 万元，财务基准收益率为 10%，所得税率为 25%。要求：作出该项目的现金流图，计算财务内部收益率，并据此判断该项目的经济可行性。

9. 某项目第 5 年资产总额为 62 000 万元，其中，流动资产为 23 000 万元，流动负债为 5 000 万元，长期借款为 30 000 万元，另外流动资产中存货为 12 000 万元。试计算资产负债率、流动比率、速动比率。

10. 某制造业新建项目建设投资为 850 万元（发生在第 1 年年末），600 万元形成固定资产（含税），250 万元形成无形资产及其他资产（含税）。

    项目建设期 1 年，运营期 5 年，投产第 1 年负荷 60%，其他年份负荷为 100%。满负荷流动资金为 100 万元，投产第 1 年流动资金估算为 70 万元。计算期末将全部流动资金回收。生产运营期内满负荷运营时，营业收入为 650 万元，经营成本为 250 万元，其中原材料和燃料动力为 200 万元，以上均以不含税价格表示。投入和产出的增值税率均为 13%，城建税为 7%，教育费附加 3%，地方教育附加为 2%，企业所得税率为 25%。折旧年限和摊销年限均为 5 年，固定资产净残值率为 5%，无形资产及其他资产净残值为零，折旧和摊销均按年限平均法。

    固定资产中允许抵扣的增值税进项税额为 90 万元，运营期第一年全部抵扣；无形资产中允许抵扣的增值税进项税额为 20 万元，运营期第一年全部抵扣；其他资产中的增值税进项税额不允许抵扣。

    设定所得税前财务基准收益率为 14%，所得税后财务基准收益率为 12%。

    该项目初步融资方案为：用于建设投资的项目资本金为 450 万元，建设投资借款为 400 万元，年利率为 6%，计算的建设期利息为 12 万元。流动资金全部来源于项目资本金，无流动资金借款，借款偿还采用等额还本付息方式（还款期 2 年）。

    问题：
    （1）编制项目投资现金流量表。
    （2）计算调整所得税前财务净现值和调整所得税后财务净现值，并由此评价项目的财务可行性。
    （3）编制项目资本金现金流量表，计算项目资本金财务内部收益率，并评价资本金的盈利能力。

第 8 章

经济评价方法与参数

学习目标：
① 了解经济分析的作用、内容和基本方法；
② 经济分析的适用范围及与财务分析的比较；
③ 经济效益与费用的识别；
④ 掌握经济费用效益分析指标与报表；
⑤ 理解经济分析参数及应用。

在市场经济条件下，大部分工程项目财务分析结论可以满足投资决策要求，但由于存在市场失灵，项目还需要进行经济费用效益分析，也就是站在全社会的角度判别项目配置经济资源的合理性。项目的经济费用效益分析是从资源合理配置的角度，分析投资项目的经济效益和对社会福利所作出的贡献，采用影子价格、影子工资、影子汇率和社会折现率等参数，计算、分析项目对国民经济的净贡献值，以评价项目经济合理性的经济评价方法。对于财务现金流量不能全面、真实地反映其经济价值的投资项目，需要进行经济费用效益分析，将经济效益分析的结论作为项目评估的重要组成部分，并作为投资决策的重要依据。

8.1 经济评价的要求与特点

经济费用效益分析是按合理配置资源的原则，采用社会折现率、影子汇率、影子工资和货物影子价格等经济费用效益分析参数，从项目对社会经济所作贡献以及社会为项目付出代价的角度，考察项目的经济合理性。经济费用效益分析的理论基础是新古典经济学有关资源优化配置的理论。

8.1.1 经济费用效益分析与财务分析的异同

财务分析和经济费用效益分析是从两个不同角度对项目的投资效益进行分析和评价，它们是相辅相成、缺一不可的。多数项目应先进行财务分析，在此基础上对效益、费用、价格等进行调整后，进行经济费用效益分析。有些项目可先进行经济费用效益分析，然后再进行财务评价。这两种评价各有其任务和作用，一般应以经济费用效益分析的结论作为项目或方案取舍的主要依据。经济费用效益分析与财务分析是相联系的，它们之间既有共同之处，又有区别。

(1) 财务分析与经济费用效益分析的共同之处

① 分析评价的目的相同。两者都是寻求以最小的投入获得最大的产出。

② 分析评价的基础相同。两者都是在完成产品需求预测、厂址选择，工艺技术路线和技术方案论证，投资估算和资金筹措等可行性研究内容的基础上进行的。

③ 基本分析方法和主要指标的计算方法类同。它们都是经济效果评价，都使用基本经济评价理论，即效益与费用比较的理论方法。两者都采用现金流量分析方法，通过基本报表计算净现值、内部收益率等指标，并且评价的计算期相同。

④ 遵循效益和费用识别的有无对比原则。

(2) 财务分析与经济费用效益分析的主要区别

① 分析评价的角度不同。财务分析是从财务角度考察货币收支和盈利状况及借款偿还能力，以确定投资行为的财务可行性。经济费用效益分析是从国家整体角度考察项目需要付出的代价和对国家的贡献即国民经济效益，确定投资行为的宏观可行性，因此，又将经济费用效益分析称为"宏观评价"。

② 效益与费用的含义及划分范围不同。财务分析是根据项目的实际收支确定项目的效益和费用，税金、利息等均计为费用。经济费用效益分析着眼于项目对社会提供的有用产品和服务及项目所耗费的全社会的有用资源来考察项目的效益和费用，故税金、国内借款利息和补贴等不计为项目的效益和费用。财务分析只计算项目直接发生的效益与费用，经济费用效益分析对项目引起的间接效益与费用即外部效果也要进行计算和分析。

③ 分析评价采用的价格不同。财务分析对投入物和产出物采用的是现行价格，经济费用效益分析采用的是根据机会成本和供求关系确定的影子价格。

④ 主要参数不同。财务分析采用的是官方汇率，并以基准收益率作为折现率；经济费用效益分析采用国家统一测定的影子汇率和社会折现率。经济费用效益分析和财务分析的区别如表 8-1 所示。

表 8-1 经济费用效益分析和财务分析的区别

区别参数	经济费用效益分析	财务分析
出发点	国家	经营项目的企业
价格	影子价格	市场价格
费用与效益的范围	外部效果	直接费用、直接效益
折现率	社会折现率	财务基准折现率
汇率	影子汇率	官方汇率
指标	经济净现值 经济内部收益率	财务净现值 财务内部收益率

由于上述区别，两种评价可能导致相反的结论。如煤炭等原料工业的国内价格偏低，企业利润很少，企业财务分析的结果可能不易通过。如果用影子价格对这些国计民生不可缺少的物资生产项目进行经济费用效益分析，该项目对国民经济的贡献就可能很大，就能通过评价。对于一些经济费用效益分析认为可行，而财务分析认为不可行的有关国计民生的项目，应向国家和主管部门提出采取相应的经济优惠措施的建议，通过调整使项目在财务上也成为可行的项目。

(3) 经济费用效益分析与财务分析的联系

在很多情况下，经济费用效益分析是在财务分析的基础之上进行，利用财务分析中的数据资料，以财务分析为基础进行调整计算。经济费用效益分析也可以独立进行，即在项目的财务分析之前进行经济费用效益分析。

8.1.2 经济费用与效益识别的基本要求

(1) 遵循有无对比的原则

判别项目的经济效益和费用，要从有无对比的角度进行分析，将"有项目"（项目实施）与"无项目"（项目不实施）的情况加以对比，以确定某项效益或费用的存在。项目经济费用效益分析应建立在增量效益和增量费用识别和计算的基础上，不应考虑沉没成本和已实现的效益。

(2) 对项目所涉及的所有成员及群体的经济效益与费用作全面分析

项目对社会经济所作的贡献，均记为项目的经济效益，包括项目的直接效益和间接效益。凡社会经济为项目所付出的代价（即社会资源的消耗，或称社会成本）均记为项目的经济费用，包括直接费用和间接费用。考虑关联效果，对项目涉及的所有社会成员的有关效益和费用进行全面识别。

(3) 合理确定经济效益和费用的空间范围和时间跨度

这个时间跨度应足以包含项目所产生的全部重要效益和费用，不完全受财务分析计算期的限制。

(4) 正确处理"转移支付"，根据不同情况区别对待

转移支付代表购买力的转移行为，接受转移支付的一方所获得的效益与付出方所产生的费用等，转移支付本身没有导致新增资源的发生。将不新增加社会资源和不增加社会资源消耗的财务收入与支出视为社会成员之间的"转移支付"，在经济费用效益分析中不作为经济效益与费用。在经济费用效益分析中，税负、补贴、借款和利息属于转移支付。一般在进行经济费用效益分析时，不得再计算转移支付的影响。

税收和补贴可能会影响市场价格水平，导致财务价格可能并不反映真实的经济成本和效益。在进行经济费用效益分析时，转移支付的处理应区别对待。

① 剔除企业所得税或补贴对财务价格的影响。

② 一些税收、补贴或罚款往往是为了校正项目"外部效果"的一种重要手段，这类转移支付不可剔除，可以用于计算外部效果。

③ 项目投入与产出中流转税应具体问题具体处理。

(5) 正确识别正面和负面外部效果，防止误算、漏算或重复计算

应对项目外部效果的识别是否适当进行评估，防止漏算或重复计算，在经济费用效益分析中一般只考虑项目的投入或产出可能产生的第一级乘数波效应。

(6) 遵循以本国社会成员作为分析对象的原则

对于跨越国界的项目，应重点分析项目给本国社会成员带来的效益和费用，项目对国外社会成员所产生的效果应予以单独陈述。

(7) 考虑关联效果原则

应考虑项目投资可能产生的其他关联效应；项目费用与效益识别的时间范围应足以包含所产生的全部重要费用和效益，而不应根据有关财务核算规定确定。

8.2 经济指标体系

8.2.1 经济费用效益分析指标

(1) 经济净现值（ENPV）

经济净现值是指项目按照社会折现率将计算期内各年的经济净效益流量折现到建设期初

的现值之和。其计算公式为：

$$\text{ENPV} = \sum_{t=1}^{n}(B-C)_t(1+i_s)^{-t} \tag{8-1}$$

式中，B 为经济效益流量；C 为经济费用流量；$(B-C)_t$ 为第 t 期的经济净效益流量；n 为项目计算期；i_s 为社会折现率。

经济费用效益分析中，如果经济净现值等于或者大于 0，表明项目可以达到符合社会折现率的效率水平，认为该项目从经济资源配置的角度可以被接受。

（2）经济内部收益率（EIRR）

经济内部收益率是指项目在计算期内经济净效益流量的现值累计等于 0 时的折现率。其计算公式为：

$$\sum_{t=1}^{n}(B-C)_t(1+\text{EIRR})^{-t}=0 \tag{8-2}$$

式中，B 经济效益流量；C 为经济费用流量；$(B-C)_t$ 为第 t 期的经济净效益流量；EIRR 为经济内部收益率；n 为项目计算期。

如果经济内部收益率等于或大于社会折现率，表明项目资源配置的经济效率达到了可以被接受的水平。

（3）经济效益费用比（R_{BC}）

经济效益费用比是指项目在计算期内效益流量的现值与费用流量的现值的比率。其计算公式为：

$$R_{BC} \frac{\sum_{t=1}^{n}B_t(1+i_s)^{-t}}{\sum_{t=1}^{n}C_t(1+i_s)^{-t}} \tag{8-3}$$

式中，R_{BC} 为经济效益费用比；B_t 为第 t 期的经济效益；C_t 为第 t 期的经济费用。

如果经济效益费用比大于 1，表明项目资源配置的经济效率达到可以被接受的水平。

8.2.2 费用效果分析指标

费用应包含从项目投资开始到项目终结的整个期间内所发生的全部费用，费用可按现值或年值公式计算。

（1）费用现值（PC）

其计算公式为：

$$PC = \sum_{t=1}^{n}(CO)_t(P/F,i,t) \tag{8-4}$$

式中，PC 为费用现值；$(CO)_t$ 为第 t 期现金流出量；n 为计算期；i 为折现率；$(P/F,i,t)$ 为现值系数。

（2）费用年值（AC）

其计算公式为：

$$AC = [\sum_{t=1}^{n}(CO)_t(P/F,i,t)](A/P,i,n) \tag{8-5}$$

式中，AC 为费用年值；$(CO)_t$ 为第 t 期现金流出量；n 为计算期；i 为折现率；$(P/F,i,t)$ 为现值系数；$(A/P,i,n)$ 为资金回收系数。

备选方案的计算期不一致时，应采用费用年值公式。

（3）费用效果分析基本指标是效果费用比

费用效果分析可采用效果费用比为基本指标，其计算公式：

$$R_{E/C} = \frac{E}{C} \tag{8-6}$$

式中，$R_{E/C}$ 为效果费用比；E 为项目效果；C 为项目的计算期费用，用现值或年值表示。有时为方便或习惯起见，也可采用费用效果比指标，其计算公式：

$$R_{C/E} = \frac{C}{E} \tag{8-7}$$

式中，$R_{C/E}$ 为费用效果比；E 为项目效果；C 为项目的计算期费用，用现值或年值表示。

8.3 影子价格

8.3.1 经济效益和费用的估算原则

项目投资所引发的经济效益和费用的计算，应在利益相关者分析的基础上，研究在特定的社会经济背景条件下相关利益主体获得的收益及付出的代价，计算项目相关的费用和效益。经济效益的计算应遵循支付意愿（WTP）原则或接受补偿意愿（WTA）原则，经济费用的计算应遵循机会成本原则和实际价值计算原则。

(1) 支付意愿原则

项目产出物的正面效果计算，应遵循支付意愿原则。用于分析社会成员为项目所产出的效益愿意支付的价值。

支付意愿原则是指消费者为获得某种商品或服务所愿意付出的价格。在经济费用效益分析中，常采用消费者支付意愿测定影子价格。在完善的市场中，市场价格可以正确地反映消费者的支付意愿。应注意在不完善的市场中，消费者的行为有可能被错误地引导，因此市场价格也可能不能正确地反映消费者的支付意愿。

(2) 接受补偿意愿原则

项目产出物的负面效果计算，应遵循接受补偿意愿原则，用于分析社会成员为接受这种不利影响所得到补偿的价值。

(3) 机会成本原则

项目投入的经济费用计算应遵循机会成本原则，用于分析项目所占用资源的机会成本。机会成本应按该资源的其他最好可替代用途所产生的效益计算。

机会成本是指用于拟建项目的某种资源若改用于其他替代机会，在所有其他替代机会中所能获得的最大经济效益。例如，资金是一种资源，在各种投资机会中都可使用，一个项目使用了一定量的资金，这些资金就不能再在别的项目中使用，它的机会成本就是所放弃的所有投资机会中可获得的最大净收益。在经济费用效益分析中，机会成本法也是测定影子价格的重要方法之一。

(4) 实际价值计算原则

项目投入的经济费用效益分析应对所有费用和效益采用反映真实价值的实际价格进行计算，不考虑通货膨胀因素的影响，但是考虑相对价格的变动。经济效益和经济费用的估算原则如表 8-2 所示。

表 8-2 经济效益和经济费用的估算原则

适用范围	遵循的原则	内容
产出值	正面效益的计算	分析社会成员为项目所产出的效益愿意支付的价值
	负面影响的计算	分析社会成员为接受这种不利影响所要求补偿的价值
项目投入物	机会成本原则	机会成本应按该资源的其他最好可替代用途所产生的效益计算
效益和费用	实际价值计算原则	不考虑通货膨胀因素的影响，但考虑相对价格变动

8.3.2 经济效益与费用的估算价格

在项目的国民经济评价中采用了一种更为合理的价格体系，即影子价格。影子价格，又称效率价格、最优计划价格、计算价格、预测价格等，它是个含义广泛的经济范畴，这个范畴产生于数学方法对经济问题的深入研究。影子价格最早来源于荷兰经济学家丁伯根的定义，并得到康托洛维奇线性规划的对偶解。它是线性规划对偶解的经济解释，是现代数学与经济学相互渗透的产物。

为了正确计算项目国民经济所作的贡献，一般在进行费用效益分析时，原则上采用影子价格。影子价格是指当社会经济处于某种最优状态时，能够反映社会劳动的消耗、资源稀缺程度和最终产品需求情况的价格。也就是说，影子价格是人为确定的比交换价格更为合理的价格。这里所说的"合理"的标志，从定价原则来看，应该能更好地反映产品的价值，反映市场供求状况，反映资源稀缺程度；从价格产出的效果来看，应该能使资源配置向优化的方向发展。

影子价格是进行项目经济费用效益分析专用的计算价格。影子价格依据经济费用效益分析的定价原则测定，反映项目的投入物和产出物真实经济价值，反映市场供求关系，反映资源稀缺程度，反映资源合理配置的要求。注意：进行项目的经济费用效益分析时，项目的主要投入物和产出物原则上应采用影子价格体系。

影子价格的测算在建设项目的经济费用效益分析中占有重要地位。考虑到我国仍然是发展中国家，整个经济体系还没有完成工业化过程，国际市场和国内市场的完全融合仍然需要一定时间等具体情况，将投入物和产出物区分为外贸货物和非外贸货物，并采用不同的思路确定其影子价格。

8.3.3 影子价格的计算

（1）货物分类

① 根据货物（广义的货物，指项目的各种投入物和产出物）的可外贸性，将货物分为可外贸货物和非外贸货物。

② 根据货物价格机制的不同，分为市场定价货物和非市场定价货物。注意：可外贸货物通常属于市场定价货物。非外贸货物中既有市场定价货物也有非市场定价货物。

③ 由于土地、劳动力和自然资源的特殊性，将他们归类为特殊投入物。

将投入物和产出物区分为外贸货物和非外贸货物，并采用不同的思路确定其影子价格。

（2）具有市场价格的货物或服务——外贸货物按影子价格计算

① 若该货物或服务处于竞争环境中，市场价格能够反映支付意愿或机会成本，应采用市场价格作为计算项目投入物或产出物影子价格的依据。

② 如果项目的投入物或产出物的规模很大，项目的实施将足以影响其市场价格，导致"有项目"和"无项目"两种情况下市场价格不一致，在项目评价实践中，取二者的平均值作为测算影子价格的依据。

③ 投入与产出的影子价格中流转税按下列原则处理。对于产出物品，增加供给满足国内市场供应的，影子价格按支付意愿确定，含流转税；顶替原有市场供应的，影子价格按机会成本确定，不含流转税。

对于投入品，用新增供应满足项目的，影子价格按机会成本确定，不含流转税；挤占原有用户需求满足项目的，影子价格按支付意愿确定，含流转税。

不能判别产出或投入是增加供给还是挤占（替代）原有供给的情况，可简化处理为：产出的影子价格一般包含实际缴纳流转税，投入的影子价格一般不含实际缴纳流转税。

④ 对于可外贸货物。其投入物或产出物价格应基于口岸价格进行计算,以反映其价格取值具有国际竞争力。

计算公式为:

$$出口产出的影子价格(出厂价)=离岸价(FOB)×影子汇率-出口费用 \quad (8-8)$$
$$进口投入的影子价格(到厂价)=到岸价(CIF)×影子汇率+进口费用 \quad (8-9)$$

式中:

a. 离岸价(FOB)是指出口货物运抵我国出口口岸交货的价格;亦称船上交货价或装运港船上交货价,是指国际贸易中以卖方将货物装上运输工具为条件的价格。按照这样价格,卖方须负责在合同规定的港口及规定的期限内将货物装上买方自派或指定的运输工具,向买方提供货运单据,缴纳出口税,承担货物装上运输工具前的一切费用和风险;买方负责租订运输工具和付运费,办理保险手续和支付保险费,缴纳进口税,接受货运单据和支付货款、承担货物装上运输工具后的一切费用和风险。

b. 到岸价(CIF)是指进口货物运抵我国进口口岸交货的价格,包括货物进口的货价、运抵我国口岸之前所发生的境外的运费和保险费;亦称成本加保险费和运费价格,是指国际贸易中以卖方将货物装上运输工具并支付启运港至目的港的运费和保险费为条件的价格。按照这种价格卖方负责租订运输工具、在合同规定的港口和规定的期限内将货物装上运输工具、支付运费、向买方提供货运单据、办理保险手续并支付保险费,交纳出口税、承担货物装上运输工具前的一切费用和风险,买方负责缴纳进口税,接受货运单据并支付货款,承担货物装上运输工具后的一切风险和运费、保险以外的一切费用。

c. 影子汇率是指外汇的影子价格,由国家指定的专门机构统一发布。影子汇率是指用于对外贸货物和服务进行经济费用效益分析的外币的经济价格,应能正确反映外汇的经济价值。应按照下面的公式计算:

$$影子汇率=外汇牌价×影子汇率换算系数 \quad (8-10)$$

目前我国的影子汇率换算系数取值为 1.08。

d. 进口或出口费用是指货物进出口环节在国内所发生的所有相关费用,包括运输费用、储运、装卸、运输保险等各种费用支出及物流环节的各种损失、损耗以及资金占用的机会成本,还包括工厂与口岸之间的长途运输费用等。

注意:进口费用和出口费用应采用影子价格估值,用人民币计价。

⑤ 如果外贸货物以财务成本或价格为基础调整计算经济费用和效益,应注意以下两点。

a. 如果不存在关税、增值税、消费税、补贴等转移支付因素,则项目的投入物或产出物价值直接采用口岸价格进行调整计算。

b. 如果在货物的进出口环节存在转移支付因素,应区分不同情况处理。

(3) 具有市场价格的货物或服务——非外贸货物按影子价格计算

① 基本的确定方法。价格完全取决于市场的,且不直接进出口的项目投入物和产出物,按照非外贸货物定价,其国内市场价格作为确定影子价格的基础,并按下式换算为到厂价和出厂价:

$$投入物影子价格(到厂价)=市场价格+国内运杂费 \quad (8-11)$$
$$产出物影子价格(出厂价)=市场价格-国内运杂费 \quad (8-12)$$

② 税金的处理。产出物的影子价格是否含增值税销项税额,投入物的影子价格是否含增值税进项税额,应分析货物的供求情况,采取不同的处理方式。

a. 项目产出物。

第一，如果项目产出物需求空间较大，项目的产出对市场价格影响不大，影子价格按消费者支付意愿确定，即采用含增值税销项税额的市场价格。

第二，如果项目产出物用以顶替原有市场供应的，也即挤占其他生产厂商的市场份额，应该用节约的社会成本作为影子价格，这里节约的社会成本是指其他生产厂商减产或停产所带来的社会资源节省。对于市场定价的货物，其不含增值税销项税额的市场价格可以看作其社会成本。

对于可能导致其他企业减产或停产，产出物质量又相同的，甚至可以按被替代企业的分解可变成本定价（即定位于不合理重复建设的情况）。

b. 项目投入物。

第一，如果该投入物的生产能力较富裕或较容易扩容来满足项目的需要，可通过新增供应来满足项目需求的，采用社会成本作为影子价格，这里社会成本是指社会资源的新增消耗。

对于市场定价的货物，其不含增值税进项税额的市场价格可以看作其社会成本。

对于价格受到管制的货物，其社会成本通过分解成本法确定。若通过新增投资增加供应的用全部成本分解，而通过挖潜增加供应的，用可变成本分解。

第二，如果该投入物资供应紧张，短期内无法通过增产或扩容来满足项目投入的需要，只能排挤原有用户来满足项目的需要时，影子价格按支付意愿确定，即采用含增值税进项税额的市场价格。

第三，如果没有可能判别出产出物是增加供给还是挤占原有供给，或投入物资供应是否紧张，此时也可简化处理为：产出物的影子价格一般采用含增值税销项税额的市场价格；投入物的影子价格一般采用不含增值税进项税额的市场价格，但这种方法要慎重采用。

（4）当项目的产出效果不具有市场价格

当项目的产出效果不具有市场价格，或市场价格难以真实反映其经济价值时，对项目的产品或服务的影子价格要进行重新计算。

① 按照消费者支付意愿的原则，通过其他相关市场价格信号，按照"显示偏好"的方法，寻找揭示这些影响的隐含价值，对其效果进行间接估算。如项目的外部效果导致关联对象产出水平或成本费用的变动，通过对这些变动进行客观量化分析，作为对项目外部效果进行量化的依据。

② 根据意愿调查评估法，按照"陈述偏好"的原则进行间接估算。一般通过对被评估者的直接调查，直接评价调查对象的支付意愿或接受补偿的意愿，从中推断出项目造成的有关外部影响的影子价格。应注意调查评估中可能出现的以下偏差：

a. 调查对象相信他们的回答能影响决策，从而使他们实际支付的私人成本低于正常条件下的预期值时，调查结果可能产生策略性偏倚；

b. 调查者对各种备选方案介绍得不完全或使人误解时，调查结果可能产生资料性偏倚；

c. 问卷假设的收款或付款方式不当，调查结果可能产生手段性偏倚；

d. 调查对象长期免费享受环境和生态资源等所形成的"免费搭车"心理，导致调查对象将这种享受看作是天赋权利而反对为此付款，从而导致调查结果的假想性偏倚。

（5）特殊投入物影子价格

项目的特殊投入物主要包括劳动力、土地和自然资源，其影子价格需要采取特定的方法确定。

① 劳动力的影子价格——影子工资。项目占用的人力资源，是项目实施所付出的代价。影子工资是项目占用的人力资源，是项目实施所付出的代价。如果财务工资与人力资源的影子价格之间存在差异，应对财务工资进行调整计算，以反映其真实经济价值。影子工资是指

建设项目使用劳动力、耗费资源而使社会付出的代价,在建设项目经济费用效益分析中以影子工资计算劳动力费用。劳动力影子价格即为劳动力的影子工资。

影子工资按下式计算:

$$影子工资 = 劳动力机会成本 + 新增资源消耗 \quad (8-13)$$

a. 劳动力机会成本是拟建项目占用的人力资源由于在本项目使用而不能再用于其他地方或享受闲暇时间而被迫放弃的价值,应根据项目所在地的人力资源市场及劳动力就业状况,按下列原则进行分析确定:

过去受雇于别处,由于本项目的实施而转移过来的人员,其影子工资应是其放弃过去就业机会的工资(含工资性福利)及支付的税金之和;

对于自愿失业人员,影子工资应等于本项目的使用所支付的税后净工资额,以反映边际工人投入到劳动力市场所必须支付的金额。

非自愿失业劳动力的影子工资应反映他们为了工作而放弃休闲愿意接受的最低工资金额,其数值应低于本项目的使用所支付的税后净工资并大于支付的最低生活保障收入。当缺少信息,可以按非自愿失业人员接受的最低生活保障收入和税后净工资率的平均值近似测算。

b. 新增资源耗费是指劳动力在本项目新就业或由其他就业岗位转移到本项目而发生的经济资源消耗,而这种消耗与劳动者生活水平的提高无关。在分析中应根据劳动力就业的转移成本测算,包括迁移费、新增的城市交通、城市基础设施配套等相关投资和费用。

影子工资换算系数是项目经济费用效益分析参数,是影子工资与财务分析中的职工个人实得货币工资加提取的福利基金之比。几种影子工资换算系数的取值是:对于技术劳动力,采取影子工资等于财务工资,即影子工资换算系数为1;对于非技术劳动力,推荐在一般情况下采取等于财务工资的0.2~0.8倍作为影子工资,即影子工资换算系数为0.2~0.8;由于我国农村人口大量过剩,需要到城镇寻找工作,在开发建设中,应当鼓励新的建设项目多使用劳动力,因此项目的经济费用效益分析中,对劳动力的影子工资应当采取较低的数值,特别是对于非技术劳动力其机会成本等于零。

② 土地的影子价格。土地是一种重要的经济资源,项目占用的土地无论是否需要支付财务成本,均应根据土地用途的机会成本原则或消费者支付意愿的原则计算其影子价格。土地是一种特殊投入物,在我国是一种稀缺资源。项目使用了土地,就造成了社会费用,无论是否实际需要支付费用,都应根据机会成本或消费者支付意愿计算土地影子价格。土地的地理位置对土地的机会成本或消费者支付意愿影响很大,因此土地地块的地,地理位置是影响土地影子价格的关键因素。

a. 非生产性用地的土地影子价格。对于非生产性用地,如住宅、休闲用地等,应按照支付意愿原则,根据市场交易价格测算其影子价格。市场不完善或无市场交易价格的,应按消费者支付意愿确定土地影子价格。

b. 生产性用地的土地影子价格。项目占用生产性用地,主要指农业、林业、牧业、渔业及其他生产性用地,按照这些生产用地未来可以提供的产出物的效益基因改变土地用途而发生的新增资源消耗进行计算。即:

$$土地影子价格 = 土地机会成本 + 新增资源消耗 \quad (8-14)$$

土地机会成本,应按照社会对这些生产用地未来可以提供的消费产品的支付意愿价格进行分析计算,一般按照项目占用土地在"无项目"情况下的"最佳可行替代用途"的生产性产出的经济效益限制进行计算;

新增资源消耗,应按照在"有项目"情况下土地的征用造成原有土地上附属物财产的损失及其他资源耗费计算,土地平整等开发成本应计入工程建设成本中,在土地经济成本估算中不再重复计算。

8.4 社会折现率

(1) 社会折现率的涵义

社会折现率反映社会成员对于社会费用效益价值的时间偏好,也即对于现在的社会价值与未来价值之间的权衡。社会折现率又代表着社会投资所要求的最低动态收益率。社会折现率是经济分析的重要通用参数,既用作经济内部收益率的判别基准,也用作计算经济净现值的折现率。

(2) 社会折现率测定原则

目前公布的社会折现率取值,是以资本的社会机会成本与费用效益的时间偏好率二者为基础进行测算的结果。

在项目评价中,社会折现率既代表了资金的机会成本,也是不同年份之间费用效益的折算率。理论上,如果社会资源供求在最优状态平衡,资金的机会成本应当等于不同年份之间的折算率,但在现实经济中,社会投资资金总是表现出一定的短缺,资金的机会成本总是高于不同年份之间的费用效益折算率。同时,由于投资风险的存在,资本投资所要求的收益率总是高于不同年份折算率。因此,按照资金机会成本原则确定的社会折现率总是高于按照费用效益的时间偏好率原则确定的数值。

(3) 社会折现率的取值

社会折现率根据社会经济发展多种因素综合测定,由专门机构统一测算发布。根据社会经济发展目标、发展战略、发展优先顺序、发展水平、宏观调控意图、社会成员的费用效益时间偏好、社会投资收益水平、资金供求状况、资金机会成本等因素的综合分析。

我国目前的社会折现率一般取值为8%。对于永久性工程或者受益期超长的项目,例如水利设施等大型基础设施和具有长远环境保护效益的建设项目,社会折现率可适当降低,低于8%。

(4) 社会折现率对经济的影响

① 社会折现率可用于间接调控投资规模。社会折现率的取值高低直接影响项目经济合理性判断的结果,因此可以作为国家建设投资总规模的间接调控参数,需要缩小投资规模时,就提高社会折现率;需要扩大投资规模时,可降低社会折现率。

② 社会折现率的取值高低会影响项目的选优和方案的比选。社会折现率较高,则较为不利于初始投资大而后期费用节省或收益增大的方案或项目。而社会折现率较低时,情况正好相反。

本章小结

本章对经济费用效益分析的作用、内容和基本方法的运用进行了介绍,对经济费用效益分析的适用范围及与财务分析进行了比较,阐明经济效益与费用的识别和估算,重点介绍了经济费用效益分析报表编制与指标计算,介绍了经济费用效益分析中的费用效果分析,以及经济费用效益分析参数及应用。

1. 简述费用效益分析和财务效益分析的不同点和相同点。
2. 简述影子价格的涵义。
3. 劳动力影子价格是如何确定的?
4. 简述经济分析参数及其应用。
5. 若美元对人民币的外汇牌价=6.3486元/美元,英系汇率换算系数取值为1.08,试计算美元的影子汇率。
6. 某特大型中外合资经营石化项目生产的产品中包括市场急需的聚丙烯产品,预测的目标市场价格为9 000元/吨(含销项税),项目到目标市场运杂费为100元/吨,在进行经济分析时,聚丙烯的影子价格为多少?
7. 某公司以离岸价为订货合同价格进口一套设备,离岸价为400万美元,到岸价为455万美元,银行财务费费率为0.5%,外贸手续费费率为1.5%,进口关税税率为22%,进口环节增值税税率为17%,人民币外汇牌价1美元=6.3元人民币,影子汇率换算系数为1.08,设备的国内运杂费费率为2.5%。进口相关费用经济价值与财务价值相同,不必调整,该套进口设备的到厂价为多少?
8. 货物A进口到岸价为100美元/吨,货物B出口离岸价也为100美元/吨,用影子价格估算的进口费用和出口费用分别为50美元/吨和40美元/吨,影子汇率1美元=6.86元人民币,试计算货物A的影子价格(到厂价)以及货物B的影子价格(出厂价)。

第 9 章

风险与不确定性分析

学习目标：

① 理解风险与不确定性的概念、意义；
② 熟悉风险分析的程序、内容和投资项目的主要风险；
③ 掌握平衡点分析的方法；
④ 熟悉单参数敏感性分析；
⑤ 熟悉概率分析。

9.1 概述

9.1.1 风险与不确定性的概念

(1) 风险的概念与特征

人们对风险（Risk）的研究由来已久，其最初来源于法语 risque（最早应用于 18 世纪中叶的保险交易中），基于不同的理解，目前存在多种定义。按照传统的理解，风险总是与灾害或损失联系在一起的，风险的本质是有害的或不利的。如英国风险管理学会（IRM）将风险定义为"不利结果出现或不幸事件发生的机会"。

不同的行业，对风险有着不同的定义。如在保险界，风险被定义为可保险以规避事故或损失的项目或条款，它表明承担保险责任的保险公司存在损失机会；在管理术语中，风险被视为变化或不确定性；在加工工业特别是化学工业中，风险是指火灾、泄漏、爆炸、人员伤亡、财产损失、环境损害、经济损失等灾害事件。

风险一方面是有害的和不利的，另一方面，风险也可能是有利的和可以被利用的，给项目带来机会。越来越多的国际性项目管理组织开始接受"风险是中性的"这一概念，因此英国项目管理学会（APM）将"风险"定义为"对项目目标产生影响的一个或若干不确定事件"，英国土木工程师学会（ICE）更明确定义"风险是一种将影响目标实现的不利威胁或有利机会"，国际标准化组织（ISO）则将风险定义为"某一事件发生的概率和其后果的组合"。概括起来，广义的风险可以定义为：风险是未来变化偏离预期的可能性以及对目标产生影响的大小。其特征是：①风险是中性的，既可能产生不利影响，也可能带来有利影响；②风险的大小与变动发生的可能性有关，也与变动发生后对项目影响的大小有关。变动出现的可能性越大，变动出现后对目标的影响越大，风险就越高。

(2) 不确定性与风险

不确定性（Uncertainty）是与确定性（Certainty）相对的一个概念，是指某一事件、活动在未来可能发生，也可能不发生，其发生状况、时间及其结果的可能性或概率是未知的。

1921年，美国经济学家弗兰克·奈特对风险进行了开拓性的研究，他首先将风险与不确定性区分开来，认为风险是介于确定性和不确定性之间的一种状态，其出现的可能性是可以知道的，而不确定性的概率是未知的。由此，出现了基于概率的风险分析，以及未知概率的不确定性分析两种决策分析方法。

不确定性与风险的区别体现在以下四个方面。

① 是否可量化。风险是可以量化的，即其发生概率是已知的或通过努力是可以知道的；而不确定性则是不可以量化的。风险分析可以采用概率分析方法，分析各种情况发生的概率及其影响；不确定性分析只能进行假设分析，假定某些因素发生后，分析不确定因素对项目的影响。

② 是否可保险。风险是可以保险的，而不确定性是不可以保险的。由于风险概率是可以知道的，理论上保险公司就可以计算确定的保险收益，从而提供有关保险产品。

③ 概率可获得性。不确定性，发生概率未知；而风险，发生概率是可知的，或是可以测定的，可以用概率分布来描述。

④ 影响大小。不确定性代表不可知事件，因而有更大的影响。如果同样事件可以量化风险，则其影响可以防范并得到有效的控制。

概括而言，确定性是指在决策涉及的未来期间内一定发生或者一定不发生，其关键特征只有一种结果。不确定性则是指不可能预测未来将要发生的事件。因为存在多种可能性，其特征是可能有多种结果。由于缺乏历史数据或类似事件信息，不能预测某一事件发生的概率，因而，该事件发生的概率是未知的。风险则是介于不确定性与确定性之间的一种状态，其概率是可知的或已知的。在投资项目分析与评价中，虽然对项目要进行全面的风险分析，但其分析重点在风险的不利影响和防范对策研究上。

9.1.2 风险与不确定性分析的含义

(1) 不确定性与风险的性质

① 客观性。不确定性与风险是客观存在的，无论是自然现象中地震、洪水等自然灾害，还是现实社会中的各种矛盾、冲突，都不可能完全根除，只能采取措施降低其不利影响。随着社会的发展和科技的进步，人们对自然界和社会的认识逐步加深，对风险的认识也逐步提高，有关风险防范的技术不断完善，但仍然存在大量风险。

② 可变性。可能造成损失，也可能带来收益，是不确定性与风险的基本特征；风险是否发生，风险事件的后果如何都是难以确定的。但是可以通过历史数据和经验，对风险发生的可能性和后果进行一定的分析预测。

③ 阶段性。投资项目的不同阶段存在的主要风险有所不同，投资决策阶段的风险主要包括政策风险、融资风险等，项目实施阶段的主要风险可能是工程风险和建设风险等，而在项目运营阶段的主要风险可能是市场风险、管理风险等，因此，风险对策是因时而变的。

④ 多样性。不同的行业和不同的项目具有不同的风险，如高新技术行业投资项目的主要风险可能是技术风险和市场风险，而基础设施行业投资项目的主要风险则可能是工程风

和政策风险，必须结合行业特征和不同项目的情况来识别风险。

⑤ 相对性。对于项目的有关各方（不同的风险管理主体）可能会有不同的风险，而且对于同一风险因素，对不同主体的影响也是不同的，甚至是截然相反的。如工程风险对业主而言可能产生不利后果；而对于保险公司而言，正是由于工程风险的存在，才使得保险公司有了通过工程保险获利的机会。

⑥ 层次性。风险的表现具有层次性，需要层层剖析，才能深入到最基本的风险单元，以明确风险的根本来源。如市场风险，可能表现为市场需求量的变化、价格的波动以及竞争对手的策略调整等，而价格的变化又可能包括产品或服务的价格、原材料的价格和其他投入物价格的变化等，必须挖掘最关键的风险因素，才能制订有效的风险应对措施。

(2) 风险与不确定性分析的方法

在对项目相关因素的波动和影响的分析中，通过对拟建项目具有较大影响的因素进行分析，计算由基本变量的增减变化而引起项目财务或经济效益指标的变化，找出最敏感的因素及其临界点，预测项目可能承担的风险，称为不确定性分析。不确定性分析使用的方法主要包括盈亏平衡分析和敏感性分析。通过对风险因素的识别，采用定性或定量分析的方法估计各风险因素发生的可能性及对项目影响的程度，揭示影响项目成败的关键风险因素，提出项目风险的预警、预报和相应的对策，称为风险分析。风险分析的过程包括风险识别、风险估计、风险评价与风险应对，使用的方法主要包括敏感性分析和概率分析。

9.1.3 投资项目的主要风险

(1) 市场风险

市场风险是竞争性项目常遇到的重要风险。它的损失主要表现为项目产品销路不畅、产品价格低迷等，以致产量和销售收入达不到预期的目标。细分起来，市场方面涉及的风险因素较多，可分层次予以识别。市场风险一般来自四个方面：一是由于消费者的消费习惯、消费偏好发生变化，使得市场需求发生重大变化，导致投资项目的市场出现问题，市场供需总量的实际情况与预测值发生偏离；二是由于市场预测方法或数据错误，导致市场需求分析出现重大偏差；三是市场竞争格局发生重大变化，竞争者采取了进攻策略，或者出现了新的竞争对手，对项目的销售产生重大影响；四是由于市场条件的变化，项目产品和主要原材料的供应条件与价格发生较大变化，对项目的效益产生了重大影响。

(2) 技术与工程风险

在可行性研究中，虽然对投资项目采用的技术先进性、可靠性和适用性进行了必要的论证分析，选定了认为合适的技术，但是，由于各种主观和客观原因，仍然可能会发生预想不到的问题，使投资项目遭受风险损失。可行性研究阶段应考虑技术方面的风险因素主要有：对技术的适用性和可靠性认识不足，运营后达不到生产能力、质量不过关或消耗指标偏高，特别是高新技术开发项目方面的风险更大。对于引进国外二手设备的项目，设备的性能能否如愿是应认真分析的风险因素。另外，工艺技术与原材料的匹配问题也是应考察的风险因素。

对于矿山、铁路、港口、水库以及部分加工业项目，工程地质情况十分重要。但限于技术水平有可能勘探不清，致使在项目的生产运营甚至施工中就出现问题，造成经济损失。因此在地质情况复杂的地区，应慎重对待工程地质风险因素。

(3) 组织管理风险

管理风险是指由于项目管理模式不合理，项目内部组织不当、管理混乱或者主要管理者的能力不足、人格缺陷等，导致投资大量增加、项目不能按期建成投产造成损失的可能性。组织管理风险包括项目采取的管理模式、组织与团队合作以及主要管理者的道德水平等。因此，合理设计项目的管理模式、选择适当的管理者和加强团队建设是规避管理风险的主要措施。

组织风险是指由于项目存在众多参与方，各方的动机和目的不一致将导致项目合作的风险，影响项目的进展和项目目标的实现。组织风险还包括项目组织内部各部门对项目的理解、态度和行动不一致而产生的风险。完善项目各参与方的合同，加强合同管理，可以降低项目的组织风险。

(4) 政策风险

政策风险主要是指国内外政治经济条件发生重大变化或者政策调整，项目原定目标难以实现的可能性。项目是在一个国家或地区的社会经济环境中存在的，由于国家或地方各种政策，包括经济政策、技术政策、产业政策等，涉及税收、金融、环保、投资、土地、产业等政策的调整变化，都会对项目带来各种影响。特别是对于海外的投资项目，由于不熟悉当地政策，规避政策风险更是项目决策阶段的重要内容。

如产业政策的调整，国家对某些过热的行业进行限制，并相应调整信贷政策，收紧银根，提高利率等，将导致企业融资困难，可能带来项目停工甚至破产；又如国家土地政策的调整，严格控制项目新占耕地，提高项目用地的利用率，对建设项目的生产布局会带来重大影响。

(5) 环境与社会风险

环境风险是由于对项目的环境生态影响分析深度不足，或者是环境保护措施不当，引起项目的环境冲突，带来重大的环境影响，从而影响项目的建设和运营。

社会风险是指由于对项目的社会影响估计不足，或者项目所处的社会环境发生变化，给项目建设和运营带来困难和损失的可能性。有的项目由于选址不当，或者因对项目的受损者补偿不足，都可能导致当地单位和居民的不满和反对，从而影响项目的建设和运营。社会风险的影响面非常广泛，包括社会治安、文化素质、公众态度等方面，因而社会风险的识别难度极大。

(6) 其他风险

对于某些项目，还要考虑其特有的风险因素。例如，对于矿山、油气开采等资源开发项目，资源风险是很重要的风险因素。在可行性研究阶段，矿山和油气开采等项目的设计规模，一般是根据国家储委批准的地质储量设计的，对于地质结构比较复杂的地区，加上受勘探的技术、时间和资金的限制，实际储量可能会与预测有较大的出入，致使矿山和油气开采等项目的产量降低、开采成本过高或者寿命缩短，造成巨大的经济损失；对于投资巨大的项目，还存在融资风险，由于资金供应不足或者来源中断导致建设工期拖延甚至被迫终止建设；或者由于利率、汇率变化导致融资成本升高造成损失的可能性加大；大量消耗原材料和燃料的项目，还存在原材料供应量、价格和运输保障三个方面的风险；在水资源短缺地区建设项目，或者项目本身耗水量大，水资源风险因素应予以重视；对于中外合资项目，要考虑合资对象的法人资格和资信问题，还有合作的协调性问题；对于农业投资项目，还要考虑因气候、土壤、水利、水资源分配等条件的变化对收成不利影响的风险因素。

上面只是列举出投资项目可能存在的一些风险因素，但并非能涵盖所有投资项目的全部风险因素；也并非每个投资项目都同时存在这么多风险因素，而可能只是其中的几种，要根据项目的具体情况予以识别。

9.1.4 风险对策

投资项目的建设是一种大量耗费资源的经济活动，投资决策的失误将引起不可挽回的损失。在投资项目决策前的可行性研究中，不仅要了解项目可能面临的风险，也要提出有针对性的风险对策，避免风险的发生或将风险损失降到最小程度，才能有助于提高投资的安全性，促使项目获得成功。同时，可行性研究阶段的风险对策研究可为投资项目实施过程的风险监督与管理提供依据。另外，风险对策研究的结果应及时反馈到可行性研究的各个方面，并据此修改部分数据或调整方案，进行项目方案的再设计。

为将风险损失控制在最小范围内，促使项目获得成功，在项目的决策、实施和经营的全过程中实施风险管理是十分必要的。在投资项目周期的不同阶段，风险管理具有不同的内容。可行性研究阶段的风险对策研究是整个项目风险管理的重要组成部分。对策研究的基本要求如下。

(1) 风险对策研究应贯穿于可行性研究的全过程

可行性研究是一项复杂的系统工程，而风险因素又可能存在于技术、市场、工程、经济等各个方面。在正确识别投资项目各方面的风险因素之后，应从方案设计上采取规避防范风险的措施，才能防患于未然，因此风险对策研究应贯穿于可行性研究的全过程。

(2) 风险对策应具有针对性

投资项目可能涉及各种各样的风险因素，且各个投资项目又不尽相同。风险对策研究应有很强的针对性，应结合行业特点，针对特定项目主要的或关键的风险因素提出必要的措施，将其影响降到最小程度。

(3) 风险对策应有可行性

可行性研究阶段所进行的风险对策研究应立足于现实客观的基础之上，提出的风险对策应是切实可行的。所谓可行，不仅是指技术上可行，且从财力、人力和物力方面也是可行的。

(4) 风险对策必须具有经济性

规避防范风险是要付出代价的，如果提出的风险对策所花费的费用远大于可能造成的风险损失，该对策将毫无意义。在风险对策研究中应将规避防范风险措施所付出的代价与该风险可能造成的损失进行权衡，旨在寻求以最少的费用获取最大的风险效益。

(5) 风险对策研究是项目有关各方的共同任务

风险对策研究不仅有助于避免决策失误而且是投资项目风险管理的基础，因此它应是投资项目有关各方的共同任务。项目发起人和投资者应积极参与和协助进行风险对策研究，并真正重视风险对策研究的结果。

9.2 平衡点分析

影响项目现金流的因素很多，包括投资、经营成本、产品销售量、产品价格和项目寿命期等。这些因素在项目实施后可能会发生变化，影响投资方案的经济效果，当这些因素的变化达到某一临界值时，会影响方案的取舍。盈亏平衡分析的目的就是找出各关键影响因素的临界值，判断投资方案对不确定因素变化的承受能力，为决策提供依据。在决策是否投资一个方案时，一个最重要的考虑是项目是否能够盈利，并且能够盈利多少。项目的盈利只涉及成本和收入，包括三个方面的因素：产品的销售量、产品的价格、成本。

从市场供求关系来看，销售量和价格存在一定的关系：向市场提供某一产品的数量越多，产品的价格越低；反过来，提供的产品数量越少，产品的价格越高。投资项目也会面对向市场投入一定量产品后，市场价格会怎么样变化的问题。在产量等于销售量的情况下，会有两种情况：一是该项目的生产销售活动不会明显影响市场供求关系，假定其他市场条件不变，产品价格不会随该项目销售量的变化而变化；二是该项目的生产销售活动会明显地影响市场供求状况，随着该项目产品销售量的增加，产品价格会下降。在第一种情况下，产品价格不变，总收入和产量呈线性关系；在第二种情况下，产品价格随产量改变，总收入和产量呈非线性关系。

项目的生产成本构成中，在一定的生产规模限度内不随产量变动而变动的费用，称为固定成本；随产品产量变动而变动的费用，称为变动成本。固定成本主要包括固定资产折旧、无形资产及其他资产摊销费、修理费等，在每个经营周期或会计年度这些费用都是基本不变的。变动成本主要包括原材料、动力、计件工资等，大部分都与产量呈线性关系；也有一部分变动成本与产量不呈线性关系，如与批量有关的模具费、运输费等，这部分变动成本通常在总成本中所占比例很小，在分析中一般可以近似地认为它与产量呈线性关系。

对产品销售量、产品价格、成本的各种关系有不同的假设时，盈亏平衡分析可分为线性盈亏平衡分析和非线性盈亏平衡分析，项目评价中只需进行线性盈亏平衡分析。

9.2.1 线性盈亏平衡分析

线性盈亏平衡分析对产品销售量、产品价格、成本有以下四个假设条件：
① 产量等于销售量，即当年生产的产品或服务当年销售出去；
② 产量变化，单位可变成本不变，所以总成本费用是产量的线性函数；
③ 产量变化，产品售价不变，所以销售收入是销售量的线性函数；
④ 按单一产品计算，当生产多种产品，应换算为单一产品，不同产品的生产负荷率的变化应保持一致。

按照以上的四个假设，销售收入是产品价格和产量的乘积。即

$$TR = P \times Q \tag{9-1}$$

式中，P 为产品价格；Q 为产量。

总成本是固定成本与变动成本之和，变动成本是单位变动成本和产量的乘积。即

$$TC = \text{TFC} + \text{AVC} \times Q \tag{9-2}$$

式中，TFC 为总固定成本；AVC 为单位变动成本。

项目的盈利是销售收入减去总成本和营业税金及附加。即

$$TP = TR - TC - TAX \tag{9-3}$$

式中，TAX 为营业税金及附加。

为简化计算，可假设营业税金及附加为 0。线性盈亏平衡分析如图 9-1 所示。

销售收入曲线与总成本曲线有一个交点。在交点上，销售收入等于总成本，盈利为 0。在交点的左边，销售收入小于总成本，项目处于亏损状态，称交点左边为亏损区；在交点右边，销售收入大于总成本，项目处于盈利状态，称交点右边为盈利区。交点所对应的产量 Q_b 称为平衡点产量。

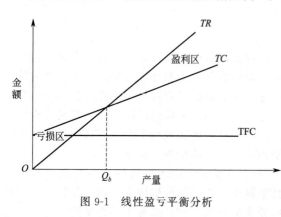

图 9-1 线性盈亏平衡分析

$$Q_b = \frac{\text{TFC}}{P - \text{AVC}} \tag{9-4}$$

平衡点生产负荷率为

$$R = \frac{Q_b}{Q_c} \times 100\% \tag{9-5}$$

【例 9-1】 某化工建设项目设计年生产能力 5 万吨，预计年固定总成本为 800 万元，产

品销售价格为 1 500 元/吨，产品变动成本为 1 150 元/吨，假定：产量—成本-盈利之间的关系均呈线性关系，试进行平衡点分析。

解 盈亏平衡点产量为

$$Q_b = \frac{\text{TFC}}{P - \text{AVC}} = \frac{8\ 000\ 000\ \text{元}}{1\ 500\ \text{元/吨} - 1\ 150\ \text{元/吨}} = 22\ 857(\text{吨})$$

盈亏平衡点销售额为

$$TR_b = PQ_b = 1\ 500\ \text{元/吨} \times 22\ 857\ \text{吨} = 34\ 285\ 500(\text{元})$$

盈亏平衡点的生产负荷率为

$$R_b = \frac{Q_b}{Q_c} = \frac{22\ 857}{50\ 000} \times 100\% = 45.71\%$$

若该项目产量大于 22 857 吨，销售额超过 34 285 500 元，生产负荷率大于 45.71%，则该项目处于盈利状态；反之，则处于亏损状态。

9.2.2 非线性盈亏平衡分析

在实际工作中，非线性盈亏平衡分析往往不是随产量呈线性变化的，而是出现如图 9-2 所示的变化趋势。

由图 9-2 可以看出，当产量、成本和销售收入三者之间呈非线性关系时，可能出现几个盈亏平衡点。一般把最后出现的盈亏平衡点叫盈利限制点。在图 9-2 中，只有当产量 Q 在 $Q_{b1} \sim Q_{b2}$ 时才能盈利，并可以找到最大盈利所对应的产量 Q。

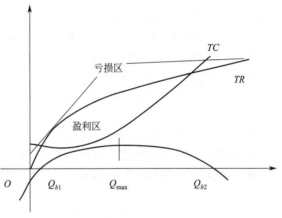

图 9-2 非线性平衡点分析

【**例 9-2**】 某石油开发项目的年总销售收入（单位：元）与产量（单位：吨）的关系为

$$TR = (500 - 0.02Q)Q$$

年总成本（单位：元）与产量的关系为

$$TC = 640\ 000 + 100Q + 0.02Q^2$$

试进行盈亏平衡分析。

解 项目的盈利函数为

$$\begin{aligned} TP &= TR - TC \\ &= (500 - 0.02Q)Q - (640\ 000 + 100Q + 0.02Q^2) \\ &= 400Q - 0.04Q^2 - 640\ 000 \end{aligned}$$

因为达到平衡点时，销售收入等于生产成本，$TP = 0$，所以有

$$-0.04Q^2 + 400Q - 640\ 000 = 0$$

解方程得

$$Q_{b1} = 2\ 000\ \text{吨}, \quad Q_{b2} = 8\ 000\ \text{吨}$$

说明可使该项目盈利的产量范围在 2 000～8 000 吨，若产量 $Q < 2\ 000$ 吨或 $Q > 8\ 000$ 吨，都会发生亏损。

若对盈利函数求导数，并令其等于零，可求出最大盈利时的产量值。

$$\frac{dTP}{dQ} = -0.08Q + 400$$

令 $\dfrac{dTP}{dQ}=0$，即 $-0.08Q+400=0$

则得 $Q_{max}=5\ 000$ 吨

最大盈利为
$$TP_{max}=-0.04\times 5\ 000^2+400\times 5\ 000-640\ 000=2\ 360\ 000(元)$$

9.2.3 优劣平衡点分析

如果把盈亏平衡的原理应用到排他型方案的比选中，两个排他型方案都是一个单变量的函数，那么它们会有一个交点。当变量的取值在交点上时，两个方案的经济效果相同，交点称为优劣平衡点。当变量的取值在交点左边和交点右边，对应选择不同的最优方案。这种比选方法就称为优劣平衡点分析。

设两个方案的总成本受一个公共变量 x 的影响，且每个方案的总成本都能表示为该公共变量的函数，则该变量的某个数值可使两个方案的总成本相等。即有
$$TC_1=f_1(x)\ 和\ TC_2=f_2(x)$$

当 $TC_1=TC_2$ 时，就有
$$f_1(x)=f_2(x)$$

若解出 $f_1(x)=f_2(x)$ 时的 x 值，就得出了两个方案的优劣平衡点 x_b，即当变量 x 取值为 x_b 时，两个方案的经济效果相同。

【例 9-3】 现有某化工厂生产一种新型材料。有三种方案可供选择：

A：从国外引进，每年固定成本 900 万元，单位产品可变成本为 12 元；

B：采用一般国产自动化装置，每年固定成本为 600 万元，单位产品可变成本为 14 元；

C：采用自动化程度较低的生产设备，每年固定成本为 400 万元，单位产品可变成本为 17 元。

问：① 如何确定使用哪种建设方案？

② 若市场预测该产品的年销售量为 80 万件，问应该选择哪种建设方案？

解 ① 各方案的总成本函数为
$$TC_A=TFC_A+AVC_A\times Q=900+12Q$$
$$TC_B=TFC_B+AVC_B\times Q=600+14Q$$
$$TC_C=TFC_C+AVC_C\times Q=400+17Q$$

各方案的总成本曲线如图 9-3 所示。

从图 9-3 中可以看出，最低成本线被两个交点分为三段，其中 Q_1、Q_2 分别为优劣平衡点 1、2 下的产量。具体计算如下：

对于点 1：
$$TC_B=TC_C$$
即 $600+14Q=400+17Q$

解得 $Q_1=66.7$ 万件

对于点 2：
$$TC_A=TC_B$$
即 $900+12Q=600+14Q$

解得 $Q_2=150$ 万件

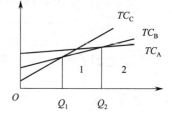

图 9-3 各方案的总成本曲线

因此，当产量小于 66.7 万件时，C 方案成本最低；当产量在 66.7 万～150 万件时，B

方案成本最低；当产量大于 150 万件时，A 方案成本最低。

② 根据市场预测，年销售量为 80 万件时，选择 B 方案建厂经济上最有利。

从上例可以看出，优劣平衡点分析并不属于盈亏平衡分析，而是一种排他型方案的比选方法。它不仅可以应用在排他型方案的产量因素的比较分析，还可以应用到排他型方案的项目寿命、贴现率等因素的比选。

【例 9-4】 某生产有机溶剂的化工工厂为减少污染，引入新型设备加工生产苯乙烯，现在有 A、B 两种设备供选用，两种设备的投资及加工费如表 9-1 所示。

表 9-1 两种设备的投资及加工费

设备	初始投资/万元	加工费/(元/个)
A	1 000	500
B	2 000	300

试问：

① 若贴现率为 12%，使用年限均为 10 年，问每年产量为多少时，选用 A 设备有利？

② 若贴现率为 12%，年产量均为 10 000 个，则设备使用年限多长时选用 A 设备有利？

解 ① 本题即求 A、B 两种设备的产量优劣平衡点，考虑资金的时间价值以后，两种方案的年固定费用为

$$TFC_A = 1\,000(A/P, 12\%, 10)$$
$$TFC_B = 2\,000(A/P, 12\%, 10)$$

根据优劣平衡点的定义，有

$$TC_A = TC_B$$
$$TFC_A + 500Q = TFC_B + 300Q$$

即

$$1\,000(A/P, 12\%, 10) + 500Q = 2\,000(A/P, 12\%, 10) + 300Q$$

解得

$$Q_e = (2\,000 - 1\,000)(A/P, 12\%, 10)/(500 - 300) \text{万件/年}$$
$$= 0.884\,9 \text{万件/年}$$

因此，当产量小于 0.884 9 万件/年时，A 设备有利。

② 此时分析的不确定因素是使用年限 n，由 $TC_A = TC_B$ 得：

$$1\,000(A/P, 12\%, n) + 500 \times 1 = 2\,000(A/P, 12\%, n) + 300 \times 1$$

化简得：

$$(A/P, 12\%, n) = 0.2$$

即：

$$\frac{0.12}{1 - (1 + 0.12)^{-n}} = 0.2$$

解得：

$$n = 8.08 \text{ 年}$$

因此，当设备的使用年限小于 8.08 年时，选用 A 设备有利。

9.3 敏感性分析

影响项目实现预期经济目标的风险因素来源于法律法规及政策、市场供需、资源开发与

利用、技术的可靠性、工程方案、融资方案、组织管理、环境与社会、外部配套条件等一个方面或几个方面。在项目的不确定性和风险分析中，需要发现对经济效益的不确定性影响较大的参数，在项目的施工和以后的经营管理中就能有的放矢地重点控制这些敏感性参数，以保证项目预期经济效益的实现。

敏感性分析是指通过分析不确定性因素发生增减变化时，对财务或经济评价指标的影响，并找出敏感因素。如果不确定性因素通过参数来表示，则投资项目经济效益随其现金流量中某个或某几个参数的变化而变化称为投资经济效益对参数的敏感性。若某参数值的较小变化能导致经济效益的较大变化，则称投资经济效益对该参数的敏感性大；反之，则称投资经济效益对该参数的敏感性小。通过敏感性分析可以大体揭示投资经济效益的变化范围或幅度，它在一定程度上反映了投资项目的风险和不确定程度。在进行方案选择时，风险和不确定性大小是取舍方案的重要依据之一。

通常采用敏感度系数和临界点来表示不确定性因素的敏感性。

(1) 计算时应符合的要求

①敏感度系数是指项目评价指标变化率与不确定性因素变化率之比。可按下式计算

$$S_{AF} = \frac{\Delta A/A}{\Delta F/F} \tag{9-6}$$

式中，$\Delta F/F$ 为不确定性因素 F 的变化率；$\Delta A/A$ 为不确定性因素 F 发生 ΔF 变化时，评价指标 A 的相应变化率。

②临界点（转换值）是指不确定性因素的变化使项目由可行变为不可行的临界数值，一般采用不确定性因素相对基本方案的变化率或其对应的具体数值表示。临界点可通过敏感性分析图得到近似值。

敏感性分析根据其一次变动参数的多少可分为单参数敏感性分析、双参数敏感性分析和多参数敏感性分析。假设项目现金流量中的其他参数保持原有预测水平不变，仅考察某一参数变化对项目经济效益的影响，称为单参数敏感性分析。如果考察两个或两个以上因素相互影响的变化对项目经济效益的影响，则称为双参数或多参数敏感性分析。敏感性分析中通常只进行单参数敏感性分析。

(2) 单参数敏感性分析的步骤

① 按照最可能的情况预测出现金流量中各参数的数值，并计算方案的经济效益（如净现值或内部收益率等）。

② 以上述各参数的预测值为基点，设想某一参数以其预测值为基点沿正负方向发生变化（变化幅度一般用百分数表示），而其他参数保持预测值不变，并计算变化后方案相应的经济效益。

③ 将所得数据列成表或绘成单参数敏感性分析图。

【例 9-5】 某一化工厂有一在建项目的数据如表 9-2 所示，经预测分析，将来投资、销售收入、经营成本可能在±10%范围变化，试对净现值（NPV）进行敏感性分析。（贴现率=10%）

表 9-2 该项目的预测数值

初始投资	使用年限	残值	各年销售收入	各年经营成本
200 万元	10 年	20 万元	70 万元	30 万元

解 ①计算原方案的初始值。

$$NPV = (70-30)(P/A, 10\%, 10) + 20(P/F, 10\%, 10) - 200$$
$$= 40 \times 6.1446 + 20 \times 0.3855 - 200$$
$$= 53.5(万元)$$

② 开始计算各因素变化对 NPV 的影响。
a. 设投资浮动 10%，其他因素不变：
$$\text{NPV}(+10\%) = (70-30)(P/A,10\%,10) + 20(P/F,10\%,10) - 200(1+10\%)$$
$$= 40 \times 6.1446 + 20 \times 0.3855 - 200 \times 1.1$$
$$= 33.5(万元)$$
$$\text{NPV}(-10\%) = (70-30)(P/A,10\%,10) + 20(P/F,10\%,10) - 200(1-10\%)$$
$$= 40 \times 6.1446 + 20 \times 0.3855 - 200 \times 0.9$$
$$= 73.5(万元)$$

则
$$S_{R1} = \frac{\frac{\Delta A}{A}}{\frac{\Delta F}{F}} = \frac{\Delta \text{NPV}\%}{\Delta R\%} = \frac{\frac{33.5-53.5}{53.5}}{10\%} = -3.73$$

投资的敏感系数：投资变动 1% 引起 NPV 的变化比率。
b. 设销售收入浮动 10%，其他因素不变：
$$\text{NPV}(+10\%) = [70 \times (1+10\%) - 30](P/A,10\%,10) + 20(P/F,10\%,10) - 200$$
$$= 47 \times 6.1446 + 20 \times 0.3855 - 200$$
$$= 96.5(万元)$$
$$\text{NPV}(-10\%) = [70 \times (1-10\%) - 30](P/A,10\%,10) + 20(P/F,10\%,10) - 200$$
$$= 33 \times 6.1446 + 20 \times 0.3855 - 200$$
$$= 10.48(万元)$$

则
$$S_{R2} = \frac{\frac{\Delta A}{A}}{\frac{\Delta F}{F}} = \frac{\Delta \text{NPV}\%}{\Delta R\%} = \frac{\frac{96.5-53.5}{53.5}}{10\%} = 8.04$$

销售收入的敏感系数：销售收入变动 1% 引起 NPV 的变化比率。
c. 设经营成本浮动 10%，其他因素不变：
$$\text{NPV}(+10\%) = [70 - 30 \times (1+10\%)](P/A,10\%,10) + 20(P/F,10\%,10) - 200$$
$$= 37 \times 6.1446 + 20 \times 0.3855 - 200$$
$$= 35.06(万元)$$
$$\text{NPV}(-10\%) = [70 - 30 \times (1-10\%)](P/A,10\%,10) + 20(P/F,10\%,10) - 200$$
$$= 43 \times 6.1446 + 20 \times 0.3855 - 200$$
$$= 71.93(万元)$$

则 $$S_{R3} = \frac{\frac{\Delta A}{A}}{\frac{\Delta F}{F}} = \frac{\Delta \text{NPV}\%}{\Delta R\%} = \frac{\frac{35.06-53.5}{53.5}}{10\%} = -3.45$$

经营成本的敏感系数：经营成本变动 1% 引起 NPV 的变化比率。
③ 作敏感性分析的图表（见表 9-3）。

表 9-3 敏感性分析表

范围/% 因素	+10	0	−10	单位变化比/%
投资	33.5	53.5	73.55	−3.7
销售收入	96.5	53.5	10.48	8.04
经营成本	35.06	53.5	71.93	−3.45

④ 敏感性分析的临界分析。

a. 求投资变化的临界值，设投资变化比率为 $x_1\%$ 时，NPV＝0（此时，项目由可行变为不可行）。

$$\mathrm{NPV}(+x_1\%)=(70-30)(P/A,10\%,10)+20(P/F,10\%,10)-200(1+x_1\%)$$

解得 $x_1=26.75$

b. 求销售收入变化的临界值，设销售收入变化比率为 x_2 时，NPV＝0（此时，项目由可行变为不可行）。

$$\mathrm{NPV}(+x_2\%)=[70\times(1+x_2\%)-30](P/A,10\%,10)+20(P/F,10\%,10)-200$$

解得 $x_2=-13$

c. 求经营成本变化的临界值，设经营成本变化比率为 x_3 时，NPV＝0（此时，项目由可行变为不可行）。

$$\mathrm{NPV}(+x_3\%)=[70-30\times(1+x_3\%)](P/A,10\%,10)+20(P/F,10\%,10)-200$$

解得 $x_3=29$

⑤ 分析。

敏感性系数 $S_R>0$，表示评价指标与不确定因素同方向变化；$S_R<0$，表示评价指标与不确定因素同方向变化。绝对值 $|S_R|$ 较大者敏感系数高。所以在这道题目中，销售收入是三个影响因素中敏感系数最高的。

在各不确定因素中，销售收入的上下波动对指标的影响最大，对指标影响最小的因素是经营成本。当销售收入减少 13%，项目净现值刚好等于零，说明销售收入的临界点为－13%，即当销售收入下降超过 13%时，项目由可行变为不可行。从财务角度分析，该项目的不确定因素变化在 ±10%以内时具有一定的抗风险能力，但超过±10%时具有一定的风险性，需要谨慎操作。

9.4 概率分析

敏感性分析对项目经济效益的不确定性进行初步的定量描述，能识别出各种风险因素。但对参数不同值发生的可能性并未加以估计，项目的风险和不确定性还不能得到更符合实际的反映，因此还需要进行风险估计，定量估计参数不同值发生的可能性及其影响。其中，采用概率与数理统计理论来定量描述项目的风险和不确定性的方法就称为概率分析。

概率分析的基本原理是：假设各参数是服从某种分布的相互独立的随机变量，因而项目经济效益作为参数的函数必然也是一个随机变量。在进行概率分析时，先对参数作出概率估计，并以此为基础计算项目的经济效益，最后通过累计概率、经济效益期望值、标准差就可以定量反映出项目的风险和不确定程度。

概率分析中最重要的是确定各参数的概率分布，采用的方法主要有概率树、蒙特卡罗模拟、CIM 模型（控制区间和记忆模型）等分析方法。蒙特卡罗模拟和 CIM 模型较为复杂，本章不作阐述，将主要介绍概率树法。

概率树分析是假定风险变量之间是相互独立的，在构造概率树的基础上，将每个风险变量的各种状态取值组合计算，分别计算每种组合状态下的评价指标值及相应的概率，得到评价指标的概率分布，并统计出评价指标低于或高于基准值的累计概率，计算评价指标的期望值、方差、标准差和离散系数。

经济效益期望值是指在参数值不确定的条件下，投资经济效益可能达到的平均水平。其一般表达式如下：

$$E(x)=\sum_{i=1}^{n}X_iP_i \tag{9-7}$$

式中，X_i 为变量 X 的第 i 个值（$i=1, 2, \cdots, n$）；P_i 为 X_i 发生的概率。

标准差反映了随机变量实际发生值对其期望值的离散程度，说明经济效益实际值对期望值的偏离度。标准差越大，实际值对期望值的偏离越大，项目风险越大。标准差的计算公式如下

$$\sigma=\sqrt{\sum_{i=1}^{n}P_i[X_i-E(x)]^2} \tag{9-8}$$

【例 9-6】 某石油公司的业务之一为国际能源贸易。现该公司有 A、B 两种国际能源贸易项目，这两种贸易的净现值及其概率如表 9-4 所列，试计算项目的经济效益期望值及标准差，并作项目风险和不确定性比较。

表 9-4 项目 A、B 的净现值及其概率

项目 A		项目 B	
净现值/元	概率	净现值/元	概率
3 000	0.1	2 000	0.1
3 500	0.2	3 000	0.25
4 500	0.4	4 500	0.3
5 500	0.2	6 000	0.25
6 000	0.1	7 000	0.1

解 ①计算项目净现值的期望值。根据式（9-7）得

项目 A 的净现值期望值 $E_A = 3\,000 \times 0.1 + 3\,500 \times 0.2 + 4\,500 \times 0.4 + 5\,500 \times 0.2 + 6\,000 \times 0.1 = 4\,500$（元）

项目 B 的净现值期望值 $E_B = 2\,000 \times 0.1 + 3\,000 \times 0.25 + 4\,500 \times 0.3 + 6\,000 \times 0.25 + 7\,000 \times 0.1 = 4\,500$（元）

② 计算项目净现值的标准差。根据式（9-8）得

项目 A 净现值的标准差 $\sigma_A = 921.95$ 元

项目 B 净现值的标准差 $\sigma_B = 1\,541.10$ 元

③根据计算结果分析。由计算结果可知，项目 A、B 的净现值期望是相等的，均为 4 000 元。但是两个项目的风险和不确定性是不完全相同的。由于 $\sigma_A < \sigma_B$，故项目 B 净现值的实际发生值同期望值间的差异一般要比项目 A 大，即项目 B 的风险和不确定程度比项目 A 大。

由此可见，在项目经济效益期望值相近的情况下，有必要通过标准差来进一步反映项目在风险和不确定性方面的差异。

在风险与不确定性分析中，有时需要评估项目经济效益值发生在某一区间的可能性。这时，就需计算这个区间内所有可能取值的概率之和，即累计概率。可以绘制以评价指标为横轴，累计概率为纵轴的累计概率曲线。

④ 概率树计算项目净现值的期望值和净现值大于或等于零的累计概率的计算步骤为：

a. 通过敏感性分析，确定风险变量。设存在多个影响因素通过敏感性分析，其中 n 个变量为风险变量，分别为 $A, B, C, \cdots, N$。

b. 判断风险变量可能发生的情况。

c. 确定每种情况可能发生的概率，每种情况发生的概率之和必须等于 1。对风险变量逐个分析其可能存在的状态，并确定各种状态发生的概率。

$$\sum_{i=1}^{n_n} P\{A_i\} = P\{A_1\} + P\{A_1\} + \cdots + P\{A_{n1}\} = 1 \tag{9-9}$$

$$\sum_{i=1}^{n_n} P\{N_i\} = 1 \tag{9-10}$$

d. 求出可能发生事件的净现值、加权净现值，然后求出净现值的期望值。对各种发生的状态进行组合，分别计算每种组合发生的概率和净现值，其概率为 $P(A_i)$，$P(B_j)$，…，$P(N_k)$，$i, j, \cdots, k$ 分别是指每种情况的某一种状态。

e. 可用插入法求出净现值大于或等于零的累计概率。由累计概率表计算 i_c。

$$P[\mathrm{NPV}(i_c) \geqslant 0] \tag{9-11}$$

【例 9-7】 假设项目净现值服从正态分布。已知其期望值为 1 000 元，标准差为 100 元，试求项目净现值小于 875 元的概率。

解 已知净现值 NPV 为随机变量，根据标准正态分布的概率计算公式

$$P(\mathrm{NPV} < X) = P\left(Z < \frac{X - \mu}{\sigma}\right)$$

得 $P(\mathrm{NPV} < 875) = P(Z < -1.25)$
$= \Phi(-1.25) = 1 - \Phi(1.25)$

查正态分布表得

$P(Z < -1.25) = 1 - \Phi(1.25) = 0.106$
即 $P(\mathrm{NPV} < 875) = 10.6\%$

【例 9-8】 某计算机公司拟生产一种新研制的芯片，共需投资 200 000 元。根据技术发展趋势预测，该生产线的经济寿命有 2、3、4、5 年四种可能，发生的概率分别为 0.2、0.2、0.5、0.1；通过对市场调查后，对该芯片的市场销售预测前景有三种可能：①销路很好，年净收入为 125 000 元，发生的概率为 0.2。②销路较好，年净收入为 100 000 元，发生的概率为 0.5。③销售不理想，年净收入为 50 000 元，发生的概率为 0.3。目前公司的最低期望收益率为 9%，需决策是否投资该生产线，并判断项目风险。项目参数值及其概率如表 9-5 所示。

表 9-5 项目参数值及其概率

投资额/元		贴现率		年净收入/元		寿命/年	
数值	概率	数值	概率	数值	概率	数值	概率
200 000	1.00	9%	1.00	50 000	0.30	2	0.20
				100 000	0.50	3	0.20
				125 000	0.20	4	0.50
						5	0.10

解 ①列出各参数不同取值的所有组合，并计算每种组合方案的净现值及其相应的组合概率。用树形图的形式加以表示，如图 9-4 所示（单位：元）。

②根据每组组合下的净现值及其相应的组合概率，计算项目净现值的加权平均值即期望值。

根据 i 值、投资额、年净收入及寿命 4 个参数不同取值的组合，项目净现值有 12 种可能结果，每一结果都有其相应的组合概率。在第一种情况下：

组合概率 $P_1 = 1 \times 1 \times 1 \times 0.3 \times 0.2 = 0.06$

净现值 $\mathrm{NPV}_1 = -200\,000 + 50\,000 \times (P/A, 9\%, 2) = -112\,045$（元）

依此类推，相应计算出 12 种情况下的净现值和累计概率，如表 9-6。

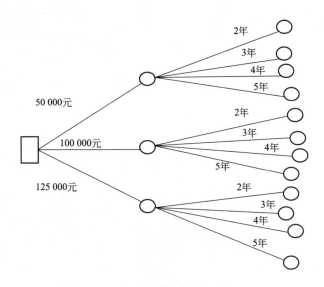

图 9-4　概率分析树形图

表 9-6　12 种情况下的净现值和累计概率计算

序号	净现值/元	概率	累计概率
1	−112 045	0.06	0.06
2	−73 440	0.06	0.12
3	−38 020	0.15	0.27
4	−24 090	0.10	0.37
5	−5 520	0.03	0.40
6	19 880	0.04	0.44
7	53 120	0.10	0.54
8	11 6400	0.04	0.58
9	12 3960	0.25	0.83
10	18 8960	0.05	0.88
11	20 4950	0.10	0.98
12	28 6200	0.02	1.00

③ 根据上表中所列净现值和概率数据，即可求得该项目净现值期望值和标准差分别为

$$E(x) = \sum_{i=1}^{n} X_i P_i = 58\ 014 \ 元$$

$$\sigma = \sqrt{\sum_{i=1}^{n} P_i [X_i - E(x)]^2} = 101\ 963 \ 元$$

④ 根据表 9-6 中的数据作净现值累计概率图，如图 9-5 所示。

⑤ 根据图 9-5 对项目进行风险与不确定性分析。从图 9-5 中可以看出，项目净现值小于零的累计概率使用插值法计算为

$$i = 0.4 + \frac{5\ 520}{5\ 520 + 19\ 880} \times (0.44 - 0.40) = 0.408\ 7$$

这意味着项目亏损的可能性约占 41%。同理，项目净现值在 0～150 000 元的可能性略大于 41%；超过 150 000 元的可能性约为 15% 左右。这些数值从不同的角度反映了项目的风险和不确定程度。

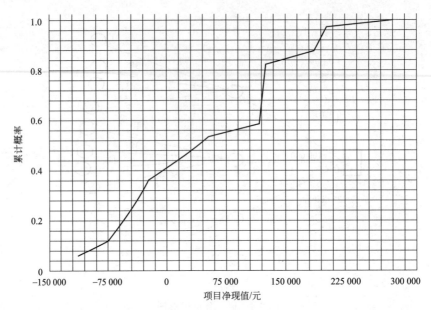

图 9-5 净现值累计概率图

本章小结

投资项目不可避免地要遇到各类风险，本章通过分析风险与不确定性的概念、意义和作用，详细介绍了风险分析的程序与内容，总结了投资项目中可能存在的各类风险，重点介绍了三种基本的风险与不确定性分析的方法：平衡点分析、敏感性分析和概率分析。其中，线性盈亏平衡分析可适用于财务分析和经济评价，是最基础的不确定性分析方法；敏感性分析既可用于不确定性分析，也可用于风险分析，具有很强的适用性；概率分析则是一种基础的风险分析方法。

 思考题

1. 原油销售价格约为 1 900 元/吨，固定成本为 170 000 元，单位变动成本为 10 元，求盈亏平衡产量、价格、变动成本。

2. 某企业生产纤维制品，年固定成本为 50 000 元，当原材料为批量采购时，可使单位产品成本在原来每件 48 元的基础上降低产品产量的 0.4%，产品售价在原来每件 75 元的基础上降低产品产量的 0.7%，试求企业在盈亏平衡点的产量及最优产量即产量的经济规模区及最优规模。

3. 某化工工厂在生产异戊酸时有两种方案：方案 A：初始投资 60 万元，预期年净收益 15 万元；方案 B：初始投资 180 万元，预期年净收益 35 万元。假设异戊酸在市场上的寿命具有较大不确定性，已知基准折现率为 15%，不考虑期末残值，试就该项目寿命期分析两种方案的优劣。

4. 具有同样的功能的设备 A、B，有关资料如表 9-7 所示。

表 9-7 设备 A、B 的有关资料

设备	初始投资/万元	产品加工费/(元/件)
A	2 000	800
B	3 000	600

试回答下列问题：
(1) 若两台设备的使用年限均为 8 年，贴现率为 13%，年产量为多少 A 设备有利？
(2) 若年产量为 13 000 件，贴现率 i 在什么范围时 A 设备有利（使用年限仍为 8 年）？

(3) 若年产量为 15 000 件，贴现率为 13%，使用年限为多少时 A 设备有利？

5. 某炼油厂有一投资项目，预计其服务期为 3 年，由于受环境的影响，各年度的现金流量及相应的概率如表 9-8 所示，预计利率为 10%，试计算该项目净现值大于或等于零的概率及净现值达到 1 000 的概率。

表 9-8　各年度的现金流量（单位：元）及相应的概率表

状态	第 0 年		第 1 年		第 2 年		第 3 年	
	X_0	P_0	X_1	P_1	X_2	P_2	X_0	P_3
1	−10 000	1.00	3 500	0.20	4 000	0.25	3 500	0.30
2	0	0	4 000	0.60	5 000	0.50	4 500	0.40
3	0	0	4 500	0.20	6 000	0.25	5 500	0.30

6. 某化肥工厂主要以生产加工硝酸铵为主，为扩大生产，拟新建厂房设备，固定投资 500 万元，使用寿命 10 年，期末残值 12 万元，全场的流动资金 85 万元，设计日产化肥 8 000 吨，正常情况下全年生产 300 天，售价 1 800 元/吨，原材料费 1200 元/吨，全年工资 200 万元，年维修费 12 万元，基准收益率为 10%。试以净现值为评估指标，分别对原材料价格、销售价格、人工费用在 ±15% 范围内的变化进行敏感性分析。

7. 某项目的市场前景分为有利、稳定和不利三种可能性，其相应的净现金流量与概率如表 9-9 所示。

表 9-9　某项目相应的净现金流量与概率

年份	市场情况		
	有利($P=0.3$)	稳定($P=0.5$)	不利($P=0.2$)
0	−4 000	−4 000	−4 000
1	2 500	2 000	1 000
2	2 000	2 000	1 500
3	2 000	2 000	2 000

若贴现率为 15%，试计算该项目的净现值期望值和标准差。

第 10 章

石油化工类项目群决策方法

学习目标：

① 掌握如何确定多个项目之间的相互关系；
② 掌握互斥型项目及设备更新方案的比选方法；
③ 熟悉独立型项目的选择方法与评价指标；
④ 熟悉混合型项目的选择方法与评价指标。

在石油化工建设项目决策中，能够提出多个备选项目或方案，并进行科学分析论证，往往可以降低决策风险。这种多方案的分析论证并最终得出结论的方法，也称项目群决策方法。由于石油化工项目的特性，往往存在大量约束条件，比如资金、工艺路线、生产规模、装备能力、原料来源及数量、能耗限制、建设地点、环境容量、环保要求、政策法规限制、社会影响，等等。本章希望通过典型案例，分析石油化工项目多方案之间的相互关系，在相关的约束条件下，运用不同的方案比选方法，采用适宜的经济效果评价指标，最终提出项目决策建议。

10.1 项目群决策的类型

10.1.1 排他型

在石油化工建设项目多方案比选时，多个项目或方案在选择中相互排斥，即在多个拟建项目或一个项目中的多个相关备选方案中只能选其一。比如项目建设单位提出了炼油、乙烯及化纤三个备选建设项目，而因场地面积有限，只能建一个石油化工项目，此时三个备选项目就属于排他型项目的比选。再比如甲醛反应器中是采用电解银催化剂还是浮石银催化剂，只能选其一，也属于排他型方案的比选。还有一类常见的排他型多方案比选问题，即设备更新的分析决策。总之，在排他型多方案比选决策中，尽量做到在多个备选项目或方案中，在确定的约束条件下，选出一个预计收益最大或支出费用最小的最优项目或方案。

10.1.2 独立型

在石油化工项目多方案比选中，如果备选项目或方案各自独立，在满足相关约束条件下，可以同时在备选方案中选择若干个项目或方案，这就是独立型方案的比选。比如在某临海化工区建设中，拟建项目包括港口工程、罐区工程、炼油项目、乙烯项目、污水集中处理项目、办公楼宇、大型仓储库房、大型立体停车场等项目，这些项目在一定条件下各自独立，只要场地、资金等条件满足要求，可以同时进行多个项目的建设，这些备选项目的相互关系就属于独立型。再比如在石化生产中为了保证盈利最大化，制订最优的产品生产计划也属于独立型方案的比选问题。总之，在独立型多方案比选中，决策原则是既要满足项目可行，又要满足相关约束条件，然后通过项目比选，寻求经济效益合计最大的最优项目集合。

10.1.3 混合型

如果在多个进行论证的石化项目中存在独立型关系，而对每一个备选项目又提出多种排他型备选方案，此时多个备选项目及相关的建设方案之间的关系即为混合型。比如某石化集团拟分别投资新建对苯二甲酸（PTA）、对二甲苯（PX）、甲苯二异氰酸酯（TDI）三个大型石化项目，三个石化项目的建设地点不同，相互独立。但是在项目论证中，对每个拟建项目提出了多种生产规模的建设方案以供石化集团公司选择。而每个项目通过比选论证最终必须确定生产规模的大小，比如是每年生产 60 万吨还是 80 万吨等，生产规模的确定属于排他型方案的比选。因此，混合型多方案的比选原则就是在一定的约束条件下，保证每一类建设项目只选定一个建设方案，并寻求拟建项目经济效益合计最大的最优项目集合。

在多项目或多方案的比选论证中，除了要考虑上述三种类型的关系之外，可能还要评价拟建项目之间存在的其他关联性，比如输油管网项目与炼油项目之间即为互补型关系。炼油项目与乙烯项目之间的上下游关系即为联锁型关系等。本书主要对排他型、独立型及混合型关系的多方案比选方法进行探讨。

10.2
排他型项目的比选

10.2.1 排他型项目的比选问题

【例 10-1】 某石化公司拟新建一套生产装置，咨询机构通过对生产工艺及设备的可靠性、安全性及经济性等方面的综合评价，提出了三个备选建设方案以供建设单位评估确定。三个建设方案的简单经济数据如表 10-1 所示。

表 10-1 建设方案

方案	初始投资/亿	年净收益/(亿/年)
A	8	1.2
B	12	1.7
C	17	2.0

项目计算期均设定为 20 年，没有建设资金约束。为简化计算，不考虑残值。基准贴现率设为 8%，建设单位应如何按照效益最大化原则进行方案选择？

【分析】 上述案例是非常典型的排他型方案比选问题，即在咨询机构提出的三个备选方案中只能最终采用其中一个建设方案。在进行多方案比选时，应该采用建设单位项目效益最大化为目标的方案。因此对上述三个备选方案的效益指标进行了计算。以 A 方案为例（见

图 10-1)。

$FNPV_A = 1.2 \times (P/A, 8\%, 20) - 8 = 3.78$(亿元)

令 $FNPV_A = 1.2 \times (P/A, FIRR, 20) - 8 = 0$

通过反查复利系数表，用内插公式计算出：

$FIRR_A = 15.5\%$

其他建设方案的财务净现值及财务内部收益率如表 10-2 所示。

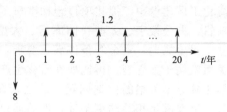

图 10-1　A 方案现金流量图

表 10-2　建设方案评价指标

方案	FNPV/亿元	FIRR
A	3.78	15.5%
B	4.69	12.5%
C	2.64	10.05%

根据上述三个建设方案的效益指标，项目在经济上均可行。以效益最大化进行排序发现，FNPV 最大的为 B 方案，而 FIRR 最高的为 A 方案。因为在排他型方案比选时只能选择其中一个方案，因此必须确定在排他型方案比选时应采用的评价指标。由于本案例中的建设资金没有限制，因此方案比选原则应以项目对建设单位财务贡献最大化为优化目标，即选择 FNPV 最大的 B 方案。

综合上述案例分析，提出排他型项目的比选原则如下。

① 对于能产生效益的排他型项目，则应根据效益最大化原则，采用差额效益指标进行排序比选：即在多个备选项目中，优先选择财务净现值（FNPV）或财务净年金（FNAV）最大的拟建项目。

$$FNAV = \sum_{t=1}^{n}(CI-CO)_t(1+i_c)^{-t}(A/P, i, n) \qquad (10-1)$$

② 对于没有财务效益或财务效益相同的排他型项目，则应根据费用最小化原则，采用费用指标进行排序比选：即优先选择费用现值（PC）或费用年值（AC）最小的拟建项目。

$$AC = \sum_{t=1}^{n}(CO-CI)_t(1+i_c)^{-t}(A/P, i, n) \qquad (10-2)$$

10.2.2　菲希尔交点

根据上述排他型方案的比选问题，我们发现对于 A 方案和 B 方案，$FNPV_A < FNPV_B$ 而 $FIRR_A > FTRR_B$。这说明在某种情况下，在多个建设方案或项目的评价比选中采用财务净现值指标排序与采用财务内部收益率指标排序可能不一致。但对于 C 方案和 B 方案，$FNPV_C < FNPV_B$ 而 $FIRR_C < FTRR_B$。这说明在某种情况下，在多个建设方案或项目的评价比选中采用财务净现值指标排序与采用财务内部收益率指标排序的结论也可能一致。产生上述结果的原因可用菲希尔交点进行分析。

菲希尔交点是指两项目 $FNPV(i)$ 曲线的交点。若基准贴现率为该交点所对应的贴现率 r_f，则两项目的财务净现值相等，如图 10-2 所示。

在【例 10-1】中，A 方案和 B 方案的菲希尔交点所对应的贴现率 r_f 计算如下。

A 方案和 B 方案的财务净现值表达式为：
$$\text{FNPV}_A(i) = 1.2 \times (P/A, i, 20) - 8$$
$$\text{FNPV}_B(i) = 1.7 \times (P/A, i, 20) - 12$$

令 $\text{FNPV}_A(i) = \text{FNPV}_B(i)$，则解得 $i = 11.2\%$，即两方案的菲希尔交点所对应的贴现率 $r_f = 11.1\%$，而【例 10-1】中给出的基准贴现率 $i = 8\%$，根据图 10-2 所示，当评价方案的基准贴现率 $i < r_f$ 时，两方案采用财务净现值指标排序与采用财务内部收益率指标排序进行方案比选的结论相反，符合表 10-2 所得结论。而当评价方案的基准贴现率 $i > r_f$ 时，两方案采用财务净现值指标排序与采用财务内部收益率指标排序进行项目比选的结论相同。因此，在排他型的建设方案或项目的比选中，为了保证拟建项目对建设单位财务贡献值最大化，就应该选择建设方案或项目的差额评价指标进行排序比选，即在多个备选方案或项目中，优先选择项目财务净现值（或财务净年金）最大或项目费用现值（或费用年值）最小的拟建项目，而不宜直接采用拟建项目的财务内部收益率进行排序比选。

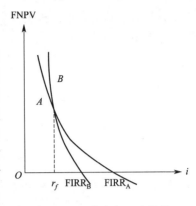

图 10-2　A 方案与 B 方案的菲希尔交点图

10.2.3　排他型项目的比选方法

（1）项目计算期相同的方案比选

对于项目计算期相同的排他型项目，常用的比选方法有两种。

① 直接比较法。首先排除不能满足资源约束的备选项目，再计算满足资源约束的所有备选项目的差额评价指标。即在若干个备选的互斥型项目中选择财务净现值（或财务净年金）最大的项目或选择费用现值（或费用年值）最小的项目。

根据【例 10-1】中财务净现值的排序，该公司应采取财务净现值最大的 B 方案。

② 差额现金流量法。差额现金流量法是指在进行多方案比选时，将项目按投资从小到大排序，再从最小投资项目开始，依次就相邻项目两两比较，将高投资项目的净现金流量减去低投资项目的净现金流量，形成两项目的差额现金流量。根据差额现金流量计算经济效益评价指标，即差额财务净现值或差额财务内部收益率。如果根据所计算的评价指标判断，两项目相减所形成的差额现金流可行，即差额财务净现值大于 0 或差额财务内部收益率大于基准贴现率，则说明高投资项目优于低投资项目，反之，低投资项目优于高投资项目。经过一一比选，优胜劣汰，最终确定最优投资项目。

根据【例 10-1】中所给数据，将建设方案按投资从小到大排序，并形成相应的差额现金流，首先将最小投资方案（A 方案）与不投资方案（0 方案）进行比较，形成的差额现金流如图 10-3 所示。

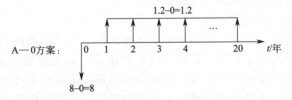

图 10-3　A—0 方案的差额现金流量图

计算上述差额现金流的财务净现值：
$$\text{FNPV}_{A-0} = 1.2 \times (P/A, 8\%, 20) - 8 = 3.78(亿元)$$

因为差额净现值 $FNPV_A-0>0$，所以，A 方案优于 0 方案（不投资），即 A 方案可行。在 A 方案的基础上，追加投资 4 万元，即可投资 B 方案，B—A 方案形成的差额现金流量如图 10-4 所示（单位：亿元）。

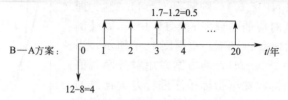

图 10-4　B—A 方案的差额现金流量图

计算图 10-4 所示的差额财务净现值：

$$FNPV_{B-A}=0.5\times(P/A,8\%,20)-4=0.91(亿元)$$

因为差额财务净现值 $FNPV_{B-A}>0$，说明图 10-4 所示的现金流可行，即在 A 方案的基础上追加 4 亿元投资 B 方案，每年可获得追加收益 0.5 亿元的方案可行。所以，高投资方案优于低投资方案，即 B 方案优于 A 方案。同理，在 B 方案的基础上，再追加投资 5 亿元，即可投资 C 方案。C—B 方案的差额现金流量如图 10-5 所示。

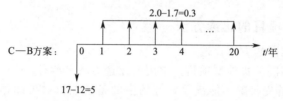

图 10-5　C—B 方案的差额现金流量图

计算图 10-5 所示的差额财务净现值：

$$FNPV_{C-B}=0.3\times(P/A,8\%,20)-5=-2.05(亿元)$$

因为图 10-5 所示的差额财务净现值 $FNPV_{C-B}<0$，说明图 10-5 所示的现金流可行，即在 B 方案的基础上追加 5 亿元投资 C 方案，每年可获得追加收益 0.3 亿元的方案不可行。所以，低投资方案优于高投资方案，即 B 方案优于 C 方案。通过上述差额现金流量法，将拟建项目的所有排他型方案一一比选，最终结论与直接选择法相同，即最佳投资方案为 B 方案。

在采用差额现金流量法进行排他型项目比选时，除用差额财务净现值进行项目比选外，还可以使用差额财务内部收益率（ΔFIRR）进行项目比选，即根据两个项目所形成的差额现金流量，计算差额财务内部收益率（ΔFIRR）。如果 ΔFIRR$>i$，则说明追加投资可行，即高投资项目优于低投资项目。若 ΔFIRR$<i$，则说明追加投资不可行，即低投资项目优于高投资项目，通过一一比选，最终确定最优投资项目。

（2）项目计算期不同的方案比选

项目计算期不同的建设方案，严格说来是不可比的。除非能够准确预测项目计算期较短的建设方案，从其现金流终止到项目计算期较长的建设方案现金流终止期间的现金流状况。但一般来说，项目计算期较短的建设方案在此期间的现金流状况很难准确预测，因此，为了使项目计算期不同的拟建项目可比，通常依靠设定假设条件进行项目比选。

①重复更新假设。所谓重复更新假设是指所有拟建项目的现金流，可以按相同条件不断复制更新。这样就可以将计算期不同的项目，按照所有项目计算期的最小公倍数，将其现金流按相同条件不断重复更新，最终将所有进行比选的项目均按相同期限（所有备选项目计算

期的最小公倍数）计算其经济效益评价指标。再按上述项目计算期相同的排他型项目比选方法进行比选择优。

【例 10-2】 某公司拟对其化工装置进行技术改造，现提出两种改造方案，两种改造方案的生产能力相同，即年销售收入相同，其他数据如表 10-3 所示。

表 10-3　技术改造项目经济数据

方案	初始投资/万元	经营成本/(万元/年)	净残值/万元	项目计算期
A	10 000	3 400	1 000	6 年
B	16 000	3 000	2 000	9 年

试分析该公司应采取哪种技术改造方案（基准贴现率 $i=15\%$）？

解　本题属于项目计算期不同的排他型项目比选问题，由于两方案收入相同，可按不产生财务效益或效益相同的投资项目进行比选，该公司应选择费用指标即费用现值（PC）或费用年值（AC）最小的项目。因两方案的项目计算期不同，所以不能直接使用费用现值（PC）进行比选。

在重复更新假设条件下，计算项目计算期的最小公倍数为 18 年，此时可将 A 方案重复更新两次，B 方案重复更新一次，两方案的比较期限就同为 18 年了，重复更新后两方案的现金流图如图 10-6 所示（单位：万元）。

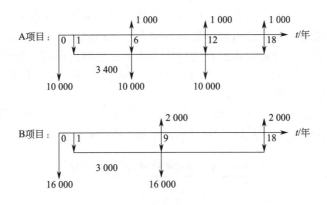

图 10-6　A 方案和 B 方案重复更新后的现金流量图

根据图 10-6 所示计算两方案的费用现值（PC）。

$PC_A = 10\ 000 + 10\ 000 \times (P/F, 15\%, 6) + 10\ 000 \times (P/F, 15\%, 12)$
$+ 3\ 400 \times (P/A, 15\%, 18) - 1\ 000 \times (P/F, 15\%, 6) - 1\ 000 \times (P/F, 15\%, 12)$
$- 1\ 000 \times (P/F, 15\%, 18) = 36\ 327 (万元)$

$PC_B = 16\ 000 + 16\ 000 \times (P/F, 15\%, 9) + 3\ 000 \times (P/A, 15\%, 18)$
$- 2\ 000 \times (P/F, 15\%, 9) - 2\ 000 \times (P/F, 15\%, 18) = 38\ 202 (万元)$

根据项目计算期相同的排他型项目比选择优原则，该公司应采取费用现值最小的技术改造方案，即应选择 A 方案。

如果用年金法进行方案比选，两方案在 18 年中的费用年值（AC）为：

$AC_A = PC_A \times (A/P, 15\%, 18) = 5\ 928 (万元/年)$
$AC_B = PC_B \times (A/P, 15\%, 18) = 6\ 234 (万元/年)$

比选结论与费用现值法相同。如果再分别计算两方案在本项目计算期内的费用年值：

$AC_A = 3\ 400 + 10\ 000 \times (A/P, 15\%, 6) - 1\ 000 \times (A/F, 15\%, 6) = 5\ 928 (万元/年)$

$AC_B = 3\,000 + 16\,000 \times (A/P, 15\%, 9) - 1\,000 \times (A/F, 15\%, 9) = 6234$(万元/年)

我们发现，在重复更新假设条件下，某个项目在本项目计算期内的费用年值与重复更新后在新计算期内的费用年值相同（此结论可以用数学方法证明）。因此，可以得出一个重要结论：在重复更新假设条件下，对项目计算期不同的项目进行比选时，最好采用年金法进行比选，此时只需计算每个项目在本项目计算期内的财务净年金（FNAV）或费用年值（AC）进行比选即可，而无需将所有项目按计算期的最小公倍数重复更新后再计算经济效果评价指标。但如果用现值法〔财务净现值（FNPV）或费用现值（PC）〕进行比选，就必须将所有进行比选的方案均按相同期限（所有项目计算期的最小公倍数）计算其经济效益评价指标。因此，采用年金法进行项目计算期不同的排他型项目比选择优，计算工作量小，相对简单。

② 再投资假设。由于在对项目计算期不同的建设方案进行比选时，很难估算计算期较短的项目，从其现金流终止到计算期较长的项目现金流终止期间的现金流状况。再投资假设认为可以假设，将计算期较短的项目在其项目计算期内产生的净现金流以基准贴现率进行再投资，再投资的期限为计算期较长的项目现金流终止期，这样两项目的计算期就相同了，再计算每个项目的经济效益评价指标进行项目比选。实际上就是假设项目计算期短的项目，使用其收益再投资时所产生的财务净现值为 0。这样，在进行项目比选时可不考虑项目计算期的长短，直接计算本项目在其项目计算期内的评价指标（FNPV 或 PC）进行比选即可。

10.2.4 化工设备更新案例分析

石化企业为了保证化工装置在运行中的可靠性、安全性、稳定性及低能耗、低成本，所采取的重要管控方法是不断动态监控装置运行状态，发现问题后及时采取维修或更换新装置的措施。下边案例就化工设备更新的经济分析提供了一个解决问题的思路。

【例 10-3】 某石化企业的一台大型压缩机已经运行多年，故障时有发生，影响系统安全稳定运行。现要研究大修或更新的方案。

大修理方案：修理费预计 100 万元，大修后预计还可以使用 3 年，年运营费用为 350 万元。目前市场上可供替换的压缩机有两种型号。相关经济数据如表 10-4 所示。

表 10-4 可供替换的压缩机相关经济数据

压缩机型号	购置及安装费	年运营费	预计经济寿命	净残值
Ⅰ型	650 万元	300 万元/年	10 年	30 万元
Ⅱ型	800 万元	280 万元/年	15 年	40 万元

假如现在采用大修方案，3 年后也要进行设备更新。如果现在就更换成新压缩机，旧设备的处理价为 200 万元，如果使用 3 年后处理，则假定处理收入为 0。

试分析该石化企业从经济性上考虑，应采取何种设备更新决策（基准贴现率 $i = 10\%$）？

解 设备更新问题属于典型排他型方案的比选问题，如果选择修理后继续使用原设备，就不能更换新设备。反之，如果进行设备更新，就将旧设备处理掉。这种方案比选具有典型的排他特征。根据案例背景分析，若立即更新，可以选择更换成Ⅰ型压缩机或更换成Ⅱ型压缩机。如采用大修理方案，3 年后也要再考虑更换Ⅰ型压缩机或Ⅱ型压缩机。因此，本案例共包含如下 4 个排他型方案：

① 立即更换成Ⅰ型压缩机；
② 立即更换成Ⅱ型压缩机；
③ 大修 3 年后更换Ⅰ型压缩机；
④ 大修 3 年后更换Ⅱ型压缩机。

首先对拟更换的两种型号压缩机的经济性进行比选，如图 10-7、图 10-8 所示：

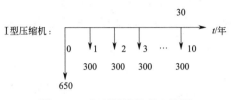

图 10-7 Ⅰ型压缩机现金流图

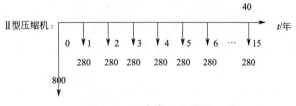

图 10-8 C方案现金流图

根据项目计算期不同的排他型方案的比选原理（一般均以重复更新假设为条件），采用年金法对上述两种型号压缩机的经济性进行比较。其费用年值计算如下：

$$AC_Ⅰ = 300 + 650(A/P,10\%,10) - 30(A/F,10\%,10) = 403.91(万元/年)$$
$$AC_Ⅱ = 280 + 800(A/P,10\%,15) - 40(A/F,10\%,15) = 383.92(万元/年)$$

结论：因为 $AC_Ⅱ < AC_Ⅰ$，所以，Ⅱ型压缩机的经济性优于Ⅰ型压缩机。因此也可以推定大修 3 年后更换Ⅱ型压缩机方案优于更换Ⅰ型压缩机方案。

第二步只要再对立即更新（立即更换Ⅱ型压缩机）方案与延迟更新（大修理）方案进行比选即可。大修 3 年后更换Ⅱ型压缩机方案的现金流图如图 10-9 所示。

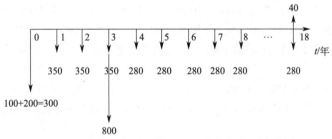

图 10-9 大修 3 年后更换Ⅱ型压缩机方案现金流图

在图 10-9 中，大修理方案投资包括修理费 100 万元和立即更换成新压缩机，旧设备的处理收入 200 万元（继续使用旧设备的机会成本或从第三方评价角度理解为旧设备的购置费）。经比较图 10-8 与图 10-9 发现，若计算期趋于无穷（新压缩机假设可重复更新），则立即更新（见图 10-8）方案与大修理延期更新（见图 10-9）只在前三年存在差异，三年后两方案的费用年值完全相同（均为 $AC_Ⅱ$）。因此只需比较两方案前三年的费用年值即可完成两方案的比选。计算如下：

$$AC_{大修理} = 350 + (100+200)(A/P,10\%,3) = 470.63(万元/年)$$
$$AC_Ⅱ = 280 + 800(A/P,10\%,15) - 40(A/F,10\%,15) = 383.92(万元/年)$$

结论：比较两方案前三年的费用年值，$AC_Ⅱ < AC_{大修理}$，所以，立即更新（见图 10-8）方案在经济上优于大修理延期更新（见图 10-9）方案，两方案相比，在前三年中每年可节约费用：470.63-383.92=86.71(万元/年)，三年后两方案的费用年值相同。因此，该石化企业从经济性上考虑，应采取的设备更新决策为将目前正在使用的压缩机卖掉，立即更换成Ⅱ型压缩机。

10.3 独立型项目的比选

10.3.1 独立型项目的比选问题

【例 10-4】 在某化工区建设中，一期工程拟建项目包括罐区工程、大型通用仓储物流工程、商用办公楼工程。三项拟建工程若建成后均可通过租赁独立运营并产生效益，建设单位分别委托相关咨询机构对三个拟建项目进行了技术经济评价。为简化计算，租赁收益均按可出租部分的 80% 计算。各项目相关经济数据归纳如表 10-5 所示。

表 10-5 项目综合经济数据

投资项目	初始投资/亿元	年净收益/亿元	预计项目计算期/年
罐区工程	10.5	0.8	20
仓储工程	5.8	0.65	30
办公楼工程	2.7	0.15	40

建设单位最多只能筹措 17 亿元的建设资金，基准贴现率设为 10%。试分析建设单位应如何择优选择投资项目。

解 上述案例是典型的独立型项目比选问题，即在建设单位提出的项目建设规划中，一期工程的三个拟建项目只要技术经济评价可行，建设项目投资所需资金满足需求，三个拟建项目可以独立运营，通过出租获取收益，均可以实施。但是由于建设单位在一期工程建设中，最多只能筹措 17 亿元的建设资金，而三个拟建项目总共需要建设资金 19 亿元，不能满足三个拟建项目全部实施的资金需求。因此，本案例建设单位所面临的核心问题是如何在 17 亿元建设资金的约束条件下，在三个拟建项目中选出项目效益之和最大的最优项目组合。

因三个项目的预计项目计算期不同，在重复更新假设条件下，分别计算了三个项目的财务净年金。

罐区工程（A）：$FNAV(A) = 0.8 - 10.5 \times (A/P, 10\%, 20) = 454.05$（亿元）

仓储工程（B）：$FNAV(B) = 0.65 - 5.8 \times (A/P, 10\%, 30) = 454.05$（亿元）

办公楼工程（C）：
$$FNAV(C) = 0.15 - 2.7 \times (A/P, 10\%, 40) = 454.05（亿元）$$

三个拟建项目的财务净年金均大于零，因此经济上均可行。如上述分析，如果三个项目同时实施，总投资将超过建设单位的筹资规模。为使建设单位在 17 亿元资金约束下，在三个拟建项目中选出项目效益之和最大的项目组合。在表 10-6 中列出了三个拟建项目所以可能组合及财务净年金的合计。

表 10-6 拟建项目组合及财务净年金合计

组号	项目组合	总投资额/亿元	总投资是否满足筹资规模	财务净年金合计/亿元
1	0	0	是	0
2	A	10.5	是	454.05
3	B	5.8	是	200.94
4	C	2.7	是	228.20
5	A+B	16.3	是	654.99
6	A+C	13.2	是	682.25
7	B+C	8.5	是	429.14
8	A+B+C	19	否	—

根据表 10-6 的计算结果，总投资满足 17 亿元的最大筹资规模，财务净年金合计最大的项目组合为 A+B。总投资为 16.3 亿元，财务净年金合计为 2.3 亿元。因此，最终的分析结论是在化工区一期工程建设中，为满足建设资金筹资规模的限制，建设单位如以经济效益最大化为目标，应首先安排罐区工程和仓储工程开工建设。

综合上述案例分析，多个互不相关且可以独立生产运营的独立型建设项目的比选原则如下：

① 首先应排除不可行的拟建项目；
② 分析计算所有可行拟建项目的效益型评价指标（FNPV 或 FNAV）或费用指标（PC 或 AC）；
③ 确定资源约束（资金、厂区、技术、设备、时间等）条件；
④ 在满足建设条件的前提下，将所有可行的拟建项目进行排列组合；
⑤ 确定每一种项目组合所需相关资源的合计数；
⑥ 排除所需相关资源的合计数不满足项目建设资源约束条件的项目组合；
⑦ 在满足项目建设资源约束条件的项目组合中，最终比选出拟建项目效益合计最大或费用合计最小的项目组合。

10.3.2 独立型生产方案的优化比选问题

【例 10-5】 石化公司拟建设生产高分子粒料的项目，生产工艺为将某种化工原料通过不同的生产装置和生产工艺聚合合成，经过造粒，生产 A、B、C、D 四种型号的高分子粒料产品。四种产品均可独立生产，生产装置的生产能力不受限，但每年化工原料的供应量最多为 30 万吨，其他相关财务数据估算如表 10-7 所示。

表 10-7 四种型号高分子粒料产品的相关财务数据

产品	A	B	C	D
售价/(元/吨)	7 600	9 400	10 000	13 000
生产成本/(元/吨)	3 000	4 000	6 500	7 500
每吨产品原料消耗量/吨	0.8	1.2	1.0	1.1
产品预计最大销售量/(吨/年)	150 000	50 000	100 000	40 000

问题：
① 石化公司为保证盈利最大化，应如何确定最优生产方案？该项目每年最大盈利为多少？
② 如果 C 型粒料为保证特殊行业需求，必须安排生产供应 10 万吨。该公司应如何调整生产计划最有利？为保证这个先决条件所付出的代价是多少？

解 本例属于在拟建项目的营业收入估算中，如何根据市场预测，通过多方案比选，确定盈利最大化的生产计划问题，由于本例中涉及的四种产品可以独立生产，互不相关，但是每年的原料消耗量不能超过最大供应量。因此，如何在满足资源约束条件下，寻求盈利最大化的最优生产方案，构成本例的核心问题。

首先计算每种产品在每年最大售出量时所需要的原料消耗量。
A 型粒料原料消耗量：$150\ 000 \times 0.8 = 120\ 000$（吨）
B 型粒料原料消耗量：$50\ 000 \times 1.2 = 60\ 000$（吨）
C 型粒料原料消耗量：$100\ 000 \times 1.0 = 100\ 000$（吨）
D 型粒料原料消耗量：$40\ 000 \times 1.1 = 44\ 000$（吨）
每年化工原料消耗量合计：$120\ 000 + 60\ 000 + 100\ 000 + 44\ 000 = 32\ 4000$（吨）

因每种产品的售价均大于生产成本，只要原料供应量可以满足消耗量，都可以按预计最大销售量安排生产，以满足市场需求。若四种产品都按预计最大销售量安排生产，每年共需消耗化工原料 32.4 万吨。但每年化工原料的供应量最多为 30 万吨，原料资源满足不了生产所有产品的需要。因此，有必要提出独立型生产方案的优化比选方法——效率型指标排序法。

① 构造并计算排序所需的效率型指标。

本例的资源约束条件为原料消耗量,优化目标是盈利最大化。因此构造的排序指标应该为单位原料消耗盈利率,即生产每种产品时,每消耗一吨化工原料给公司带来的盈利额。

A 产品单位原料消耗盈利率：(7 600－3 000)/0.8＝5 750(元/吨)
B 产品单位原料消耗盈利率：(9 400－4 000)/1.2＝4 500(元/吨)
C 产品单位原料消耗盈利率：(10 000－6 500)/1.0＝3 500(元/吨)
D 产品单位原料消耗盈利率：(13 000－7 500)/1.1＝5 000(元/吨)

② 按上述所构造的效率型指标排序。

若以原料资源约束为条件,以盈利最大化为目标,本案例的优化生产排序为 A 产品→D 产品→B 产品→C 产品,如图 10-10 所示。

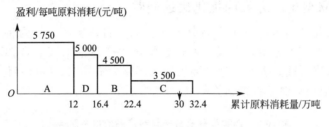

图 10-10　生产计划排序图

③ 根据化工原料供应量的约束条件,确定盈利最大化的生产计划。

根据图 10-10 所示的优化生产排序,以每年 30 万吨化工原料供应量为约束条件,石化公司为保证盈利最大化,应确定的最优生产计划为：首先安排 12 万吨原料生产 A 型粒料；其次安排 4.4 万吨原料生产 D 型粒料；再安排 6 万吨原料生产 B 型粒料；最后用剩余的 7.6 万吨原料生产 C 型粒料。

此时,该项目每年最大盈利为：
5 750×12＋5 000×4.4＋4 500×6＋3 500×7.6＝144 600(万元/年)

如果考虑特殊需要,必须安排生产 10 万吨 C 型粒料。这属于多方案比选中的不可避免的问题,此时,不论生产 C 型粒料对该公司盈利贡献的大小,都应在编制生产计划时优先安排该产品的生产。剩余的化工原料再按不同产品的盈利贡献,从大到小排序安排生产,这样调整生产计划对石化公司最有利。生产计划调整如图 10-11 所示。

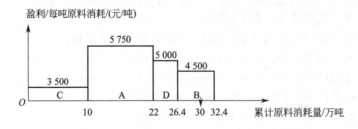

图 10-11　调整后的生产计划排序图

根据图 10-11 所示的调整后生产计划排序图,为保证必须优先安排生产 10 万吨 C 型粒料的先决条件。以每年 30 万吨化工原料供应量为约束条件,石化公司为保证盈利最大化,应将生产计划调整为：首先安排 10 万吨原料生产 C 型粒料；其次安排 12 万吨原料生产 A 型粒料；再安排 4.4 万吨原料生产 D 型粒料；最后用剩余的 3.6 万吨原料生产 B 型粒料。

与上述最优生产计划相比,为保证优先安排生产 10 万吨 C 型粒料的先决条件,石化公

司所付出的代价是 $(4\,500-3\,500)\times 2.4=2\,400$（万元/年）。

综合上述案例分析，对于独立型多方案的比选，可以采用工作效率比较高的效率型指标排序法，比选原则如下。

① 构造并计算项目或方案排序所需的效率型指标，即单位资源所产生的经济效益目标值，如单位原料消耗盈利率、单位时间盈利率、单台设备盈利率、项目财务内部收益率、投资利润率等。

② 将拟建项目或备选方案按所构造的效率型指标从高到低排序，直到满足资源（原材料供应、可用生产时间、设备生产能力、筹资金额等）约束条件为止。在进行项目或方案排序时要注意将必须实施的项目或方案优先排在第一位，然后再按照其余项目的效率型指标从高到低排序，直到满足资源约束条件为止。这样既可以保证该项目或方案的实施，同时能确保剩余资源产生的经济效益最大化。

③ 根据预计的资源约束条件，确定盈利最大化的项目或方案集合。

④ 在独立型的建设项目比选中，可以通过计算拟建项目的财务内部收益率（FIRR），从高到低进行项目排序，当拟建项目的 FIRR$<i$ 时，即使所筹措的资金能满足该项目的投资需要，也要将该不可行项目排除。

⑤ 在建设项目比选中，如果所筹措的资金不能满足某个项目的投资需要，而拟建项目是个整体，不可分离，这就面临所谓不可分项目的比选问题。此时放弃排序最后且资金约束不能满足该项目的投资需要的拟建项目，不一定就是拟建项目效益合计最大的项目组合。此时为了保证所选项目组合是经济效益最优的项目集合，必须对项目进行适当的前后比选，具体做法见【例 10-6】。

【例 10-6】 某石化公司提出 A、B、C、D 四项彼此独立，互不相关的建设项目，经咨询机构评价，其投资估算及财务内部收益率如表 10-8 所示。

表 10-8　项目投资估算及财务内部收益率

拟建项目	投资估算/万元	FIRR
A	2 000	15.97%
B	3 000	11.82%
C	5 000	11.25%
D	2 000	9.25%

该公司所能筹措的建设资金最多为 8 000 万元，财务基准贴现率 $i=10\%$，试采用效率型指标排序法选择最优投资项目组合。

解　按各项目的财务内部收益率指标从高到低进行项目排序，如图 10-12 所示。

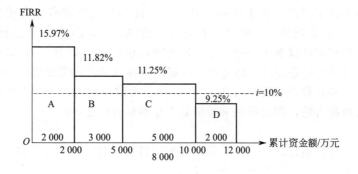

图 10-12　投资项目的排序图

① 排除 FIRR<i 的不可行拟建项目。

因 D 项目的财务内部收益率为 9.25%，小于财务基准收益率 10%，其在经济上不可行，因此在项目比选中可将其排除。

② 确定资金约束条件。

根据图 10-12 所示，如果石化公司所能筹措的建设资金为 5 000 万元时，可选择 A、B 项目为最优投资项目组合。如果其筹措的建设资金可以达到 10 000 万元时，可选择 A、B、C 项目为最优投资项目组合。但其所能筹措的建设资金最多为 8 000 万元，此资金约束处在 C 项目中间。而 C 项目作为一个独立的建设项目无法进行分割，这就在项目比选中出现了不可分项目的比选问题。此时如果因资金预算无法满足 C 项目的投资需求，而将其放弃，即选择 A、B 项目组合，可能无法保证拟建项目效益合计最大化。

③ 在满足资金约束条件下进行项目比选，确定最优投资项目组合。

第一种选择，放弃使用多余的 3 000 万元资金，选择 A、B 项目组合。此时，共使用资金 5 000 万元。扣除资金成本后年投资净收益为：

$$2\ 000 \times (15.97\% - 10\%) + 3\ 000 \times (11.82\% - 10\%) = 174 (万元/年)$$

第二种选择，在第一种选择的基础上放弃 B 项目，此时共剩余资金 6 000 万元，投资于 C 项目，即选择 A、C 项目组合。此时，共使用资金 7 000 万元，扣除资金成本后年投资净收益为：

$$2\ 000 \times (15.97\% - 10\%) + 5\ 000 \times (11.25\% - 10\%) = 181.9 (万元/年)$$

第三种选择，在第一种选择的基础上放弃 A 项目，此时共剩余资金 5 000 万元，投资于 C 项目，即选择 B、C 项目组合。此时，共使用资金 8 000 万元，扣除资金成本后年投资净收益为：

$$3\ 000 \times (11.82\% - 10\%) + 5\ 000 \times (11.25\% - 10\%) = 117.1 (万元/年)$$

综上所述，在石化公司所能筹措的建设资金最多为 8 000 万元的资金约束条件下，选择 A、C 项目组合可以保证项目效益合计最大化。

10.4 混合型项目的比选

10.4.1 混合型项目的优化比选问题

混合型项目是指多个投资项目之间既相互排他，又相互独立。一般是不同项目之间相互独立，同类项目中的不同建设方案之间彼此排斥。比如某公司现有三个相互独立的投资计划，分别为 A、B、C 类项目。其中 A 类项目又包含 A_1、A_2、A_3 等相互排斥的建设方案，在这些建设方案中只能选择其中一个方案。B 类项目也包含 B_1、B_2、B_3 等相互排斥的建设方案，同样，C 类项目也是如此。最终要在一定的资源（如：投资预算）约束条件下，以寻求经济效益最优的项目集合，即 A_i、B_j、C_k、……。为解决此类混合型拟建项目的优化比选问题，通常也有两种方法，即穷举法和差额效率型指标排序法。

(1) 穷举法

穷举法与独立型方案比选类似，只是在提出项目组合时，每一类项目在一种组合中只能出现一次。如：A_1、B_1、C_1 或 A_1、B_2、C_1，A_2、B_2、C_1，A_3、B_2、C_2，等等。在排除了不可行方案及超出资源约束的方案组合后，再计算满足资源约束条件的项目组合的财务净现值之和,最终选择财务净现值之和最大的项目组合(A_i、B_j、C_k、…)作为我们在满足资源约束条件下,寻求的经济效益最优的项目集合。当拟建项目及相关建设方案比较多时,采用此方法进行混合型项目优化比选比较繁琐。

(2) 差额效率型指标排序法

差额效率型指标排序法也是一种简单快速解决混合型项目优化比选的方法。此方法运用了差额现金流量法,首先将每类拟建项目中的相关建设方案按投资从小到大排序,再依次就相邻建设方案两两比较,将高投资建设方案的净现金流量减去低投资建设方案的净现金流量,构成差额现金流量。根据差额现金流量计算差额内部收益率($\triangle IRR$),该指标既可以解决排他型方案的选择问题,又因其为投资效率指标可以通过项目排序解决独立型项目集合最优问题。按照每类项目追加投资的差额内部收益率指标从高到低排序,直到满足资源约束条件为止。采用此方法时,要注意以下四个问题。

① 在计算追加投资的差额内部收益率时,要注意排除无资格方案。在同一类项目(如:A_1、A_2、A_3 等建设方案按投资从低到高排序)中,计算差额内部收益率时如发现,后边方案的差额内部收益率比前边方案的差额内部收益率高。即差额内部收益率 $\triangle IRR$ ($A_3 - A_2$) $>\triangle IRR$ ($A_2 - A_1$),当按照该指标从大到小排序,就会出现追加投资方案排在低投资方案之前的逻辑错误(追加投资方案必须排在低投资方案之后)。因此,必须将低投资方案作为无资格方案排除,具体分析过程见【例 10-7】。

② 若规定某一类项目必须实施(如环保工程等),则不论其差额效率指标高低,在项目排序时必须将该类项目中投资最小的建设方案作为不可避免费建设方案排在第一位。然后再按照其他追加投资方案的差额效率指标从高到低排序,直到满足资金约束条件为止。这样既可以保证不可避免费建设方案的实施,同时又能确保剩余资金产生的经济效益最大化。

③ 在拟建项目优化比选中,通过基准贴现率排除不可行追加投资方案。即当追加投资方案的 $\triangle IRR < i$ 时,则说明追加投资方案不可行,即低投资方案优于高投资方案,即使资金预算能满足该建设方案追加投资的需要,也要将该高投资方案排除。

④ 在投资方案的优化比选中,可能出现资金约束不能满足某个建设方案追加投资的需要,而该方案的追加投资不可分割,这也是我们面临的不可分项目问题。此时为了保证所选项目组合是经济效益最优的项目集合,必须对该建设方案的追加投资进行适当的前后比较,具体做法见【例 10-7】。

10.4.2 采用差额效率型指标排序法进行混合型项目优化比选

【例 10-7】 某公司拟投资建设一化工项目。其生产流程如图 10-13 所示。

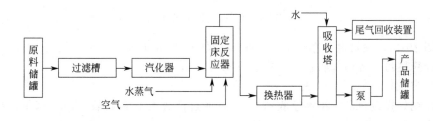

图 10-13 化工生产流程图

该项目的核心生产设备,由汽化器 A、固定床反应器 B、换热器 C 及吸收塔 D 四部分组成。投资估算时,进行了上述 A、B、C、D 四类设备选型优化计算,相关经济数据如表

10-9 所示。上述四类设备在生产流程中是必不可少的装置。

表 10-9　相关型号生产设备投资额及年运行费用

设备型号	投资额/万元	年运行费用/(万元/年)
A_1	100	50
A_2	150	25
A_3	150	26
B_1	2 000	1 000
B_2	2 100	990
B_3	2 500	865
C_1	120	20
C_2	150	8
C_3	160	5.9
D_1	1 000	500
D_2	1 200	440
D_3	1 300	435

假定各型号设备使用寿命很长（$n\to\infty$），各种型号设备组合构成的生产工艺系统的可靠性、安全性、所生产的产品产量、质量水平相同。若上述四类设备投资预算在以下三种情况时，应如何进行设备选型在经济上最有利？（基准贴现率 $i=10\%$）

① 无资金约束；

② 4 000 万元；

③ 3 800 万元。

解　此类问题是典型的混合型方案的比选择优问题。目标是在一定的资金约束条件下，通过优化设备选型，确定最佳的设备组合。因此，同类型设备中只能选择一种型号的设备，为互斥型项目的比选问题，不同类型设备彼此独立，属于独立型项目的比选问题。按照差额效率型指标排序法对混合型方案进行比选。

① 计算各类设备中相关型号设备的追加投资差额内部收益率。

若项目为标准投资模式，如图 10-14 所示。内部收益率的计算可以适当简化。

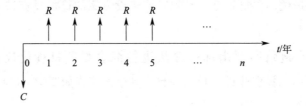

图 10-14　标准投资模式

根据图 10-14，项目财务净现值：$FNPV=R(P/A,n,i)-C$

若要计算项目财务内部收益率，应使 $FNPV=0$，

此时，$(P/A,n,i^*)=C/R$

若已知初始投资（C）和年净收益（R），通过反查复利系数表，即可求得：项目财务内部收益率 $FIRR=i^*$。

若假定 n 趋于 $+\infty$，则

$$(P/A, n, i^*)=\frac{1-(1+i)^{-n}}{i}=1/i^*;$$

此时项目内部收益率可简化计算：
$$\text{FIRR} = (R/C) \times 100\%$$

在计算差额内部收益率时，要注意排除无资格方案。若某类投资项目为必须投资项目，应将其最小投资方案作为不可避免费排在该类投资项目的第一位。

本案例各类设备差额财务内部收益率详细计算结果如表 10-10 所示。

表 10-10 各型号设备追加投资的差额内部收益率

设备型号	投资额/万元	年运行费用/(万元/年)	节约额/万元	差额内部收益率
A_1	100	50		—（不可避免费）
A_2	150	25	25	50%
A_3	150	26	−1	无资格方案
B_1	2 000	1 000		—（不可避免费）
B_2	2 100	990	10	10%（无资格方案）
B_3	2 500	865	135	27%
C_1	120	20		—（不可避免费）
C_2	150	8	12	40%
C_3	160	5.9	2.1	21%
D_1	1 000	500		—（不可避免费）
D_2	1 200	440	60	30%
D_3	1 300	435	5	5%

差额内部收益率计算过程如下：首先将每类设备中的不同型号设备按投资额从小到大排序，因为 A、B、C、D 四类设备在生产流程中是必不可少的装置。所以将每类设备中投资最小的设备作为不可避免费排在该类设备选型的第一位，必须投资。对于汽化器（A），A_1 型号设备投资最小，作为不可避免费，排在设备选型的第一位。在 A_1 型号基础上追加投资 50（即 150−100）万元，就可以选择 A_2 型号设备，此时，年运行费用将节约 25 即 (50−25) 万元/年。两方案的差额现金流如图 10-15 所示。

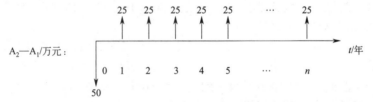

图 10-15 $A_2 - A_1$ 方案的差额现金流量图

上述追加投资方案的现金流符合标准投资模式。当 n 趋于 ∞ 时，其内部收益率（即差额内部收益率）：
$$\Delta\text{IRR} = 25/50 = 50\%$$

由于 A_3 型号设备与 A_2 型号设备投资相同，但年运用费用比 A_2 型号设备多 1 万元/年，所以将 A_3 型号设备作为无资格方案排除。

对于固定床反应器（B），差额内部收益率的计算同上。由于 B_2 型号设备与 B_1 型号设备的差额内部收益率为 10%，比 B_3 型号设备与 B_2 型号设备的差额内部收益率 31.25% 低，在方案排序时会出现逻辑错误（追加投资方案排在低投资方案之前）。因此，必须将 B_2 型号设备作为无资格方案排除。

在排除 B_2 型号设备后，B_3 型号设备与 B_1 型号设备的差额内部收益率为：
$$\Delta\text{IRR} = (1\,000 - 865)/(2\,500 - 2\,000) = 135/500 = 27\%$$

其他设备选型方案的差额内部收益率计算如上述分析，计算结果如表 10-10 所示。

② 方案排序。首先将不可避免费方案排在第一位，再按差额内部收益率从高到低进行追加投资项目的排序，如图 10-16 所示。

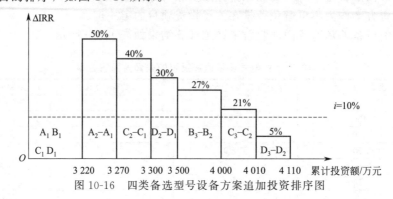

图 10-16　四类备选型号设备方案追加投资排序图

③ 设备选型。若上述四类设备投资预算在以下三种情况时。

a. 无资金约束：因为 D_3 型号设备与 D_2 型号设备的差额内部收益率为 5%，小于基准贴现率（$i=10\%$），所以在 D_2 型号设备的基础上，追加投资 D_3 型号设备在经济上不可行。其他型号设备间的差额内部收益率均大于基准贴现率，所以高投资方案优于低投资方案。综上所述，当无资金约束时，本化工项目工艺生产线所涉及的 A、B、C、D 四类关键设备应选择 A_2、B_3、C_3、D_2 四种型号设备组合最有利，此时共需设备投资 4 010 万元。

b. 4000 万元：根据图 10-14，按照效益最大化原则，排除在 C_2 型号设备的基础上追加投资到 C_2 型号设备的选择。应选择 A_2、B_3、C_2、D_2 四种型号设备组合在经济上最有利。

c. 3800 万元：根据图 10-16 所示，当选择 A_2、B_1、C_2、D_2 四种型号设备组合时，共需投资 3 500 万元。若想继续追加投资，采用 B_3 型号设备，则需将投资增加至 4 000 万元，而目前的设备投资预算只有 3 800 万元，这就出现了所谓"不可分项目"问题，即资金预算比 A_2、B_1、C_2、D_2 四种型号设备组合多，而选择 A_2、B_3、C_2、D_2 四种型号设备组合又不够。因此，应对此问题作如下讨论。

第一种选择，当选择 A_2、B_1、C_2、D_2 四种型号设备组合时，共需投资 3 500 万元。此时投资预算尚多余 300 万元，采用 B_3 型号设备需追加投资 500 万元，资金不足。可以考虑在 C_2 型号设备的基础上追加 10 万元投资到 C_3 型号设备。选择 A_2、B_1、C_3、D_2 四种型号设备组合，此设备选型方案共使用资金 3 510 万元。

第二种选择，如果选择 D_1 型吸收塔，此时共剩余资金 500 万元，追加投资于 B_3 型号设备。即选择 A_2、B_3、C_2、D_1 四种型号设备组合，此设备选型方案共使用资金 3 800 万元，满足投资预算。

在以上两种选择中进行效益比较，根据技术经济的差异比较原则，由于以上两种选择中都包括 A_2、B_1、C_2、D_1 四种型号设备组合，所以只需对二种选择中追加投资效益的不同点进行分析即可。

第一种选择：D_2-D_1 的追加投资效益 ＋ C_3-C_2 的追加投资效益
＝(30%－10%)×200＋(21%－10%)×10＝41.1(万元/年)

第二种选择：B_3-B_1 的追加投资效益
＝(27%－10%)×500＝85(万元/年)

综上所述，在投资预算为 3 800 万元时，最佳的投设备选型为第二种选择，即 A_2、B_3、C_2、D_1 四种型号设备组合在经济上最有利。

本章小结

在有限资源约束下如何进行技术方案的选择是技术经济研究的重要内容。石油化工行业的投资项目一般具有投资规模大的特点，多种选优、确保技术经济就显得尤为重要。本章首先介绍了多方案的分类，包括互斥型、独立型和混合型三种典型的多方案比选，不同的方案采用不同的评价方法。互斥型方案一般采用效益型指标，独立型方案一般采用效率型指标，混合型方案则引入了差额内部收益率的新指标。通过多方案的优化选择，从而保障有限资源的最优投资效果。

1. 某石油化工项目有 A、B 两种建设方案，投资及财务效益与费用估算如表 10-11 所示。财务基准贴现率为 10%，试在重复更新假设条件下选择最优建设方案。

表 10-11　A、B 两种建设方案投资及财务效益与费用估算

方案	A	B
初始投资/万元	15 000	20 000
年收入/万元	3 000	3 500
年经营成本/万元	600	1 000
净残值/万元	500	800
项目计算期/年	10	15

2. 某化工装置为减少运行过程中的热损失，对外保温层厚度进行了方案设计，通过对每种保温材料的试验分析，获取如下资料（见表 10-12）。

表 10-12　保温材料实验分析资料

保温层厚度/厘米	每年的热损失/(焦耳/平方米)	保温层厚度/厘米	每年的热损失/(焦耳/平方米)
3	3.85	6	2.10
4	2.98	7	1.75
5	2.45	8	1.68

此保温材料厚度为 1 厘米的参考价格为 150 元/平方米。预计该保温材料的使用寿命为 20 年且残值为 0。若该化工装置热损失成本为 60 元/焦耳，财务基准贴现率为 10%，试采用直接选择法或差额现金流量法确定该保温材料厚度为多少时最经济？

3. 某石化企业计划投资项目如表 10-13 所示。

表 10-13　某石化企业计划投资项目

方案	初始投资/万元	年净收益/万元
A. 扩建仓储设施	2 000	500
B. 进行环保排放治理	3 000	900
C. 对现有设备进行节能改造	4 000	1 100
D. 增加新产品生产线	5 000	1 380

表中各计划投资项目的项目计算期均为 7 年，当财务基准贴现率为 10%，资金预算为 11 000 万元时，试采用穷举法确定方案最优组合。

4. 某公司现有六个互不相关的投资方案，假定各方案的寿命年限很长。其投资额及年净收益如表 10-14 所示。

表 10-14　某公司六个投资方案的投资额及年净收益

方案	A	B	C	D	E	F
初始投资/万元	5	7	4	7.5	9	8.5
年净收益/万元	1.71	2.28	1.5	1.67	2.35	1.59

（1）若资金预算为 25 万元，基准贴现率为 12%，试采用效率型指标排序法选择方案。

（2）若基准贴现率随投资额增加而变化，设投资额在 6 万元以内基准贴现率为 12%，以后投资额每增加 3 万元，基准贴现率将增加 2%，在此种条件下试作出正确选择。

5. 某化工企业正在运行的一台大型设备经常发生故障，频繁停车检修。如果进行停产大修，预计大修理费 100 万元，修理后还可以使用 5 年，年运营费为 50 万元。如果放弃对现有设备进行大修，可采用立即更新方案。经市场调查，有三种型号设备可以替换现有设备，具体数据如表 10-15 所示。

表 10-15　三种可替换设备的具体数据

设备型号	初始投资/万元	年运营费/万元	使用年限/年	净残值/万元
A	500	45	15	10
B	580	40	15	10
C	700	38	18	15

企业现有设备的转卖价值为 150 万元，经过大修再使用 5 年后，则净残值为 0。假如现在对设备进行大修后，继续使用 5 年，5 年后也要再考虑设备更新。（基准贴现率为 10%）

问题：①分析该化工企业应如何进行设备更新决策。

②计算立即更新与使用现有设备 5 年后再更新，效益相差多少？（求出现值和）

6. 某化工企业有三项投资计划，具体方案如下：

A. 增建一套设备以扩大产能，可供选择的建设方案有三种，投资及年净收益如表 10-16 所示。

表 10-16　三种建设方案的投资及年净收益

建设方案	初始投资/万元	年净收益/万元
A_1	100	30
A_2	200	50
A_3	300	55

B. 对现有的某台大型关键设备进行技术改造，从而可以降低运行成本，可供选择的改造方案有三种，投资及年节约额如表 10-17 所示。

表 10-17　改造方案的投资及年节约额

改造方案	初始投资/万元	年节约额/万元
B_1	200	10
B_2	300	65
B_3	400	80

C. 增建一座污水处理站，因属环保工程，所以该项目必须投资。可供选择的建设方案有三种，投资及年运行费用如表 10-18 所示。

表 10-18　三种建设方案的投资及年运行费用

建设方案	初始投资/万元	年运行费用/万元
C_1	100	50
C_2	200	25
C_3	300	12

假定所有项目的寿命均很长，基准贴现率为 10%，若投资预算在以下三种情况时，应如何确定最优方案组合？

　　a. 无资金约束　　b. 700 万元　　c. 400 万元　　d. 500 万元

第 11 章

石油化工项目可行性研究

学习目标：

① 掌握可行性研究的含义与类型；
② 掌握石油化工项目可行性研究报告的编写步骤；
③ 熟悉石油化工项目可行性研究报告的内容及其要求；
④ 熟悉石油化工项目可行性研究报告的结论及其要求。

11.1 石油化工项目可行性研究概述

11.1.1 可行性研究的含义

石油化工项目可行性研究是对项目在投资决策前进行技术经济论证的一门综合性学科。它是保证投资项目以最小的投入取得一定经济效益的科学手段，也是对拟建石油化工项目在技术上是否可能、在经济上是否有利、在建设上是否可行进行的综合分析和全面论证的技术经济研究活动，或者说是对拟建项目在作出决策之前，全面论证项目的必要性、可能性、有效性和合理性。可行性研究的目的是为了避免和减少项目决策失误，提高投资的综合效果。推行可行性研究可促进经济建设各部门真正尊重客观现实，按经济规律办事，它也是国家、地方及企业等各级领导和经济管理人员对建设项目进行合理决策的重要依据。

可行性研究的核心是经济问题。可行虽然包含着可以做到，但可以做到的事并不一定可行。因此，可行性研究应该同时考虑必要性、可能性、有效性和合理性，即要回答"是否应该做""什么时间做""如何去做"的问题。具体地说，石油化工项目可行性研究是在投资决策前，对项目有关的社会、经济和技术等各方面情况进行深入细致的调查研究；对各种可能拟订的建设方案和技术方案进行认真的技术经济分析与比较论证；对石油化工项目建成后的经济效益进行科学的预测和评价。在此基础上，综合研究石油化工项目的技术先进性和适用性、经济合理性和有效性、建设可能性和可行性，由此确定石油化工项目是否投资和如何投资，或就此终止投资，还是继续投资，使之进入项目开发建设和下一阶段等结论性意见。它为石油化工项目决策部门对项目投资的最终决策提供了科学依据，并作为开展下一步工作的基础。

11.1.2 可行性研究的起源及发展

现代意义上的对建设项目进行分析、评价的方法产生于20世纪30年代。当时的世界性经济大萧条使得各西方国家的经济形势发生了重大变化。随着自由放任经济体系的崩溃，许多国家越来越重视政府对经济的调控作用，随着各国政府管理公共事务的经验积累和人民要求改善生活的愿望不断加强，政府干预社会经济的需要和作用逐渐增强了。一些西方国家的政府施行新经济政策，大量投资公共工程项目，于是出现了公共工程项目分析评价方法。现代意义上的可行性研究就在这种条件下产生了。1936年，美国为了有效地防止洪水泛滥和提高农业生产效率，大兴水利工程项目，颁发了《全国洪水控制法》，该法正式规定了运用费用效益分析方法，分析评价洪水控制和水域资源开发项目。《全国洪水控制法》提出了这样一个原则：一个项目，只有当其产生的效益（不论受益人是谁）大于其投入的费用时才被认为是可行的。在此之后，美国的水利部门必须依该法的要求，对所投资的工程项目进行费用效益计算后，才能交国会审批。随后，美国、英国和加拿大等国政府相继规定了可行性研究的原则和程序。

到了20世纪60年代，随着宏观经济理论和微观经济理论的逐步完善、经济数学和计算技术的进一步发展，以及对社会实践的总结，可行性研究的理论和方法体系得到了进一步完善，并日臻成熟。

20世纪70年代末，随着我国经济对外开放，在西方发达国家产生了40多年的工程项目决策工具——可行性研究开始进入我国。政府有关部门组织国内外的一些专家、学者，开始从理论和实践两个方面探讨把可行性研究纳入我国工程项目决策程序的必要性和可行性。经过充分的讨论和实证研究，我国开始把可行性研究列为工程项目决策的重要内容。1983年，原国家计委以计资［1983］116号文件颁发了"关于建设项目进行可行性研究的试行管理办法"，正式把可行性研究纳入工程项目决策程序。该办法规定："可行性研究是建设前期工作的重要内容，是基本建设程序中的组成部分。"该办法还规定，大型的工业交通项目、利用外资、技术引进和设备引进项目都要进行可行性研究，其他工程项目，有条件时也应进行可行性研究。没有进行可行性研究的项目，有关决策部门不审批设计任务书，不列入投资计划。1987年、1993年和2006年，国家相关部门先后组织编制与修订出版了第1版、第2版和第3版《建设项目经济评价方法与参数》，成为指导项目前期工作的重要依据。

20世纪90年代，随着我国经济体制改革的不断深入、市场在经济发展中的地位的确立和原国家计委颁发的四个规定性文件的顺利执行，以及原国家计委对工程咨询机构实行资质制度，人们对可行性研究的作用和地位的认识有了很大的进步，可行性研究的编制质量有了较大的提高，可行性研究在工程项目决策中的作用也逐步显现出来。

进入21世纪后，可行性研究工作又有了进一步的发展与丰富。国务院在2004年发布了《国务院关于投资体制改革的决定》（以下简称《决定》）国发［2004］20号文件，对原有的投资体制进行了一系列改革，打破了传统计划经济体制下高度集中的投资管理模式，《决定》中明确了除涉及政府投资的项目依然需要国家相关部门审批外，其余企业投资的项目区别不同情况实行核准制和备案制。企业投资建设实行核准制的项目，需在可行性研究的基础上向政府提交项目申请报告。这些做法使我国的投资管理工作更加科学和有效。2016年7月《中共中央、国务院关于深化投融资体制改革的意见》创造性地提出"投资核准范围最小化""推行投资项目审批首问责任制""编制三年滚动政府投资计划""建设投资项目在线审批监管平台"等一系列投融资体制改革新模式、新举措。

11.1.3 可行性研究的作用

可行性研究作为投资前期所必需的阶段，是投资决策的依据，这已为各国所广泛采纳。

可行性研究之所以受到如此重视，是因为它是多年建设经验的科学总结，是行之有效的一种科学方法，也是提高项目经济效益的首要环节。可行性研究的作用有以下几个方面。

（1）作为确定项目的决策依据

可行性研究对拟建项目所作的经济评价，用于判定项目是否可行，进而为项目决策提供可靠依据。一是为投资者或企业决定项目是否能够上马提供依据；二是为投资主管部门审批项目提供依据。

（2）作为向银行申请贷款的依据

世界银行等国际金融组织都把可行性研究作为申请项目贷款的先决条件。我国国内的专业银行、商业银行在接受贷款申请时，也首先对贷款项目进行全面、细致的分析评估，确定项目具有偿还贷款能力、不承担过大风险时，才会同意贷款。

（3）作为编制初步设计文件的依据

按照项目建设程序，一般只有在可行性研究报告完成后，才能进行初步设计（或基础设计）。初步设计（或基础设计）文件应在可行性研究的基础上，根据审定的可行性研究报告进行编制。

11.1.4　可行性研究的类型

在联合国工业发展组织（UNIDO）编写的《工业项目可行性研究手册》中，把投资前期的可行性研究工作分为四个阶段，也就是机会研究、初步可行性研究、可行性研究和项目评估决策。

由于建设项目前期的各研究工作阶段的研究性质、工作目标、工作要求及作用不同，因而其工作时间与费用也各不相同，可行性研究各阶段工作的目的和要求如表 11-1 所示。通常因为各阶段研究的内容是由浅入深的，使得项目投资和成本估算的精度要求也由粗到细，研究工作量由小到大，研究的目标和作用逐步提升，因而研究工作时间和费用也随之逐渐增加。

表 11-1　项目决策分析与评价各阶段各类可行性研究工作的目的和要求

研究阶段	机会研究	初步可行性研究	可行性研究	项目评估决策
研究性质	项目设想	项目初选	项目准备	项目评估
研究目的和内容	鉴别投资方向，寻求投资机会，选择项目，提出项目投资建议	对项目作初步评价，进行专题辅助研究，广泛分析、筛选方案、确定项目的初步可行性	对项目进行深入细致的技术经济论证，重点对项目的技术方案和经济效益进行分析评价，进行多方案比选，提出结论性意见	综合分析各种效益，对项目建议书、可行性研究报告、项目申请报告进行全面审核和评估，分析判断项目建议书可行性研究报告和项目申请报告的可靠性
研究要求	编制机会研究报告	编制初步可行性研究报告或项目建议书	编制可行性研究报告	提出项目评估报告
研究作用	为初步选择投资项目提供依据，批准后列入建设前期工作机会，作为国家对投资项目的初步决策	判断是否有必要进行下一步详细可行性研究，进一步判明建设项目的生命力	作为项目投资决策的基础和重要依据	为投资决策者提供最后决策依据，决定项目取舍和选择最佳投资方案
估算精度	±30%	±20%	±10%	±10%
研究费用（占总投资的比例）	0.2%~1.0%	0.25%~1.25%	大项目 0.2%~1.0% 中小项目 1%~3%	—
时间/月	1~3	4~6	8~12	—

(1) 投资机会研究

投资机会研究也称投资机会鉴别,是指为寻找有价值的投资机会而进行的准备性调查研究。投资机会研究的目的是发现有价值的投资机会。

投资机会研究可分为一般投资机会研究与具体项目投资机会研究两种。

① 一般投资机会研究。一般投资机会研究就是对某个指定的地区、行业或部门鉴别各种投资机会,或是识别利用以某种自然资源或工农业产品为基础的投资机会。此项研究一般由国家机构和公共机构进行,作为制订经济发展计划的基础。一般投资机会研究又可分为以下三类。

a. 地区投资机会研究,即调查分析地区的基本特征、资源状况、人口及人均收入、地区产业结构、经济发展趋势、地区进出口结构等状况,研究、寻找在某一特定地区内的投资机会。

b. 部门投资机会研究,即调查分析产业部门在国民经济中的地位和作用、产业的规模和结构、各类产品的需求及其增长率等状况,研究、寻找在某一特定产业部门的投资机会。

c. 资源开发机会研究,即调查分析资源的特征、储量、可利用和已利用状况、相关产品的需求和限制条件等情况,研究、寻找开发某项资源的投资机会。

② 具体项目投资机会研究。在一般投资机会研究初步筛选投资方向和投资机会后,需要进行具体项目的投资机会研究。具体项目投资机会研究比一般投资机会研究更为深入、具体,需要对项目的背景、市场需求、资源条件、发展趋势以及需要的投入和可能的产出等进行研究分析并作出大体上的判断。

企业进行投资机会的研究,还应结合自身的发展战略和经营目标以及企业内外部资源条件进行。企业内外部资源条件主要是指企业的财力、物力和人力资源,技术和管理水平,以及外部建设条件。

投资机会研究的内容包括市场调查、供需分析、投资政策、税收政策研究等,其重点是分析投资环境,如在某一地区或某一产业部门,对某类项目的背景、市场需求、资源条件、发展趋势以及需要的投入和可能的产出等方面进行准备性的调查、研究和分析,从而发现有价值的投资机会。

投资机会研究的成果是机会研究报告。机会研究报告是开展初步可行性研究工作的依据。这一阶段的研究工作比较粗略,通常是根据类似条件和背景的工程项目来估算投资额与生产成本,初步分析建设投资效果,提供一个或一个以上可能进行建设的投资项目和投资方案。这个阶段所估算的投资额和生产成本的精确程度大约控制在$\pm 30\%$上下,大中型项目的机会研究所需时间约在 $1\sim 3$ 个月,所需费用约占投资总额的 $0.2\%\sim 1\%$。如果投资者对这个项目感兴趣,则可再进行下一步的可行性研究工作。

需要指出的是,在实际操作中,机会研究逐步被产业规划所替代,无论是区域、行业或者企业,随着规划的重要性及其内容的不断加深,产业规划逐步担当了机会研究甚至项目建议书的角色。

(2) 初步可行性研究

初步可行性研究也称预可行性研究,是在投资机会研究的基础上,对项目方案进行初步的技术、经济分析和社会、环境评价,对项目是否可行作出初步判断,主要是判断项目是否有生命力,是否值得投入更多的人力和资金进行可行性研究。

初步可行性研究的重点,主要是根据国民经济和社会发展长期规划、行业规划和地区规划以及国家产业政策,从宏观上分析论证项目建设的必要性,并初步分析项目建设的可能性。

初步可行性研究的深度介于投资机会研究和可行性研究之间,这一阶段一般采用指标估算法估算建设投资和成本费用。

经初步可行性研究,如果判断项目是有生命力的,并有必要投资建设,即可以进一步进行可行性研究。需要指出的是,不是所有项目都必须进行初步可行性研究,有些小型项目或简单的技术改造项目,在选定投资机会后,可以直接进行可行性研究。

这一阶段的主要工作目标如下。

① 分析投资机会研究的结论,并在占有详细资料的基础上作出初步投资估价。该阶段工作需要深入弄清项目的规模、原材料资源、工艺技术、厂址、组织机构和建设进度等情况,进行经济效果评价,以判定是否有可能和必要进行下一步的详细可行性研究。

② 确定对某些关键性问题进行专题辅助研究。例如,市场需求预测和竞争能力研究,原料辅助材料和燃料动力等供应和价格预测研究、厂址选择、合理经济规模,以及主要设备选型等研究。在广泛的方案分析比较论证后,对各类技术方案进行筛选,选择效益最佳方案,排除一些不利方案,缩小下一阶段的工作范围和工作量,尽量节省时间和费用。

③ 鉴定项目的选择依据和标准,确定项目的初步可行性。根据初步可行性研究结果编制初步可行性研究报告,决定是否有必要继续进行研究,如通过所获资料的研究确定该项目设想不可行,则应立即停止工作。该阶段是项目的初选阶段,研究结果应作出是否投资的初步决定。

初步可行性研究的成果是初步可行性研究报告或者项目建议书,可根据投资主体及审批机构的要求确定。两者的差别表现在对研究成果的具体阐述上,初步可行性研究报告详尽一些,项目建议书简略一些。对于企业投资项目,政府不再审批项目建议书,初步可行性研究仅作为企业内部决策层进行项目投资策划、决策的依据;而对于政府投资项目,仍需按基本建设程序要求审批项目建议书,此类项目往往是在完成初步可行性研究报告的基础上形成或者代替项目建议书。《中共中央、国务院关于深化投融资体制改革的意见》(2016 年 7 月 5 日)改进和规范了政府投资项目审批制,采用直接投资和资本金注入方式的项目,对经济社会发展、社会公众利益有重大影响或者投资规模较大的项目,需要在咨询机构评估、公众参与、专家评议、风险评估等科学论证的基础上,严格审批项目建议书、可行性研究报告、初步设计。经国务院及有关部门批准的专项规划、区域规划中已经明确的项目,部分改扩建项目,以及建设内容单一、投资规模较小、技术方案简单的项目,可以简化相关文件内容和审批程序。如果企业内部判断项目是有生命力的或者这个能付投资项目经投资主管部门批准立项,就可以开展下一步的可行性研究。需要指出的是,不是所有项目都必须进行初步可行性研究,小型项目或者简单的技术改造项目在选定投资机会后,可以直接进行可行性研究。

初步可行性研究的研究内容和结构与可行性研究的内容和结构基本相同。其主要区别是所获资料的详尽程度不同,研究的深度不一样。

(3) 可行性研究

可行性研究一般是在初步可行性研究的基础上进行的详细研究。通过主要建设方案和建设条件的分析比选论证,从而得出该项目是否值得投资,建设方案是否是合理、可行的研究结论,为项目最终决策提供依据。因而,可行性研究也是项目决策分析与评价的最重要工作。

可行性研究为项目决策提供技术、经济、社会和财务方面的评价依据,为项目的具体实施(即进行建设和生产)提供科学依据。因此,这个阶段是进行详细深入的技术经济分析的论证阶段。

① 主要目标如下。

a. 深入研究有关产品方案、生产流程、资源供应、厂址选择、工艺技术、设备选型、工程实施进度计划、资金筹措计划,以及组织管理机构和定员等各种可能选择的技术方案,进行全面深入的技术经济分析和比较选择工作，并推荐一个可行的投资建设方案。

b. 着重对投资总体建设方案进行企业财务效益、国民经济效益和社会效益的分析与评价，对投资方案进行多方案比较选择，确定一个能使项目投资费用和生产成本降到最低限度并取得最佳经济效益和社会效果的建设方案。

c. 确定项目投资的最终可行性和选择依据标准，对拟建投资项目提出结论性意见。可行性研究的结论，可以推荐一个认为最好的建设方案，也可以提出可供选择的几个方案，说明各个方案的利弊和可能采取的措施，或者也可以提出"不可行"的结论。按照可行性研究结论编制出可行性研究报告，作为项目投资决策的基础和重要依据。

可行性研究是决定项目性质的阶段（定性阶段），是项目决策研究的关键环节，该阶段为下一步的工程设计提供基础资料和设计依据。

可行性研究的成果是可行性研究报告。对于需要政府核准的企业投资的重大项目和限制类项目，还应在可行性研究报告的基础上编制项目申请报告。

② 可行性研究报告与项目申请报告的主要区别有以下三个方面。

a. 适用范围不同。可行性研究报告是投资项目内在规律的要求，是项目建设程序的客观要求，它适用于所有投资项目。

项目申请报告是政府行政许可的要求，适用于企业投资建设实行政府核准制的项目，即列入"政府核准的投资项目目录"的项目。

政府投资项目和实行备案制的企业投资项目，均不需要编制项目申请报告。

b. 目的不同。企业投资项目编审可行性研究报告的目的是论证项目的可行性，供企业内部决策机构（如企业董事会）使用；并作为贷款方（包括内、外资银行以及国际金融组织和外国政府）确定贷款的依据。

项目申请报告不是对项目可行性的研究，而是对政府关注的项目外部影响的有关问题进行论证说明，报请政府投资主管部门核准（行政许可）。在政府投资主管部门核准之前，企业需要根据规划、环保、国土资源等部门的要求，进行相关分析论证，得到各有关部门的许可。

c. 内容不同。可行性研究报告的内容包括项目的内、外部条件和影响，既要对市场前景、技术方案、项目选址、投资估算、融资方案、财务效益、投资风险等企业关注的方面进行分析与研究；又要对政府关注的涉及公共利益的有关问题进行论证。

项目申请报告主要是从维护经济安全、合理开发利用资源、保护生态环境、优化重大布局、保障公共利益、防止出现垄断等方面进行论证，属于市场、资金来源、财务效益等不涉及政府公共权力的"纯内部"影响的那些内容不作为主要内容，但需要对项目有关问题作简要说明，以作为对项目外部影响评估的基础材料。例如，为了便于政府对行业准入标准等问题进行审查，需要对工艺技术方案作简要说明。

（4）项目评估决策

项目评估按项目周期的不同阶段分为前评估、中评估（又称中间评价）和后评估（又称后评价）。这里指的是前评估。项目前评估是指为对项目决策提供依据所编制的项目建议书、可行性研究报告和项目申请报告进行评估。

① 项目建议书和可行性研究报告评估。项目建议书和可行性研究报告评估是指在其编制完成后，由另一家符合资质要求的工程咨询单位对项目建议书和可行性研究报告所作结论的真实性和可靠性进行复核和评价，为项目决策者提供决策依据。

项目建议书和可行性研究报告评估通常在以下几种情况下进行。

a. 政府投资项目的项目建议书和可行性研究报告，应经过符合资质要求的工程咨询单位的评估论证。项目建议书的评估结论作为项目立项的依据，可行性研究报告的评估结论作为政府投资决策的依据。

b. 项目业主或投资者为了分析可行性研究报告的可靠性，进一步优化完善项目方案，聘请另一家工程咨询单位对原可行性研究报告进行再评估。

c. 拟对项目贷款的银行，一般自行组织专家组，有时也委托工程咨询单位对可行性研究报告进行评估，评估结论作为银行贷款决策的依据。

② 项目申请报告评估。项目申请报告评估是政府投资主管部门根据需要委托符合资质要求的工程咨询单位对拟建项目的外部影响进行评估论证。项目申请报告评估对项目建设用地与相关规划、资源和能源耗用分析、经济和社会效果分析等内容的真实性和可靠性进行核实的同时，侧重从维护经济安全、合理开发利用资源、保护生态环境、优化重大布局、保障公共利益、防止出现垄断等方面进行评估论证。评估结论作为政府核准项目的依据。

11.2 石油化工项目可行性研究报告的编制要求

11.2.1 可行性研究报告的编制步骤

可行性研究报告的编制要遵循一定的步骤，具体做法如下。

（1）签订委托协议

可行性研究报告编制单位与委托单位，就项目可行性研究报告编制工作的范围、重点、深度要求、完成时间、费用预算和质量要求交换意见，并签订委托协议，据以开展可行性研究的各阶段工作。

（2）组建工作小组

对拟建项目进行可行性研究，首先要确定工作人员，组建可行性研究工作小组。工作小组的人员结构要尽量合理，工业项目可行性研究的编制工作小组一般包括工业经济学家、市场分析专家、财务分析专家、土木建筑工程师、专业技术工程师和其他辅助人员等。从国外的实践来看，项目的可行性研究一般都由投资者委托有实力、有信誉的专业中介机构去做。根据我国的有关规定，项目可行性研究一般也要委托有资质的工程咨询机构来承担，特别是大型项目。

（3）数据调研和收集

根据分工，工作小组各成员分头进行数据调查、整理、估算、分析以及有关指标的计算等。在可行性研究过程中，数据的调查和分析是重点。可行性研究所需要的数据来源于三个方面：一是委托方（投资者）提供的资料。因为投资者在进行工程项目的初步决策时，已经对与项目有关的问题进行过比较详细的考察，并获取了一定量的信息，这可以作为咨询机构的重要信息来源渠道。二是咨询机构本身所拥有的信息资源。咨询机构都是有资质的从事项目咨询的机构，拥有丰富的经验和专业知识，同时也占有大量的历史资料、经验资料和关于可行性研究方面的其他相关信息。三是通过调研占有的信息。一般来讲，投资者提供的资料和咨询机构占有的信息不可能满足编制可行性研究报告的要求，还要进行广泛的调研，以获取更多的信息资料。必要时，也可以委托专业调研机构进行专项信息调研，以保证获得更加全面的信息资料。

（4）方案编制与优化

在取得信息资料后，要对其进行整理和筛选，并组织有关人员进行分析论证，以考察其全面性和准确性。在此基础上，对项目的建设规模与产品方案、场址方案、技术方案、设备方案、工程方案、原材料供应方案、环境保护方案、组织机构设置方案、实施进度方案以及项目投资与资金筹措方案等，进行备选方案的编制，并进行方案论证后提出推荐方案。

(5) 形成可行性研究报告初稿

在提出推荐方案以后，就进入可行性研究报告的编写阶段，首先根据可行性研究报告的要求和开始的分工，编写可行性研究报告的初稿。报告的编写，要求工作小组成员之间的工作能进行很好的衔接，因为可行性研究报告的各项内容是有联系的，需要各成员的衔接、配合和联合工作才能完成。

(6) 论证和修改

编写出可行性研究报告的初稿以后，首先要由工作小组成员进行分析论证，主要是由工作小组成员介绍各自负责的部分，大家一起讨论，提出修改意见。对于可行性研究报告，要注意前后的一致性、数据的准确性、方法的正确性和内容的全面性等，提出的每一个结论，都要有充分的依据。有些项目还可以扩大参加论证的人员的范围，可以请有关方面的决策人员、专家和投资者等参加讨论。在经过充分的讨论以后，再对可行性研究报告进行修改，并最后定稿。

11.2.2　可行性研究报告的编制依据

可行性研究报告的编制是一件很严谨的事情，报告的编制要有一定的依据，这些依据可能是国家的法律、法规、行业规定、合同及相关资料等。具体来说，可行性研究报告的编制依据遵循以下内容：

① 项目建议书（初步可行性研究报告）及其批复文件。

② 国家和地方的经济和社会发展规划；行业部门发展规划，入江河流域开发治理规划、铁路公路路网规划、电力电网规划、森林开发规划等。

③ 国家有关法律、法规、政策。

④ 国家相关部门批准的矿产储量报告及矿产勘探最终报告。

⑤ 有关机构发布的工程建设方面的标准、规范、定额。

⑥ 中外合资、合作项目各方签订的协议书或意向书。

⑦ 编制可行性研究报告的委托合同。

⑧ 其他有关依据资料。

11.3 石油化工项目可行性研究报告的内容

11.3.1　我国可行性研究报告的主要内容

石油化工项目可行性研究的内容，因项目的性质和特点而异。从总体看，可行性研究的内容与初步可行性研究的内容基本相同，但研究的重点有所不同，研究的深度有所提高，研究的范围有所扩大。可行性研究的重点是石油化工项目建设的可行性，必要时还需进一步论证项目建设的必要性。石油化工可行性研究报告的主要内容如下。

① 项目建设的必要性。项目建设的必要性要从两个层次进行分析：一是从项目层次分析拟建项目在实现企业自身可持续发展重要目标、重要战略和生存壮大能力的必要性；二是从国民经济和社会发展层次分析拟建项目是否符合合理配置和有效利用资源的要求，是否符合区域规划、行业发展规划、城市规划的要求，是否符合国家产业政策的要求，是否符合保

护环境、可持续发展的要求等。

② 市场分析。调查分析和预测拟建项目产品和主要投入品的国际、国内市场的供需状况和价格；研究确定产品的目标市场；在竞争力分析的基础上，预测可能占有的市场份额；研究产品的营销策略。

③ 项目建设方案研究。项目建设方案研究主要包括以下几种：建设规模和产品方案，工艺技术和主要设备方案，场（厂）址选择，主要原材料、辅助材料和燃料的供应方案，总图运输和土建工程方案，公用、辅助工程方案及节能、节水措施，环境保护治理措施方案，职业安全卫生健康措施和消防设施方案，项目的组织机构与人力资源配置。

④ 投资估算。在确定项目建设方案的基础上估算项目所需的投资。分别估算建筑工程费、设备购置费、安装工程费、工程建设其他费用、基本预备费、涨价预备费、建设期利息和流动资金。

⑤ 融资方案。在投资估算确定投资额的基础上，研究分析项目的融资主体，资金来源渠道和方式，资金结构即融资成本和融资风险等。结合融资方案的财务分析，比较、选择和确定融资方案。

⑥ 财务分析。按规定科目详细估算营业收入和成本费用，预测现金流量；编制现金流量表等财务报表，计算相关指标；进行财务盈利能力、偿债能力以及财务生存能力分析，评价项目的财务可行性。

⑦ 经济费用效益分析。对于财务现金流量不能全面、真实地反映其经济价值的项目，应进行经济费用效益分析。从社会经济资源有效配置的角度，识别项目产生的直接和间接经济费用和效益，编制经济费用效益流量表，计算有关评价指标，分析项目建设对经济发展所作出的贡献以及项目所耗费的社会资源，评价项目的经济合理性。

⑧ 经济影响分析。对于区域及宏观经济影响较大的项目，还应从区域经济发展、产业布局及结构调整、区域财政收支、收入分配以及是否可能导致垄断等角度进行分析。对于涉及国家经济安全的项目，还应从产业技术安全、资源供应安全、资本控制安全、产业成长安全、市场环境安全等角度进行分析。

⑨ 资源利用分析。对于高耗能、耗水、大量消耗自然资源的项目，应分析能源、水资源和自然资源利用效率；一般项目也应进行节能、节水、节地、节材分析；所有项目都要提出降低资源消耗的措施。

⑩ 土地利用及移民搬迁安置方案分析。对于新增建设用地的项目，应分析项目用地情况，提出节约用地措施。涉及搬迁和移民的项目，还应分析搬迁方案和移民安置方案的合理性。

⑪ 社会评价。对于涉及社会公共利益的项目，如农村扶贫项目，要在社会调查的基础上，分析拟建项目的社会影响，分析主要利益相关者的需求，对项目的支持和接受程度，分析项目的社会风险，提出防范和解决社会问题的方案。

⑫ 不确定性分析。进行敏感性分析，计算敏感度系数和临界点，找出敏感因素及其对项目效益的影响程度；进行盈亏平衡分析，计算盈亏平衡点，粗略预测项目适应市场变化的能力。

⑬ 风险分析。对项目主要风险因素进行识别，采用定性和定量分析方法估计风险程度，研究提出防范和降低风险的对策措施。

⑭ 结论与建议。在以上各项分析研究之后，应作出归纳总结，说明所推荐方案的优点，指出可能存在的主要问题和可能遇到的主要风险，作出项目是否可行的明确结论，并对项目下一步工作和项目实施中需要解决的问题提出建议。

11.3.2　可行性研究报告的附图、附表与附件

可行性研究报告中还应包括一些附图、附表、附件，主要内容如下。

（1）附图

附图包括场址位置图、工艺流程图、总平面布置图。

（2）附表

① 投资估算表：项目投入总资金估算汇总表、主要单项工程投资估算表、流动资金估算表。

② 财务评价报表：销售收入、销售税金及附加估算表，总成本费用估算表，财务现金流量表，损益和利润分配表，总投资使用计划和资金筹措表，借款还本付息计划表。

（3）国民经济评价报表

① 项目国民经济效益费用流量表。

② 国内投资国民经济效益费用流量表。

（4）附件

① 项目建议书（初步可行性研究报告）的批复文件。

② 环保部门对项目环境影响的批复文件。

③ 资源开发项目有关资源勘察及开发的审批文件。

④ 主要原材料、燃料及水、电、气供应的意向性协议。

⑤ 项目资本金的承诺证明及银行等金融机构对项目贷款的承诺函。

⑥ 中外合资、合作项目各方草签的协议。

⑦ 引进技术考察报告。

⑧ 土地主管部门对场址的批复文件。

⑨ 新技术开发的技术鉴定报告。

⑩ 组织股份公司草签的协议。

11.3.3 可行性研究及其报告应达到的深度要求

① 可行性研究报告内容齐全、数据准确、论据充分、结论明确，能满足决策者定方案、定项目的需要。

② 可行性研究中选用的主要设备的规格、参数应能满足预订货的要求，引进的技术设备的资料应能满足合同谈判的要求。

③ 可行性研究中的重大技术、财务方案，应有两个以上方案的比选。

④ 可行性研究中确定的主要工程技术数据，应能满足项目初步设计的要求。

⑤ 可行性研究阶段对投资和生产成本的估算应采用分项详细估算法，估算的准确度应达到规定的要求。

⑥ 可行性研究确定的融资方案应能满足资金筹措及使用计划对投资数额、时间和币种的要求，并能满足银行等金融机构信贷决策的需要。

⑦ 可行性研究报告应反映可行性研究中出现的某些方案的重大分歧及未被采纳的理由，供决策者权衡利弊进行决策。

⑧ 可行性研究报告附有供评估、决策所必需的合同、协议、意向书、政府批件等。

11.4 石油化工项目可行性研究报告结论的撰写要求

石油化工项目可行性研究报告是项目决策分析与评价的重要内容，在完成对项目各个方面的分析研究之后，需要对各方面的研究结果进行归纳，综合分析，形成评价结论，供决策者进行科学决策。

11.4.1 报告结论的要求

(1) 坚持客观性

项目的影响可能是多方面的，而这些影响既有正面的又有负面的，或与项目的目标相悖。例如，一个造纸项目，在为业主创造利润的同时，将带来严重的水污染；一个大型水利项目，在为农民造福的同时，又引起了生态的改变；项目业主在追求利润目标或服务民众目标的同时可能或多或少带来了负面影响，项目评价不能置明显的负面影响而不顾，只有坚持客观性，才能对项目作出正确结论。

(2) 注意针对性

项目决策分析与评价是系统性的多方面、多层次的分析与评价，但不是所有项目都需要进行全方位的评价，例如，一个普通的竞争性产品项目，可能不需要进行经济分析和社会评价，而一个特大型水利项目必须进行社会评价。结论应注意根据项目特点增加或减少相关内容，也就是说，不同项目侧重的方面可以有所不同，应注意结论的针对性。

(3) 满足合理性

2004 年国家投资体制改革后，政府管理投资项目的方式由单一的审批制改为审批、核准或备案制。对于企业投资项目，结论的内容除满足业主投资决策的需要外，也要分别符合核准或备案的要求。需要政府核准的项目，应注意政府核准项目的规定和条件；只需备案的项目，主要是满足业主投资决策的需求，但也要在环境、安全和用地等方面注意是否符合政府有关法律法规的要求。

对于政府投资项目，采用直接投资和资本金注入方式的，应满足政府投资决策的要求；采用投资补助、转贷和贷款贴息方式的，应满足政府审批资金申请报告的要求。

11.4.2 结论的具体内容

结论的具体内容包括推荐方案、主要比选方案的概述以及对项目有关各方的建议。

(1) 推荐方案

① 依次说明推荐方案各部分的主要内容和分析研究结果。

② 推荐方案实施的基本条件。有些项目目标的实现以某些限定条件为前提，对于这类项目要明确描述项目（方案）实施的基本条件，以及该基本条件的满足程度。

③ 推荐方案的不同意见和存在的主要问题。对于推荐方案一般会有不同的意见，应对推荐方案的不同意见和存在的主要问题进行实事求是的描述。

④ 推荐方案的结论性意见归纳。根据对推荐方案的主要内容和分析研究结果的总体描述，归纳对推荐方案的结论性意见，着重说明项目建设的必要性和可能性，项目目标可实现性、项目的外部影响、项目可能面临的风险程度项目拟采取的风险对策以及项目建设的必要条件。

⑤ 给出主要的技术经济指标表。

(2) 主要比选方案的概述

在项目的决策分析与评价过程中，通过多方案比较，推荐相对优化的方案。在结论部分应对由于各种原因未被推荐的一些重大比选方案进行描述，阐述方案的主要内容、优缺点和未被推荐的原因，以便决策者从多方面进行思考并作出决策。

(3) 对项目有关各方的建议

① 建议的必要性。任何项目方案都有利有弊，且要具备一定的条件才能扬长避短，实现项目方案的整体优化。另外，某些风险对策有待在实施和运营过程中落实。因此有必要对

在项目实施和运营阶段应注意的有关问题和应采取的措施提出相应的建议,包括对项目下一步工作中的重要意见和建议。例如,在商务谈判、设计、建设和运营中需引起重视的问题和关于工作安排的意见和建议,以及项目实施中需要协调解决的问题和建议等。

② 建议的针对性。由于项目有关方面,包括项目发起人(或兼投资人)、投资人、审批人、债权人对项目有着不同要求,也肩负不同责任,所提建议应有针对性,特别是针对各级政府和项目发起人。

③ 建议的明确性。如果项目决策分析与评价得出项目可行的结论,注册咨询工程师(投资)在作出结论的同时可提出推荐项目的建议;如果评价结论显示,因受到某些因素的制约而达不到预定的目标,那么就应提出放弃或暂时放弃项目的建议,或者是提出对项目方案进行根本性修正的意见。

本章小结

石油化工项目可行性研究是对拟建项目在技术上是否可能、在经济上是否有利、在建设上是否可行而进行的综合分析和全面论证的技术经济研究活动。可行性研究按阶段划分为几种类型:机会研究、初步可行性研究、可行性研究和项目评估研究。针对不同类型的研究其作用和内容有所不同。国家投资体制改革后,政府管理投资项目的方式由单一的审批制改为审批、核准或备案制。项目决策分析与评价的结论要满足客观性、针对性和合理性的要求。

思考题

1. 项目可行性研究的含义是什么?
2. 项目可行性研究的作用有哪些?
3. 简述项目可行性研究报告的类型及其特点。

第 12 章

项目管理简介

学习目标：

① 了解项目管理的 10 大领域；
② 理解项目、项目管理的基本概念与内涵；
③ 理解项目时间管理与网络计划图；
④ 理解成本管理与挣值法；
⑤ 掌握 HSE 管理体系的基本要素和建立过程。

在联合国工业发展组织规定的项目进展周期中可行性研究是项目投资前期的重要活动，对项目进行技术、经济、环境等方面的分析，是做出科学合理的投资决策的基础。当投资者根据可行性研究的结果做出进行投资的决策后，项目就进入了真正的投资阶段，而如何科学合理地对项目进行投资后的管理，确保项目在成本、质量、进度等方面达到投资者满意的目标，让投资者的投资真正发挥作用，也是一个项目能成功的非常重要的方面，这就需要了解一些有关项目管理的内容。因此，在这一章中就着重介绍这些内容。需要注意的是，按照有关理论，可行性研究实际也是完整的项目管理中的一部分内容，是项目管理的前期工作，但这里主要以项目实施中的项目管理为研究对象。

12.1 项目管理概述

12.1.1 项目与项目管理

(1) 项目的概念

在我们的生活中时常会听某人说他正在做项目，甚至有人会把他所做的一切事情都称之为项目。"项目"这个专业术语有时被人们用得比较模糊。那么什么是项目呢？项目是一件事情、一件独一无二的任务，也可以理解为是在一定的时间和一定的预算内所要达到的预期目的。项目侧重于过程，它是一个动态的概念，例如我们可以把一条高速公路的建设过程视为项目，但不可以把高速公路本身称为项目。

许多相关组织及学者都给项目下过定义，其中具有代表性的有如下几种：

美国的项目管理协会（Project Management Institute，PMI）认为，项目是为创造特定产品或服务的一项有时限的任务（其中，"时限"是指每一个项目都有明确的起点和终点；"特定"是指一个项目所形成的产品或服务在关键特性上不同于其他相似的产品和服务）。

德国 DIN69901 认为项目是指在总体上符合如下条件的唯一性任务：具有预定的目标；具有时间、财务、人力和其他限制条件；具有专门的组织。

综上所述，尽管不同的组织或个人对项目的定义有所不同，但这些定义均从不同程度上揭示了项目的本质特征，并具有一些共性，如都有明确的起止时间，都有一些预定目标，都受到经费和人力的限制，都要消耗资源，都要为达到目标而付出努力，而且都是临时性、一次性的活动。

因此，我们认为项目是在一定的时间、资源、环境等约束条件下，为了达到特定的目标所做的一次性工作，这里的工作要满足一定性能、质量、数量、技术指标等要求。项目可以是一个组织中各个层次的任务或努力，它可以只涉及一个人，也可以涉及数万人。有的项目仅用很少的工时即可完成，而有的项目则需要成千上万的工时才能完成。典型的项目可以是新产品或新服务的开发、技术改造与技术革新、组织模式的变革、科学技术研究与开发、系统软件的开发、建筑物的建设等。

(2) 项目管理的概念

项目管理是以项目及其资源为对象，通过一个临时性的专门的柔性组织，运用系统的理论和方法对项目进行高效率的计划、组织、实施和控制，以实现项目目标的管理方法体系。我们可从如下五个方面进一步理解项目管理的定义。

① 项目管理的主体是项目经理。项目经理是受项目发起人的委托，在时间有限、资金约束的情况下完成项目目标的负责人，他有权独立进行计划、资源调配、协调和控制，他必须使项目组织成为一个工作配合默契、具有积极性和责任心的高效群体。

② 项目管理的客体是项目。项目管理是针对项目的特点而形成的一种管理方式，因而它的适用对象是项目。

③ 项目管理的职能是计划、组织、协调和控制。项目经理通过高效地运用这些职能来实现项目的目标。

④ 项目管理的任务是对项目及其资源进行计划、组织、协调和控制。需要注意的是，项目管理的任务与项目的任务含义是不同的。

⑤ 项目管理的目的是实现项目的目标，即提供符合客户要求的产品或服务。

(3) 项目的特征

项目具有以下几个典型特征：

① 一次性。这是项目与日常运作的最大区别。项目有明确的开始时间和结束时间，项目在此之前从来没有发生过，而且将来也不会在同样的条件下再发生，而日常运作是无休止或重复的活动。

② 独特性。每个项目都有自己的特点，每个项目都不同于其他的项目。项目所产生的产品、服务或完成的任务与已有的相似产品、服务或任务在某些方面有明显的差别。项目自身有具体的时间期限、成本和性能质量等方面的要求。因此，项目的过程具有自身的独特性。

③ 目标的明确性。每个项目都有自己明确的目标，为了在一定的约束条件下达到目标，项目经理在项目实施以前必须进行周密的计划，事实上，项目实施过程中的各项工作都是为项目的预定目标而进行的。

④ 组织的临时性和开放性。项目开始时需要建立项目组织，项目组织中的成员及其职能在项目的执行过程中将不断地变化，项目结束时项目组织将会解散，因此项目组织具有临

时性。一个项目往往需要多个甚至几百上千个单位共同合作，它们通过合同、协议以及其他的社会联系组合在一起，可见项目组织没有严格的边界。

⑤ 后果的不可挽回性。项目具有较大的不确定性，它的过程是渐进的，潜伏着各种风险，它不像有些事情可以试做，或失败了可以重来，即项目具有不可逆转性。

（4）项目干系人

一个项目的完成需要许多方面的人员或组织参与才可能实现。项目干系人是指积极参与项目及利益受到该项目影响的个人或组织。

一般地，下列人员或组织可能成为项目的干系人：

① 项目经理——负责管理项目的个人。

② 客户（业主、项目发起人）——以现金或实物为项目提供资金来源，使用项目成果的个人或组织。客户可能是多层次的。

③ 政府机构——负责项目的审批及指导。

④ 项目承约商——承接项目满足客户需求的个人或组织。

⑤ 组织内的其他参与者——组织内部与项目有关的人或部门，包括上层管理人员、项目团队成员、采购部门等。

⑥ 供应商——为项目提供原材料、设备、工具等物资设备的个人或组织。

⑦ 其他金融机构——为项目融通债务资本。

⑧ 其他受项目结果影响的组织或个人，如社区公众、政府部门等。

由于不同的项目干系人对于项目的期望和要求不同，项目干系人之间的利益关系既有一致的一面，也有冲突的一面。如客户希望尽量降低项目的成本或造价，收益高，时间短，质量合格，项目承约商希望客户支付尽量高的成本或造价，获取优厚的利润等。对于这些可能发生的利益关系，项目经理必须给予充分的重视，因为从人的角度而言，项目干系人是影响项目成功的最重要因素，所以识别、分析哪些是项目干系人，并且明确他们各自的需求和期望是至关重要的，只有这样才能很好地协调项目干系人各方的利益关系，确保项目获得成功。

（5）项目的生命周期

任何项目的实现都要经历一定的阶段或工作过程，项目的实现过程一般是指为创造项目的可交付成果而开展的各种活动所形成的过程（也称为项目阶段），项目的实现过程通常用项目生命期来描述，即把项目实现过程中先后衔接的各个阶段的集合称为项目生命期，见图12-1。

第一个阶段是开始阶段，在这个阶段主要的工作任务是项目识别、项目构思和项目选择，其形成的文字资料主要有项目建议书或可行性研究报告。

第二个阶段是中间阶段，主要对项目进行计划、执行和控制。项目计划是项目执行的基础，它主要是解决何时、如何、由谁来完成项目的目标等问题，即制订项目计划书，具体包括确定项目工作范围、进行项目工作分解；估算各个活动所需的时间和费用；进度安排和人员安排等。项目执行主要是具体实施项目计划，简单来

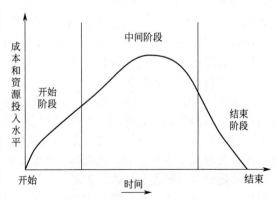

图12-1 项目生命周期的一般划分

说就是项目从无到有的实现过程。这一时期的管理重点是执行项目计划书、跟踪执行过程和进行过程控制,当项目在具体的执行过程中出现偏差时,必须确保项目按照计划有序、协调地执行。同时,这一阶段也需要根据项目的执行情况,对项目计划进行必要修改和补充,即项目的变更控制。由此可见,项目执行阶段是项目真正意义上的开始,是顺利实现项目目标的过程。

第三个结束阶段。项目结束意味着项目进入收尾阶段。当项目的目标已经实现,或者项目的目标不可能实现时,项目就进入了收尾阶段。这个阶段的管理重点是项目的交接、对项目结果进行检验、项目的评价和总结、吸取经验教训,为完善以后的项目管理积累经验。

项目生命周期在费用、风险和利益相关者的影响力在各阶段体现出不同的特点。

① 在费用方面,项目在开始阶段,费用和人力的投入比较少,随着项目的进展,逐渐升高,在项目接近收尾时迅速下降。

② 在风险方面,在项目的开始阶段,成功完成项目的概率很低,风险和不确定性很高,随着项目的发展,完成的概率越来越高,直到最后完全明确。

③ 在项目开始阶段,项目利益相关者对产品的最终质量和需求的影响力很大,随着项目的进行,影响力逐渐减弱。

项目生命期的阶段划分并不是唯一的,有的划分很笼统,有的划分很详细。由表 12-1 我们可以进一步理解项目生命期划分的多样性。

表 12-1 不同专业部门对项目生命周期的划分

项目类型	第一阶段	第二阶段	第三阶段	第四阶段
世界银行	项目初选	项目评价	执行与监测	总结与评价
工程建设项目	可行性研究	详细设计	施工	交工
美国防务系统	方案探索	论证与确认	全面研制	生产使用
中国军用飞机	可行性论证	技术设计	型号研制	生产交付

12.1.2 项目管理知识领域

(1) 网络计划技术

在第二次世界大战后期,现今项目管理中广泛使用的运筹学和系统工程发展了起来。进入 20 世纪 80 年代,美国军界和各大企业管理人员纷纷为各种各样项目的管理寻求更好的规划和控制技术,其中最突出的是网络技术的应用。1956 年,美国杜邦和兰德公司研制出关键路线法,1957 年应用于杜邦公司价值千万美元的化工项目,大大缩短了工期,节约了开支。20 世纪 60 年代,美国阿波罗登月计划使用了计划评审技术(PERT)。该项目耗资 300 亿美元,2 万多企业、40 多万人参与,使用了 700 万个零部件,但由于使用了网络计划技术,使各项工作进行得有条不紊,取得了巨大成功。网络计划技术的出现不但为项目管理人员提供了具体的技术,还为项目管理成为独立学科奠定了基础。

(2) 项目管理知识体系的形成

20 世纪 60 年代,上述的项目管理技术主要应用在美国航天、国防和建筑业中。大多数公司仅将项目当作偶然的事情,凡遇到项目,就将其临时交由常设的职能部门管理。进入 20 世纪 70 年代,各类项目日益复杂、规模日益增大,项目外部环境也经常变化莫测。同时,项目管理成了各大企业、政府部门经常性的事务,成了他们管理工作的重要组成部分,以往那种随时应付的办法已经行不通了。另外,计算机技术发展了起来,行为学派在项目管理中得到了广泛应用,这些都极大地推动了项目管理的发展。

在这种背景下,现代项目管理逐渐形成了自己的理论和方法体系。早在 1965 年,欧洲就成立了国际项目管理协会;1969 年,美国也成立了项目管理学会。1976 年,美国项目管理学会召开研讨会，开始议论将截至当时的项目管理通用做法汇集成标准。1987 年 8 月美国项目管理学会发表《项目管理知识体系》。此项目管理知识体系发表之后，人们继续对美国项目管理学会主要标准文件的格式、内容和结构进行讨论。现在使用的是《项目管理知识体系指南》2017 年版。除了《项目管理知识体系指南》以外，欧洲国际项目管理协会和国家标准化组织也分别编制了自己的项目管理知识体系标准 ICB 和 ISO 10006：质量管理——项目管理质量指南。

（3）知识领域的划分

关于项目管理知识领域的划分有很多种方法，这里我们参考美国项目管理协会（PMI）颁发的项目管理知识领域的划分方法。按照美国项目管理协会提出的方法可以将其划分为十个知识领域，它们分别从不同的管理职能和领域描述了现代项目管理者需要的知识、方法、工具和技能，以及相应的管理实践。每个知识领域都有各自的理论和实践方法，本书将介绍其中常用的十个知识领域中的四个领域：时间管理、成本管理、质量管理和采购管理。

项目时间管理是指在项目的进展过程中，为了确保项目能够在规定的时间内按时实现项目的目标，对项目活动的进度及日程安排所进行的管理过程。它包括项目活动定义、项目活动排序、项目活动时间估算、制订项目进度计划和进行项目进度控制。

项目成本管理是指为保证项目实际发生的成本低于项目预算成本所进行的管理过程和活动。它包括项目资源计划编制、项目成本估算、项目成本预算和项目成本控制等。

项目质量管理是指为了保证项目的可交付成果能够满足客户的需求，围绕项目的质量进行的计划、协调和控制等活动。它包括项目质量计划编制、项目质量保证和项目质量控制。

项目采购管理是指为达到项目的目标而从项目组织的外部获取物料、工程和服务所需的过程。它包括项目采购计划的编制、项目采购计划的实施、项目采购合同管理和项目采购合同收尾。

此外，项目风险管理也是项目管理的重要部分。项目风险管理是指通过风险识别、风险评估去认识项目的风险，以此为基础合理地使用各种管理方法、技术和手段，并对项目风险实行有效的控制，妥善处理风险所造成的不利后果，以最少的成本保证项目总体目标的实现。它包括项目风险管理规划、项目风险识别、项目定性、定量风险分析、项目风险应对和风险控制。

管理中的协调功能在项目管理中体现在项目整体管理之中。整体管理包括协调功能，但协调不包括将整合、范围、时间、成本、质量、资源、沟通、风险、相关方和采购十个方面的管理结合为有机整体的功能。正是这种结合使项目管理效果大大超过十个方面单独管理的效果之和，即"整体大于部分之和"。

（4）与其他管理学科的关系

从世界范围而言，项目管理已经发展成独立的学科。但是，该学科与其他学科，特别是与管理学科有着千丝万缕的联系。图 12-2 就是这种联系的一种形象表示。

管理项目这种人类有目的、有组织的活动，需要各种知识和技能。项目管理与其他管理学科区别开来的这些知识有如下特点：

① 独特的知识。项目管理中，许多知识是其本身所独有的，例如，关键路线法（CPM）、计划评审技术（PERT）、挣值管理（EVM）和工作分解结构（WBS），也有很大一部分知识与其他管理学科所共有，例如组织行为学、财务预测和规划理论线性规划、非线性规划、动态线性规划等。

② 多方面知识。一般管理指对企业或其他组织的连续循环性业务进行规划、组织、人员配备、执行和控制，一般要经常用到法律、战略规划、物流管理、财务管理和人力资源管理等各种学科的知识。项目管理要用到一般管理的多个方面的知识。例如，组织行为学、财

务预测、人力资源管理等。必要时，将上述各个方面的知识加以改造后再用于项目管理。

③ 应用领域知识。项目存在于国民经济各部门和社会生活的各个方面，这些千差万别的项目各有自己的规律，因此，管理它们就要具备有关这些具体规律的知识。这些知识称为"应用领域知识"。从项目管理的角度看，应用领域知识指的是具体项目所具有的但又不是所有的项目都具有的技术或管理方面的知识。应用领域一般根据以下特征确定：

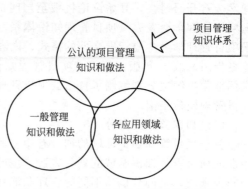

图 12-2　项目管理与其他管理学科的关系

a. 技术因素。例如，软件开发、医药、给排水工程或土建工程。

b. 管理的分科。社会和工商业发展到了今天，管理学和管理职业内部的分工也越来越细，可以说项目管理就是其中之一。此外，还有政府采购、社区开发或新产品开发等管理分科。

c. 职能部门和配套学科。例如，法律、生产和库存管理、营销、物流和人事管理。

d. 产业集团。例如，汽车、化工、农业、金融服务等。

可以说，国民经济有多少个部门，社会有多少个方面，项目管理就有多少个应用领域。下面是关于应用领域知识中的技术知识和管理知识的简要说明：

第一，应用领域技术知识。从事软件开发项目的人员，必须懂得电脑软件、软件工、编程语言等方面的知识；工程设计项目，涉及生产工艺、建筑学、结构工程、园林景观等方面的知识；从事农业灌溉项目要求相关人员懂得土壤学、作物学、水力、气候学、水利机械等方面的知识。

第二，应用领域管理知识。隔行如隔山，不但不同应用领域的技术知识彼此不同，连管理知识也不同。例如，同是合同管理，土木工程的合同要比一般物资采购的合同复杂得多。同是土木工程的合同管理，政府项目的要求也不同于民间项目。另外，生物科学项目要服从环境保护方面的要求，就必须通晓有关法律和国际标准化组织的有关标准。

12.1.3　项目管理的发展

(1) 现代项目管理的发展阶段

近代项目管理从其发展来看，应分成两个阶段。第一阶段，大致从 20 世纪 40 年代到 70 年代，而第二阶段则从 20 世纪 70 年代到现在。

第一阶段的重点是对项目的范围、成本、时间、质量和采购等方面的管理，管理的对象主要是"创造独特产品或服务"的项目。第二次世界大战结束以后，世界的经济和科学技术都获得了迅速的发展。在 20 世纪五六十年代，经济发展和科学研究中的项目规模越来越大、技术越来越复杂，使用的资源种类日益复杂多样，时间也越来越长。美国 20 世纪 40 年代的杜鲁门原子弹计划，50 年代美国海军武器局"北极星"导弹计划，60 年代肯尼迪的阿波罗登月计划等，都是通过项目或计划完成的。对于这样的项目，单靠甘特图和会议日程表已无法很好地管理了。为此，人们提出了许多适合这些项目的管理思想、方法和技术，使得项目管理的面貌不断翻新。人们的这些努力为现代项目管理的发展奠定了基础。

第二阶段更加重视人力资源、沟通、风险和整体管理，管理的对象增加了企业改革和应付突发事件等。人们认识到，企业的改革、重组和兼并等都是项目，应当专门成立项目管理班子。这第二阶段可叫做"现代项目管理"。世界上许多大公司、政府机构、非政府机构等都实行项目管理。这些组织之所以广泛实行项目管理，重要的原因之一是，各种经济和社会因素迫使他们必须进行组织改革，譬如项目和服务规模越来越大，内容越来越复杂；竞争的舞台扩展到全球，竞争越来越激烈；通信技术和手段越来越普及，信息传播得越来越快、越来越广；顾客越来越精明，他们要求越来越好的产品和越来越周到的服务；技术发展和传播极为迅速；环境保护和可持续发展对项目、项目的成果和项目管理提出越来越严格的要求等，这些都离不开项目管理。美国项目管理协会 1987 年编写出版的《项目管理知识体系指南》可以视为现代项目管理形成的里程碑。我们现在所说的项目管理就是指现代项目管理。

(2) 现代项目管理在我国的发展

在中华人民共和国成立初期，我国有许多大型的建设项目，其中，苏联援助的 156 个项目更是突出的大型项目。我国的建设者对这些项目进行了有效的管理，取得了成功，奠定了我国的工业化基础。随后，近代项目管理也在我国传播开来，而华罗庚教授倡导的统筹法项目管理里程碑的工作，在建筑工程、设备维修、生产组织、生产流程重建等诸多领域很快取得了成果，创造了巨大的经济效益。

20 世纪 70 年代后期，施工项目管理理论和实践先后从发达国家陆续传入我国。1986 年底，国家计委提出推行项目法施工，改革施工管理体制。由于鲁布革水电站采用项目管理方法取得了巨大成功，开创了我国项目管理的先河，1987 年，国家计委要求实施鲁布革工程管理经验的试点企业，全部按"项目法"组织施工，其他企业也要积极探索。

20 世纪 80 年代后期，我国已开发出了基于统筹法和网络技术的项目管理软件，并首先在全国的建筑工程领域大力推广该软件，使各地建筑业的项目管理水平大大提高。目前，国内已出现许多有关项目管理的软件，具备了财务预算与管理、进度控制、风险分析等多项功能，在项目选择、规划、实施、监测和控制，以及招投标等方面都发挥了积极的作用。

20 世纪 90 年代开始，我国的项目管理逐步和世界接轨。1994 年，中国建筑业协会成立工程项目管理专业委员会。同年，财政部和世界银行协议委托清华大学和世界银行经济发展学院举办项目管理师资培训班。1995 年 1 月，建设部印发了《建筑施工企业项目经理资质管理办法》，项目经理资质认证工作在全国展开。1996 年，为推动我国项目管理研究与应用，由华罗庚生前创建的"中国优选法统筹法与经济数学研究会"在西北工业大学成立项目管理研究委员会。该分会还加入了国际项目管理组织 IMPA。2002 年 4 月，中国（首届）项目管理国际研讨会在北京召开，并出版了《中国项目管理知识体系纲要》（2002 版）。同年，建设部颁布了《建设工程项目管理规范》，并于 2002 年 5 月 1 日开始实施。

目前，我国的经济建设进入高速发展时期，项目管理水平已经大大向前迈进了。主要表现在：项目管理内容不断扩展，包括项目类型和管理阶段的扩展等；高新技术和服务项目不断增多，复杂性不断加大；项目管理知识体系不断完善；信息技术的快速发展改善了项目管理的全过程。

(3) 项目管理的新发展

科学和技术的迅速发展，竞争的日益加剧，经济全球化的影响日深，大大改变了项目管理的任务、技术、手段、环境和需要解决问题的类型。改革企业、应付突发局面的项目越来越多，越来越引起人们的重视。这些项目需要解决的问题，关心的重点，需要创造的成果已经发生了很大变化。在新的形势下，第二次世界大战后四十几年逐步完善起来的项目管理思想、原则和方法已经开始显露出其局限性。这个时期的项目管理多集中在建筑业和国防工业，对象大多是大型、复杂和耗费巨额资金的工程或系统。由于当时手段的限制，项目管理人员将主要注意力集中在成果创造过程，即技术方面。他们从技术和工程的角度看待项目，付出了极大的努力来研究和应用项目时间、费用和资源分配等管理技术和方法，而没有把顾客和项目委托人的需要放在应有的位置。对于项目是否成功的评价也集中在工期、预算和产品或服务的性能是否满足要求上,而不是看项目及其成果是否让顾客和委托人感到满意。实际上,创造项目成果的技术人员感到满意的性能经常不能满足顾客的需要,仅仅成为项目班子和技术人员自认为的"杰作"。

再有,由于技术的限制,项目管理人员将其主要精力耗费在项目时间、费用和资源管理需要使用的横道图、网络图等的编制、修改和补充上。正因为如此,他们无暇顾及更重要的事情例如顾客的需要和要求、人际关系、班子建设、沟通、领导艺术、风险防范等。但是,现在由于技术的进步,特别是计算机、卫星、通信、计算机网络和各种各样功能神奇的软件的应用,将过去耗费精力,需要管理人员个人技巧的工作变成了易于掌握、便于使用和传播的东西,再无"专业"之说。相反,技术尚无法施展效力的人际关系、班子建设、沟通、领导艺术、冲突处理等对于项目的成功,作用越来越大。而且,经验表明,项目的失败在大多数情况下不是因为工具使用不当,而恰恰是因为他们无暇顾及其他各方面,例如冲突、沟通不畅等非技术原因。

项目成果和项目管理的范围在现在的形势下已显不足,项目管理必须将注意力集中在顾客的需要和要求上,以顾客为中心,以适应买方市场的需要。项目经理的职责范围在新形势下已经显得过于狭窄。新的形势和环境要求扩大项目管理的范围,改变关心的重点,并寻求新的管理工具、技术和手段,扩大项目经理的权力等。项目经理越来越成为资源的组织者,他们对人际关系处理、班子建设、激励、沟通、领导艺术、冲突处理、风险防范等知识和技能的需要越来越迫切,他们需要有更大的灵活处置权,以应对瞬息万变的环境,调动必要的资源。诸如网络图、关键路径法等"硬"技术已经开始让位于价值观、人际关系处理等"软"技术。

12.2 项目时间管理

12.2.1 项目时间管理概述

项目时间管理也称为项目进度管理,它是为了确保项目按时完成而必须进行的所有过程,包括活动定义、活动排序、活动持续时间估算、进度计划制订和进度控制。

每一个项目都有一个明确的进度要求,项目的管理活动必须确保项目在指定的时间内完成目标。从另外一个角度也可以理解,时间是项目所拥有的资源之一,但这一资源也是最独特的资源,因为时间资源的消耗是不可以停止的,同时它也是不可逆转的。如何最有效地利用好这一资源就是项目时间管理的最终目标。由于时间目标和时间资源几乎总是项目最敏感的部分,所以即使过去没有系统地接受过项目管理的培训,只要有过项目的实践经验,第一份项目的计划几乎总是有关时间的。

大多数项目都有一个相当有挑战性的时间目标和进度安排。很多项目的最终商业目标也是和时间有关的。例如:大多数新产品开发项目都要求满足市场的时间窗口。项目中的一些变量和特征因素也是时间的函数。种种因素表明,如何高效地利用好"时间"这一独特的资源,将是项目成功的有效保证。而反之,很多失败项目的原因都会和时间有关。

在项目管理知识体系中,项目时间管理的目标和内容主要集中在如何为项目的活动分配时间资源,控制项目的整体进度。项目时间管理共有五个过程。

① 活动定义——确定为完成各种项目可交付成果所必须进行的诸项具体活动。

② 活动排序——确定各种活动之间的依赖关系，并形成文档。
③ 活动时间估计——估计为完成单项活动所需要的工作时间。
④ 制订进度计划——分析活动顺序、活动历时和资源需求，以编制项目的进度计划。
⑤ 进度控制——控制项目进度。

从各个过程的描述上可以看出，实际上活动定义、活动排序、活动历时估算都是为了制订进度计划做准备，所以前面四个过程都是属于计划过程组，而进度控制则是属于控制过程组。

本节将分别讨论这些项目时间管理的过程。应该指出的是：尽管这些过程与活动在理论上是分阶段的，而且各阶段都是界限分明的，但这些在实际的项目实施和管理中，它们往往是相互交叉和重叠的。对于一些小型项目，项目时间管理中的项目活动界定、工作排序、时间估算、制订项目进度计划等这些活动几乎可以同时进行，甚至可以由一个人在相当短的时间内完成，所以常常被视为一个阶段。

12.2.2 网络计划图

（1）活动定义

为了使项目目标得以实现，首先要搞清楚实现项目目标必须开展哪些活动。这个过程就是项目活动定义。按照 PMBOK 的解释，项目活动定义就是对工作分解结构中规定了的交付成果或半产品的产生所必须进行的具体活动进行定义，并形成文档。活动界定的主要依据是项目的目标、项目范围说明和项目的工作分解结构。同时，在项目活动界定过程中，还要参考各种历史信息与数据，考虑项目的各种约束条件和假设前提条件。这项工作的结果是给出项目活动清单，以及有关项目活动清单的支持细节和更新后的工作分解结构。

项目活动定义所给出的最主要信息和文件是项目活动清单。项目活动清单必须列出一个项目所需开展的全部活动。项目活动清单是对项目工作分解结构细化和扩展的结果，活动清单中列出的是比在项目范围界定中给出的项目工作分解结构更为详细的、更为具体的项目活动。项目活动清单必须达到两项要求：其一是要包括项目的全部活动内容，其二是不能包含任何不属于本项目的活动，即与实现项目目标无关的活动。项目活动清单与项目工作分解结构相结合就能够准确而详细地描述项目的工作和每项活动了。使用这些信息将确保每个项目团队成员都能清楚和明确自己的工作和责任。

（2）活动排序

① 活动排序的含义。所谓活动排序，是指识别项目活动清单中各项活动的相互关联与依赖关系，并据此对项目各项活动的先后顺序做出安排和确定的工作。准确地安排和确定项目各项活动的顺序，从而得到依这些顺序排列而构成的项目活动路径，以及由这些项目活动路径构成的项目活动网络，是制订项目的工作进度计划的基础。

② 活动之间的相互关系。活动之间并不是孤立存在的，而是有着某种依赖关系。在时间管理中，这里所说的依赖关系一般都是指时间顺序上的关系。依赖关系有三种情形：强制性依赖关系、自由依赖关系和外部依赖关系。

强制行依赖关系是指两个活动之间所固有的依赖关系，它们之间通常存在某种实际的约束条件。例如：很多产品开发项目中，设计活动完成后才能开始产品的实现活动。所以，强制性依赖关系也被称作硬逻辑关系。

自由依赖关系是指活动之间的关系是可以自由处理的，并不存在某种一定的约束。但是可能由于下列原因认为设定了某种依赖关系：由于资源的限制，无法并行操作而只能串行操作，随意指定一种执行顺序；某些情况下，存在一个某种"最佳实践"的活动顺序。由于自由依赖关系并不是一种内在的、固有的关系,所以在某些情况下会被调整。

外部依赖关系是指项目组织开展的活动与其他组织的活动,以及项目活动与项目组织的非项目活动之间的相互关系。例如,在一个建筑项目中,项目选址确定之前可能需要召开由政府组织的环境听证会,并需要在听证会后获得政府审批通过的结果,然后才能够开展项目下一步的活动。

(3) 活动排序的工具——网络图

确定活动之间的关系最终是描述活动的先后关系,是指活动在时间上的逻辑顺序。先后关系决定活动在项目进度中的位置,一般来说有两种类型的活动:前导活动是在另一个活动之前必须出现的活动,例如:如果去看电影的话,买电影票就是看电影的前导活动。后续活动是在前导活动之后必须出现的活动,例如,同样在看电影的过程中,检票活动就是买票活动的后续活动。

项目活动的排序一般需要根据项目活动之间的各种关系、项目活动的清单和项目产品描述,以及项目的各种约束和假设条件,通过反复的试验去编排出项目的活动顺序。这种确定后的项目活动关系,一般会使用网络图或文字描述的方式给出。通常编排和描述项目活动顺序关系的工具是网络图。

所谓网络图法是把推进项目所必需的各项工作,按其时间顺序和从属关系,用网络形式表示的一种"矢线图"。一个项目或一项任务,可以分解为许多活动,这些活动相互依赖、相互制约,网络图可以把各项活动之间的这种依赖和制约关系清晰地表示出来。通过网络图,能找出影响项目进度的关键和非关键因素,因而能进行统筹协调,合理地利用资源,提高效率与效益。

绘制网络图时,可以采用两种不同的形式:一种是用节点表示活动的节点式网络图(见图 12-3),一种是用箭头表示活动的箭线式网络图。这两种网络图看起来似乎差别很大,但是,它们的原理类似,并且可以相互转化。

节点式网络图法是用单个节点表示一项活动,用节点之间的箭线表示活动之间的相互关系。其中有两个重要的元素:节点和顺序。在节点式网络图中,每项活动用一个方框或圆表示,叫节点。

项目活动之间的顺序关系,即哪些活动在其他活动之前开始,哪些活动在其他活动结束之后才能够开始,而哪些活动必须在其他活动开始以前要做完等一类的先后顺序关系,可以用连接活动框的箭线表示,箭头指向的活动是后续活动,箭头离开的活动是前导活动。一项后续活动只有在与其联系的全部前序活动完成后才能开始。例如,在信息系统开发项目中,只有在完成"用户信息需求调查"后,"信息系统分析"工作才能开始,见图 12-4。

图 12-3　节点式网络图法　　　　　图 12-4　信息系统开发项目图例

箭线式网络图法也是一种描述项目活动顺序的网络图方法。这一方法用箭线代表活动,而用节点代表活动之间的联系和相互依赖关系。在箭线图中,一项活动由一条箭线表示,有关这一活动的描述或命名可写在箭线上方。具体如图 12-5 所示。

描述一项活动的箭线只能有一个箭头,箭线的箭尾代表活动的开始,箭线的箭头代表活动的结束。箭线的长度和斜度与项目活动的持续时间或重要性没有任何关系。在箭线图法

图 12-5　箭线式网络图法

中,代表项目活动的箭线由圆圈连接起来,通常这些圆圈叫做事件。箭线图中的圆圈既可以代表活动的开始(叫做紧前事件),也可以代表项目的结束(叫做紧后事件)。当箭线指向圆圈时,圆圈代表该活动的紧后事件;当箭线离开圆圈时,圆圈代表活动的紧前事件。在箭线图法中,要给每个事件确定一个唯一的代号。例如,图 12-6 给出的项目活动网络图中,"用户信息需求调查"和"信息系统分析"之间存在一种顺序关系,二者由事件 2 联系起来。事件 2 代表"用户信息需求调查"活动的结束和"信息系统分析"活动的开始。

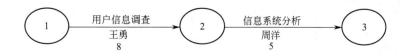

图 12-6　项目活动网络网例

(4) 活动时间估计

活动时间估计就是根据项目范围和资源等相关信息估计各项活动的时间长度,通常估算出的结果称为活动的工期。但需注意以下情况。首先,某项活动经历的所有时间,不仅包括实际的工作时间,还包括有关的自然作用的时间。例如:油漆房间活动中等待油漆干透的时间。其次,项目总是处于一个变化的环境中,很多因素的变化总是随时影响项目的进展。因此,活动的时间也是一个随机变量,无论用什么方法估计,实际花费时间总会与事前的估计不同。为了提高活动时间估计的准确性,活动时间估计的工作通常应由项目团队中对项目各种活动的特点熟悉的人来完成,也可以由计算机模拟进行估算,再由专家审查确定。活动时间估计的方法主要有经验类比法和德尔菲法等。

(5) 制订进度计划

项目进度计划是在工作分解结构的基础上对项目、活动做出的一系列时间计划。进度计划将表示工作预计在何时开始,以及实际上是在何时开始的。在一个简单层次上,进度计划记录了每一活动的计划和实际的开始日期、完成日期和工期。我们也可能要记录每一活动在不影响项目的完工时间的情况下,其开始时间是否可以浮动。这个浮动时间又称为时差。在多数进度计划中,人们都记录最早日期、最迟日期、计划日期和实际日期。

最早和最迟时间。最早和最迟时间可以从所有活动的估算工期中得出。一个活动的开始和结束时间可能依赖于其他活动的结束时间。因此,每个活动肯定都有一个可能开始的最早的时间,也就是最早开始时间。最早开始时间加上估算的周期就是最早结束时间。同样地,其他工作的开始时间可能依赖于该活动的结束时间。所以,也有一个活动结束的最迟时间,以保证不延迟项目的如期完成,这就是最迟结束时间。相应地,最迟开始时间就是最迟结束时间减去估算的工期。

如果最迟开始时间与最早开始时间不同,那么该活动的开始时间就可以浮动,称为时差:

$$时差 = 最迟开始时间 - 最早开始时间 \qquad (12\text{-}1)$$

如果周期是不变的,那么最早和最迟开始时间的差值与最早和最迟结束的时间差值是一样的。时差为零的活动是关键活动，其工期决定了项目的总工期。如果项目的计划安排得很紧，以使项目的总工期最短，那么就要有一系列的时差为零的关键活动。这些活动所组成的系列就是关键线路。具有很大时差的活动叫做松弛活动，它们是通过填补由关键线路造成的资源需求缺口而来平衡资源的。

进度计划的表示方法通常有甘特图和关键路径法。

甘特图，又称横道图。使用甘特图，可使进度计划更为直观。但未表示出活动之间的逻辑关系，在软件的参与下，经过改进的甘特图对于大型项目来说过于复杂，不易看懂。图12-7是一个甘特图的例子。

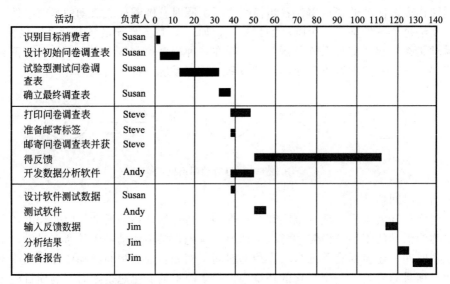

图12-7 消费者市场研究项目的甘特图

关键路径法中将进度和计划分开表示，用网络图表示计划，即先做什么，再做什么，用图表来表示进度，即时间长短，这样更清晰。表12-2是一个用表表示进度计划的例子。

表12-2 市场调研项目进度

	活动	负责人	工期估计	最早		最迟		总时差
				ES	EF	LS	LF	
1	识别目标消费者	Susan	3	0	3	−8	−5	−8
2	设计初始问卷调查表	Susan	10	3	13	−5	5	−8
3	试验型测试问卷调查表	Susan	20	13	33	5	25	−8
4	确立最终调查表	Susan	5	33	38	25	30	−8
5	打印问卷调查表	Steve	2	38	40	38	40	0
6	准备邮寄标签	Steve	10	38	48	30	40	−8
7	邮寄问卷调查表并获得反馈	Steve	12	38	50	88	100	50
8	开发数据分析软件	Andy	2	38	40	98	100	60
9	设计软件测试数据	Susan	65	48	113	40	105	−8
10	测试软件	Andy	5	50	55	100	105	50
11	输入反馈数据	Jim	7	113	120	105	112	−8
12	分解结果	Jim	8	120	128	112	120	−8
13	准备报告	Jim	10	128	138	120	130	−8

12.2.3 进度控制

项目正式开始实施后，必须监控项目的进程，以确保每项活动按项目进度计划进行。项目进度控制是对项目进度计划实施与项目进度变更所进行的管理控制工作。项目进度控制的内容包括对于影响项目进度变化的因素（事前控制）、对于项目进度计划完成情况的绩效度量和对实际实施中出现的偏差采取纠偏措施（事中控制）以及对于项目进度计划变更的管理控制等。要有效地控制项目进度，必须掌握项目的实际进度情况，及时、定期地将它与项目计划进度进行比较，掌握和度量项目的实际进度与项目进度计划的差距。一旦发现项目实际情况落后于项目进度计划，就需要采取纠偏措施，以维持项目进度的正常进行；如是项目实际远远落后于项目进度计划，可能会很难完成项目进度计划。必须根据实际进度并结合其他可能发生的改变，定期地更新项目进度计划，并预测出项目是提前还是落后于项目进度计划，并制订出相应的进度管理控制措施，最终实现对项目进度的全面管理和控制。

12.3 项目成本管理

12.3.1 项目成本管理概述

项目成本管理也称费用管理，是为了保证在批准的预算内完成项目所必需的诸过程的全体，包括资源计划编制、成本估算、成本预算和成本控制等。虽然项目成本管理主要关心完成项目各活动所需资源的费用，但也必须考虑项目决策对使用项目成果的成本的影响。例如，限制设计审查次数有可能降低项目费用，但同时也有可能增加委托人或顾客的使用成本。成本管理中的这种长远观点叫做"全寿命周期成本管理"。这种方法经常与价值工程技术一起使用，以降低成本，缩短时间，改善质量和效果，并优化决策。

项目的成本管理活动有两个主要的目标：第一，对所需要的资源做出正确的估计和计划，以供组织进行适当的评价和安排；第二，对项目实施当中资源的使用进行控制。事实上，项目的成本管理过程主要是通过项目的预算过程建立计划，对实际的成本支出和计划之间进行偏差控制。

事实上，一个组织的战略目标大多是通过项目活动来落实的。一个再好的战略方向，也需要资源的投入才能产生预期的效益。项目的立项管理，不仅仅要评估战略目标的可行性，也要仔细审视组织的资源是否能够给予足够的支持，但恰是后者易被某些公司所忽视。当企业的领导者凭着直觉识别出一个新的市场机会，就会马上启动一个项目，并且期望项目的结果能够在短期内迅速兑现。他们容易忘记任何一个项目都是需要成本的，都是有代价的。有的时候很可能就是因为没有足够充足的资源支持，使一个好的项目半途而废。项目的成本管理就是仔细地预测和规划项目所需要的资源，并且在实施中准确地了解和控制资源的使用状况。

项目成本管理共有三个基本过程：成本估算、成本预算和成本控制。成本估算则是确定项目工作所需要的资源类型，在数量和时间的基础之上估计项目的成本。该活动大多是在立项之前进行，其结果用以评价项目是否值得进行。成本预算则是在确定项目正式开展之后，在被批准的总预算下对项目的各项资源投入仔细地进行计划。成本控制是监控项目的实际支出和预算计划之间的偏差，并采取措施。

12.3.2 资源计划编制

资源计划编制涉及完成项目活动所需要的物质资源（人工、设备、材料）的种类、每种资源需要量以及执行项目活动的时间。组织和项目的基本特征将影响资源计划。项目资源计划必须掌握什么资源（人、设备及材料）是可能获得的，特别是数量描述和资源水平对于资源描述是特别重要的。例如在工程设计项目执行的早期可能需要高中级测量的工程师，而在项目的后期常缺乏如何以项目早期的情况判断项目结果的人员。

总体来看，资源计划编制需要解决的重要问题有：执行这一项目中的具体任务将会有多大难度？在该项目的范围说明书中，存在影响资源的特殊事物吗？组织是否有执行类似任务的经历？类似任务以前做过吗？执行该任务的人员水平如何？为完成这一工作，组织有没有相应的人员、设备和物资供应给该项目使用？为完成该任务，组织需要获得更多的资源吗？将一些工作让外部人员做有意义吗？是否存在影响资源获得的组织政策？

解决了上述问题，也就完成了资源计划编制工作。资源计划编制的结果是一份资源需求，说明了项目各部分工作需要的资源类型和数量。这些资源将通过员工招募或采购来满足。同时，资源需求清单为成本估算、预算和成本控制提供了根据。

12.3.3 成本估算

（1）成本估算概述

在建立完成资源需求清单后，项目组成员必须对这些资源进行估算。成本估算就是编制一个为完成项目各活动所必需资源的成本的近似估算。

当按照合同进行一个项目时，应该将定价与成本估算区分开。成本估算是对一个可能的量进行评估（项目实施组织提供合同规定的产品或服务所需的成本）。定价是一项商业决策（项目实施组织对产品与服务要收多少钱），它也使用成本估算，但只是众多要考虑的因素的一部分。

成本估算包括确定和考虑各种不同的成本估算替代方案。例如，在大多数应用领域，普遍认为在设计阶段多做些工作可能会节省后期阶段的大量成本。因而成本估算过程必须考虑这种多做的工作的费用能否抵消期望节省的成本，因而要考虑多种不同的方案。

成本估算的依据是资源需求、资源单价、各项活动的持续时间估计和成本编码。

（2）成本估算常用方法与技术

成本估算常用的方法有以下几种：

① 由上到下估算。由上到下估算是上、中层管理人员先根据经验和判断，以及可获得的有关历史数据，估计整个项目的成本和各个分项目的成本，再将此结果传送给下一层管理人员，责成其对组成项目和子项目的任务和子任务的费用进行估算，并继续向下传送其结果，直到项目组最底层。

使用此种方法特别需要建立好上下管理层畅通的沟通渠道，因为上层管理人员根据经验得出的成本估算结果，可能不能满足下层管理人员认为完成任务的需要，此时若不能适当地沟通，上述成本分配方案失去原有的作用而变成完成项目任务的阻碍，从而导致项目的失败。

使用此方法的好处是中、上层管理人员能够比较准确地掌握项目整体成本分配，从而使项目的成本能够合理地控制在比较有效的水平上，一定程度上避免了项目的成本风险。

② 类比估算。类比估算法是通过新项目与以往一个或多个项目比较来进行成本估算，运用类似项目的成本资料进行新项目的成本估算，然后根据新项目与类似历史项目之间的差异对估算进行调整以获得对新项目的成本估计值。

类比法依靠相似项目的实际经验来估计，需要对以往项目的特性了解得足够清楚，以便确定它们和新项目之间的匹配程度，因为以往项目和新项目在需求、生命周期阶段、项目限制条件、实现需求等方面都有可能不同，因此，确定项目间匹配程度至关重要。

③ 参数模型估计。参数模型估计是利用项目特性计算项目成本，模型可以简单，也可复杂，视情况而定。例如商业住宅以居住空间平方米的金额估算，比较简单，而一个软件开发费用模型要用十几个因素，每个因素都有5～6个方面，就比较复杂。因为参数法可以产生大量的特性，同时质量也可以用成功概率、风险水平等量化度量，所以该方法应用较为广泛。另外，参数法可以很容易地适应在设计、性能和计划特性方面的更改。

④ 自下而上法。该方法是指与项目的研制和生产有关的每一机构和基层单位都估算自己的成本，将估算结果加起来的总和，再加上各种杂项开支、一般性和行政性开支及合同成本，就得到该项目的整个估算成本。

成本估算的主要结果是用货币表示的完成项目诸活动所需的资源，这个结果可能随着项目的进展而进一步细化。成本估算的另一个结果是成本管理计划，它说明了如何管理成本偏差，是一份描述如何管理项目中成本变化的文件。

12.3.4 成本预算

成本预算主要指将全部估算费用分配给各个项目工作包，建立测量项目绩效的基准计划，来度量和控制项目的执行。项目的成本预算主要有两个特性，首先是它与成本估算相比具有权威性，各项目小组能够拥有多少资源得到了项目领导者的肯定，并以正式的文件形式下达。可以说，只有这个时候，当项目各个部分的资金到位，才能从严格意义上说，项目正式开始了。因而，从某种意义上来说，只有项目预算做完了，才有真正的项目开始。其二是项目成本预算的约束性和控制性，它是一种控制机制，预算可以作为一种比较标准而使用。资源实际和计划用量之间是有差异的，项目管理者的任务不仅是完成预定的项目目标，还必须使目标完成得有效率，管理者必须尽可能地谨慎控制项目资源的使用。

项目预算在整个项目计划和实施过程中起着非常重要的作用，项目做得精细与否，首先要看项目得预算水平。预算与项目进展中的资源使用相联系，有了预算，项目管理者才可以实时掌握项目的进度和费用，对项目进行控制。另外，如果预算和项目进度没有什么联系，那么项目管理者就可能会忽视一些危险的情况，例如成本已经超过了项目进度所对应的预算但没有突破总预算的情况，即项目在某一个检查点上超支，这是比较危险的情况。在项目实施的过程中，应该不断收集和报告有关进度和费用的数据，以及对未来问题和相应费用的估计，项目管理者从而可以按照预算进行控制，必要时亦可对预算进行修正。

成本预算的结果是成本基准计划，它是一种按时间分段的预算，可以用来测量和监控项目的成本绩效。成本基准计划通常用S曲线、直方图等表示。

12.3.5 成本控制

(1) 成本控制概述

项目成本管理的一个主要目的就是项目成本的控制，将项目的运行成本控制在预算范围或可接受的范围内，是项目成功完成的一个重要的指标。成本控制的关键是有可以及时分析成本绩效的方法，并以此尽早地发现成本的差异和无效率，以便在失控之前能及时采取纠正措施。一般而言，一旦成本使用失控，想要在预算内完成项目是非常困难的。

成本控制过程的主要工作包括：监控成本执行情况（进展报告），查明与预算的偏差；确保所有适宜的更改已经在成本基准计划中准确地记录下来；把已批准的更改通知相关的部门；对成本进行控制。成本控制还必须考虑与其他控制过程如：进度控制、质量控制相协调,如果只片面地严格控制费用,可能会导致进度或质量方面出现问题,而造成事倍功半的结果,最终只能是造成成本超支。

(2) 成本绩效测量的主要方法——挣值法

绩效测量技术主要用于评估成本变化的大小、程度及原因等。挣值(Earned value)法(也称赢值法)是最常用的技术。1967年,美国国防部制订成本/进度控制系统的准则(Cost/Schedule Control Systems Criteria,即 C/SCSC 或简称 CS)时,正式采用了挣值的概念,目前包括美国宇航局(NASA)、美国国税局(IRS)和美国联邦调查局(FBI)等国防部以外的机构也采用了挣值的概念。

① 该方法用三种指标来控制衡量成本的使用。

a. 项目计划工作的预算成本 BCWS(Budgeted Cost of Work Scheduled)。它是根据批准认可的进度计划和预算到某一时点应当完成的工作所需投入资金的累计值。这个值对衡量项目进度和项目成本都是一个标尺或基准。一般来说,BCWS 在工作实施过程中应保持不变,除非合同有变更。如果合同变更影响了工作的进度和成本,经过批准认可,BCWS 基线也应作相应的更改。按我国的习惯可以把它称作"计划投资额"。

b. 项目已完成工作的预算费用 BCWP(Budgeted Cost of Work Performed)。它是根据批准认可的预算,到某一时点已经完成的工作所需投入资金的累计值。由于业主正是根据这个值对承包商完成的工作量进行支付,也就是承包商获得(挣得)的金额,故称挣值(也称获得值、赢得值、挣得值等)。当然,已完成的工作必须经过验收,要符合质量要求。挣值反映了满足质量标准的项目实际进度,真正实现了投资额到项目成果的转化。按我国的习惯可将其称作"实现投资额"。

c. 项目已完成工作实际成本 ACWP(Actual Cost of Work Performed)。它是到某一时点已完成的工作所实际花费的总金额。按我国的习惯可将其称作"消耗投资额"。

通过三个基本值的对比,可以对项目的实际进展情况做出明确的测定和衡量,有利于对项目进行监控,也可以清楚地反映出项目管理和项目技术水平的高低。

② 从上述三个基本值还可导出以下几个重要指标。

a. 成本偏差 CV(Cost Variance)。CV 是指在某个检查点上 BCWP 与 ACWP 之间的差异,即

$$CV = BCWP - ACWP \tag{12-2}$$

当 CV 为负值时,即表示超支,实际成本超过预算成本,若在几个不同的检查点上都出现此问题,则说明项目执行效果不好;当 CV 为正值时,表示节约,实际成本没有超出预算成本,项目执行效果良好。

b. 进度偏差 SV(Schedule Variance)。SV 是指在某个检查点上 BCWP 与 BCWS 之间的差异,即

$$SV = BCWP - BCWS \tag{12-3}$$

当 SV 为负值时,表示进度延误;当 SV 为正值时,表示进度提前。

c. 成本绩效指数 CPI(Cost Performance Index)。CPI 是指预算成本预实际成本值的比值,即

$$CPI = BCWP - ACWP \tag{12-4}$$

当 CPI>1 时,表示节支,即实际成本低于预算成本;当 CPI<1 时,表示超支,即实际成本高于预算成本。

d. 进度绩效指标 SPI(Schedule Performed Index)。SPI 是指项目挣得值与计划值的比值,即

$$SPI = BCWP - BCWS \tag{12-5}$$

当 SPI＞1 时，表示进度提前，即实际进度比计划进度快；当 SPI＜1 时，表示进度延误，即实际进度比计划进度拖后。

挣值法的一般评价分析见图 12-8。

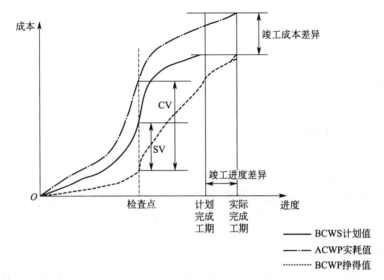

图 12-8 挣值法的一般应用

图 12-9 的横坐标表示时间，即项目的进度，纵坐标表示成本的累计。由图中可以看出三种曲线都是 S 曲线，同样都是项目进度的函数，如图所示的情况，CV＞0，SV＜0，表示项目运行的效果不好，成本超支，进度拖延，应该采取相应的补救措施。

在项目的实际操作过程中，最理想的状态是 BCWP、BCWS、ACWP 三条 S 曲线靠得很紧密，平稳上升，说明项目和人们所期望的走势差不多，朝着良好的方向发展。如果三条曲线的偏离度和离散度很大，则表示着项目实施过程中有重大的问题隐患，或已经发生了严重问题，应该对项目进行重新评估和安排。

根据有关的统计，完全没有超支和进度拖延的成功项目至今人们还没有做到，因而成本的超支是比较容易发生的，但必须是良性的超支我们才能接受，例如，与预算偏离度不大可以接受的超支，购买更新、更高效的技术和原材料，购买特别保险，实施过程的重新规划等。

使用挣值方法进行成本控制后，可能会出现对成本估计以及项目计划进行更新的几种情况，要引起项目管理人员的重视。应该说，挣值法是一种比较准确的事后评价方法，可以据此采用一些预测的手段来对项目的成本进行预测，也就是预测项目未来完工成本 EAC（Estimate at Completion），具体的有三种估算方法。

一是认为项目将来的情况不会与目前情况有很大出入，假定项目未完成部分将按照目前的效率去进行的预测方法。

$$EAC＝总预算成本/成本绩效指数 \tag{12-6}$$

当项目管理者认为目前情况仅仅是一种特殊情况，不必对项目预算进行变动时，可以使用此方法，也就是假定项目未完成部分将按计划规定的效率进行的预测方法。

$$EAC＝已完工作的实际成本＋(总预算成本－挣值) \tag{12-7}$$

当目前的项目执行情况表明以往的成本估算假设基本失效，或者由于目前条件的改变使原有的假设不再成立时，使用已完工作的实际成本加重估剩余工作量的成本。

$$EAC＝已完工作的实际成本＋重估剩余工作量的成本 \tag{12-8}$$

我们在使用挣值法的过程中要非常注重变更和有关的数据获取，严密的组织管理是挣值法进行成本控制的基础。它是在一定的检查点上，以各层次的进度计划和预算进行资源负荷分配为依据进行工作，没有严密的科学的项目管理，就不可能运用挣值法进行定量评估。

12.4 HSE 管理体系

12.4.1 HSE 管理体系概述

（1）基本知识

HSE 是 Health（健康）、Safety（安全）、Environment（环境）的英文缩略语，HSE 管理体系的形成和发展是石油天然气勘探开发工作多年经验积累的成果。20 世纪 70～80 年代，人们开始注意和反思社会经济的发展对社会进步的全面影响，进一步发展为对社会福利、人权和环境等问题的关注。20 世纪 90 年代，一些跨国公司和大型现代化联合企业，开始建立职业健康安全与环保管理制度，作为企业自律的约束行为准则，到 90 年代中期，引入了第三方认证原则。1989 年，壳牌石油公司颁发了职业健康管理导则（OHUG），并发布了健康、安全和环境（HSE）方针指南。1991 年，在荷兰海牙召开了第一届油气勘探开发的健康、安全、环保国际会议，HSE 这一完整的概念逐步为大家所接受。中国 1995 年派代表参加了国际标准化组织 ISO/OHS 特别工作组工作；1999 年 10 月，原国家经贸委颁发了《职业安全卫生管理体系试行标准》；2001 年 12 月，原国家经贸委颁发了《职业安全卫生管理体系指导意见》和《职业安全健康管理体系审核规范》。中国石油天然气总公司于 1997 年颁布了石油天然气行业标准（SY/T 6276—1997）《石油天然气工业健康、安全与环境管理体系》。

健康、安全与环境管理体系简称为 HSE 管理体系，或简单地用 HSE MS（Health Safety and Environmen Management System）表示。HSE MS 是近几年出现的国际石油天然气工业通行的管理体系。它集各国同行管理经验之大成，体现当今石油天然气企业在大城市环境下的规范运作，突出了预防为主、领导承诺、全员参与、持续改进的科学管理思想，是石油天然气工业实现现代管理，走向国际大市场的准行证。健康、安全与环境管理体系的形成和发展是石油勘探开发多年管理工作经验积累的成果，它体现了完整的一体化管理思想。

HSE 管理体系发展历程在工业发展初期由于生产技术落后，人类只考虑对自然资源的盲目索取和破坏性开采，而没有从深层次意识到这种生产方式对人类所造成的负面影响。国际上的重大事故对安全工作的深化发展与完善起到了巨大的推动作用，引起了工业界的普遍关注，深深认识到石油、石化、化工行业是高风险的行业，必须更进一步采取有效措施和建立完善的安全、环境与健康管理系统，以减少或避免重大事故和重大环境污染事件的发生。

由于对安全、环境与健康的管理在原则和效果上彼此相似，在实际过程中，三者之间又有着密不可分的联系，因此有必要把安全、环境和健康纳入一个完整的管理体系。1994 年在印度尼西亚的雅加达召开了油气开发专业的安全、环境与健康国际会议，HSE 活动在全球范围内迅速展开。HSE 管理体系是现代工业发展到一定阶段的必然产物，它的形成和发展是现代工业多年工作经验积累的成果。HSE 作为一个新型的安全、环境与健康管理体系，得到了世界上许多现代大公司的共同认可，从而成为现代公司共同遵守的行为准则。

美国杜邦公司在海外 50 多个国家和地区中设有 200 多家子公司，联合公司雇员约有 20

万人。杜邦公司推行 HSE 管理，企业经营管理和安全管理都达到国际一流水平。荷兰皇家石油公司/壳牌公司集团是世界上四大石油石化跨国公司之一，该公司拥有员工约 43000 人。1984 年该公司学习了美国杜邦公司先进的 HSE 管理经验，取得了非常明显的成效。英国 BP-Amoco 追求并实现出色的健康、安全和环保表现，对健康、安全和环保表现的承诺是该集团五大经营政策（道德行为、雇员、公共关系、HSE 表现、控制和财务）之一。BP 集团健康、安全与环境表现的承诺为：每一位 BP 的职员，无论身处何地，都有责任做好 HSE 工作。良好的 HSE 表现是事业成功的关键。目标是无事故、无害于员工健康、无损于环境。

领导和承诺是 HSE 管理体系的核心。承诺是 HSE 管理的基本要求和动力，自上而下的承诺和企业 HSE 文化的培育是体系成功实施的基础。

（2）HSE 管理体系的基本要素

体系要素及相关部分分为三大块：核心和条件部分、循环链部分、辅助方法和工具部分。

① 核心和条件部分。

领导和承诺：领导是 HSE 管理体系的核心，承诺是 HSE 管理的基本要求和动力，自上而下的承诺和企业 HSE 文化的培育是体系成功实施的基础。

组织机构、资源和文件：良好的 HSE 表现所需的人员组织、资源和文件是体系实施和不断改进的支持条件。它有 7 个二级要素。这一部分虽然也参与循环，但通常具有相对的稳定性，是做好 HSE 工作必不可少的重要条件，通常由高层管理者或相关管理人员制订和决定。

② 循环链部分。

方针和目标：对 HSE 管理的意向和原则的公开声明，体现了组织对 HSE 的共同意图、行动原则和追求。

规划：具体的 HSE 行动计划，包括了计划变更和应急反应计划。该要素有 5 个二级要素。

评价和风险管理：对 HSE 关键活动、过程和设施的风险的确定和评价，及风险控制措施的制订。该要素有 6 个二级要素。

实施和监测：对 HSE 责任和活动的实施和监测，及必要时所采取的纠正措施。该要素有 6 个二级要素。

评审和审核：对体系、过程、程序的表现、效果及适应性的定期评价。该要素有 2 个二级要素。

纠正与改进：不作为单独要素列出，而是贯穿于循环过程的各要素中。

循环链是戴明循环模式的体现，企业的安全、健康和环境方针、目标通过这一过程来实现。除 HSE 方针和战略目标由高层领导制订外，其他内容通常由企业的作业单位或生产单位为主体来制订和运行。

③ 辅助方法和工具。辅助方法和工具是为有效实施管理体系而设计的一些分析、统计方法。由以上分析可以看出：各要素有一定的相对独立性，分别构成了核心、基础条件、循环链的各个环节；

各要素又是密切相关的，任何一个要素的改变必须考虑到对其他要素的影响，以保证体系的一致性；各要素都有深刻的内涵，大部分有多个二级要素。

（3）HSE 管理体系的结构特点

进行 HSE 管理的目的主要体现在八个方面：满足政府对健康、安全和环境的法律、法规要求；为企业提出的总方针、总目标以及各方面具体目标的实现提供保证；减少事故发生，保证员工的健康与安全，保护企业的财产不受损失；保护环境，满足可持续发展的要求；提高原材料和能源利用率，保护自然资源，增加经济效益；减少医疗、赔偿、财产损失费用，降低保险费用；满足公众的期望，保持良好的公共和社会关系；维护企业的名誉，增强市场竞争能力。有这些目的和管理的特征，HSE 管理体系的结构特点有四个：

① 按戴明模式建立。HSE 管理体系是一个持续循环和不断改进的结构，即"计划—实施—检查—持续改进"的结构。

② 由若干个要素组成。关键要素有：领导和承诺，方针和战略目标，组织机构、资源和文件，风险评估和管理，规划、实施和监测，评审和审核等。

③ 各要素不是孤立的。这些要素中，领导和承诺是核心；方针和战略目标是方向；组织机构、资源和文件作为支持；规划、实施、检查、改进是循环链过程。

④ 在实践过程中，管理体系的要素和机构可以根据实际情况作适当调整。

(4) HSE 管理体系的理念

HSE 管理体系所体现的管理理念是先进的，这也正是它值得在组织的管理中进行深入推行的原因，它主要体现了以下管理思想和理念。

① 注重领导承诺的理念。组织对社会的承诺、对员工的承诺，领导对资源保证和法律责任的承诺，是 HSE 管理体系顺利实施的前提。领导承诺由以前的被动方式转变为主动方式，是管理思想的转变。承诺由组织最高管理者在体系建立前提出，在广泛征求意见的基础上，以正式文件（手册）的方式对外公开发布，以利于相关方面的监督。承诺要传递到组织内部和外部相关各方，并逐渐形成一种自主承诺、改善条件、提高管理水平的组织思维方式和文化。

② 体现以人为本的理念。组织在开展各项工作和管理活动过程中，始终贯穿着以人为本的思想，从保护人的生命的角度和前提下，使组织的各项工作得以顺利进行。人的生命和健康是无价的，工业生产过程中不能以牺牲人的生命和健康为代价来换取产品。

③ 体现预防为主、事故是可以预防的理念。我国安全生产的方针是"安全第一，预防为主"。HSE 管理体系始终贯穿了对各项工作事前预防的理念，贯穿了所有事故都是可以预防的理念。美国杜邦公司的成功经验是："所有的工伤和职业病都是可以预防的"；"所有的事件及小事故或未遂事故均应进行详细调查，最重要的是通过有效的分析，找出真正的起因，指导今后的工作"。事故的发生往往由人的不安全行为、机械设备的不良状态、环境因素和管理上的缺陷等引起。HSE 管理体系系统地建立起了预防的机制，如果能切实推行，就能建立起长效机制。

④ 贯穿持续改进可持续发展的理念。HSE 管理体系贯穿了持续改进和可持续发展的理念。也就是人们常说的，没有最好，只有更好。体系建立了定期审核和评审的机制。每次审核要对不符合项目实施改进，不断完善。这样，使体系始终处于持续改进的趋势，不断改正不足，坚持和发扬好的做法，按 PDCA 循环模式运行，实现组织的可持续发展。

⑤ 体现全员参与的理念。安全工作是全员的工作，是全社会的工作。HSE 管理体系中就充分体现了全员参与的理念。在确定各岗位的职责时要求全员参与，在进行危害辨识时要求全员参与，在进行人员培训时要求全员参与，在进行审核时要求全员参与。通过广泛的参与，形成组织的 HSE 文化，使 HSE 理念深入到每一个员工的思想深处，并转化为每一个员工的日常行为。

HSE 管理体系强调了公司所有的生产经营活动都必须满足 HSE 管理的各项要求，突出了人的行为对集团公司的事业成功至关重要，建立培训系统并对人员技能及其能力进行评价，以保证 HSE 水平的提高。长庆油田分公司在员工培训方面实行两套班子，分开培训，分工明确，大大提高了员工的培训质量，对企业 HSE 管理的落实起到了很大的作用。

12.4.2　HSE 管理体系的建立与实施

对于不同的组织，由于其组织特性和原有基础的差异，建立 HSE 管理体系的过程不会完全相同。但组织建立 HSE 管理体系的基本步骤一般是相同的。

12.4.2.1　HSE 管理体系建立的准备

建立 HSE 管理体系的各种前期准备工作，主要包括领导决策、成立体系建立组织机构、宣传和培训。

（1）领导决策

建立 HSE 管理体系需要领导者的决策，特别是最高管理者的决策。只有在最高管理者认识到建立 HSE 管理体系必要性的基础上，组织才有可能在其决策下开展这方面的工作。另外，HSE 管理体系的建立，需要资源的投入，这就需要最高管理者对改善组织的健康、安全与环境行为做出承诺，从而使得 HSE 管理体系的实施与运行得到充足的资源。实践证明，高层管理者的决心与承诺不仅是组织能够启动 HSE 管理体系建设的内部动力，而且也是动员组织不同部门和全体员工积极投入 HSE 管理体系建设的重要保证。在此阶段，特别需要高层管理者：

① 明确 HSE 管理应为组织整个管理体系的优先事项之一，将健康、安全与环境管理纳入组织管理决策的重要议事日程中。

② 认识到建立 HSE 管理体系的目的和意义。

③ 理解实施 HSE 管理体系对组织成本效益、公众形象、HSE 管理、组织管理功能方式等方面的促进作用。

④ 承诺为建立 HSE 管理体系及有关活动提供必要的资源保证。

（2）成立体系建立组织机构

当组织的最高管理者决定建立 HSE 管理体系后，首先要从组织上给予落实和保证，通常需要成立一套体系建立组织机构，一般包括：①成立领导小组；②任命管理者代表；③组建工作小组此外，视组织的规模、特点的不同或 HSE 管理体系建立的需求和进展状况，还可以在相应层次上进行有关人员机构的组织安排。

（3）宣传和培训

宣传和培训是 HSE 管理体系建立，转变传统观念，提高健康、安全与环境意识的重要基础。体系建立的组织机构在开展工作之前，首先应接受 HSE 管理体系标准及相关知识的培训。同时，当组织依据标准所建立的 HSE 管理体系文件正式发布后，需要对全员进行文件培训。另外，组织体系运行需要的内审员也要进行相应的培训。宣传培训的内容应主要围绕管理体系的建立来安排。根据组织推行管理体系工作的需要，宣传培训依照管理层次不同，内容要有所侧重。

12.4.2.2　初始风险评价

初始风险评价（或称初始状态评审）是建立 HSE 管理体系的基础，其主要目的是了解组织健康、安全与环境管理现状，为组织建立 HSE 管理体系搜集信息并提供依据。

（1）初始风险评价的内容

根据建立 HSE 管理体系的需要，初始风险评价可包括如下内容：

① 明确适用的法律、法规及其要求，并评价组织的 HSE 行为与各类法律、法规等的符合性。

② 识别和评价组织活动、产品或服务过程中的环境因素、危险因素，特别是重大环境因素、危险因素。

③ 审查所有现行 HSE 相关活动与程序并评价其有效性。
④ 对以往事件、事故调查以及纠正、预防措施进行调查与评价。
⑤ 评价投入到 HSE 管理的现存资源的作用和效率。
⑥ 识别现有管理机制与标准之间的差距。
(2) 初始风险评价的准备 初始风险评价应完成的准备工作
① 确定初始风险评价范围。
② 组成初始风险评价组。
③ 着手初始风险评价的准备工作：收集和评估数据和信息；初始风险评价方法的选择；建立判别标准；制订计划。
(3) 初始风险评价的实施
① 收集信息。收集组织过去和现在的有关 HSE 管理状况的资料和信息等。如组织的 HSE 管理机构、人员职能分配与适用情况；组织的 HSE 管理规章；组织适用的国际公约以及国内法律、法规和标准及其执行情况；组织的 HSE 方针、目标及其贯彻情况；近年来组织的事故情况和原因分析等。
② 进行环境因素的识别与评价。确定环境因素是组织 HSE 管理的基础信息，组织应全面系统地分析，找出全部环境因素。识别环境因素的过程中，需要重点检查涉及以下问题的活动、过程中的环境因素，这些问题包括：向大气的排放、向水体的排放、废物管理、土地污染、原材料使用和自然资源的利用、对局部地区和社会有影响的环境问题以及一些特殊问题。进行环境影响评价需要考虑的基本因素包括：环境影响的规模范围、环境影响的程度大小、环境影响的持续时间、环境风险的概率。
③ 进行危险因素、危害因素的识别与评价。
一是，识别和评价的范围：组织在生产、运行、生活、服务、储存中可能产生的重要危险、危害因素；周围环境对本组织员工危险、危害因素及影响，其中包括自然灾害、地方病、传染病、易发病、气候危险、危害等。
二是，识别与评价的主要内容：组织的地理环境；组织内各生产单元的平面布置；各种建筑物结构；主要生产工艺流程；主要生产设备装置；粉尘、毒物、噪声、振动、辐射、高温、低温等危害作业的部位；管理设施、应急方案、辅助生产、生活卫生设施。
④ 危险、危害因素识别与评价的方法。危险、危害因素识别和评价的方法很多，每一种方法都有其目的性和应用范围。常见的评价方法有：安全检查表、类比法、预先危险性分析、危险度分析法、蒙德法、单元危险性快速划序法。总之，风险评价技术是一门复杂的、技术性很强的学科，其方法多种多样，参加人员需要具有一定的专业知识、理论水平。
(4) 初始风险评价报告
① 初评信息的归类 完成初始状态的现场评价后，应认真全面地整理、分析和归纳初始状态评价所获取的大量信息。
② 编写初评报告 将初始状态评价所完成的工作，编制成初始状态评价报告，会更有利于 HSE 管理体系的建立与运行、保持。初始状态评价报告应篇幅适度、结构清晰。报告应涵盖初始评价的主要内容，并对改进有关事项提出建议。

12.4.2.3 HSE 管理体系的策划与设计

(1) HSE 管理体系的策划
进行 HSE 管理体系策划的主要内容包含：
① 保障建立体系的组织领导、办事机构和资源。
② 依据初始评价制订组织的承诺。

承诺的内容包括：对实现安全、健康与环境管理体系政策、战略目标和计划的承诺；对 HSE 优先位置和有效实施 HSE 管理体系的承诺；对员工 HSE 表现的期望；对承包商 HSE 表现的期望；其他承诺。

③ 确定组织的方针和目标。方针与目标的内容包括：

遵守有关法律、法规和其他应遵守的内部、外部要求；持续改进的思想；对事故预防的重视；对公司员工的期望和对承包方的要求；创建一个健康的工作环境，积极推进雇员健康和福利的改善；防止公司活动中可能产生的所有安全事故；逐步减少废气、废水和固体废弃物的排放，以最终消除它们对环境的不利影响。对一些中、小企业，在建立自己的方针目标时还应包括一些有针对性的内容，如三废排放、道路安全等。

④ 依据标准要求，结合组织健康、安全与环境管理实际，确定体系建立的总体设计方案。下面将会详述。

（2）HSE 管理体系的设计准备

HSE 管理体系的设计准备的内容包括：设计调研与确定原则。

（3）HSE 管理体系的设计

① 组织结构和职责设计。组织结构设计 HSE 组织机构是把负责 HSE 事物的机构和人员联系在一起，形成一个有机的富有战斗力的整体，形成一个层次分明的网终二系。职责应制订负责 HSE 管理的主要机构和管理人员的职责。

② 文件体系设计文件体系设计包括文件层次设计与文件开发（主要为程序文件和作业文件的开发）。

（4）HSE 管理体系的设计评审

组织完成 HSE 体系方案初步设计后，应组织专家评审小组对设计方案进行评审，依据专家评审小组的意见，组织对 HSE 管理体系的设计方案进行修订，形成 HSE 管理体系的详细设计方案。此外，还应组织办公会由最高管理者审核并批准 HSE 管理体系设计方案，并由 HSE 管理体系的管理部门制订工作进度计划，组织实施。

12.4.2.4 HSE 管理体系文件的编制

（1）编写体系文件的基本要求

体系文件的编写应具有系统性、法规性、协调性、见证性、唯一性与适用性。

（2）体系文件编写的方式

体系文件的编写可以采用如下方式：自上而下依次展开方式；自下而上的编写方式；从程序文件开始，向两边扩展的编写方式。

（3）HSE 管理手册编写

HSE 管理手册是对组织健康、安全与环境管理体系的全面描述，它是全部体系文件的"索引"，对 HSE 管理体系的建立与运行有特殊意义。管理手册在深度和广度上可以不同，取决于组织的性质、规模、技术要求及人员素质，以适应组织的实际需要。对于中、小型组织，可以把管理手册和程序文件合成一套文件，但大多数组织为了便于管理仍把管理手册、程序文件分开。

（4）HSE 程序文件编写

程序文件的编写要符合要求。程序文件内容：列出开展此项活动的步骤，保持合理的编写顺序，明确输入、转换和输出的内容；明确各项活动的接口关系、职责、协调措施；明确每个过程中各项因素由谁干、什么时间干、什么场合（地点）干、干什么、怎么干、如何控制，及所要达到的要求；需形成记录和报告的内容；出现例外情况的处理措施等，必要时辅以流程图。

(5) HSE 管理作业文件编写

首先应对现行文件进行收集和分析。组织现行的各种组织制度、规定办法等文件，很多具有管理作业相同的功能，但也都有其不足之处，应该以 HSE 管理体系有效运行为前提，以管理作业文件的要求为尺度，对这些文件再进行一次清理和分析，摘其有用，删除无关，按管理作业文件内容及格式要求进行改写。

其次应编制作业文件明细表。根据 HSE 管理体系总体设计方案，按体系要素逐级展开，制订作业文件明细表，明确部门的职责，对照已有的各种文件，确定需新编、修改和完善的管理作业文件，制订计划在程序文件编制时或编制后逐步完成。由于各组织的规模、机构设置和生产实际不尽相同，则运行控制程序的多少、内容也不相同，即使程序相同，但由于其详略程度不同，其作业文件的多少也不尽相同。

(6) 两书一表的编写

一般来说，所有从事化工石油工程建设的施工企业基层组织，都应编制两书一表。两书是指《HSE 作业指导书》和《HSE 作业计划书》，一表是指《HSE 现场检查表》。

(7) HSE 记录编写

记录是管理体系文件的一部分，HSE 管理的全过程需要大量的记录作支持。记录不仅是预防和纠正措施的依据，也为审核和评审提供依据。HSE 记录的设计应与编制程序文件和（或）作业文件同步进行，以使 HSE 记录与程序文件和作业文件协调一致、接口清晰。

(8) 体系文件的受控标识与版面要求

① 体系文件的受控标识。体系文件分为受控文件和非受控文件，应分别加盖"受控文件"和"非受控文件"印章，"受控文件"应制订程序对其进行控制。HSE 管理体系管理手册用于对外宣传和交流时，可加盖"非受控文件"印章，不作跟踪管理，组织内部使用时，必须加盖"受控文件"印章，列入受控范围。程序文件和管理作业文件，必须加盖"受控文件"印章，列入受控范围，不准向外组织提供或以各种方式变相交流。因情况变化，需增领文件时，应到文件管理部门按手续领取，严禁自行复印。持有者应妥善保管，不得涂改、损坏、丢失。

② 体系文件版面要求。组织 HSE 管理体系管理手册、程序文件的编制建议采用标准形式，基本要求应符合有关标准规定，但文件编码、页码等其他要求应满足程序文件特有的规定。管理作业文件不采用标准形式编制。体系文件和记录（专用票据除外）版面推荐均采用 A4 纸，如图表较大可折叠装订。监理单位及其监理项目均应建立完善的 HSE 管理体系，并进行体系的试运行及审核评审。

12.4.2.5 HSE 管理体系的实施

在 HSE 管理体系实施过程中，监理机构应完成下列工作：

(1) 勘察设计阶段 HSE 管理工作

① 监理机构对勘察设计 HSE 管理的内容。监督检查勘察设计单位的职业健康安全管理体系和环境管理体系的运行情况。检查勘察设计单位 HSE 岗位职责和工作制度落实情况。

按有关法律、法规和标准规范的规定，审查勘察设计单位提交的 HSE 文件，对涉及健康安全和环境保护的内容及深度进行评审。

检查有关 HSE 的工程投资纳入设计概预算的情况。

② 监理机构对勘察工作 HSE 管理的监控。监理机构人员应在现场监督检查勘察外业人员的工作情况，督促其遵守规范规程，采取措施保护现场周边环境，保证地上地下的各种设

施和构建筑物的安全。

③ 监理机构对初步设计文件 HSE 内容的审查。审查落实可研阶段"劳动安全卫生预评价"和"环境影响评价"审批意见的情况，如有变更，应征得原 HSE 审查单位的同意；审查《劳动安全卫生专篇》和《环境保护专篇》；审查各专业涉及安全、消防、防洪、环境保护、水土保持、文物保护、地质地震灾害预防的有关内容；严格控制和审查非标设计，应保证非标设计的 HSE 内容能够满足工程实际需要。

④ 监理机构对施工图设计文件 HSE 内容的审查。审查初步设计所确定的安全卫生、环境保护的措施和要求的落实情况；在本阶段或施工阶段如有设计变更，应征得原 HSE 审查单位的同意。

审查为防范施工重点部位和环节发生安全生产事故提出的设计指导意见。

审查采用新结构、新材料、新工艺的工程中预防施工生产安全事故的措施建议。

（2）施工阶段的 HSE 管理工作

① 项目监理机构应设置专职或兼职的 HSE 监理人员进行施工现场的 HSE 管理工作。

② 总监理工程师应组织负责 HSE 工作的监理工程师审查承包单位报送的施工组织设计（方案）中的施工安全措施，其内容应符合施工招标文件、投标文件和承包合同中有关 HSE 的要求。

③ 总监理工程师应组织监理人员审查承包单位提交的职业健康、安全与环境（HSE）文件和各种应急预案。

④ 对清管试压、有限空间作业、穿跨越、隧道工程、大型沟渠、河流的大开挖、石方段管沟爆破、深基坑支护与降水、脚手架搭设、拆除、大件吊装等高风险的施工作业，施工单位应编制由单位技术负责人审查批准的专项安全施工方案。

⑤ HSE 监理工程师应对专项安全施工方案进行审查，经总监理工程师批准后报建设单位。

⑥ HSE 监理工程师应对承包单位报送的拟进场的安全防护材料、起重机、施工机械、电气设备等的安全性进行审核，符合要求后予以签认，准予进场使用。

⑦ HSE 监理人员应对承包单位执行职业、安全与环境（HSE）法律、法规和工程建设强制性标准以及相关措施的情况和 HSE 管理体系运行及现场的 HSE 状况进行监督、检查，发现问题或隐患时，应书面通知承包单位采取有效措施予以整改。

⑧ 任何人员不应指示施工人员违反有关 HSE 规定进行施工作业。

⑨ 存在重大健康、安全与环境（HSE）隐患时，总监应立即签发工程暂停令，要求承包单位制订措施消除隐患，承包单位拒不纠正或不停止施工的，监理单位应及时向建设单位和建设行政主管部门报告。

⑩ 当发生施工安全事故时，项目监理机构应协助建设单位或行政主管部门进行安全事故的调查处理工作。

12.4.3　HSE 管理应用实例

中国石油天然气集团公司 HSE 管理体系基于中华人民共和国石油天然气工业行业标准 SY/T 6276—1997 及国际石油工业勘探开发（E&P）论坛的 HSE 指南而建立。中石油 HSE 管理体系体现了 ISO 9000 质量管理体系，ISO 14000 环境管理体系及中华人民共和国职业安全卫生管理体系所涉及的主要要素。中国石油 HSE 管理体系是中石油管理体系的核心组成部分，有利于推进和维护企业文化，符合集团公司经营发展战略。手册概述了中石油建立和实施的 HSE 管理体系，是各级管理者、员工和承包商贯彻执行中石油 HSE 管理体系的综合性指南。该体系适用于集团公司所属企业、员工，以及承包商。中石油 HSE 管理体系将不断改进和完善。

12.4.3.1 体系要素

中石油 HSE 管理体系由七个关键要素组成。每一个关键要素都是中石油 HSE 管理要达到的一个标准,同时,每一个标准又是由一个战略目标和具体指标来支持。具体指标将通过各种具体活动来实现。由此,保证中石油成功地实现其战略目标和各个要素要求的标准。六个关键要素如表 12-3 所示。

表 12-3 HSE 管理体系的关键要素

HSE 管理体系要素	主要内容
领导和承诺	自上而下的承诺,建立和维护 HSE 企业文化
方针和战略目标	健康,安全与环境管理的意图,行动的原则,改善 HSE 表现的目标
组织机构、资源和文件	人员组织,资源和完善的健康,安全与环境管理体系文件。活动,产品及服务中健康安全与环境风险的确定和评价,以及风险控制措施的制订
评价和风险管理规划	工作活动的实施计划,包括通过一套风险管理程序来选择风险削减措施。涉及现有操作的规划,变更的管理,以及制订和更新应急反应计划等
实施和监测	活动的执行和监测,及必要的纠正措施
审核和评审	体系执行效果和适应性的定期评价

12.4.3.2 管理模式

HSE 管理体系的管理模式可由动态的螺旋桨叶轮片形象表述(见图 12-9)。"领导和承诺"是建立和实施 HSE 管理体系的关键,是螺旋桨的轴心。时轮片为顺序排列的其他关键要素,整个螺旋桨围绕轴心循环上升,表明中石油致力于持续改进其 HSE 管理体系和表现的决心。

中石油的 HSE 政策由总经理签发,它承诺中石油将努力实现先进的 HSE 管理。中石油的 HSE 政策是经过较长时间论证而提出的,3~5 年进行一次全面修订。中石油在其 HSE 政策的指导下,建立了一系列与每个要素相关联的表现准则,它是集团公司形象良好 HSE 企业文化的需要。这些表现准则需要通过 HSE 管理体系的成功实施来保证。

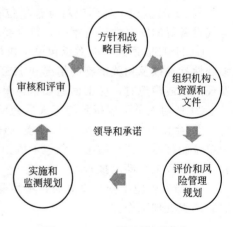

图 12-9 HSE 管理体系模式

12.4.3.3 组织机构

中石油 HSE 管理按线性管理方式运作,与集团公司体系相一致。全面的 HSE 管理将接收 HSE 指导委员会的指导,HSE 指导委员会主任由总经理担任。各部门责任明确,层次分明,组织严密,结口顺畅。负责 HSE 管理的主要机构和管理人员职责如表 12-4 所示。

表 12-4 HSE 管理的主要机构和管理人员职责

机构和管理人员	职责
HSE 指导委员会主任	贯彻执行国家健康,安全与环境的法律,法规 负责 HSE 方针的全面建立和实施 主持 HSE 指导委员会会议,对重大问题进行决策 提供必要的资源 定期对 HSE 管理体系进行管理评审,提供持续改进意见

续表

机构和管理人员	职责
HSE最高管理者代表	承担委员会主任委托的所有职责 制订HSE战略目标和表现指标 定期召开指导委员会会议,审定阶段HSE工作报告 组织审定集团公司年度HSE工作计划,并监督实施 审批标准,规定,惯例和指南
HSE执行机构	组织建立和维护HSE管理体系文件,并负责体系运行管理 组织制订并实施集团公司年度HSE规划和计划 制订HSE管理体系审核计划,组织HSE管理体系审核活动 处理HSE管理体系运行中有关问题 负责协调解决HSE的专业技术问题,为集团公司HSE管理提供技术服务 专业健康,安全与环境管理部门 负责HSE的专业技术管理,为集团公司HSE决策提供技术支持 组织对直属单位实施HSE工作计划的情况进行监督,检查和监测 负责组织重特大事故的调查和处理 组织开展HSE科研和学术交流 组织HSE管理和技术人员培训,归口管理集团公司所属的HSE科研,咨询机构
各职能管理部门	中石油各职能管理部门都有支持HSE管理体系建立和运行的义务,并承担相应的HSE管理职责。集团公司各职能管理部门分工如下: ——集团公司办公厅:组织筹备集团公司领导主持的HSE会议,审定会议纪要、简报;负责集团公司与上级部门和地方政府的联络工作;组织HSE方针、目标,资料的发布和广告宣传;处理有关HSE的人民来信和来访工作 ——规划计划部门:参与制订HSE方针、目标、长远规划和年度计划,并负责把HSE的内容纳入企业发展规划之中;参与HSE管理体系文件的编制;审查建设项目申报程序符合HSE要求,为健康、安全、环境保护项目落实资金,检查项目的进度;协调建设项目HSE"三同时"检查和安全,环保设施的竣工验收 ——财务资产部门:参与制订集团公司HSE方针、目标和表现准则;负责HSE管理、培训、监测和有关项目的资金筹措和审批;协同有关部门加强对资源综合利用产品的财务管理,办理与HSE管理有关的奖励 ——市场管理部门:在制订工程技术服务作业队伍市场准入原则中贯彻集团公司HSE政策要求,参与承包方HSE管理程序的制订,对作业人员的HSE培训进行指导;参与HSE管理体系的审核和评审 ——科技发展部门:组织制订HSE科研规划和年度计划;组织推广HSE科研成果,安全及工业卫生新技术,污染治理新设备,新工艺;对HSE科研成果组织进行评审,鉴定;根据国内外HSE技术的新进展对管理体系提出改进建议 ——国际合作部门:负责集团公司HSE方针政策的涉外宣传工作及HSE对外新闻发布;监督管理境外工程承包,技术服务,劳务出口等业务的HSE内容,以及人员的HSE管理和培训的考核;在国内陆上石油资源的对外合作管理中,参与考察投标方的HSE管理状况;负责组织中石油HSE管理和技术人员参加国际会议,展览,学术交流和培训 ——多种经营部门:参与制订多种经营有关项目的HSE计划并组织实施;引进和消化国内外先进技术的过程中,注重HSE方面的内容;监督多种经营职工队伍的HSE培训和考核;参与制订所属单位的风险削减措施和应急反应计划 ——人事劳资部门:做好各级HSE管理机构和HSE岗位人员的调配,明确各岗位人员的HSE职责;办理各类人员岗位津贴等有关职业补助,对职工(包括承包方员工)进行HSE方针政策及相关知识的宣传教育和岗位HSE技能培训,参与组织HSE应急演习;参与HSE的事故调查和审核,评审工作 ——物资供应部门:负责HSE管理,设施运行,科研,监测等工作中所需的设备,材料,仪器,药品等物资供应工作;保证中石油的所有供货商和相关部门有良好的HSE管理体系,与供销方进行HSE信息交流;参与制订物资供销的HSE管理体系文件编制;做好有毒有害物品在贮运中的安全和防止环境污染工作 ——监察部门:参加重大事故调查,按规定参与对事故主要责任人的调查处理;定期对HSE部门以及分管HSE领导干部履行HSE职责的情况进行督查 ——政治思想工作部门:宣传中石油的HSE方针,建立和维护HSE企业文化,对职工进行HSE方针政策及相关知识的宣传教育

续表

机构和管理人员	职责
HSE 管理委员会	贯彻执行集团公司的 HSE 方针,支持和参与集团公司组织的 HSE 管理评审 组织本单位 HSE 管理体系文件的编制,修订,并负责体系运行管理 参与企业综合决策,组织制订年度 HSE 的目标,指标和方案,授权处理本单位 HSE 问题 主持本单位内部 HSE 管理体系审核工作,审批 HSE 管理体系审核计划和报告 每年向集团公司 HSE 委员会汇报各项指标完成信工作实施情况,提出下步工作部署,交集团公司审核备案 组织开展 HSE 宣传、教育、培训、技术信息交流活动,负责 HSE 管理体系有关事宜与外部各方的联系 负责调查、处理,报告 HSE 方面的事故,建立并完善 HSE 记录,统计报表及技术档案
HSE 管理代表	对 HSE 整体表现负责 保证所有生产现场纳入详细的 HSE 管理体系 对体系各组成部分委派责任人;明确和控制风险 根据法律和上级部门要求组织生产 实现 HSE 目标,提高 HSE 持续改进能力
HSE 现场监督	负责解释相关法规,措施和 HSE 指南,制订和编写本单位技术标准、惯例和指南 监督和评价 HSE 表现,及时更新和维护记录,编写 HSE 表现阶段报告 保证发生突发事件时有很好的通信系统,作出有效的应急反应 完成独立审核,向上级主管部门保证所有风险可以得到有效控制 从集团公司内部或外部事故中汲取教训,并通过各种渠道掌握最新技术,促进 HSE 表现 组织开发 HSE 方面的新技术,新工艺 为上级领导部门制订 HSE 战略和计划提供技术和工程方面的合理化建议 组织开展 HSE 风险评估,对承包商的 HSE 业绩和生产活动进行监督 员工: 具有维护 HSE 企业文化的义务和权利 接受 HSE 培训;按照 HSE 文件完成工作 接受 HSE 管理部门的检查和监督 对事故,包括险兆事故进行报告 参与 HSE 管理

12.4.3.4 实施运行

为了保证 HSE 政策和目标的实现,中石油在 HSE 管理体系的运行中,实施持续改进的发展战略,将 HSE 要求全面地结合到规划和生产活动中,并制订了一系列程序文件,以对外部或内部的 HSE 变化给予积极反应。HSE 要素与程序文件对应关系如表 12-5 所示。

表 12-5 HSE 要素与程序文件对应关系表

序号	要素名称	程序文件
1	领导和承诺	HSE 承诺管理程序
		HSE 宣传管理程序
2	方针和战略目标	HSE 方针和目标管理程序
3	组织机构、资源和文件	HSE 组织机构和职责程序
		HSE 资源配置管理程序
		能力评价管理程序
		培训程序
		HSE 信息管理程序
		承包方评价与管理程序
		HSE 文件和资料控制程序

续表

序号	要素名称	程序文件
4	评价和风险管理规划	风险削减措施管理程序规划 HSE 管理体系建立指南
		HSE 设施完整性管理程序
		变更管理程序
		应急管理程序实施和监测
5	实施和监测	安全生产管理规定
		环境保护管理规定
		工业卫生管理办法
		HSE 监测管理程序
		HSE 记录控制程序
		HSE 纠正和预防措施的管理程序
		事故报告和调查处理程序审核和评审
6	审核和评审	HSE 审核管理程序
		HSE 管理评审程序

各有关单位及部门都对集团公司 HSE 政策和战略的实施负有责任，政策和战略的实施程序。根据 HSE 政策，制订 HSE 表现的总体行动框架，确定量化的表现指标，并遵照执行。具体目标每年制订一次，并将其作为下一步改进基础。制订具体目标之后，通过明确责任，制订文件、风险管理、培训演练、交流信息、监测表现、实施审核和完善机制等，以保证 HSE 的持续改进。

本章小结

石油化工项目的管理具有很强的独特性，技术经济评价在其中扮演了重要角色。国家在石油化工类项目的投资中确定了投资准则和要求，因此在技术经济评价中，不仅要考虑经济性、还需要考虑项目的安全性、环境影响、职工安全健康等侧面。在本章中，首先介绍项目管理的 10 大领域，然后重点介绍了在项目实施过程中，石油化工类项目从经济性和实施性上重点保障的进度和成本的管理知识，网络计划图和挣值法是实际操作常用的方法。最后，重点介绍了石油化工类项目特有的 HSE 管理体系，包括 HSE 的基本要素和构建过程是每个大型石化企业都需要重点管理的运营过程。这些知识体系是石化企业和项目正常运行基础。

思考题

1. 项目的含义是什么?它有什么特征?
2. 项目生命周期的含义是什么?生命周期各阶段有何特点?
3. PMBOK 中规定的项目管理的知识领域有哪些?内容是什么?
4. 项目时间管理包含哪几个过程?这些过程的主要工作内容是什么?
5. 活动排序中的节点图和箭线图有何区别?
6. 挣值管理中的成本和进度偏差分别如何计算?含义是什么?
7. HSE 管理体系的基本要素是什么?
8. HSE 管理体系的构建过程包括哪些步骤?

附录1 正态分布函数表

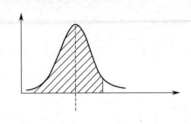

$$\Phi(x)=\int_{-\infty}^{x}\frac{1}{\sqrt{2\pi}}e^{-\frac{t^2}{2}}dt$$

x \ $\phi(x)$	0	0.01	0.02	0.03	0.04	005	0.06	0.07	0.08	0.09
0	0.5	0.504	0.508	0.512	0.516	0.5199	0.5239	0.5279	0.5319	0.5359
0.1	0.5398	0.5438	0.5478	0.5517	0.5557	0.5596	0.5636	0.5675	0.5717	0.5753
0.2	0.5793	0.5832	0.5871	0.591	0.5948	0.5987	0.6026	0.6064	0.6103	0.6141
0.3	0.6179	0.6217	0.6255	0.6293	0.6331	0.6368	0.6406	0.6443	0.648	0.6517
0.4	0.6554	0.6591	0.6628	0.6664	0.67	0.6736	0.6772	0.6808	0.6844	0.6879
0.5	0.6915	0.695	0.6985	0.7219	0.7054	0.7088	0.7123	0.7157	0.719	0.7224
0.6	0.7257	0.7291	0.7324	0.7357	0.7389	0.7422	0.7454	0.7486	0.7517	0.7549
0.7	0.758	0.7611	0.7642	0.7673	0.7703	0.7734	0.7764	0.7794	0.7823	0.7852
0.8	0.7881	0.791	0.7939	0.7967	0.7995	0.8023	0.8051	0.8078	0.8106	0.8133
0.9	0.8159	0.8186	0.8212	0.8238	0.8264	0.8289	0.8315	0.834	0.8365	0.8389
1	0.8413	0.8438	0.8461	0.8485	0.8508	0.8531	0.8554	0.8577	0.8599	0.8621
1.1	0.8643	0.8665	0.8686	0.8708	0.8729	0.8749	0.877	0.879	0.881	0.883
1.2	0.8849	0.8869	0.8888	0.8907	0.8925	0.8944	0.8962	0.898	0.8997	0.9015
1.3	0.9032	0.9049	0.9066	0.9082	0.9099	0.9115	0.9131	0.9147	0.9162	0.9177
1.4	0.9192	0.9207	0.9222	0.9236	0.9251	0.9265	0.9248	0.9292	0.9306	0.9319
1.5	0.9332	0.9345	0.93557	0.937	0.9382	0.99394	0.9406	0.9418	0.943	0.9441
1.6	0.9452	0.9463	0.9474	0.9484	0.9495	0.9505	0.9515	0.9525	0.9535	0.9545
1.7	0.9554	0.9564	0.9573	0.9582	0.9591	0.9599	0.9608	0.9616	0.9625	0.9633
1.8	0.9641	0.9648	0.9656	0.9664	0.9671	0.9678	0.9686	0.99693	0.97	0.9706
1.9	0.9713	0.9719	0.9726	0.9732	0.9738	0.9744	0.975	0.9756	0.9762	0.9767
2	0.9772	0.9778	0.9783	0.9788	0.9793	0.9798	0.9806	0.9808	0.9812	0.9817
2.1	0.9821	0.9826	0.983	0.9834	0.9839	0.9842	0.9746	0.985	0.9854	0.9857
2.2	0.9861	0.9864	0.9868	0.9871	0.9874	0.9878	0.9881	0.9884	0.9887	0.989

续表

x \ $\phi(x)$	0	0.01	0.02	0.03	0.04	005	0.06	0.07	0.08	0.09
2.3	0.9893	0.9896	0.9898	0.9901	0.9904	0.9904	0.9909	0.9911	0.9913	0.9916
2.4	0.9918	0.992	0.9922	0.9925	0.9927	0.9929	0.9931	0.9932	0.9934	0.9936
2.5	0.9938	0.994	0.9941	0.9943	0.9945	0.9946	0.9948	0.9949	0.9951	0.9952
2.6	0.9953	0.9955	0.9956	0.9957	0.9959	0.996	0.9961	0.9962	0.9963	0.9964
2.7	0.9963	0.9966	0.9967	0.9968	0.9969	0.997	0.9971	0.9972	0.9973	0.9974
2.8	0.9974	0.9975	0.9976	0.9977	0.9977	0.9978	0.9979	0.9979	0.998	0.998
2.9	0.9981	0.9982	0.9982	0.9983	0.9984	0.9984	0.9985	0.9985	0.9986	0.9986
3	0.9987	0.999	0.993	0.9995	0.9997	0.9998	0.9998	0.9999	0.9999	1
3.1	0.999032	0.999065	0.999096	0.999126	0.999155	0.999134	0.999211	0.999238	0.999264	0.999289
3.2	0.999313	0.999336	0.999359	0.999351	0.999402	0.999423	0.999443	0.999462	0.999481	0.999499
3.3	0.999517	0.999534	0.999550	0.999566	0.999581	0.999596	0.999610	0.999624	0.999638	0.999660
3.4	0.999663	0.999675	0.999687	0.999695	0.999709	0.999720	0.999730	0.999740	0.999749	0.999760
3.5	0.999767	0.999776	0.999784	0.999792	0.999800	0.999807	0.999815	0.999822	0.999828	0.999885
3.6	0.999841	0.999847	0.999853	0.999858	0.999864	0.999869	0.999874	0.999879	0.999883	0.999880
3.7	0.999892	0.999896	0.999900	0.999904	0.999908	0.999912	0.999915	0.999918	0.999922	0.999926
3.8	0.999928	0.999931	0.999933	0.999936	0.999938	0.999941	0.999943	0.999946	0.999948	0.999950
3.9	0.999952	0.999954	0.999956	0.999958	0.999959	0.999961	0.999963	0.999964	0.999966	0.999967
4	0.999968	0.999970	0.999971	0.999972	0.999973	0.999974	0.999975	0.999976	0.999977	0.999978
4.1	0.999978	0.999980	0.999981	0.999982	0.999983	0.999983	0.999984	0.999985	0.999985	0.999986
4.2	0.999987	0.999987	0.999988	0.999988	0.999989	0.999989	0.999990	0.999990	0.999991	0.999991
4.3	0.999991	0.999992	0.999992	0.999930	0.999993	0.999993	0.999993	0.999994	0.999994	0.999994
4.4	0.999995	0.999995	0.999995	0.999995	0.999996	0.999996	0.999996	1.000000	0.999996	0.999996
4.5	0.999997	0.999997	0.999997	0.999997	0.999997	0.999997	0.999997	0.999998	0.999998	0.999998
4.6	0.999998	0.999998	0.999998	0.999998	0.999998	0.999998	0.999998	0.999998	0.999999	0.999999
4.7	0.999999	0.999999	0.999999	0.999999	0.999999	0.999999	0.999999	0.999999	0.999999	0.999999
4.8	0.999999	0.999999	0.999999	0.999999	0.999999	0.999999	0.999999	0.999999	0.999999	0.999999
4.9	1.000000	1.000000	1.000000	1.000000	1.000000	1.000000	1.000000	1.000000	1.000000	1.000000

附录2 复利系数表

$i=1\%$

年限 n/年	一次支付终值系数$(F/P,i,n)$	一次支付现值系数$(P/F,i,n)$	等额系列终值系数$(F/A,i,n)$	偿债基金系数$(A/F,i,n)$	资金回收系数$(A/P,i,n)$	等额系列现值系数$(P/A,i,n)$
1	1.0100	0.9901	1.0000	1.0000	1.0100	0.9901
2	1.0201	0.9803	2.0100	0.4975	0.5075	1.9704
3	1.0303	0.9706	3.0301	0.3300	0.3400	2.9410
4	1.0406	0.9610	4.0604	0.2463	0.2563	3.9020
5	1.0510	0.9515	5.1010	0.1960	0.2060	4.8534
6	1.0615	0.9420	6.1520	0.1625	0.1725	5.7955
7	1.0721	0.9327	7.2135	0.1386	0.1486	6.7282
8	1.0829	0.9235	8.2857	0.1207	0.1307	7.6517
9	1.0937	0.9143	9.3685	0.1067	0.1167	8.5660
10	1.1046	0.9053	10.4622	0.0956	0.1056	9.4713
11	1.1157	0.8963	11.5668	0.0865	0.0965	10.3676
12	1.1268	0.8874	12.6825	0.0788	0.0888	11.2551
13	1.1381	0.8787	13.8093	0.0724	0.0824	12.1337
14	1.1495	0.8700	14.9474	0.0669	0.0769	13.0037
15	1.1610	0.8613	16.0969	0.0621	0.0721	13.8651
16	1.1726	0.8528	17.2579	0.0579	0.0679	14.7179
17	1.1843	0.8444	18.4304	0.0543	0.0643	15.5623
18	1.1961	0.8360	19.6147	0.0510	0.0610	16.3983
19	1.2081	0.8277	20.8109	0.0481	0.0581	17.2260
20	1.2202	0.8195	22.0190	0.0454	0.0554	18.0456
21	1.2324	0.8114	23.2392	0.0430	0.0530	18.8570
22	1.2447	0.8034	24.4716	0.0409	0.0509	19.6604
23	1.2572	0.7954	25.7163	0.0389	0.0489	20.4558
24	1.2697	0.7876	26.9735	0.0371	0.0471	21.2434
25	1.2824	0.7798	28.2432	0.0354	0.0454	22.0232
26	1.2953	0.7720	29.5256	0.0339	0.0439	22.7952
27	1.3082	0.7644	30.8209	0.0324	0.0424	23.5596
28	1.3213	0.7568	32.1291	0.0311	0.0411	24.3164
29	1.3345	0.7493	33.4504	0.0299	0.0399	25.0658
30	1.3478	0.7419	34.7849	0.0287	0.0387	25.8077

$i=2\%$

年限 n/年	一次支付终值系数$(F/P,i,n)$	一次支付现值系数$(P/F,i,n)$	等额系列终值系数$(F/A,i,n)$	偿债基金系数$(A/F,i,n)$	资金回收系数$(A/P,i,n)$	等额系列现值系数$(P/A,i,n)$
1	1.0200	0.9804	1.0000	1.0000	1.0200	0.9804
2	1.0404	0.9612	2.0200	0.4950	0.5150	1.9416
3	1.0612	0.9423	3.0604	0.3268	0.3468	2.8839
4	1.0824	0.9238	4.1216	0.2426	0.2626	3.8077
5	1.1041	0.9057	5.2040	0.1922	0.2122	4.7135
6	1.1262	0.8880	6.3081	0.1585	0.1785	5.6014
7	1.1487	0.8706	7.4343	0.1345	0.1545	6.4720
8	1.1717	0.8535	8.5830	0.1165	0.1365	7.3255
9	1.1951	0.8368	9.7546	0.1025	0.1225	8.1622
10	1.2190	0.8203	10.9497	0.0913	0.1113	8.9826
11	1.2434	0.8043	12.1687	0.0822	0.1022	9.7868
12	1.2682	0.7885	13.4121	0.0746	0.0946	10.5753
13	1.2936	0.7730	14.6803	0.0681	0.0881	11.3484
14	1.3195	0.7579	15.9739	0.0626	0.0826	12.1062
15	1.3459	0.7430	17.2934	0.0587	0.0778	12.8493
16	1.3728	0.7284	18.6393	0.0537	0.0737	13.5777
17	1.4002	0.7142	20.0121	0.0500	0.0700	14.2919
18	1.4282	0.7002	21.4123	0.0467	0.0667	14.9920
19	1.4568	0.6864	22.8406	0.0438	0.0638	15.6785
20	1.4859	0.6730	24.2974	0.0412	0.0612	16.3514
21	1.5157	0.6598	25.7833	0.0388	0.0588	17.0112
22	1.5460	0.6468	27.2990	0.0366	0.0566	17.6580
23	1.5769	0.6342	28.8450	0.0347	0.0547	18.2922
24	1.6084	0.6217	30.4219	0.0329	0.0529	18.9139
25	1.6406	0.6095	32.0303	0.0312	0.0512	19.5235
26	1.6734	0.5976	33.6709	0.0297	0.0497	20.1210
27	1.7069	0.5859	35.3443	0.0283	0.0483	20.7069
28	1.7410	0.5744	37.0512	0.0270	0.0470	21.2813
29	1.7758	0.5631	38.7922	0.0258	0.0458	21.8444
30	1.8114	0.5521	40.5681	0.0246	0.0446	22.3965

$i=3\%$

年限 n/年	一次支付终值系数 $(F/P,i,n)$	一次支付现值系数 $(P/F,i,n)$	等额系列终值系数 $(F/A,i,n)$	偿债基金系数 $(A/F,i,n)$	资金回收系数 $(A/P,i,n)$	等额系列现值系数 $(P/A,i,n)$
1	1.0300	0.9709	1.0000	1.0000	1.0300	0.9709
2	1.0609	0.9426	2.0300	0.4926	0.5226	1.9135
3	1.0927	0.9151	3.0909	0.3235	0.3535	2.8286
4	1.1255	0.8885	4.1836	0.2390	0.2690	3.7171
5	1.1593	0.8626	5.3091	0.1884	0.2184	4.5797
6	1.1941	0.8375	6.4684	0.1546	0.1846	5.4172
7	1.2299	0.8131	7.6625	0.1305	0.1605	6.2303
8	1.2668	0.7894	8.8923	0.1125	0.1425	7.0197
9	1.3048	0.7664	10.1591	0.0984	0.1284	7.7861
10	1.3439	0.7441	11.4639	0.0872	0.1172	8.5302
11	1.3842	0.7224	12.8078	0.0781	0.1081	9.2526
12	1.4258	0.7014	14.1920	0.0705	0.1005	9.9540
13	1.4685	0.6810	15.6178	0.0640	0.0940	10.6350
14	1.5126	0.6611	17.0863	0.0585	0.0885	11.2961
15	1.5580	0.6419	18.5989	0.0538	0.0838	11.9379
16	1.6047	0.6232	20.1569	0.0496	0.0796	12.5611
17	1.6528	0.6050	21.7616	0.0460	0.0760	13.1661
18	1.7024	0.5874	23.4144	0.0427	0.0727	13.7535
19	1.7535	0.5703	25.1169	0.0398	0.0698	14.3238
20	1.8061	0.5537	26.8704	0.0372	0.0672	14.8775
21	1.8603	0.5375	28.6765	0.0349	0.0649	15.4150
22	1.9161	0.5219	30.5368	0.0327	0.0627	15.9369
23	1.9736	0.5067	32.4529	0.0308	0.0608	16.4436
24	2.0328	0.4919	34.4265	0.0290	0.0590	16.9355
25	2.0938	0.4776	36.4593	0.0274	0.0574	17.4131
26	2.1566	0.4637	38.5530	0.0259	0.0559	17.8768
27	2.2213	0.4502	40.7096	0.0246	0.0546	18.3270
28	2.2879	0.4371	42.9309	0.0233	0.0533	18.7641
29	2.3566	0.4243	45.2189	0.0221	0.0521	19.1885
30	2.4273	0.4120	47.5754	0.0210	0.0510	19.6004

$i=4\%$

年限 n/年	一次支付终值系数$(F/P,i,n)$	一次支付现值系数$(P/F,i,n)$	等额系列终值系数$(F/A,i,n)$	偿债基金系数$(A/F,i,n)$	资金回收系数$(A/P,i,n)$	等额系列现值系数$(P/A,i,n)$
1	1.0400	0.9615	1.0000	1.0000	1.0400	0.9615
2	1.0816	0.9246	2.0400	0.4902	0.5302	1.8861
3	1.1249	0.8890	3.1216	0.3203	0.3603	2.7751
4	1.1699	0.8548	4.2465	0.2355	0.2755	3.6299
5	1.2167	0.8219	5.4163	0.1846	0.2246	4.4518
6	1.2653	0.7903	6.6330	0.1508	0.1908	5.2421
7	1.3159	0.7599	7.8983	0.1266	0.1666	6.0021
8	1.3686	0.7307	9.2142	0.1085	0.1485	6.7327
9	1.4233	0.7026	10.5828	0.0945	0.1345	7.4353
10	1.4802	0.6756	12.0061	0.0833	0.1233	8.1109
11	1.5395	0.6496	13.4864	0.0741	0.1141	8.7605
12	1.6010	0.6246	15.0258	0.0666	0.1066	9.3851
13	1.6651	0.6006	16.6268	0.0601	0.1001	9.9856
14	1.7317	0.5775	18.2919	0.0547	0.0947	10.5631
15	1.8009	0.5553	20.0236	0.0499	0.0899	11.1184
16	1.8730	0.5339	21.8245	0.0458	0.0858	11.6523
17	1.9479	0.5134	23.6975	0.0422	0.0822	12.1657
18	2.0258	0.4936	25.6454	0.0390	0.0790	12.6593
19	2.1068	0.4746	27.6712	0.0361	0.0761	13.1339
20	2.1911	0.4564	29.7781	0.0336	0.0736	13.5903
21	2.2788	0.4388	31.9692	0.0313	0.0713	14.0292
22	2.3699	0.4220	34.2480	0.0292	0.0692	14.4511
23	2.4647	0.4057	36.6179	0.0273	0.0673	14.8568
24	2.5633	0.3901	39.0826	0.0256	0.0656	15.2470
25	2.6658	0.3751	41.6459	0.0240	0.0640	15.6221
26	2.7725	0.3607	44.3117	0.0226	0.0626	15.9828
27	2.8834	0.3468	47.0842	0.0212	0.0612	16.3296
28	2.9987	0.3335	49.9676	0.0200	0.0600	16.6631
29	3.1187	0.3207	52.9663	0.0189	0.0589	16.9837
30	3.2434	0.3083	56.0849	0.0178	0.0578	17.2920

$i=5\%$

年限 n/年	一次支付终值系数 $(F/P,i,n)$	一次支付现值系数 $(P/F,i,n)$	等额系列终值系数 $(F/A,i,n)$	偿债基金系数 $(A/F,i,n)$	资金回收系数 $(A/P,i,n)$	等额系列现值系数 $(P/A,i,n)$
1	1.0500	0.9524	1.0000	1.0000	1.0500	0.9524
2	1.1025	0.9070	2.0500	0.4878	0.5378	1.8594
3	1.1576	0.8638	3.1525	0.3172	0.3672	2.7232
4	1.2155	0.8227	4.3101	0.2320	0.2820	3.5460
5	1.2763	0.7835	5.5256	0.1810	0.2310	4.3295
6	1.3401	0.7462	6.8019	0.1470	0.1970	5.0757
7	1.4071	0.7107	8.1420	0.1228	0.1728	5.7864
8	1.4775	0.6768	9.5491	0.1047	0.1547	6.4632
9	1.5513	0.6446	11.0266	0.0907	0.1407	7.1078
10	1.6289	0.6139	12.5779	0.0795	0.1295	7.7217
11	1.7103	0.5847	14.2068	0.0704	0.1204	8.3064
12	1.7959	0.5568	15.9171	0.0628	0.1128	8.8633
13	1.8856	0.5303	17.7130	0.0565	0.1065	9.3936
14	1.9799	0.5051	19.5986	0.0510	0.1010	9.8986
15	2.0789	0.4810	21.5786	0.0463	0.0963	10.3797
16	2.1829	0.4581	23.6575	0.0423	0.0923	10.8378
17	2.2920	0.4363	25.8404	0.0387	0.0887	11.2741
18	2.4066	0.4155	28.1324	0.0355	0.0855	11.6896
19	2.5270	0.3957	30.5390	0.0327	0.0827	12.0853
20	2.6533	0.3769	33.0660	0.0302	0.0802	12.4622
21	2.7860	0.3589	35.7193	0.0280	0.0780	12.8212
22	2.9253	0.3418	38.5052	0.0260	0.0760	13.1630
23	3.0715	0.3256	41.4305	0.0241	0.0741	13.4886
24	3.2251	0.3101	44.5020	0.0225	0.0725	13.7986
25	3.3864	0.2953	47.7271	0.0210	0.0710	14.0939
26	3.5557	0.2812	51.1135	0.0196	0.0696	14.3752
27	3.7335	0.2678	54.6691	0.0183	0.0683	14.6430
28	3.9201	0.2551	58.4026	0.0171	0.0671	14.8981
29	4.1161	0.2429	62.3227	0.0160	0.0660	15.1411
30	4.3219	0.2314	66.4388	0.0151	0.0651	15.3725

$i = 6\%$

年限 n/年	一次支付终值系数 $(F/P, i, n)$	一次支付现值系数 $(P/F, i, n)$	等额系列终值系数 $(F/A, i, n)$	偿债基金系数 $(A/F, i, n)$	资金回收系数 $(A/P, i, n)$	等额系列现值系数 $(P/A, i, n)$
1	1.0600	0.9434	1.0000	1.0000	1.0600	0.9434
2	1.1236	0.8900	2.0600	0.4854	0.5454	1.8334
3	1.1910	0.8396	3.1836	0.3141	0.3741	2.6730
4	1.2625	0.7921	4.3746	0.2286	0.2886	3.4651
5	1.3382	0.7473	5.6371	0.1774	0.2374	4.2124
6	1.4185	0.7050	6.9753	0.1434	0.2034	4.9173
7	1.5036	0.6651	8.3938	0.1191	0.1791	5.5824
8	1.5938	0.6274	9.8975	0.1010	0.1610	6.2098
9	1.6895	0.5919	11.4913	0.0870	0.1470	6.8017
10	1.7908	0.5584	13.1808	0.0759	0.1359	7.3601
11	1.8983	0.5268	14.9716	0.0668	0.1268	7.8869
12	2.0122	0.4970	16.8699	0.0593	0.1193	8.3838
13	2.1329	0.4688	18.8821	0.0530	0.1130	8.8527
14	2.2609	0.4423	21.0151	0.0476	0.1076	9.2950
15	2.3966	0.4173	23.2760	0.0430	0.1030	9.7122
16	2.5404	0.3936	25.6725	0.0390	0.0990	10.1059
17	2.6928	0.3714	28.2129	0.0354	0.0954	10.4773
18	2.8543	0.3503	30.9057	0.0324	0.0924	10.8276
19	3.0256	0.3305	33.7600	0.0296	0.0896	11.1581
20	3.2071	0.3118	36.7856	0.0272	0.0872	11.4699
21	3.3996	0.2942	39.9927	0.0250	0.0850	11.7641
22	3.6035	0.2775	43.3923	0.0230	0.0830	12.0416
23	3.8197	0.2618	46.9958	0.0213	0.0813	12.3034
24	4.0489	0.2470	50.8156	0.0197	0.0797	12.5504
25	4.2919	0.2330	54.8645	0.0182	0.0782	12.7834
26	4.5494	0.2198	59.1564	0.0169	0.0769	13.0032
27	4.8223	0.2074	63.7058	0.0157	0.0757	13.2105
28	5.1117	0.1956	68.5281	0.0146	0.0746	13.4062
29	5.4184	0.1846	73.6398	0.0136	0.0736	13.5907
30	5.7435	0.1741	79.0582	0.0126	0.0726	13.7648

$$i=7\%$$

年限 n/年	一次支付终值系数$(F/P,i,n)$	一次支付现值系数$(P/F,i,n)$	等额系列终值系数$(F/A,i,n)$	偿债基金系数$(A/F,i,n)$	资金回收系数$(A/P,i,n)$	等额系列现值系数$(P/A,i,n)$
1	1.0700	0.9346	1.0000	1.0000	1.0700	0.9346
2	1.1449	0.8734	2.0700	0.4831	0.5531	1.8080
3	1.2250	0.8163	3.2149	0.3111	0.3811	2.6243
4	1.3108	0.7629	4.4399	0.2252	0.2952	3.3872
5	1.4026	0.7130	5.7507	0.1739	0.2439	4.1002
6	1.5007	0.6663	7.1533	0.1398	0.2098	4.7665
7	1.6058	0.6227	8.6540	0.1156	0.1856	5.3893
8	1.7182	0.5820	10.2598	0.0975	0.1675	5.9713
9	1.8385	0.5439	11.9780	0.0835	0.1535	6.5152
10	1.9672	0.5083	13.8164	0.0724	0.1424	7.0236
11	2.1049	0.4751	15.7836	0.0634	0.1334	7.4987
12	2.2522	0.4440	17.8885	0.0559	0.1259	7.9427
13	2.4098	0.4150	20.1406	0.0497	0.1197	8.3577
14	2.5785	0.3878	22.5505	0.0443	0.1143	8.7455
15	2.7590	0.3624	25.1290	0.0398	0.1098	9.1079
16	2.9522	0.3387	27.8881	0.0359	0.1059	9.4466
17	3.1588	0.3166	30.8402	0.0324	0.1024	9.7632
18	3.3799	0.2959	33.9990	0.0294	0.0994	10.0591
19	3.6165	0.2765	37.3790	0.0268	0.0968	10.3356
20	3.8697	0.2584	40.9955	0.0244	0.0944	10.5940
21	4.1406	0.2415	44.8652	0.0223	0.0923	10.8355
22	4.4304	0.2257	49.0057	0.0204	0.0904	11.0612
23	4.7405	0.2109	53.4361	0.0187	0.0887	11.2722
24	5.0724	0.1971	58.1767	0.0172	0.0872	11.4693
25	5.4274	0.1842	63.2490	0.0158	0.0858	11.6536
26	5.8074	0.1722	68.6765	0.0146	0.0846	11.8258
27	6.2139	0.1609	74.4838	0.0134	0.0834	11.9867
28	6.6488	0.1504	80.6977	0.0124	0.0824	12.1371
29	7.1143	0.1406	87.3465	0.0114	0.0814	12.2777
30	7.6123	0.1314	94.4608	0.0106	0.0806	12.4090

$$i = 8\%$$

年限 n/年	一次支付终值系数 $(F/P, i, n)$	一次支付现值系数 $(P/F, i, n)$	等额系列终值系数 $(F/A, i, n)$	偿债基金系数 $(A/F, i, n)$	资金回收系数 $(A/P, i, n)$	等额系列现值系数 $(P/A, i, n)$
1	1.0800	0.9259	1.0000	1.0000	1.0800	0.9259
2	1.1664	0.8573	2.0800	0.4808	0.5608	1.7833
3	1.2597	0.7938	3.2464	0.3080	0.3880	2.5771
4	1.3605	0.7350	4.5061	0.2219	0.3019	3.3121
5	1.4693	0.6806	5.8666	0.1705	0.2505	3.9927
6	1.5869	0.6302	7.3359	0.1363	0.2163	4.6229
7	1.7138	0.5835	8.9228	0.1121	0.1921	5.2064
8	1.8509	0.5403	10.6366	0.0940	0.1740	5.7466
9	1.9990	0.5002	12.4876	0.0801	0.1601	6.2469
10	2.1589	0.4632	14.4866	0.0690	0.1490	6.7101
11	2.3316	0.4289	16.6455	0.0601	0.1401	7.1390
12	2.5182	0.3971	18.9771	0.0527	0.1327	7.5361
13	2.7196	0.3677	21.4953	0.0465	0.1265	7.9038
14	2.9372	0.3405	24.2149	0.0413	0.1213	8.2442
15	3.1722	0.3152	27.1521	0.0368	0.1168	8.5595
16	3.4259	0.2919	30.3243	0.0330	0.1130	8.8514
17	3.7000	0.2703	33.7502	0.0296	0.1096	9.1216
18	3.9960	0.2502	37.4502	0.0267	0.1067	9.3719
19	4.3157	0.2317	41.4463	0.0241	0.1041	9.6036
20	4.6610	0.2145	45.7620	0.0219	0.1019	9.8181
21	5.0338	0.1987	50.4229	0.0198	0.0998	10.0168
22	5.4365	0.1839	55.4568	0.0180	0.0980	10.2007
23	5.8715	0.1703	60.8933	0.0164	0.0964	10.3711
24	6.3412	0.1577	66.7648	0.0150	0.0950	10.5288
25	6.8485	0.1460	73.1059	0.0137	0.0937	10.6748
26	7.3964	0.1352	79.9544	0.0125	0.0925	10.8100
27	7.9881	0.1252	87.3508	0.0114	0.0914	10.9352
28	8.6271	0.1159	95.3388	0.0105	0.0905	11.0511
29	9.3173	0.1073	103.9659	0.0096	0.0896	11.1584
30	10.0627	0.0994	113.2832	0.0088	0.0888	11.2578

$i=9\%$

年限 n/年	一次支付终值系数 $(F/P,i,n)$	一次支付现值系数 $(P/F,i,n)$	等额系列终值系数 $(F/A,i,n)$	偿债基金系数 $(A/F,i,n)$	资金回收系数 $(A/P,i,n)$	等额系列现值系数 $(P/A,i,n)$
1	1.0900	0.9174	1.0000	1.0000	1.0900	0.9174
2	1.1881	0.8417	2.0900	0.4785	0.5685	1.7591
3	1.2950	0.7722	3.2781	0.3051	0.3951	2.5313
4	1.4116	0.7084	4.5731	0.2187	0.3087	3.2397
5	1.5386	0.6499	5.9847	0.1671	0.2571	3.8897
6	1.6771	0.5963	7.5233	0.1329	0.2229	4.4859
7	1.8280	0.5470	9.2004	0.1087	0.1987	5.0330
8	1.9926	0.5019	11.0285	0.0907	0.1807	5.5348
9	2.1719	0.4604	13.0210	0.0768	0.1668	5.9952
10	2.3674	0.4224	15.1929	0.0658	0.1558	6.4177
11	2.5804	0.3875	17.5603	0.0569	0.1469	6.8052
12	2.8127	0.3555	20.1407	0.0497	0.1397	7.1607
13	3.0658	0.3262	22.9534	0.0436	0.1336	7.4869
14	3.3417	0.2992	26.0192	0.0384	0.1284	7.7862
15	3.6425	0.2745	29.3609	0.0341	0.1241	8.0607
16	3.9703	0.2519	33.0034	0.0303	0.1203	8.3126
17	4.3276	0.2311	36.9737	0.0270	0.1170	8.5436
18	4.7171	0.2120	41.3013	0.0242	0.1142	8.7556
19	5.1417	0.1945	46.0185	0.0217	0.1117	8.9501
20	5.6044	0.1784	51.1610	0.0195	0.1095	9.1285
21	6.1088	0.1637	56.7645	0.0176	0.1076	9.2922
22	6.6586	0.1502	62.8733	0.0159	0.1059	9.4424
23	7.2579	0.1378	69.5319	0.0144	0.1044	9.5802
24	7.9111	0.1264	76.7898	0.0130	0.1030	9.7066
25	8.6231	0.1160	84.7009	0.0118	0.1018	9.8226
26	9.3992	0.1064	93.3240	0.0107	0.1007	9.9290
27	10.2451	0.0976	102.7231	0.0097	0.0997	10.0266
28	11.1671	0.0895	112.9682	0.0089	0.0989	10.1161
29	12.1722	0.0822	124.1354	0.0081	0.0981	10.1983
30	13.2677	0.0754	136.3075	0.0073	0.0973	10.2737

$i=10\%$

年限 n/年	一次支付终值系数$(F/P,i,n)$	一次支付现值系数$(P/F,i,n)$	等额系列终值系数$(F/A,i,n)$	偿债基金系数$(A/F,i,n)$	资金回收系数$(A/P,i,n)$	等额系列现值系数$(P/A,i,n)$
1	1.1000	0.9091	1.0000	1.0000	1.1000	0.9091
2	1.2100	0.8264	2.1000	0.4762	0.5762	1.7355
3	1.3310	0.7513	3.3100	0.3021	0.4021	2.4869
4	1.4641	0.6830	4.6410	0.2155	0.3155	3.1699
5	1.6105	0.6209	6.1051	0.1638	0.2638	3.7908
6	1.7716	0.5645	7.7156	0.1296	0.2296	4.3553
7	1.9487	0.5132	9.4872	0.1054	0.2054	4.8684
8	2.1436	0.4665	11.4359	0.0874	0.1874	5.3349
9	2.3579	0.4241	13.5795	0.0736	0.1736	5.7590
10	2.5937	0.3855	15.9374	0.0627	0.1627	6.1446
11	2.8531	0.3505	18.5312	0.0540	0.1540	6.4951
12	3.1384	0.3186	21.3843	0.0468	0.1468	6.8137
13	3.4523	0.2897	24.5227	0.0408	0.1408	7.1034
14	3.7975	0.2633	27.9750	0.0357	0.1357	7.3667
15	4.1772	0.2394	31.7725	0.0315	0.1315	7.6061
16	4.5950	0.2176	35.9497	0.0278	0.1278	7.8237
17	5.0545	0.1978	40.5447	0.0247	0.1247	8.0216
18	5.5599	0.1799	45.5992	0.0219	0.1219	8.2014
19	6.1159	0.1635	51.1591	0.0195	0.1195	8.3649
20	6.7275	0.1486	57.2750	0.0175	0.1175	8.5136
21	7.4002	0.1351	64.0025	0.0156	0.1156	8.6487
22	8.1403	0.1228	71.4027	0.0140	0.1140	8.7715
23	8.9543	0.1117	79.5430	0.0126	0.1126	8.8832
24	9.8497	0.1015	88.4973	0.0113	0.1113	8.9847
25	10.8347	0.0923	98.3471	0.0102	0.1102	9.0770
26	11.9182	0.0839	109.1818	0.0092	0.1092	9.1609
27	13.1100	0.0763	121.0999	0.0083	0.1083	9.2372
28	14.4210	0.0693	134.2099	0.0075	0.1075	9.3066
29	15.8631	0.0630	148.6309	0.0067	0.1067	9.3696
30	17.4494	0.0573	164.4940	0.0061	0.1061	9.4269

$i=12\%$

年限 n/年	一次支付终值系数$(F/P,i,n)$	一次支付现值系数$(P/F,i,n)$	等额系列终值系数$(F/A,i,n)$	偿债基金系数$(A/F,i,n)$	资金回收系数$(A/P,i,n)$	等额系列现值系数$(P/A,i,n)$
1	1.1200	0.8929	1.0000	1.0000	1.1200	0.8929
2	1.2544	0.7972	2.1200	0.4717	0.5917	1.6901
3	1.4049	0.7118	3.3744	0.2963	0.4163	2.4018
4	1.5735	0.6355	4.7793	0.2092	0.3292	3.0373
5	1.7623	0.5674	6.3528	0.1574	0.2774	3.6048
6	1.9738	0.5066	8.1152	0.1232	0.2432	4.1114
7	2.2107	0.4523	10.0890	0.0991	0.2191	4.5638
8	2.4760	0.4039	12.2997	0.0813	0.2013	4.9676
9	2.7731	0.3606	14.7757	0.0677	0.1877	5.3282
10	3.1058	0.3220	17.5487	0.0570	0.1770	5.6502
11	3.4785	0.2875	20.6546	0.0484	0.1684	5.9377
12	3.8960	0.2567	24.1331	0.0414	0.1614	6.1944
13	4.3635	0.2292	28.0291	0.0357	0.1557	6.4235
14	4.8871	0.2046	32.3926	0.0309	0.1509	6.6282
15	5.4736	0.1827	37.2797	0.0268	0.1468	6.8109
16	6.1304	0.1631	42.7533	0.0234	0.1434	6.9740
17	6.8660	0.1456	48.8837	0.0205	0.1405	7.1196
18	7.6900	0.1300	55.7497	0.0179	0.1379	7.2497
19	8.6128	0.1161	63.4397	0.0158	0.1358	7.3658
20	9.6463	0.1037	72.0524	0.0139	0.1339	7.4694
21	10.8038	0.0926	81.6987	0.0122	0.1322	7.5620
22	12.1003	0.0826	92.5026	0.0108	0.1308	7.6446
23	13.5523	0.0738	104.6029	0.0096	0.1296	7.7184
24	15.1786	0.0659	118.1552	0.0085	0.1285	7.7843
25	17.0001	0.0588	133.3339	0.0075	0.1275	7.8431
26	19.0401	0.0525	150.3339	0.0067	0.1267	7.8957
27	21.3249	0.0469	169.3740	0.0059	0.1259	7.9426
28	23.8839	0.0419	190.6989	0.0052	0.1252	7.9844
29	26.7499	0.0374	214.5828	0.0047	0.1247	8.0218
30	29.9599	0.0334	241.3327	0.0041	0.1241	8.0552

$i=15\%$

年限 n/年	一次支付终值系数 $(F/P,i,n)$	一次支付现值系数 $(P/F,i,n)$	等额系列终值系数 $(F/A,i,n)$	偿债基金系数 $(A/F,i,n)$	资金回收系数 $(A/P,i,n)$	等额系列现值系数 $(P/A,i,n)$
1	1.1500	0.8696	1.0000	1.0000	1.1500	0.8696
2	1.3225	0.7561	2.1500	0.4651	0.6151	1.6257
3	1.5209	0.6575	3.4725	0.2880	0.4380	2.2832
4	1.7490	0.5718	4.9934	0.2003	0.3503	2.8550
5	2.0114	0.4972	6.7424	0.1483	0.2983	3.3522
6	2.3131	0.4323	8.7537	0.1142	0.2642	3.7845
7	2.6600	0.3759	11.0668	0.0904	0.2404	4.1604
8	3.0590	0.3269	13.7268	0.0729	0.2229	4.4873
9	3.5179	0.2843	16.7858	0.0596	0.2096	4.7716
10	4.0456	0.2472	20.3037	0.0493	0.1993	5.0188
11	4.6524	0.2149	24.3493	0.0411	0.1911	5.2337
12	5.3503	0.1869	29.0017	0.0345	0.1845	5.4206
13	6.1528	0.1625	34.3519	0.0291	0.1791	5.5831
14	7.0757	0.1413	40.5047	0.0247	0.1747	5.7245
15	8.1371	0.1229	47.5804	0.0210	0.1710	5.8474
16	9.3576	0.1069	55.7175	0.0179	0.1679	5.9542
17	10.7613	0.0929	65.0751	0.0154	0.1654	6.0472
18	12.3755	0.0808	75.8364	0.0132	0.1632	6.1280
19	14.2318	0.0703	88.2118	0.0113	0.1613	6.1982
20	16.3665	0.0611	102.4436	0.0098	0.1598	6.2593
21	18.8215	0.0531	118.8101	0.0084	0.1584	6.3125
22	21.6447	0.0462	137.6316	0.0073	0.1573	6.3587
23	24.8915	0.0402	159.2764	0.0063	0.1563	6.3988
24	28.6252	0.0349	184.1678	0.0054	0.1554	6.4338
25	32.9190	0.0304	212.7930	0.0047	0.1547	6.4641
26	37.8568	0.0264	245.7120	0.0041	0.1541	6.4906
27	43.5353	0.0230	283.5688	35.0000	0.1535	6.5135
28	50.0656	0.0200	327.1041	0.0031	0.1531	6.5335
29	57.5755	0.0174	377.1697	0.0027	0.1527	6.5509
30	66.2118	0.0151	434.7451	0.0023	0.1523	6.5660

$i=18\%$

年限 n/年	一次支付终值系数$(F/P,i,n)$	一次支付现值系数$(P/F,i,n)$	等额系列终值系数$(F/A,i,n)$	偿债基金系数$(A/F,i,n)$	资金回收系数$(A/P,i,n)$	等额系列现值系数$(P/A,i,n)$
1	1.1800	0.8475	1.0000	1.0000	1.1800	0.8475
2	1.3924	0.7182	2.1800	0.4587	0.6387	1.5656
3	1.6430	0.6086	3.5724	0.2799	0.4599	2.1743
4	1.9388	0.5158	5.2154	0.1917	0.3717	2.6901
5	2.2878	0.4371	7.1542	0.1398	0.3198	3.1272
6	2.6996	0.3704	9.4420	0.1059	0.2859	3.4976
7	3.1855	0.3139	12.1415	0.0824	0.2624	3.8115
8	3.7589	0.2660	15.3270	0.0652	0.2452	4.0776
9	4.4355	0.2255	19.0859	0.0524	0.2324	4.3030
10	5.2338	0.1911	23.5213	0.0425	0.2225	4.4941
11	6.1759	0.1619	28.7551	0.0348	0.2148	4.6560
12	7.2876	0.1372	34.9311	0.0286	0.2086	4.7932
13	8.5994	0.1163	42.2187	0.0237	0.2037	4.9095
14	10.1472	0.0985	50.8180	0.0197	0.1997	5.0081
15	11.9737	0.0835	60.9653	0.0164	0.1964	5.0916
16	14.1290	0.0708	72.9390	0.0137	0.1937	5.1624
17	16.6722	0.0600	87.0680	0.0115	0.1915	5.2223
18	19.6733	0.0508	103.7403	0.0096	0.1896	5.2732
19	23.2144	0.0431	123.4135	0.0081	0.1881	5.3162
20	27.3930	0.0365	146.6280	0.0068	0.1868	5.3527
21	32.3238	0.0309	174.0210	0.0057	0.1857	5.3837
22	38.1421	0.0262	206.3448	0.0048	0.1848	5.4099
23	45.0076	0.0222	244.4868	0.0041	0.1841	5.4321
24	53.1090	0.0188	289.4945	0.0035	0.1835	5.4509
25	62.6686	0.0160	342.6035	0.0029	0.1829	5.4669
26	73.9490	0.0135	405.2721	0.0025	0.1825	5.4804
27	87.2598	0.0115	479.2211	0.0021	0.1821	5.4919
28	102.9666	0.0097	566.4809	0.0018	0.1818	5.5016
29	121.5005	0.0082	669.4475	0.0015	0.1815	5.5098
30	143.3706	0.0070	790.9480	0.0013	0.1813	5.5168

$i=20\%$

年限 n/年	一次支付终值系数 $(F/P,i,n)$	一次支付现值系数 $(P/F,i,n)$	等额系列终值系数 $(F/A,i,n)$	偿债基金系数 $(A/F,i,n)$	资金回收系数 $(A/P,i,n)$	等额系列现值系数 $(P/A,i,n)$
1	1.2000	0.8333	1.0000	1.0000	1.2000	0.8333
2	1.4400	0.6944	2.2000	0.4545	0.6545	1.5278
3	1.7280	0.5787	3.6400	0.2747	0.4747	2.1065
4	2.0736	0.4823	5.3680	0.1863	0.3863	2.5887
5	2.4883	0.4019	7.4416	0.1344	0.3344	2.9906
6	2.9860	0.3349	9.9299	0.1007	0.3007	3.3255
7	3.5832	0.2791	12.9159	0.0774	0.2774	3.6046
8	4.2998	0.2326	16.4991	0.0606	0.2606	3.8372
9	5.1598	0.1938	20.7989	0.0481	0.2481	4.0310
10	6.1917	0.1615	25.9587	0.0385	0.2385	4.1925
11	7.4301	0.1346	32.1504	0.0311	0.2311	4.3271
12	8.9161	0.1122	39.5805	0.0253	0.2253	4.4392
13	10.6993	0.0935	48.4966	0.0206	0.2206	4.5327
14	12.8392	0.0779	59.1959	0.0169	0.2169	4.6106
15	15.4070	0.0649	72.0351	0.0139	0.2139	4.6755
16	18.4884	0.0541	87.4421	0.0114	0.2114	4.7296
17	22.1861	0.0451	105.9306	0.0094	0.2094	4.7746
18	26.6233	0.0376	128.1167	0.0078	0.2078	4.8122
19	31.9480	0.0313	154.7400	0.0065	0.2065	4.8435
20	38.3376	0.0261	186.6880	0.0054	0.2054	4.8696
21	46.0051	0.0217	225.0256	0.0044	0.2044	4.8913
22	55.2061	0.0181	271.0307	0.0037	0.2037	4.9094
23	66.2474	0.0151	326.2369	0.0031	0.2031	4.9245
24	79.4968	0.0126	392.4842	0.0025	0.2025	4.9371
25	95.3962	0.0105	471.9811	0.0021	0.2021	4.9476
26	114.4755	0.0087	567.3773	0.0018	0.2018	4.9563
27	137.3706	0.0073	681.8528	0.0015	0.2015	4.9636
28	164.8447	0.0061	819.2233	0.0012	0.2012	4.9697
29	197.8136	0.0051	984.0680	0.0010	0.2010	4.9747
30	237.3763	0.0042	1181.8816	0.0008	0.2008	4.9789

$i = 25\%$

年限 n/年	一次支付终值系数($F/P,i,n$)	一次支付现值系数($P/F,i,n$)	等额系列终值系数($F/A,i,n$)	偿债基金系数($A/F,i,n$)	资金回收系数($A/P,i,n$)	等额系列现值系数($P/A,i,n$)
1	1.2500	0.8000	1.0000	1.0000	1.2500	0.8000
2	1.5625	0.6400	2.2500	0.4444	0.6944	1.4400
3	1.9531	0.5120	3.8125	0.2623	0.5123	1.9520
4	2.4414	0.4096	5.7656	0.1734	0.4234	2.3616
5	3.0518	0.3277	8.2070	0.1218	0.3718	2.6893
6	3.8147	0.2621	11.2588	0.0888	0.3388	2.9514
7	4.7684	0.2097	15.0735	0.0663	0.3163	3.1611
8	5.9605	0.1678	19.8419	0.0504	0.3004	3.3289
9	7.4506	0.1342	25.8023	0.0388	0.2888	3.4631
10	9.3132	0.1074	33.2529	0.0301	0.2801	3.5705
11	11.6415	0.0859	42.5661	0.0235	0.2735	3.6564
12	14.5519	0.0687	54.2077	0.0184	0.2684	3.7251
13	18.1899	0.0550	68.7596	0.0145	0.2645	3.7801
14	22.7374	0.0440	86.9495	0.0115	0.2615	3.8241
15	28.4217	0.0352	109.6868	0.0091	0.2591	3.8593
16	35.5271	0.0281	138.1085	0.0072	0.2572	3.8874
17	44.4089	0.0225	173.6357	0.0058	0.2558	3.9099
18	55.5112	0.0180	218.0446	0.0046	0.2546	3.9279
19	69.3889	0.0144	273.5558	0.0037	0.2537	3.9424
20	86.7362	0.0115	342.9447	0.0029	0.2529	3.9539
21	108.4202	0.0092	429.6809	0.0023	0.2523	3.9631
22	135.5253	0.0074	538.1011	0.0019	0.2519	3.9705
23	169.4066	0.0059	673.6264	0.0015	0.2515	3.9764
24	211.7582	0.0047	843.0329	0.0012	0.2512	3.9811
25	264.6978	0.0038	1054.7912	0.0009	0.2509	3.9849
26	330.8722	0.0030	1319.4890	0.0008	0.2508	3.9879
27	413.5903	0.0024	1650.3612	0.0006	0.2506	3.9903
28	516.9879	0.0019	2063.9515	0.0005	0.2505	3.9923
29	646.2349	0.0015	2580.9394	0.0004	0.2504	3.9938
30	807.7936	0.0012	3227.1743	0.0003	0.2503	3.9950

$i=30\%$

年限 n/年	一次支付终值系数$(F/P,i,n)$	一次支付现值系数$(P/F,i,n)$	等额系列终值系数$(F/A,i,n)$	偿债基金系数$(A/F,i,n)$	资金回收系数$(A/P,i,n)$	等额系列现值系数$(P/A,i,n)$
1	1.3000	0.7692	1.0000	1.0000	1.3000	0.7692
2	1.6900	0.5918	2.3000	0.4348	0.7348	1.3609
3	2.1970	0.4552	3.9900	0.2506	0.5506	1.8161
4	2.8561	0.3501	6.1870	0.1616	0.4616	2.1662
5	3.7129	0.2693	9.0431	0.1106	0.4106	2.4356
6	4.8268	0.2072	12.7560	0.0784	0.3784	2.6427
7	6.2749	0.1594	17.5828	0.0569	0.3569	2.8021
8	8.1573	0.1226	23.8577	0.0419	0.3419	2.9247
9	10.6045	0.0943	32.0150	0.0312	0.3312	3.0190
10	13.7858	0.0725	42.6195	0.0235	0.3235	3.0915
11	17.9216	0.0558	56.4053	0.0177	0.3177	3.1473
12	23.2981	0.0429	74.3270	0.0135	0.3135	3.1903
13	30.2875	0.0330	97.6250	0.0102	0.3102	3.2233
14	39.3738	0.0254	127.9125	0.0078	0.3078	3.2487
15	51.1859	0.0195	167.2863	0.0060	0.3060	3.2682
16	66.5417	0.0150	218.4722	0.0046	0.3046	3.2832
17	86.5042	0.0116	285.0139	0.0035	0.3035	3.2948
18	112.4554	0.0089	371.5180	0.0027	0.3027	3.3037
19	146.1920	0.0068	483.9734	0.0021	0.3021	3.3105
20	190.0496	0.0053	630.1655	0.0016	0.3016	3.3158
21	247.0645	0.0040	820.2151	0.0012	0.3012	3.3198
22	321.1839	0.0031	1067.2796	0.0009	0.3009	3.3230
23	417.5391	0.0024	1388.4635	0.0007	0.3007	3.3254
24	542.8008	0.0018	1806.0026	0.0006	0.3006	3.3272
25	705.6410	0.0014	2348.8033	0.0004	0.3004	3.3286
26	917.3333	0.0011	3054.4443	0.0003	0.3003	3.3297
27	1192.5333	0.0008	3971.7776	0.0003	0.3003	3.3305
28	1550.2933	0.0006	5164.3109	0.0002	0.3002	3.3312
29	2015.3813	0.0005	6714.6042	0.0001	0.3001	3.3317
30	2619.9956	0.0004	8729.9855	0.0001	0.3001	3.3321

$i=40\%$

年限 n/年	一次支付终值系数 $(F/P,i,n)$	一次支付现值系数 $(P/F,i,n)$	等额系列终值系数 $(F/A,i,n)$	偿债基金系数 $(A/F,i,n)$	资金回收系数 $(A/P,i,n)$	等额系列现值系数 $(P/A,i,n)$
1	1.4000	0.7143	1.0000	1.0000	1.4000	0.7143
2	1.9600	0.5102	2.4000	0.4167	0.8167	1.2245
3	2.7440	0.3644	4.3600	0.2294	0.6294	1.5889
4	3.8416	0.2603	7.1040	0.1408	0.5408	1.8492
5	5.3782	0.1859	10.9456	0.0914	0.4914	2.0352
6	7.5295	0.1328	16.3238	0.0613	0.4613	2.1680
7	10.5414	0.0949	23.8534	0.0419	0.4419	2.2628
8	14.7579	0.0678	34.3947	0.0291	0.4291	2.3306
9	20.6610	0.0484	49.1526	0.0203	0.4203	2.3790
10	28.9255	0.0346	69.8137	0.0143	0.4143	2.4136
11	40.4957	0.0247	98.7391	0.0101	0.4101	2.4383
12	56.6939	0.0176	139.2348	0.0072	0.4072	2.4559
13	79.3715	0.0126	195.9287	0.0051	0.4051	2.4685
14	111.1201	0.0090	275.3002	0.0036	0.4036	2.4775
15	155.5681	0.0064	386.4202	0.0026	0.4026	2.4839
16	217.7953	0.0046	541.9883	0.0018	0.4018	2.4885
17	304.9135	0.0033	759.7837	0.0013	0.4013	2.4918
18	426.8789	0.0023	1064.6971	0.0009	0.4009	2.4941
19	597.6304	0.0017	1491.5760	0.0007	0.4007	2.4958
20	836.6826	0.0012	2089.2064	0.0005	0.4005	2.4970
21	1171.3556	0.0009	2925.8889	0.0003	0.4003	2.4979
22	1639.8978	0.0006	4097.2445	0.0002	0.4002	2.4985
23	2295.8569	0.0004	5737.1423	0.0002	0.4002	2.4989
24	3214.1997	0.0003	8032.9993	0.0001	0.4001	2.4992
25	4499.8796	0.0002	11247.1990	0.0001	0.4001	2.4994
26	6299.8314	0.0002	15747.0785	0.0001	0.4001	2.4996
27	8819.7640	0.0001	22046.9099	0.0000	0.4000	2.4997
28	12347.6696	0.0001	30866.6739	0.0000	0.4000	2.4998
29	17286.7374	0.0001	43214.3435	0.0000	0.4000	2.4999
30	24201.4324	0.0000	60501.0809	0.0000	0.4000	2.4999

参 考 文 献

[1] 国家发展改革委,建设部.建设项目经济评价方法与参数[M].第3版.北京:中国计划出版社,2006.
[2] 国家发展改革委资源节约和环境保护司,国家节能中心.固定资产投资项目节能审查系列工作指南2018[M].北京:中国市场出版社,2019.
[3] 国家节能中心.重点节能技术应用典型案例(2017)[M].北京:中国发展出版社,2019.
[4] 徐鹤.规划环境影响评价技术方法研究[M].北京:科学出版社,2020.
[5] 全国咨询工程师(投资)职业资格考试参考教材编写委员会.项目决策分析与评价[M].北京:中国计划出版社,2017.
[6] 全国咨询工程师(投资)职业资格考试参考教材编写委员会.现代咨询方法与实务[M].北京:中国计划出版社,2017.
[7] 王艺蓓.中国石油行业产业组织演变研究[D].北京:首都经济贸易大学,2018.
[8] 李佳.中国石油化工行业国际化进程研究[D].北京:对外经济贸易大学,2017.
[9] 吴宗法,等.技术经济学[M].北京:清华大学出版社,2018.
[10] 刘秋华.技术经济学[M].北京:机械工业出版社,2016.
[11] 刘晓君,李玲燕.技术经济学[M].北京:科学出版社,2017.
[12] 吴卫红.项目管理[M].北京:机械工业出版社,2018.
[13] 刘雨虹,龚雅妮.2020石油化工技术进展与趋势[J].世界石油工业,2020,27(6):75-80.
[14] 王盼盼,等.石油化工行业的智能转型趋势[J].化工管理,2020,(33):15-16.
[15] 李伟.HSE管理体系在石油石化行业的推广和应用[J].中国石油和化工标准与质量,2020,40(14):103-104.